国家社会科学基金重大项目“多卷本《中国宗族通史》”
（项目编号：14ZDB023）阶段性成果
教育部人文社会科学研究重点研究基地南开大学中国社会史研究中心资助
中央高校基本科研业务费专项资金资助

中国日常生活史研究丛书

丛书主编　常建华

中国日常生活史研究的回顾与展望

常建华／主编

科学出版社
北京

内 容 简 介

本书是第一次从日常生活角度对古往今来中国生活史研究成果进行梳理的学术总结，经过编者新思维与新框架的组织与评论，呈现出了不同于以往相关研究的新貌。中国日常生活并非一成不变，学者的研究显示出多样性；日常生活型塑社会结构，特别是对于地方社会影响甚巨；中国日常生活经历了现代化的过程，晚清以来的日常生活亦受到欧风美雨的影响。本书所选论文作者均是对于生活史具有多年思考的学者，论述翔实可靠，评论颇见功力。本书既是以往中国日常生活史的总结，也是迈向新学术研究的起点。不仅有益于历史学，对于社会学、人类学、民俗学、文学、哲学等其他学科也不无参考价值。

本书是文科大学生、研究生及研究者的重要参考书，对于一般有兴趣的读者而言，也是开卷有益之作。

图书在版编目（CIP）数据

中国日常生活史研究的回顾与展望/常建华主编.—北京：科学出版社，2020.8

（中国日常生活史研究丛书）

ISBN 978-7-03-063822-9

Ⅰ. ①中… Ⅱ. ①常… Ⅲ. ①社会生活-历史-研究-中国 Ⅳ. ①D669

中国版本图书馆 CIP 数据核字（2019）第 300113 号

责任编辑：耿 雪 / 责任校对：王晓茜

责任印制：张 伟 / 封面设计：黄华斌

联系电话：010-64026975

电子邮箱：chenliang@mail.sciencep.com

科学出版社 出版

北京东黄城根北街 16 号

邮政编码：100717

http://www.sciencep.com

北京中石油彩色印刷有限责任公司 印刷

科学出版社发行 各地新华书店经销

*

2020 年 8 月第 一 版 开本：720×1000 1/16

2020 年 8 月第一次印刷 印张：19 1/2

字数：315 000

定价：112.00 元

（如有印装质量问题，我社负责调换）

前　言

新时期的中国社会史研究与生活史紧密结合，引人注目。冯尔康在呼吁开展社会研究的论文中提出：“中国社会史是研究历史上人们社会生活与生活方式的运动体系”，它“以人们的群体生活与生活方式为研究对象，以社会结构、社会组织、人口、社区、物质与精神生活习俗为研究范畴，揭示它本身在历史上的发展变化及其历史过程中的作用和地位”。[①]将“群体生活”“生活方式”置于社会史研究的中心位置。此后冯尔康在教科书中对这一阐述有所修正，强调社会史是“研究历史上社会结构与日常社会生活及其所反映的社会意识的运动体系，它以社会群体、社会组织、社会等级、阶级、社区、人口的社会构成，以及上述成分所形成的社会结构及其变动，构成社会结构的人群的日常生活行为变化及其观念，产生变化的自然环境与社会环境的因素为研究范畴，揭示其在历史上的发展变化及在历史进程中的作用和地位；它是历史学的一门专门史，并将研究置于整体史范围之内，以促进历史学全面系统地说明进程，以及可能了解的历史规律；它与社会科学、自然科学、工程学、人文科学的许多学科有着交叉的研究内容，具有多学科研究的性质及方法”[②]。这一定义将社会结构和日常社会生活并置于社会史的主要内容，突出了社会生活的“日常”属性，同时将社会史置于总体历史范畴之内进行两者之间既有联系又有区别的研究。

按照冯尔康的认识，我们尝试进行过社会生活的探索。冯尔康先生与我合著了《清人社会生活》一书[③]，我在社会史、社会生活史的研究实践中，深切感

① 冯尔康：《开展社会史研究》，《历史研究》1987 年第 1 期。

② 冯尔康：《中国社会史概论》，北京：高等教育出版社，2004 年，第 10 页。

③ 冯尔康、常建华：《清人社会生活》，天津：天津人民出版社，1990 年。

到在社会生活史已有一定研究的基础上，应当转化为日常生活史的研究[①]。我还注意到，学界的同行如黄正建教授也有类似的看法。[②]社会生活史是以人的生活为核心连接社会各部分的历史，生活史研究的最大价值应当是建立以人为中心的历史学。生活史立足于民众的日常活动，镶嵌于社会组织、物质生活、岁时节日、生命周期、聚落形态中。注意社会分层，了解不同社会群体的生活也必不可少。生活史的研究带来视角与方法的变化，可以从习以为常发现历史；从日常生活来看国家，挑战传统史料认识；从生活方式的转变可以考察民族关系，进行不同文明比较，阐述社会变迁。[③]日常生活应当成为文化史、社会史、历史人类学研究的基础，尽管在这方面中国社会文化史研究已经取得一定成绩，但应更加明确与自觉地把日常生活作为社会文化史研究的基本内容。[④]刘新成教授也指出，日常生活史属于新兴的史学领域，倡导开展研究。[⑤]

日常生活史在欧美等地已经成为一个重要的学术研究领域，特别是作为方法论具有重要的学术意义。日常生活史的出现，从诺贝特・埃利亚斯所著的《文明的进程：文明的社会起源和心理起源的研究》到菲利浦・阿利埃斯与乔治・杜比主编的《私人生活史》，都贯穿着西方历史演进“道德私人化”的基本思想。如今的日常生活史已与物质文化史、社会性别史、科技史、医疗史、身体史、艺术史相融合，研究采用多种视角，成为跨学科的学问。欧美日常生活史学家尖锐批评社会科学史学“见物不见人”的特点，特别强调个人的作用。面对海外日常生活史研究产生的一批优秀学术成果，晚起的中国日常生活史应当将中外日常生活史的比较研究作为自觉的行为。表面来看，似乎是西方公私分立，中国公私相混。中国历史上公与私的生活及二者的关系与西方究竟有何不同，值得进行深入研究。[⑥]

---

① 常建华：《从社会生活到日常生活——中国社会史研究再出发》，《人民日报》2011 年 3 月 31 日，第 7 版。

② 黄正建：《关于唐代日常生活史研究现状的思考》，《中国社会科学院院报》2004 年 9 月 14 日，第 3 版。

③ 常建华：《中国社会生活史上生活的意义》，《历史教学》2012 年第 2 期。

④ 常建华：《日常生活与社会文化史——“新文化史”观照下的中国社会文化史研究》，《史学理论研究》2012 年第 1 期。

⑤ 刘新成：《日常生活史：一个新的研究领域》，《光明日报》2006 年 2 月 14 日，第 12 版。

⑥ 刘新成：《日常生活史与西欧中世纪日常生活》，《史学理论研究》2004 年第 1 期；常建华：《他山之石：国外和台湾地区日常生活史研究的启示》，《安徽大学学报（哲学社会科学版）》2015 年第 1 期。

对于日常生活史新的理解，我尝试将以往海内外研究中国日常生活史的经典性作品介绍给读者。我所编的《中国日常生活史读本》一书，将收录论文依内容分为五编，即生育与生命周期、日常交往、消费与逸乐、性别与生活、城乡日常生活。尽可能地反映出日常生活的基本问题，既有人的生产与生命历程、社会交往、物质消费，也涵盖日常生活的空间场所。这其中还兼顾了民间信仰与思想观念的内容，以及论文的研究时段及不同阶层与社会身份的生活。①

事实上，尽管中国的生活史研究早在20世纪上半叶已经零星出现，但真正的大发展是在改革开放的新时期，特别是近些年日常生活史研究转向兴盛，有关研究成果恰如雨后春笋。南开大学中国社会史研究中心近年来热心于日常生活史研究，我们依据学术规范，清理以往有关生活史的学术成果加以总结，这既是自己研究的出发点，也将工作的成果贡献给学术界，便于交流、讨论，以推进对这一领域的探索。

呈现在读者面前的这本中国日常生活史的研究综述，概述了20世纪以来特别是改革开放新时期现代学术研究中有关生活史理论与实践的探索之路，分门别类地介绍了有关的学术研究成果。

本书并不限于学术综述，也有对日常生活史理论与方法的讨论，如夏炎教授撰写的第三篇有关魏晋南北朝日常生活史研究的思考，针对这一时期日常生活史资料缺乏、资料简短及传统学术研究模式如何调整等问题，提出了如何在既有话题中发现日常生活、如何具有范式引导意义的精耕细作、如何将片段记忆整合与以“人”为核心的范式建构三个耐人思考的问题，相信对于读者会有启发。再如余新忠教授、郝晓丽博士合撰的第七篇讨论资料相对丰富的清代日常生活史研究，强调在具象而个性的日常生活中发现历史，突出日常生活史微观史学和重视个人生命史研究的重要性，有助于理解社会生活与日常生活的区分，对于日常生活史有着独到的认识。

本书既有回顾，也有展望。多有作者提出对于未来中国日常生活史研究的建言献策之语，供读者参考。

① 常建华主编：《中国日常生活史读本》，北京：北京大学出版社，2017年。

本书兼有学术史与工具书的性质，愿为读者了解中国日常生活史，进行教学与研究提供帮助。

我们在文献搜集与评论工作上虽然下了不小功夫，但是难免挂一漏万，学术评述不当之处，欢迎读者批评指正。

常建华

2019 年 6 月 26 日

目　录

先秦社会日常生活史研究的回顾与展望

朱彦民

如果按照往常的观念理解，“先秦社会日常生活史”这样的题目是没法做的。因为先秦时期史料阙如，且多真伪不辨，这些有限的资料，不仅“杞不足征”（言夏代）、“宋不足征”（言商代），而且“鲁卫亦不足征”（言两周），对于先秦历史的复原只能做到粗线条的勾勒。而对于旨在深入到社会各层面的社会生活研究而言，并没有多少材料可以支撑和填充其框架。况且是要做日常社会生活史研究，史料零散，书缺有间，更加捉襟见肘，正所谓“巧妇难为无米之炊”者也。

然而如果依照新时期社会史研究的基本理论，“日常生活”可以理解为人类为维持其生存而反复出现的行为，诸如衣食住行、生产繁衍、人际交往、信仰行为等以人为本的活动，那么，“先秦社会日常生活史”这个题目，似乎又是可以做的。因为先秦时期的先民也如后世历史时期的人们一样，也是要吃喝拉撒、生儿育女、生存于天地之间的，所以对这一课题的研究，有开拓先秦史研究新局的性质，很有必要性。而且，虽然先秦时期古典文献记载的史料较少，但近现代以来随着考古学的日渐成熟，考古发掘材料日益丰盈，且随着现当代古文字研究的日渐深入，尤其是新时期以来地下出土文献的日益丰富，也大都可以补苴先秦史文献材料不足的缺憾，并且为先秦社会史研究提供难得的机会。因此，先秦社会日常生活史的研究，也就有了一定程度上的可行性。

当然，这也只是就先秦史研究本身而言，与以往的研究相比有了一点资料上的优势。但是如果与后来历史时段相比，那么先秦社会日常生活史研究无疑仍是受限于材料的缺乏，不能在充足材料基础上充分地驰骋其意，左右逢源，发挥论证。这就需要研究者在新的社会史研究理论体系的指导下，多种视角搜集材料，多种方法借鉴利用，使构建一部崭新的先秦社会日常生活史成为可能。

一、先秦社会生活史研究的历程

中国是个历史悠久、历史学研究史也极为厚重的国家，关于先秦社会生活史料的注重和搜集，其实早在先秦时期就已经开始了。比如作为先秦时期诗歌文本的《诗经》，就是通过广泛采诗以观民风，这些诗歌深入社会结构内部，容有大量不同阶级、阶层的物质生活与精神生活素材，诸如邑聚迁移、氏族家族、衣食住行、劳动场景、征战之苦、男女恋情、祀神祭祖、风尚礼俗、娱乐教育等，均有所抒发阐扬。而作为先秦时期占筮文本的《周易》经文，也记录了原始婚俗遗风及上古人们生老病死、社会构成、商旅交通、人际交往、穿着时尚、卫生保健、行为观念、宗教信仰、盗劫内讧、水旱灾害等社会生活资料。记载孔子言行的语录体的儒家行为规范文本《论语》，其中一些篇章如《乡党篇》，也保留了当时社会士阶层应该遵循的日常生活礼俗。反映先秦时期儒家礼俗资料汇编的“三礼”之《礼记》《仪礼》等文献，对古代社会的宗法庙制、祭法祭仪、丧葬礼俗、婚规婚礼、成人仪式、亲属关系、生儿育女、学校教育、养老教子、起居仪节、服饰等次、投壶娱乐及乡射朝聘诸礼等，也都做了详尽规范，可视为贵族立身处世的生活手册。这些由古人有意无意遗留下来的社会生活史料素材，对于今天我们进行先秦社会生活史研究来说是异常珍贵的。

但是真正科学而系统的中国古代社会生活史研究在中国兴起，即开宗明义以社会大系统的整体史观，对古代社会生活史进行内外表里的宏观、中观、微观研究，只是自20世纪初期以来的事情。有学者指出，1906年著名学者刘师培发表《古政原始论》《古政原论》，此两文均涉及先秦时期社会生活史，包括氏族、君长、阶级、礼俗等，虽仍不脱传统史志的体例，但已开启具备近代意义的中国古代社会史的端倪。①

伴随着20世纪初“西学东渐”社会学理论的引入和科学研究手段的出现，加之甲骨文、金文、简帛文字等出土文献的增多及新兴近代考古学的发轫与进展，为先秦社会生活史研究提供了可以借鉴的理论方法和大量的前所未见的新资料；同时这一时期作为学术背景适时出现的中国古代社会史大论战的开展，涉及先秦历史的，如对中国是否经历过奴隶制和中国历史上是否实行过亚细亚生产方式等问题的研究，不同阶层、不同政党的学者为了驳倒对方而开始详细地分析和利用中国早期社会史料，从而将辩论之研究引向深处，更为重新构建上古社会生活历史面貌，迎来了一个新的契机。先秦社会史正式形成的标志则是一些“重量级”社会史著作的出版问世，如郭沫若的《中国古代社会研究》②，吕振羽的《史前期中国社会研究》③、《殷周时代的中国社会》④，李玄伯（名宗侗）的《中国古代社会新研》⑤、《中国古代社会史》⑥，侯外庐的《中国古代社会史》⑦、《中国古代社会史论》⑧，吴泽的《古代史：殷代奴隶制社会史》（中国历史大系）⑨等影响颇大。不过这些著作的主旨仍是在探讨先秦时期社会性质和社会结构及国家形态，虽然对先秦时期社会生活层面略有涉及，但还没有将触角完全深入到社会生活研究的各个层面。

在中国古代社会性质论争的同时，还有一批史学工作者，开始具体从事历史上社会生活史料的搜集整理和研究工作。1937年，顾颉刚先生为瞿宣颖（字兑之）辑集《中国社会史料丛钞》作序，强调指出：“中国社会史之著作将造端于是，继是而作通史者亦将知政治之外别有重要者在而扩大其眼光于全民族之

① 杜正胜：《中国古代社会史重建的省思》，《大陆杂志》1991年第82卷第1期。
② 郭沫若：《中国古代社会研究》，上海：上海新新书店，1930年。
③ 吕振羽：《史前期中国社会研究》，北平：人文书店，1934年。
④ 吕振羽：《殷周时代的中国社会》，上海：不二书店，1936年。
⑤ 李玄伯：《中国古代社会新研》，上海：开明书店，1948年。
⑥ 李宗侗：《中国古代社会史》，台北：华冈出版有限公司，1954年。
⑦ 侯外庐：《中国古代社会史》，上海：新知书店，1948年。
⑧ 侯外庐：《中国古代社会史论》，北京：人民出版社，1955年。
⑨ 吴泽：《古代史：殷代奴隶制社会史》（中国历史大系），上海：棠棣出版社，1949年。

生活矣。”[①]此时段与先秦社会生活史相关的著作有张亮采的《中国风俗史》[②]、陈顾远的《中国古代婚姻史》[③]、陈东原的《中国妇女生活史》[④]、吕思勉（诚之）的《中国宗族制度小史》[⑤]、吕思勉的《中国婚姻制度小史》[⑥]、吕思勉的《先秦史》[⑦]（其中设有“社会组织”和“衣食住行”专章）、李安宅的《仪礼与礼记之社会学的研究》[⑧]、陶希圣的《婚姻与家族》[⑨]、袁业裕的《中国古代氏姓制度研究》[⑩]、尚秉和的《历代社会风俗事物考》[⑪]、高达观的《中国家族社会之演变》[⑫]、刘节的《中国古代宗族移殖史论》[⑬]等。与先秦社会生活史研究相关的学术论文也层出不穷，如张世禄的《文字上之古代社会观》[⑭]与《诗经篇中所见之周代政治风俗》[⑮]、陈钟凡的《从文字学上所见初民之习性》[⑯]、陆渊的《〈诗经〉妇女观》[⑰]、汪震的《易经书中之古代人民的生活》[⑱]、汪章才的《周代丧制概略》[⑲]、迈五的《从殷虚遗文窥测上古风俗的一斑》[⑳]、程憬的《商民族的经济生活之推测》[㉑]、马元材的《卜辞时代的经济生活》[㉒]、郭沫若的《周

① 瞿宣颖纂辑：《中国社会史料丛钞·顾序》，长沙：商务印书馆，1937年。
② 张亮采编纂：《中国风俗史》，上海：商务印书馆，1911年。
③ 陈顾远：《中国古代婚姻史》，上海：商务印书馆，1925年。
④ 陈东原：《中国妇女生活史》，上海：商务印书馆，1937年。
⑤ 吕诚之：《中国宗族制度小史》，上海：中山书局，1929年。
⑥ 吕思勉：《中国婚姻制度小史》，上海：中山书局，1929年。
⑦ 吕思勉：《先秦史》，上海：开明书店，1941年。
⑧ 李安宅：《仪礼与礼记之社会学的研究》，上海：商务印书馆，1931年。
⑨ 陶希圣：《婚姻与家族》，上海：商务印书馆，1934年。
⑩ 袁业裕：《中国古代氏姓制度研究》，上海：商务印书馆，1936年。
⑪ 尚秉和：《历代社会风俗事物考》，上海：商务印书馆，1938年。
⑫ 高达观：《中国家族社会之演变》，南京：正中书局，1944年。
⑬ 刘节：《中国古代宗族移殖史论》，南京：正中书局，1948年。
⑭ 张世禄：《文字上之古代社会观》，《国学丛刊》1923年第1卷第2期。
⑮ 张世禄：《诗经篇中所见之周代政治风俗》，《史地学报》1926年第4卷第1期。
⑯ 陈钟凡：《从文字学上所见初民之习性》，《国学丛刊》1923年第1卷第2期。
⑰ 陆渊：《〈诗经〉妇女观》，《学灯》1924年第6卷第2期。
⑱ 汪震：《易经书中之古代人民的生活》，《晨报六周年纪念增刊》1925年第6期。
⑲ 汪章才：《周代丧制概略》，《史地学报》1925年第3卷第5期。
⑳ 迈五：《从殷虚遗文窥测上古风俗的一斑》，《南开周刊周年纪念号》，1925年。
㉑ 程憬：《商民族的经济生活之推测》，《新月月刊》1928年第1卷第4期。
㉒ 马元材：《卜辞时代的经济生活》，《飞跃》（双周刊）1930年第2卷第1期。

易时代的社会生活》[①]、牛夕的《自商至汉初社会组织之探讨》[②]、李建芳的《〈诗经〉时代的女性生活研究观》[③]、温丹铭的《殷卜辞婚嫁考》[④]、黎征赋的《由甲骨文中窥见殷商社会的宗教生活》[⑤]、钱穆的《一千八百年前的中国家庭》[⑥]、龙非了的《穴居杂考》[⑦]、丁霄汉的《诗经中的周代男女关系》[⑧]、丁道谦的《诗经中的妇女社会观》[⑨]、陈梦家的《古文字中之商周祭祀》[⑩]和《祖庙与神主之起源：释且宜祖宗佑祊示室等字》[⑪]、陈应槐的《先秦时代的宗教与婚丧》[⑫]、孙作云的《中国古代的灵石崇拜》[⑬]、吴泽的《史前期中国社会的亲族制》[⑭]、唐兰的《未有谥法以前的易名制度》[⑮]、顾颉刚的《春秋时代的农民生活与商工业》[⑯]、胡朴安的《从文字学上考见之中国古代妇女》[⑰]和《从文字学上考见古代辨色本能与染色技术》[⑱]、冯汉骥的《由中国亲属名词上所见之中国古代婚姻制》[⑲]、蒋大沂的《从古文字中观察古代家宅演进之情形》[⑳]、胡厚宣的《殷人疾病考》[㉑]和《殷代婚姻家族宗法生育制度考》[㉒]、徐中舒的《结

① 郭沫若：《周易时代的社会生活》，《中国古代社会研究》，上海：上海联合书店，1930 年。
② 牛夕：《自商至汉初社会组织之探讨》，《清华周刊》1931 年第 35 卷第 2 期。
③ 李建芳：《〈诗经〉时代的女性生活研究观》，《新创造半月刊》1932 年第 1 卷第 2 期。
④ 温丹铭：《殷卜辞婚嫁考》，《国立中山大学文史学研究所月刊》1933 年第 1 卷第 5 期。
⑤ 黎征赋：《由甲骨文中窥见殷商社会的宗教生活》，《南星杂志》1933 年第 2 卷第 7 期。
⑥ 钱穆：《一千八百年前的中国家庭》，《人言》1934 年第 1 卷第 29 期。
⑦ 龙非了：《穴居杂考》，《中国营造学社汇刊》1934 年第 5 卷第 1 期。
⑧ 丁霄汉：《诗经中的周代男女关系》，《文化建设》1935 年第 2 卷第 1 期。
⑨ 丁道谦：《诗经中的妇女社会观》，《食货》1936 年第 4 卷第 7 期。
⑩ 陈梦家：《古文字中之商周祭祀》，《燕京学报》1936 年第 19 期。
⑪ 陈梦家：《祖庙与神主之起源：释且宜祖宗佑祊示室等字》，《文学年报》1937 年第 3 期。
⑫ 陈应槐：《先秦时代的宗教与婚丧》，《民俗》1936 年第 1 期。
⑬ 孙作云：《中国古代的灵石崇拜》，《民族》1937 年第 5 卷第 1 期。
⑭ 吴泽：《史前期中国社会的亲族制》，《文化建设》1937 年第 3 卷第 5 期。
⑮ 唐兰：《未有谥法以前的易名制度》，《重庆中央日报》1939 年 10 月 8 日，“读书”副刊第一号。
⑯ 顾颉刚：《春秋时代的农民生活与商工业》，《学术》1940 年第 3 期。
⑰ 胡朴安：《从文字学上考见之中国古代妇女》，《学林》1940 年第 1 期。
⑱ 胡朴安：《从文字学上考见古代辨色本能与染色技术》，《学林》1941 年第 3 期。
⑲ 冯汉骥：《由中国亲属名词上所见之中国古代婚姻制》，《齐鲁学报》1941 年第 1 期。
⑳ 蒋大沂：《从古文字中观察古代家宅演进之情形》，《学术》1940 年第 3 期。
㉑ 胡厚宣：《殷人疾病考》，《学思》1943 年第 3 卷第 3、4 期。
㉒ 胡厚宣：《殷代婚姻家族宗法生育制度考》，《甲骨学商史论丛初集》第 1 册，成都：齐鲁大学国学研究所，1944 年。

绳遗俗考》[①]和《黄河流域穴居遗俗考》[②]、斯维至的《殷代风之神话》[③]及芮逸夫的《中国亲属称谓制的演变及其与家族组织的相关性》[④]，等等。

上举这些论著，大多属于呼应当时的“社会史论战”而作，分别就先秦社会生活之方方面面进行了深浅不一的各种课题研究，或用新理论、新方法或取材新资料，大都取得了一定的阶段性成果。当然，毋庸讳言，此时的先秦社会生活史研究，在史料掌握上不够齐全，史料鉴别方面粗疏轻率，社会生活史与社会形态史或社会发展史的概念区分上界定不清，史学理论和研究方法上存在着诸多混乱和误区，这些是这一时期先秦社会生活史研究的缺陷。

中国先秦社会生活史研究，由于受到中国近现代社会政治风云变幻和世界范围内学术思想变迁潮流的影响，并非一帆风顺。正是由于这样一些影响，这一课题研究的内外部环境因素存在“先秦社会生活史研究从一开始就呈现着一条在曲折道路中辗转前进”的发展轨迹，如从中华人民共和国成立至20世纪七八十年代，历史研究偏重经济、政治、文化三板块框构，产生浓厚的公式化、简单化、绝对化氛围，先秦社会生活史研究在中国大陆处于萎缩停滞状态，社会生活史研究不受重视，除了因为要表现阶级斗争的政治原则而对属于先秦社会等级阶层中的“庶人”“奴隶”“平民”等有所论及外，其他方面论著寥若晨星。此时虽有李亚农的《殷代社会生活》[⑤]和陈邦怀的《殷代社会史料征存》[⑥]，但二书或限于材料公布或囿于政治影响，均不能达到研究先秦社会生活史的真正要求。而与宗法制度有关的先秦宗族、亲族研究却一枝独秀，寂寞开放，如张政烺的《古代中国的十进制氏族组织》[⑦]、丁山的《甲骨文所见氏族及其制度》[⑧]、李学勤的《论殷代亲族制度》[⑨]、杨宽的《试论西周春秋间的宗法制度和贵族组织》[⑩]、

① 徐中舒：《结绳遗俗考》，《说文月刊》1944年第4卷。

② 徐中舒：《黄河流域穴居遗俗考》，《中国文化研究汇刊》1950年第9卷。

③ 斯维至：《殷代风之神话》，《中国文化研究汇刊》1948年第8卷。

④ 芮逸夫：《中国亲属称谓制的演变及其与家族组织的相关性》，《民族学研究集刊》1948年第6期。

⑤ 李亚农：《殷代社会生活》，上海：上海人民出版社，1955年。

⑥ 陈邦怀：《殷代社会史料征存》，天津：天津人民出版社，1959年。

⑦ 张政烺：《古代中国的十进制氏族组织》，《历史教学》1951年第2卷第3、4、6期。

⑧ 丁山：《甲骨文所见氏族及其制度》，北京：科学出版社，1956年。

⑨ 李学勤：《论殷代亲族制度》，《文史哲》1957年第11期。

⑩ 杨宽：《试论西周春秋间的宗法制度和贵族组织》，《古史新探》，北京：中华书局，1965年。

林沄的《从武丁时代的几种“子卜辞”试论商代的家族形态》[①]等，可算是这一时期先秦社会生活史一个侧面的凤毛麟角式的展示。

相对而言，这时期海外学者对中国先秦社会生活史却日益重视，研究势头至今不衰，其中尤以日本学者的研究成果令人瞩目。日本学界对中国先秦社会生活史研究起自20世纪三四十年代，主要论著有松因寿男的《殷卜辞与古代中国人之生活》[②]、加藤常贤的《“支那”古代家族制度研究》[③]、诸桥辙次的《“支那”之家族制》[④]、清水盛光的《“支那”家族的构造》[⑤]等，分别对商周的家族形态、婚姻、丧葬、宗法祭祀制度进行探究，颇具影响力。从此以后，又有一批学术成果问世，如高桥盛孝的《殷墟甲骨文所见的方位和风名》[⑥]、内藤戊申的《殷人的生活》[⑦]、伊藤道治的《殷都的生活》[⑧]、池田末利的《中国古代土地神的祭祀》[⑨]、泽田大多郎的《从考古资料看中国商—汉的住居形态》[⑩]、谷田孝之的《中国古代亲族等级的考祭》[⑪]、江头広的《金文中家族制度的若干问题》[⑫]、加藤常贤的《中国古代的生活与文字》[⑬]、池田雄一的《中国古代的聚落形态》[⑭]、藤野岩友的《中国古代的坐法》[⑮]、林巳奈夫的《两周时代玉人像的衣服与头饰》[⑯]、伊藤道治的《殷代的宗教与社会》[⑰]、深津

① 林沄：《从武丁时代的几种“子卜辞”试论商代的家族形态》，载吉林大学古文字研究室编：《古文字研究》第一辑，北京：中华书局，1979年。

②〔日〕松因寿男：《殷卜辞与古代中国人之生活》，《加藤博士还历纪念东洋史集说》，东京：富山房，1941年。

③〔日〕加藤常贤：《“支那”古代家族制度研究》，东京：岩波书店，1940年。

④〔日〕诸桥辙次：《“支那”之家族制》，东京：大修馆书店，1941年。

⑤〔日〕清水盛光：《“支那”家族的构造》，东京：岩波书店，1942年。

⑥〔日〕高桥盛孝：《殷墟甲骨文所见的方位和风名》，《史泉》1957年第5期。

⑦〔日〕内藤戊申：《殷人的生活》，载贝塚茂树主编：《古代殷帝国》之一章，东京：みすず书房，1957年。

⑧〔日〕伊藤道治：《殷都的生活》，《图说世界文化史大系第15卷·中国1》，东京：角川书店，1958年。

⑨〔日〕池田末利：《中国古代土地神的祭祀》，《东方宗教》1963年第21号。

⑩〔日〕泽田大多郎：《从考古资料看中国商—汉的住居形态》，《日本大学史学会研究会报》1966年第10号。

⑪〔日〕谷田孝之：《中国古代亲族等级的考祭》，《日本中国学会报》1966年第18集。

⑫〔日〕江头広：《金文中家族制度的若干问题》，《日本中国学会报》1967年第19集。

⑬〔日〕加藤常贤：《中国古代的生活与文字》，《东洋学术研究》1970年第8卷第4号。

⑭〔日〕池田雄一：《中国古代的聚落形态》，《中央大学文学部纪要》1971年第61辑。

⑮〔日〕藤野岩友：《中国古代的坐法》，《神道宗教》1972年第65、66号。

⑯〔日〕林巳奈夫：《两周时代玉人像的衣服与头饰》，《史林》1972年第55卷第2号。

⑰〔日〕伊藤道治：《殷代的宗教与社会》，《史林》1975年第58卷第2号。

胤房的《古代中国人的思想与生活——关于“梦”》[1]、宇都宫清吉的《诗经时代的社会》[2]、松本雅明的《中国古代的村落和生活仪礼》[3]、笠川直树的《殷代社会的子和宗教仪礼》[4]等，尤其是林巳奈夫《中国古代的生活史》[5]一书，对两汉以前社会的服饰、住居和村落、什器和饮食、农工商业、乘物和道路、娱乐、武器战争、文书与书物、神祇、祭祀等众多方面，做了颇为详尽的考述。日本学者这方面的学术论著，大都以勤于资料搜汇，研究特点是辨析细腻，以小见大而不囿成见。1949 年以后，中国港台地区也有学者专注于先秦社会生活史研究，如董作宾的《殷代的奴隶生活》[6]、李济的《跪坐蹲居与箕踞》[7]、高去寻的《殷礼的含贝握贝》[8]、石璋如的《殷代头饰举例》[9]、杨希枚的《联名与姓氏制度的研究》[10]、凌纯声的《中国古代神主与阴阳性器崇拜》[11]和《匕鬯与醴柶考》[12]、曹德宣的《殷之卜辞与中国古代社会的生活》[13]、徐朝阳的《中国亲属法溯源》[14]、赵林的《商周亲属制度之研究》[15]、许倬云的《周代的衣、食、住、行》[16]、庄万寿的《上古的食物》[17]、贾士衡的《殷周妇女生活的几

① 〔日〕深津胤房：《古代中国人的思想与生活——关于“梦”》，《宇野哲人先生白寿祝贺纪念东洋学论丛》，日本东方学会，1974 年。

② 〔日〕宇都宫清吉：《诗经时代的社会》，《名古屋大学东洋史研究报告》5，1978 年。

③ 〔日〕松本雅明：《中国古代的村落和生活仪礼》，《东方宗教》1979 年第 54 号。

④ 〔日〕笠川直树：《殷代社会的子和宗教仪礼》，《东方宗教》1981 年第 58 号。

⑤ 〔日〕林巳奈夫：《中国古代的生活史》，东京：吉川弘文馆，1992 年。

⑥ 董作宾：《殷代的奴隶生活》，《大陆杂志》1950 年第 1 卷第 2 期。

⑦ 李济：《跪坐蹲居与箕踞》，载台湾“中研院”历史语言研究所集刊编辑委员会：《“中央研究院”历史语言研究所集刊》第二十四本，1953 年。

⑧ 高去寻：《殷礼的含贝握贝》，《“中央研究院”院刊》1954 年第 1 辑。

⑨ 石璋如：《殷代头饰举例》，载台湾“中研院”历史语言研究所集刊编辑委员会：《“中央研究院”历史语言研究所集刊》第二十八本下册，1957 年。

⑩ 杨希枚：《联名与姓氏制度的研究》，载台湾“中研院”历史语言研究所集刊编辑委员会：《“中央研究院”历史语言研究所集刊》第二十八本下册，1957 年。

⑪ 凌纯声：《中国古代神主与阴阳性器崇拜》，《“中央研究院”民族学研究所集刊》1959 年第 8 期。

⑫ 凌纯声：《匕鬯与醴柶考》，《“中央研究院”民族学研究所集刊》1961 年第 12 期。

⑬ 曹德宣：《殷之卜辞与中国古代社会的生活》，台北：台湾商务印书馆，1965 年。

⑭ 徐朝阳：《中国亲属法溯源》，台北：台湾商务印书馆，1968 年。

⑮ 赵林：《商周亲属制度之研究》，台北：益智书局，1970 年。

⑯ 许倬云：《周代的衣、食、住、行》，载台湾“中研院”历史语言研究所出版品编辑委员会：《“中央研究院”历史语言研究所集刊》第四十七本，1976 年。

⑰ 庄万寿：《上古的食物》，《大陆杂志》1976 年第 53 卷第 2 期。

个面》[①]等，尤其值得称道的是，美籍华裔学者张光直的《中国远古时代仪式生活的若干资料》[②]、《中国古代的饮食与饮食具》[③]，以及周鸿翔的《商朝的帚某》[④]、周策纵的《古巫医与“六诗”考——中国浪漫文学探源》[⑤]等文，可谓先秦社会生活史方面的专深之论。

欧美和其他国家的中国先秦社会生活史研究虽不大多见，但水平较高。如美国学者吉德炜（David N. Keightley）的《中国古代的宫廷手工业者——商代的“工”与“多任”》[⑥]，俄国学者刘克甫（M. B. Kpiokob）的《古代中国人的社会组织形式》[⑦]，韩国学者赵振靖的《殷代的宗教信仰与祭祀》[⑧]、孙叡彻的《甲骨文祭祀卜辞中的牺牲考》[⑨]等，虽为吉光片羽，但就研究深度而言，都颇值得重视。

自20世纪80年代以来，国内经济改革带动学术发展，历史学界矫枉过正，逐渐摆脱了学术研究的政治化倾向，历史学研究开始呈现出一种复苏境况，尤其是南开大学中国古代史学者群体，发起了对中国古代社会生活史研究的倡导。在这样的形势影响下，先秦社会生活史研究也逐渐回归到本应受到重视的地位。一些相关选题的博士论文成为这一时期先秦社会生活史研究的代表，如朱凤瀚的《商周家族形态研究》[⑩]、谢维扬的《周代家庭形态》[⑪]、王玉波的《中国家长制家庭制度史》[⑫]、常金仓的《周代礼俗研究》[⑬]、钱杭的《中国宗族制度新探》[⑭]等。一批研究先秦时期家族形态与社会结构的论著出版，揭开了新时期先

① 贾士衡：《殷周妇女生活的几个面》，《大陆杂志》1980年第61卷第5期。

② 张光直：《中国远古时代仪式生活的若干资料》，《“中央研究院”民族学研究所集刊》1960年第9期。

③ 张光直：《中国古代的饮食与饮食具》，《纽约科学协会会刊》1973年第35卷第6期。

④ 周鸿翔：《商朝的帚某》，《华裔学志》1970年第29卷。

⑤ 周策纵：《古巫医与“六诗”考——中国浪漫文学探源》，台北：联经出版事业公司，1986年。

⑥〔美〕吉德炜：《中国古代的宫廷手工业者——商代的“工”与“多任”》，美国华盛顿大学现代中国历史工程讨论会论文，1970年。

⑦〔俄〕刘克甫：《古代中国人的社会组织形式》，莫斯科：科学出版社，1967年。

⑧〔韩〕赵振靖：《殷代的宗教信仰与祭祀》，《法商学院辅仁学志》1971年第4期。

⑨〔韩〕孙叡彻：《甲骨文祭祀卜辞中的牺牲考》，《中国学报》第21辑，汉城：汉城大学校出版部，1980年。

⑩ 朱凤瀚：《商周家族形态研究》，天津：天津古籍出版社，1990年。

⑪ 谢维扬：《周代家庭形态》，北京：中国社会科学出版社，1990年。

⑫ 王玉波：《中国家长制家庭制度史》，天津：天津社会科学院出版社，1989年。

⑬ 常金仓：《周代礼俗研究》，台北：文津出版社，1993年。

⑭ 钱杭：《中国宗族制度新探》，香港：中华书局，1994年。

秦社会生活史研究的序幕。近年来出版的南开学者论著如雁侠的《中国早期姓氏制度研究》[①]、陈絜的《商周姓氏制度研究》[②]、朱彦民的《商族的起源、迁徙与发展》[③]等，也都是这方面的后续之作。

与此同时，一些相关论文如斯维至的《释宗族——关于父家长家庭公社及土地私有制的产生》[④]，徐中舒的《中国古代的父系家庭及其亲属称谓》[⑤]，程德祺的《父系宗族公社》[⑥]《宗族公社若干问题试探》[⑦]《我国古代的宗族》[⑧]，裘锡圭的《关于商代的宗族组织与贵族和平民两个阶级的初步研究》[⑨]，李西兴的《从岐山凤雏村房基遗址看西周的家族公社》[⑩]，王培真的《金文中所见西周世族的产生和传袭》[⑪]，张懋镕的《金文所见西周世族政治》[⑫]，刘昭瑞的《关于甲骨文中子称和族的几个问题》[⑬]，李向平的《西周春秋时期士阶层宗法制度研究》[⑭]、《西周春秋时期庶人宗法组织研究》[⑮]，李启谦的《鲁君的家族组织及其与宗法制度的关系》[⑯]，冯汉骥的《中国亲属称谓指南》[⑰]，葛英会的《殷墟卜辞所见王族及相关问题》[⑱]，晁福林的《试论春秋时期的祖先崇拜》[⑲]，孙晓

① 雁侠：《中国早期姓氏制度研究》，天津：天津古籍出版社，1996年。

② 陈絜：《商周姓氏制度研究》，北京：商务印书馆，2007年。

③ 朱彦民：《商族的起源、迁徙与发展》，北京：商务印书馆，2007年。

④ 斯维至：《释宗族——关于父家长家庭公社及土地私有制的产生》，《思想战线》1978年第1期。

⑤ 徐中舒：《中国古代的父系家庭及其亲属称谓》，《四川大学学报（哲学社会科学版）》1980年第1期。

⑥ 程德祺：《父系宗族公社》，《中央民族大学学报（哲学社会科学版）》1981年第1期。

⑦ 程德祺：《宗族公社若干问题试探》，《中央民族大学学报（哲学社会科学版）》1983年第1期。

⑧ 程德祺：《我国古代的宗族》，《苏州历史学会论文选》，1983年。

⑨ 裘锡圭：《关于商代的宗族组织与贵族和平民两个阶级的初步研究》，载中华书局编辑部编：《文史》第17辑，北京：中华书局，1983年。

⑩ 李西兴：《从岐山凤雏村房基遗址看西周的家族公社》，《考古与文物》1984年第5期。

⑪ 王培真：《金文中所见西周世族的产生和传袭》，《人文杂志丛刊第二辑·西周史研究》，人文杂志编辑部，1984年。

⑫ 张懋镕：《金文所见西周世族政治》，《人文杂志》1986年第6期。

⑬ 刘昭瑞：《关于甲骨文中子称和族的几个问题》，《中国史研究》1987年第2期。

⑭ 李向平：《西周春秋时期士阶层宗法制度研究》，《历史研究》1986年第5期。

⑮ 李向平：《西周春秋时期庶人宗法组织研究》，《历史研究》1989年第2期。

⑯ 李启谦：《鲁君的家族组织及其与宗法制度的关系》，《东岳论丛》1988年第2期。

⑰ 冯汉骥：《中国亲属称谓指南》，徐志诚译，上海：上海文艺出版社，1989年。

⑱ 葛英会：《殷墟卜辞所见王族及相关问题》，载北京大学考古系编：《纪念北京大学考古专业三十周年论文集（1952—1982）》，北京：文物出版社，1990年。

⑲ 晁福林：《试论春秋时期的祖先崇拜》，《陕西师范大学学报（哲学社会科学版）》1995年第2期。

春的《试论商代的父系家族公社》[①]、《春秋时期宗族组织的经济形态初探》[②]等，也是从先秦社会阶层中的宗族组织角度入手，进行研究。另外，丁山的《姓与氏》[③]，杨希枚的《姓字古义析证》、《论先秦所谓姓及其相关问题》[④]，马雍的《中国姓氏制度的沿革》[⑤]，李学勤的《考古发现与古代姓氏制度》[⑥]，尹湘豪的《氏姓制度与孔子的伦理思想》[⑦]等则是从先秦时期姓氏的起源与早期形态入手，研究当时社会生活史的一个侧面。而徐中舒的《中国古代的父系家庭及其亲属称谓》[⑧]，耿慧玲的《周代妇女生活》[⑨]，肖平汉与杨有礼的《从婚姻形态和婚姻制度上看春秋战国时期妇女地位的低下》[⑩]、《试论春秋时期贵族妇女在婚姻关系中的地位》[⑪]，郑慧生的《上古华夏妇女与婚姻》[⑫]，李玉洁与黄有汉的《论仰韶文化的家庭形态》[⑬]，祝瑞开的《我国一夫一妻制家庭的形成》[⑭]，陈绍棣的《春秋战国婚俗》[⑮]，王玉波的《中国婚礼的产生与演变》[⑯]，李衡眉的《昭穆制度与周人早期婚姻形式》[⑰]，宋镇豪的《商代婚姻的运作礼规》[⑱]，陈延嘉

① 孙晓春：《试论商代的父系家族公社》，《史学集刊》1991 年第 3 期。

② 孙晓春：《春秋时期宗族组织的经济形态初探》，《史林》1986 年第 2 期。

③ 丁山：《姓与氏》，《新建设》1951 年第 6 期。

④ 杨希枚：《姓字古义析证》，《先秦文化史论集》，北京：中国社会科学出版社，1995 年；杨希枚：《论先秦所谓姓及其相关问题》，《中国史研究》1984 年第 3 期。

⑤ 马雍：《中国姓氏制度的沿革》，载丁守和、方行主编：《中国文化研究集刊》第二辑，上海：复旦大学出版社，1985 年。

⑥ 李学勤：《考古发现与古代姓氏制度》，《考古》1987 年第 3 期。

⑦ 尹湘豪：《氏姓制度与孔子的伦理思想》，《江西社会科学》1985 年第 4 期。

⑧ 徐中舒：《中国古代的父系家庭及其亲属称谓》，《四川大学学报（哲学社会科学版）》1980 年第 1 期。

⑨ 耿慧玲：《周代妇女生活》，台湾《史学汇刊》1980 年第 12 期。

⑩ 肖平汉、杨有礼：《从婚姻形态和婚姻制度上看春秋战国时期妇女地位的低下》，《衡阳师专学报》1985 年第 2 期。

⑪ 杨有礼、肖平汉：《试论春秋时期贵族妇女在婚姻关系中的地位》，《华中师范大学学报（哲社版）》1986 年第 2 期。

⑫ 郑慧生：《上古华夏妇女与婚姻》，郑州：河南人民出版社，1988 年。

⑬ 李玉洁、黄有汉：《论仰韶文化的家庭形态》，载唐嘉弘主编：《先秦史论集》，郑州：中州古籍出版社，1989 年。

⑭ 祝瑞开：《我国一夫一妻制家庭的形成》，《社会科学辑刊》1989 年第 6 期。

⑮ 陈绍棣：《春秋战国婚俗》，《百科知识》1990 年第 4 期。

⑯ 王玉波：《中国婚礼的产生与演变》，《历史研究》1990 年第 4 期。

⑰ 李衡眉：《昭穆制度与周人早期婚姻形式》，《历史研究》1990 年第 2 期。

⑱ 宋镇豪：《商代婚姻的运作礼规》，《历史研究》1994 年第 6 期。

《关于〈左传〉中的“烝”“报”婚问题》[①]等，则是从先秦时期婚姻制度和婚姻礼俗角度对先秦社会生活一个层面的集中揭示。

从先秦时期社会生活层面进行全面研究的则有许嘉璐的《中国古代衣食住行》[②]、李民的《殷商社会生活史》[③]、宋镇豪的《夏商社会生活史》[④]、晁福林的《夏商西周的社会变迁》[⑤]、蔡锋的《春秋时期贵族社会生活研究》[⑥]、徐杰令的《先秦社会生活史》[⑦]、许进雄的《中国古代社会：文字与人类学的透视》[⑧]、常金仓的《周代社会生活述论》[⑨]及宋兆麟的《中国风俗通史·原始社会卷》、宋镇豪的《中国风俗通史·夏商卷》、陈绍棣的《中国风俗通史·两周卷》[⑩]等。这些先秦社会生活全景式的著作，或鸟瞰整个先秦时期，或聚焦于每个时期，由于有了更多的考古发掘材料和古文字资料，这一课题的研究方法大多能做到“二重证据法”或“多重证据法”，因此研究结论可信度较高，观点比较平允公正，成为新时期先秦社会生活史研究的代表性著作。

二、先秦社会日常生活史研究的范畴

相对于先秦社会史论著（如前所述）而言，具体而深入的先秦社会日常生活史的研究明显不足。即使有一些属于这一范畴的内容，作者的写作意图也往

---

① 陈延嘉：《关于〈左传〉中的“烝”“报”婚问题》，《社会科学战线》1994年第3期。

② 许嘉璐：《中国古代衣食住行》，北京：北京出版社，1988年。

③ 李民主编：《殷商社会生活史》，郑州：河南人民出版社，1993年。

④ 宋镇豪：《夏商社会生活史》，北京：中国社会科学出版社，1994年。

⑤ 晁福林：《夏商西周的社会变迁》，北京：北京师范大学出版社，1996年。

⑥ 蔡锋：《春秋时期贵族社会生活研究》，北京：中国社会科学出版社，2004年。

⑦ 徐杰令编著：《先秦社会生活史》，哈尔滨：黑龙江人民出版社，2004年。

⑧ 许进雄：《中国古代社会：文字与人类学的透视》，北京：中国人民大学出版社，2008年。

⑨ 常金仓：《周代社会生活述论》，长春：吉林人民出版社，2008年。

⑩ 宋兆麟：《中国风俗通史·原始社会卷》，上海：上海文艺出版社，2001年；宋镇豪：《中国风俗通史·夏商卷》，上海：上海文艺出版社，2001年；陈绍棣：《中国风俗通史·两周卷》，上海：上海文艺出版社，2003年。

往不是有意识地对先秦社会日常生活史进行探讨，而多半是在对其他问题进行研究时偶尔涉及。正所谓“无心插柳柳成荫”者也。比如曾经在先秦史研究领域大领风骚的“人殉”与“殉人”的研究，作者众多，论著浩繁，虽然涉及被用为“人殉”的这些人之社会阶层的争论，但其初衷不在于此，而是为了论证殷商时期是否属于奴隶社会这一宏大宗旨的。

而且，学者在利用考古资料和古文字资料所做的先秦社会生活史研究并不系统，呈现出了在某些研究领域扎堆儿研究的现象，同一个题目有时多则数十篇文章，而有的领域或方向则“门前冷落车马稀”，只有几篇文章或者干脆没有。这种着力点分布不平衡的情况之所以出现，并不奇怪，也往往是材料多寡的缘故，或者是新出土资料的推动而引起的蜂拥而至现象。但是即便如此，在梳理这段学术史，总结前人研究成果之时，也同样能够感受到先秦日常社会史的学术研究正呈现一种蓬勃发展的趋势。

在此，仅对新时期以来的这方面成果，综述提要，以企有窥斑见豹、尝鼎一脔之效。

（一）衣食住行消费

马克思指出：“人们为了能够‘创造历史’必须能够生活。但是为了生活，首先就需要衣、食、住以及其他东西，因此第一个历史活动就是生产满足这些需要的资料，即生产物质生活本身。”[①]在先秦衣食住行等人类最基本生活消费活动方面，学术界参与人众、着力较多。

1. 服装、衣饰与衣料

夏鼐《我国古代蚕、桑、丝、绸的历史》一文以考古资料为依据，开启了先秦衣饰研究的先河。他指出，殷代青铜器花纹中的“蚕纹”、殷墓中发现的玉蚕及黏附于铜器表面受到铜锈渗透而保存下来的丝绸残片，都是殷商时期蚕丝

①〔德〕马克思、恩格斯：中共中央马克思恩格斯列宁斯大林著作编译局编译，《马克思恩格斯选集》第一卷，北京：人民出版社，1972年，第32页。

生产发达的有力证据。到了东周时期，丝绸实物则品种更加丰富，战国铜器上的采桑图很好地反映了当时人们的劳动场景。且当时丝织物有罗、纨、绮、縠、锦、绣等。[①]胡厚宣也同意夏鼐的观点，并对殷墟发掘的石刻人像与玉人像等器物进行了进一步的说明。[②]河北藁城台西村商代遗址的发掘，也引发了学者的相关探讨，其发掘简报中提到，随葬品中有麻织品和丝织品的残留。[③]在《台西村商代遗址出土的纺织品》一文中，研究者指出，通过对麻织物残片的研究，"藁城商代遗址的麻织物纤维，基本可以判断为大麻纤维"[④]。而"初步判定铜觚上的纤维是蚕丝纤维"[⑤]。王若愚则指出，在23号、24号墓女性墓主人的随葬品中发现的骨匕，应是刀杼之类用于纺织的工具。"当然，出土骨匕未必全是纺织用具，必须具体分析。但象（像）台西村所出这类薄刃长条形骨匕是用作纺织的工具，则是毋容置疑的。"[⑥]总体来说，学界对先秦时期纺织与麻、丝织品的关注较少，很大程度上是受麻、丝织品在墓葬中不易保存的影响，考古发现的匮乏使诸位方家难为无米之炊。

房道国基于冀、鲁、豫地区的考古材料，对先秦时期冀、鲁、豫地区的蚕丝手工业进行了考察，认为："商代该地区的丝织业是比较发达的，不仅日益普遍，而且品种多、质量优，已能生产出绢、绮、纨、縠、纱罗等丝织品。"[⑦]在西周与春秋战国时期，这一地域的蚕丝业得到了进一步的发展。顾国达和徐俊良则根据相关考古材料，认为"中国蚕丝业起源是多中心的，黄河中下游流域、长江中下游流域和四川盆地的三江流域都是蚕丝业的起源地之一"[⑧]。随后也有多位学者撰文，对先秦时期丝织文化的发展表示肯定。[⑨]吴爱琴则对贵

---

① 夏鼐：《我国古代蚕、桑、丝、绸的历史》，《考古》1972年第2期。

② 胡厚宣：《殷代的蚕桑和丝织》，《文物》1972年第11期。

③ 李捷民、华向荣、刘世枢，等：《河北藁城台西村商代遗址发掘简报》，《文物》1979年第6期。

④ 高汉玉、王任曹、陈云昌：《台西村商代遗址出土的纺织品》，《文物》1979年第6期。

⑤ 高汉玉、王任曹、陈云昌：《台西村商代遗址出土的纺织品》，《文物》1979年第6期。

⑥ 王若愚：《从台西村出土的商代织物和纺织工具谈当时的纺织》，《文物》1979年第6期。

⑦ 房道国：《试论先秦时期冀鲁豫地区的蚕丝手工业》，《东岳论丛》2003年第2期。

⑧ 顾国达、徐俊良：《论我国蚕丝业的多中心起源》，《浙江大学学报（人文社会科学版）》2003年第3期。

⑨ 孙玉琳：《浅谈周秦丝绸》，《文博》1993年第6期；张玉霞：《试论我国先秦时期的丝织文化》，《黄河科技大学学报》2007年第1期；李艳红、方成军：《试论中国蚕丝业的起源及其在殷商时期的发展》，《农业考古》2007年第1期。

族墓葬中的丝织品进行了进一步的分析研究，指出了先秦时期服饰质料与等级制度间的密切关系。[①]宋建忠和南普恒则通过对西周倗国墓地出土纺织品的技术分析，得出结论："此次分析的纺织品均为麻织品，其纺织原料属天然纤维素纤维，分为苎麻和大麻两种。"[②]为我们认识西周时期的纺织原料提供了科学依据。

王从礼根据考古材料对楚国服饰进行了初步研究。[③]彭景荣指出，中原地区最早、最完整的服装造型为安阳出土的殷商玉人，为"交领、右衽、系带"式，下装则以裳为主。其后出现了另外一种服饰形式即深衣，"深衣"由上衣下裳相连而成，属衣裳连属制，并简述了先秦服饰的色彩特征与材料特征。[④]宋镇豪先生在《春秋战国时期的服饰》一文中，按中原、齐鲁、北方、秦、吴越、楚、巴蜀滇七大文化区对此进行了概述。[⑤]

蔡革以广汉三星堆祭祀坑的出土文物为研究对象，对当时蜀人的服饰特征进行了初步研究。[⑥]朱彦民则对殷墟玉石人俑与三星堆青铜人像服饰进行了比较研究，并指出殷墟玉石人俑所反映的中原商代服饰的总特征是交领右衽（平民为直领对襟），簪发戴笄，有佩有饰，冠履齐全。三星堆先民服饰一方面受到了中原文化的影响，有冕服、礼服的特点；另一方面又显示出与中原文化判然有别的个性，即左衽、窄袖，有衣尾（燕尾），皃冠。[⑦]相关学者则对先秦时期的颈饰[⑧]、发式与发饰[⑨]、冠式[⑩]和佩饰[⑪]等进行了初步研究。

---

① 吴爱琴：《先秦时期服饰质料等级制度及其形成》，《郑州大学学报（哲学社会科学版）》2012年第6期。

② 宋建忠、南普恒：《西周倗国墓地出土纺织品的科学分析》，《文物》2012年第3期。

③ 王从礼：《从考古资料谈楚国服饰》，《文博》1992年第2期。

④ 彭景荣：《先秦服饰文化论纲》，《中原文物》1993年第4期。

⑤ 宋镇豪：《春秋战国时期的服饰》，《中原文物》1996年第2期。

⑥ 蔡革：《从广汉三星堆祭祀坑出土文物看当时蜀人的服饰特征》，《四川文物》1995年第2期。

⑦ 朱彦民：《殷墟玉石人俑与三星堆青铜人像服饰的比较研究》，《四川文物》2004年第1期。

⑧ 郭敏：《论先秦时期颈饰习俗的演变》，《郑州大学学报（哲学社会科学版）》2007年第4期。

⑨ 向景安：《从现存文物中探讨中国古代妇女发式的演变》，《文博》1995年第4期；王方：《东周时期"被发"的考古学解读》，《东南文化》2010年第5期；王方：《东周女性发型发饰初论》，《考古与文物》2011年第3期；杨建生：《春秋战国及秦汉妇女发式与发饰的初探》，《管子学刊》2013年第3期。

⑩ 田小娟：《商周冠式初探》，《考古与文物》2001年第4期。

⑪ 左鹏：《楚国珠玉佩饰之研究》，《江汉考古》1998年第2期。

从古文字角度对这一课题进行观照的，有以下几篇论文。杜勇《甲骨文所见商代的服饰》①搜集甲骨文中所见的服饰资料，对商代服饰做了分类分式，即左衽、右衽、对襟；朱彦民（笔名朱桢）《读〈甲骨文所见商代的服饰〉——与杜勇先生商榷》②不同意杜氏利用文字字形对服饰样式的机械划分，认为甲骨文材料的使用应该有其基本原则；刘莉《商代的日常服饰文化》③是在大量考古资料的基础上，对商代的日常服饰文化及相关问题进行论述的论文，间涉甲骨文；张宝林等《从甲骨文看殷商“服饰”功用及其文化内涵》④也是以甲骨文为依据，对商代服饰进行归类研究的文章。

李岩《金文所见周代的赐服制度》⑤通过整理两周金文，对金文赏赐运用先分类、后断代的研究，探讨周代赐服制度的形成与特点，阐明西周中晚期赏赐服饰之类别进一步细化、数量亦有所增多的见解。同时还有李岩《周代服饰制度研究》⑥一文，该文探讨与周代服饰制度有关的问题。从探讨服饰的起源和发展，到考察原始社会和夏商时期的服饰，再到分析周代的冕服制度、弁服制度、衣裘制度、深衣制度、丧服制度、佩玉制度，结合礼书记载和相关金文资料，重点分析了各种服饰制度的等级特点。晁福林《从士山盘看周代“服”制》⑦也可参看。

2. 食物、食器、酒饮及宴飨场合

陈振中较早对先秦时期的主要粮食作物粟、黍、稻、麦、菽、麻和菰等进行了详细的考察。他认为稷与粟是同一种作物，即谷子，而西周、春秋时期主要种植的是冬麦。⑧陈文华在《新石器时代的饮食》一文中对先秦时期的食材进

---

① 杜勇：《甲骨文所见商代的服饰》，《中原文物》1990年第3期。

② 朱桢：《读〈甲骨文所见商代的服饰〉——与杜勇先生商榷》，《中原文物》1993年第3期。

③ 刘莉：《商代的日常服饰文化》，河北师范大学硕士学位论文，2007年。

④ 张宝林、杨悦心、刘珂，等：《从甲骨文看殷商“服饰”功用及其文化内涵》，《绥化学院学报》2013年第2期。

⑤ 李岩：《金文所见周代的赐服制度》，《求索》2013年第12期。

⑥ 李岩：《周代服饰制度研究》，吉林大学博士学位论文，2010年。

⑦ 晁福林：《从士山盘看周代“服”制》，《中国历史文物》2004年第6期。

⑧ 参见陈振中：《先秦时代的主要粮食作物》，《古今农业》1988年第1期；陈振中：《先秦时代的主要粮食作物（续）》，《古今农业》1988年第2期。

行了概述：大体说来，长江流域及其以南地区以稻米为主，黄河流域以旱作粮食（粟、黍、稷、麦、豆、麻等）为主。副食可分为动物性和植物性食物两类。[①]陈文华还指出，通过出土文物可以确定的古代农作物包括粟、稻、黍、稷、麦、高粱、豆、麻、棉等，蔬菜瓜果包括油菜、白菜、芥菜、生姜、小茴香、葫芦、莲藕、菱、芡、瓜、桃、李、梅、杏、枣、栗、柿、梨、柑橘、橄榄、苹果、荔枝、薏苡等。[②]此外，其他学者就先秦时期的主要农作物也进行了研究。[③]

王艳玲《甲骨文谷物与耕作类词语研究》[④]通过甲骨文研究商代的农业生产，以《甲骨文合集》为主要材料，以《甲骨文合集补编》《殷墟花园庄东地甲骨》为补充材料，通过甲骨文中反映出来的农作物、生产工具、生产方式及谷物加

① 参见陈文华：《新石器时代的饮食》，《南宁职业技术学院学报》2004 年第 2 期；陈文华：《新石器时代饮食文化的萌芽》，《农业考古》1999 年第 1 期；陈文华：《春秋战国、秦汉时期的饮食文化》，《农业考古》2007 年第 4 期。

② 陈文华：《漫谈出土文物中的古代农作物》，《农业考古》1990 年第 2 期。

③ 王毓瑚：《我国自古以来的重要农作物》，《农业考古》1981 年第 1 期；王毓瑚：《我国自古以来的重要农作物（中）》，《农业考古》1981 年第 2 期；王毓瑚：《我国自古以来的重要农作物（下）》，《农业考古》1982 年第 1 期；昝维廉：《正视我国古代的五谷》，《农业考古》1982 年第 2 期；黄其煦：《黄河流域新石器时代农耕文化中的作物——关于农业起源问题的探索》，《农业考古》1982 年第 2 期；黄其煦：《黄河流域新石器时代农耕文化中的作物（续）——关于农业起源问题的探索》，《农业考古》1983 年第 1 期；黄其煦：《黄河流域新石器时代农耕文化中的作物——关于农业起源问题的探索（三）》，《农业考古》1983 年第 2 期；曹隆恭：《关于中国小麦的起源问题》，《农业考古》1983 年第 1 期；游修龄：《论黍和稷》，《农业考古》1984 年第 2 期；李毓芳：《浅谈我国高粱的栽培时代》，《农业考古》1986 年第 1 期；王尧琴：《粟的起源》，《古今农业》1988 年第 1 期；郑殿升：《谈谈中国小麦的起源》，《种子世界》1988 年第 5 期；郑慧生：《先秦的“大麦”》，《农业考古》1993 年第 3 期；游修龄：《黍粟的起源及传播问题》，《中国农史》1993 年第 3 期；吴耀利：《黄河流域新石器时代的稻作农业》，《农业考古》1994 年第 1 期；卫斯：《试论中国粟的起源、驯化与传播》，《古今农业》1994 年第 2 期；石玉学、曹嘉颖：《中国高粱起源初探》，《辽宁农业科学》1995 年第 4 期；王在德、陈庆辉：《再论中国农业起源与传播》，《农业考古》1995 年第 3 期；张之恒：《黄河流域的史前粟作农业》，《中原文物》1998 年第 3 期；宋吉香：《建国以来有关粟（Setaria italica）的研究综述》，《农业考古》2006 年第 4 期；王志芳：《〈诗经〉中商周时期农作物的考古学研究》，《农业考古》2006 年第 6 期；侯毅：《试论我国北方粟作农业的起源问题》，《农业考古》2007 年第 1 期；侯毅：《从最近的考古发现看北方粟作农业的起源问题》，《北方文物》2007 年第 2 期；靳桂云：《中国早期小麦的考古发现与研究》，《农业考古》2007 年第 4 期；赵敏：《中国先秦时期粟、黍遗存考古发现与研究》，载中国古生物学会孢粉学分会、河北师范大学资源与环境科学学院编：《中国古生物学会孢粉学分会七届二次学术年会论文摘要集》，石家庄，2007 年；何红中、惠富平：《古粟（Setaria italica Beauv.）研究综述》，《中国粮油学报》2010 年第 4 期；王星光：《气候变化与黄河中下游地区的早期稻作农业》，《中国农史》2011 年第 3 期。

④ 王艳玲：《甲骨文谷物与耕作类词语研究》，河北大学硕士学位论文，2011 年。

工和储藏等几个方面的甲骨文字形，结合商周文献资料以及新石器时代、夏商周时代的考古材料，认定出商代主要有黍、粟、麦、稻、高粱、大豆六种粮食作物，具体论证了商代的生产工具和生产方式，进而推断出商代的农业生产水平，分析了农业在商代的重要地位，以及商代的农业对后世的影响。

由于材料原因，关于饮食方面的论著大多集中于殷商时期。末次信行《殷代支配阶级的主食》[①]认为，殷王朝支配阶级的主要谷物是麦。邹渊《甲骨文器物字所反映的居食习惯》[②]以甲骨文器物字为桥梁，讨论器物字所反映的古人的居食习惯。郭旭东《论甲骨卜辞中的“稻”字》[③]认为甲骨文中的“氵禾”字旧释为黍是有问题的，从对贞卜辞、成套卜辞、相间卜辞、同期卜辞及与水的亲密关系、古文献金文习语、种植方式来看，它符合水稻亲水的特征，应是五谷作物中的“稻”字。此外，姚伟钧《商周饮食方式论略》[④]也可参阅。

中国古代酒文化非常兴盛发达，对于酒饮在先秦时期的表现，学者多有揭示。范文澜认为酒在禹时开始出现[⑤]，袁翰青则认为谷物酿酒是从新石器时代开始的，早于传说中的夏朝[⑥]。张子高根据考古发掘中仰韶文化未见酒器，但陶制的酒器在龙山文化遗存中有所发现这一论据认为，谷物酿酒的起源实际出现于晚期的龙山文化。[⑦]李仰松则提出了不同意见，认为酿酒“早在我国原始社会仰韶文化时期就开始出现了”[⑧]。相关学者论证谷物酒起源于仰韶时期。[⑨]曾

① 〔日〕末次信行：《殷代支配阶级的主食》，载王宇信、宋镇豪主编：《纪念殷墟甲骨文发现一百周年国际学术研讨会论文集》，北京：社会科学文献出版社，2003年。

② 邹渊：《甲骨文器物字所反映的居食习惯》，《重庆教育学院学报》2009年第1期。

③ 郭旭东：《论甲骨卜辞中的“稻”字》，《中原文物》2006年第6期。

④ 姚伟钧：《商周饮食方式论略》，《浙江学刊》1999年第3期。

⑤ 范文澜：《中国通史简编》（修订本第一编），北京：人民出版社，1949年，第94页。

⑥ 袁翰青：《酿酒在我国的起源和发展》，《中国化学史论文集》，北京：生活·读书·新知三联书店，1956年，第99页。

⑦ 张子高：《论我国酿酒起源的时代问题》，《清华大学学报（自然科学版）》1960年第2期。

⑧ 李仰松：《对我国酿酒起源的探讨》，《考古》1962年第1期。

⑨ 包启安：《新石器时代出土文物与我国酒的起源》，《中国酿造》1994年第2期；王志俊：《试论我国酿酒的起源》，《文博》1994年第3期；包启安：《从新石器时代出土文物看我国酒的起源》，《中国酒》1996年第1期；包启安：《从新石器时代出土文物看我国酒的起源（下）》，《中国酒》1996年第2期；包启安：《史前文化时期的酿酒（一）酒的起源》，《酿酒科技》2005年第1期；包启安：《仰韶文化遗存与酿酒》，《中国酿造》2007年第1期；包启安：《仰韶文化遗存与酿酒（续）》，《中国酿造》2007年第2期。

纵野[①]、李霖等[②]、罗志腾[③]支持酿酒源于龙山文化一说。方扬指出仰韶文化可能产生酿酒，并没有实质性的证据，酿酒的存在“必须以酒器（不是一般的水器）为其标志”[④]。著名酿造史专家方心芳提出异议，认为“我国曲蘖酿酒的创始，应在八千年以前，这要比龙山文化时期早四千年”[⑤]。李健民在《大汶口墓葬出土的酒器》[⑥]一文中依据大汶口遗址出现的大量酒器，明确指出了大汶口文化时期酿酒技术已经产生，新证据的出现为上述争论画上了一个完满的句号。随后，证据充分的这一观点迅速得到了学者的支持。[⑦]

殷商时期农业是当时的主要生产部门。殷代农业生产已达较高水平，农作物品种较多，这些粮食除作食用和饲料外，有相当一部分被用于酿酒。酿酒业已成为商代手工业中一个重要行业。相关研究颇丰，如耿杰《从甲骨文看殷商之酒文化》认为制酒业在商代成为重要的社会行业和生产部门。酒成为仅次于人们主食的主要消费品。其品种之多、器具之多、规模之大皆是酒业发达的表现，且在甲骨文中有所体现。农之兴，则酒之盛。酒业发达是农业发达的侧面反映，又是整个社会经济发达的缩影。[⑧]郭胜强的《略论殷代的制酒业》[⑨]、李元的《酒与殷商文化》[⑩]和王莉的《略论殷商酒文化》[⑪]也是关于殷商饮酒之风的。蔡锋在《商代酿酒业及其饮酒、酗酒风气》中根据考古发掘的遗迹遗物，

① 曾纵野：《我国酿酒探源》，《黑龙江发酵》1977年第3期。

② 李霖、叶依能：《我国古代酿酒技术的发展》，《中国农史》1989年第4期；张德水：《殷商酒文化初论》，《中原文物》1994年第3期；杨剑：《先秦时期的酒》，《农业考古》2000年第3期。

③ 罗志腾：《我国古代的酿酒发酵》，《化学通报》1978年第5期。

④ 方扬：《我国酿酒当始于龙山文化》，《考古》1964年第2期。

⑤ 方心芳：《对“我国古代的酿酒发酵”一文的商榷》，《化学通报》1979年第3期。

⑥ 李健民：《大汶口墓葬出土的酒器》，《考古与文物》1984年第6期。

⑦ 王树明：《大汶口文化晚期的酿酒》，《中国烹饪》1987年第9期；袁永明：《对中国谷物酿酒起源问题的若干思考》，《文物春秋》2001年第1期；包启安：《大汶口文化遗存与酿酒》，《中国酿造》2008年第1期；包启安：《大汶口文化遗存与酿酒（续）》，《中国酿造》2008年第5期；魏坚：《中国古代酿酒的考古学观察》，载孙家洲、马利清主编：《酒史与酒文化研究》，北京：社会科学文献出版社，2012年，第54—58页。

⑧ 耿杰：《从甲骨文看殷商之酒文化》，《传奇·传记文学选刊（理论研究）》2010年第2期。

⑨ 郭胜强：《略论殷代的制酒业》，《中原文物》1986年第3期。

⑩ 李元：《酒与殷商文化》，《学术月刊》1994年第5期。

⑪ 王莉：《略论殷商酒文化》，《殷都学刊》1999增刊。

分别对殷商时期的饮酒现象进行了探讨。[①]胡洪琼则在《略论殷商时期的酒器》一文中以殷商时期科学发掘的墓葬资料为基础，对殷商时期的酒器种类、酒器组合及其反映的殷商饮酒风习进行了简要论述。[②]

酒饮之外，水与其他饮料的关注者不是很多，如刘振亚和刘璞玉在《我国古代饮料与冷凉食品探源》一文中通过考古发掘的贮冰井和盛放冰的瓦制或铜制的冰鉴等材料的分析讨论，对古人通过取冰和藏冰来祛暑降温和加工饮品和食物的行为进行了初步探讨。[③]

贵族的饮食礼制深刻地影响着商周时期的社会生活。饮食礼制不仅与权力、等级有着密切的联系，而且随着时代的发展，还深刻地影响了社会思想意识的发展。

张光直在《中国古代的饮食与饮食具》一文中对先秦时期的饮食方式与文化，做了诸多有创新性的论述："要研究青铜容器和陶器，我们就得研究古代中国的饮食习惯，而在这方面的研究上，器物本身便是有用的资料。"[④]并在文中简要概述了食物原料、烹调方法、菜肴种类、饮食器具。食具包括炊具、保存与贮藏器、盛食器。饮具包括贮水具、贮酒具、饮酒具、盛水具和盛酒具。张光直还对饮食的观念、主食与副食、进餐的礼节、食器搭配与五行关系等问题进行了探讨。可以说，张光直此文是关于先秦时期古人饮食生活的一篇具有指导性意义的宏文，非常值得参考。

在先秦饮食器具方面，考古学家王仁湘着力较多。其在《中国古代进食具匕箸叉研究》《勺子·叉子·筷子——中国古代进食方式的考古学研究》两文中，对以上早期中国餐具进行了更为细致的论述："古代中国的进食用具，主要有箸和匕两种，即筷子和餐匙。""箸的始作年代应当早于商代末年……主要用于食羹菜。"[⑤]王仁湘还根据现有的考古发现资料，从古代的烹饪技术和传统炊具、古代的厨师活动及传统食谱、直接出土的古代食物、出土的传统食具等

① 蔡锋：《商代酿酒业及其饮酒、酗酒风气》，《青海师范大学学报（哲学社会科学版）》2004年第3期。

② 胡洪琼：《略论殷商时期的酒器》，《农业考古》2012年第4期。

③ 刘振亚、刘璞玉：《我国古代饮料与冷凉食品探源》，《古今农业》1989年第2期。

④ 张光直：《中国古代的饮食与饮食具》，《中国青铜时代》，北京：生活·读书·新知三联书店，1983年，第221页。

⑤ 王仁湘：《中国古代进食具匕箸叉研究》，《考古学报》1990年第3期；王仁湘：《勺子·叉子·筷子——中国古代进食方式的考古学研究》，《寻根》1997年第5期。

四个方面来认识和研究中国古代饮食文化。他认为古代的烹饪方式主要有烹煮、烧烤、蒸和煎。[①]

杨钊《中国先秦时期的生活饮食》一文从饮食的基础、饮料、饮食器具、调料和烹饪及烹饪名人五方面概述了先秦饮食。[②]刘军社指出，先秦人的食物种类有淀粉食物、肉类食物、鱼类食物和天然食物四种，饮食方式有炰、脍、燔炙、肉酱、脯和腊等。[③]胡志祥则对先秦主食烹食方法进行探讨，先是陶器烹饪取代了早期的“石燔法”和“石煮法”，接着从陶制的罐、釜、鼎和鬲的器形演变与加热方式的联系角度来探讨烹煮方式的改变；甑的出现则与蒸法有关，另有熬法，类似于今日之干炒。[④]

姚伟钧指出，商周时期有分食制、席地而食的习俗。[⑤]申宪则对商周贵族饮食活动中的观念形态与饮食礼制进行了初步总结。[⑥]王雪萍指出：“先秦时期是我国饮食文化的形成时期，受地理环境的强烈影响，逐渐形成了以秦岭—淮河一线为界的南北两个饮食文化区域：黄河中下游地区为中心的北方饮食文化区，是以旱地粮食作物黍、粟等为主食，陆地动物为辅食，烧、烤、炸为主要烹饪方法的北方饮食风味；长江中下游地区为中心的南方饮食文化区，是以水田粮食作物稻米为主食，陆地动物和水产动植物为辅食，蒸、炖、煎为主要烹饪方法的南方饮食风味。”[⑦]张燕则对近二十年来先秦时期饮食文化研究进行了总结，认为主要分成了两个方向：以先秦饮食生活为研究对象的基础研究和扩展研究。[⑧]

与此相关研究成果还有宋镇豪的《夏商食政与食礼试探》[⑨]，姚伟钧的《试论饮食与礼的起源》[⑩]、《商周饮食方式论略》[⑪]，申宪的《商周贵族饮食活动中

① 王仁湘：《从考古发现看中国古代的饮食文化传统》，《湖北经济学院学报》2004年第2期。

② 杨钊：《中国先秦时期的生活饮食》，《史学月刊》1992年第1期。

③ 刘军社：《“先秦人”的饮食生活》，《农业考古》1994年第1期；刘军社：《先秦人的饮食生活（续）》，《农业考古》1995年第1期。

④ 胡志祥：《先秦主食烹食方法探析》，《农业考古》1994年第1期。

⑤ 姚伟钧：《商周饮食方式论略》，《浙江学刊》1999年第3期。

⑥ 申宪：《商周贵族饮食活动中的观念形态与饮食礼制》，《中原文物》2000年第2期。

⑦ 王雪萍：《先秦饮食文化的区域特征》，《青海社会科学》2006年第4期。

⑧ 张燕：《近二十年来先秦饮食文化研究考》，《牡丹江师范学院学报（哲社版）》2009年第5期。

⑨ 宋镇豪：《夏商食政与食礼试探》，《中国史研究》1992年第3期。

⑩ 姚伟钧：《试论饮食与礼的起源》，《湖北民族学院学报（哲学社会科学版）》1999年第1期。

⑪ 姚伟钧：《商周饮食方式论略》，《浙江学刊》1999年第3期。

的观念形态与饮食礼制》①等。

3. 居住建筑、家具器物

中国独特的建筑体系是在商周时期初步形成的。中国建筑基本特征的一些形式，如夯土台基、木构架以及院落式组合、对称布局等在这个时期均已出现。城市开始有了“城”和“郭”的区分。考古资料颇丰：被认为是商朝早期都邑西亳（河南偃师商城遗址）和中期都城（郑州商城）及晚期都城殷（河南安阳殷墟）均经考古发掘，遗址中有夯土城垣、壕沟、宫殿、陵墓、祭祀场所、手工业作坊等遗迹。二里头遗址有大面积夯土台，规模相当宏伟，有廊庑围绕的广庭，庭院式布局已见端倪。郑州商城范围很大，有宫殿遗址，城垣夯土至今存留地面。殷墟宫室区有很多夯土基址，残存铜质柱；陵墓使用井构造的木椁，出土精美的石雕和木雕刻，有漆饰痕迹。湖北黄陂盘龙城遗址是长江流域发现的商代古城，有城壕、城垣和夯土高台上的木构宫殿基址。河北藁城台西村发现十二座商代房基，有单间、双间、三间数种，墙基夯土筑成，还使用了土坯墙。二里头、郑州商城、殷墟均在夯土基中发现陶水管，是已知最早的陶质给水排水设施。但从古文字研究角度的成果尚比较薄弱：王慎行《商代穴居考》②一文将殷墟卜辞中有关居室建筑的字形，与考古发掘所获得的资料综合起来加以考察商代的居室建筑。他的《商代建筑技术考》③也是将殷墟卜辞中有关居室建筑的字形与考古发掘资料综合起来，就其穴居、宫室以及建筑技术进行考察，研究商代的居室建筑。虞宁《说甲骨卜辞中的“室”》④一文主要整理卜辞中“室”的资料及研究殷人的建筑技术。许进雄《从古文字探讨床与丧葬仪式的关系》⑤则是探讨居室的卧具的，认为从古文字“宿”与“疾”的写法可知古人平日睡于席上，生病时才睡特制的板床。

4. 交通工具、道路、出行

交通工具、道路、出行方面的研究成果，集中在商代的交通方面。

---

① 申宪：《商周贵族饮食活动中的观念形态与饮食礼制》，《中原文物》2000年第2期。

② 王慎行：《商代穴居考》，《中国国家博物馆馆刊》1986年第0期。

③ 王慎行：《商代建筑技术考》，《殷都学刊》1986年第2期。

④ 虞宁：《说甲骨卜辞中的“室”》，载河南省古代建筑保护研究所编：《文物建筑》（第2辑），北京：科学出版社，2008年。

⑤ 许进雄：《从古文字探讨床与丧葬仪式的关系》，《许进雄古文字论集》，北京：中华书局，2010年。

宋镇豪《商代的道路交通制度》①和刘志玲《试论商代的交通》②认为商代已有交通道路的开辟，且筑路区域广阔。在商代，陆上交通工具主要是牛车、马车，水上交通工具舟船已有船桨、船帆。道路的开辟和修筑，以及水陆交通工具的使用，为商品的流通提供了条件。一些论文集中讨论了商代的水上交通和舟船工具，如吴浩坤《甲骨文所见商代的水上交通工具》③总结出商代时期气候温暖，黄河中下游流域河流湖泊交错纵横，因而商代水上交通十分发达。甲骨文常见涉河（黄河）、涉滴等记载。甲骨文所见之舟非独木舟，而是像首尾上翘、平底、用木板拼接而成的木板船。从甲骨文还可知，商代舟船行驶工具有篙、航桨和风帆三类。司秀英《说“舟”——兼论我国商代以前水上交通工具的演进》④从古文字“舟”字形的演进来探讨水上交通工具的演进。杨升南《商代的水上交通工具》⑤认为甲骨文中的“舟”字有两个含意：人（国族）名和舟船。从“舟”字的结构观察，商代的舟船与现今的木船大致相同。商王室使用的舟有王室作坊建造和诸侯、贵族贡入两种。商时驾舟的技术有桨划、篙杆撑和手推纤拉。舟不但商王国有，周边的一些方国也有。其使用较为频繁，是当时的水上交通运输工具，后来还出现了用于作战的“舟师”。张兴照《水上交通与商代文明》⑥则论述了水上交通在文明时代初期的地位的重要性。借助已脱离原始形态的水运工具，商代黄河干支流皆可通航，其时人工水系航运亦不当为空白。水上交通与商代文明有密切的关系：商代都城选址及战略要地的建构考虑到水运这一重要因素；水上交通在军事征伐中发挥着作用；商代的贡纳、贸易特别是江南铜的北上有赖于水运；水运之路推动着商代文明的自身发展与向外播衍。李雪山《略论商代的两种交通工具》⑦、郭新和《甲骨文中的“舟”与商代的用舟制度》⑧、田华丽《谈商代的交通道路及其道路设施的设立》⑨及

① 宋镇豪：《商代的道路交通制度》，《历史研究（未定稿）》1989 年第 11 期。
② 刘志玲：《试论商代的交通》，《四川师范学院学报（哲学社会科学版）》1998 年第 3 期。
③ 吴浩坤：《甲骨文所见商代的水上交通工具》，《陕西师大学报（哲学社会科学版）》1995 年第 4 期。
④ 司秀英：《说“舟”——兼论我国商代以前水上交通工具的演进》，《山东教育学院学报》1995 年第 6 期。
⑤ 杨升南：《商代的水上交通工具》，《殷都学刊》2006 年第 4 期。
⑥ 张兴照：《水上交通与商代文明》，《中国社会科学》2013 年第 6 期。
⑦ 李雪山：《略论商代的两种交通工具》，《甲骨学研究》第一辑，1987 年。
⑧ 郭新和：《甲骨文中的“舟”与商代的用舟制度》，《殷都学刊》1999 增刊。
⑨ 田华丽：《谈商代的交通道路及其道路设施的设立》，《殷都学刊》1999 增刊。

杨升南《甲骨文中的“舟”字及商代的水上交通工具》[①]也是相关研究，可参阅。

相关学位论文有田华丽《商代交通探索》[②]，该文依据考古资料、甲骨文材料及文献资料对商代的交通状况进行了考察，全文共分四部分：①主要介绍商代的一些交通地理观念，如商人对于交通地理环境的地形地貌的认识；对于自身所处的地理位置的认识，特别是交通地理观念中对自身所处的地理位置即方位观体现了商政治统治的地域特征。②介绍商代的主要交通工具，主要有车；驯服的大型动物如马、象；水上的舟船。③介绍商代的交通道路，分析不同统治区域的道路分布及在此基础上初步形成的商的道路交通网络。④探讨商代的交通制度，如最早的沿路设立的军事据点、旅舍和驿传制度。

考古学界对先秦车马交通的研究主要是围绕着墓葬中的车马遗物展开的。杨宝成先生较早对这一领域进行探讨，其《殷代车子的发现与复原》[③]一文侧重对历年殷墟的车马坑发掘资料进行探讨，针对考古工作者的一些复原工作，杨先生提出了自己的建议，为随后的研究打下了基础。孙机则根据考古发掘中的古车遗迹，对中国古独輈马车的结构进行了研究，论述十分细致。[④]郑若葵也在《论商代马车的形制和系驾法的复原》一文中对商代晚期马车的性质结构和内涵特色进行了综合性的复原论述和探讨。[⑤]郑若葵还指出，根据商代早期、中期的考古资料中至今还未见任何车马殉祭坑的痕迹推测，商代早期、中期车马殉祭制度也许还不太可能，从殷墟墓葬看，商代晚期出现了车马殉祭制度。[⑥]考虑到商代早期、中期的墓葬还未被大规模考古发掘的背景条件后，从另外一个角度，也可以看出商代晚期商代贵族拥有相当数量的车马，故有能力在墓葬中以车马殉葬，当时贵族运用车马进行交通和战争的能力可见一斑。而从但见马车未见牛车的考古现象来看，很有可能当时牛车尚未如马车一样普及，故牛车在墓葬中并未被发现。翟德芳经过研究指出，通过对车的形制及车马具的研究，商周时期车辆与古代世界其他地区车辆的比较入手，认为中国古代的马车有自己的

① 杨升南：《甲骨文中的“舟”字及商代的水上交通工具》，《甲骨文商史丛考》，北京：线装书局，2007年。

② 田华丽：《商代交通探索》，郑州大学硕士学位论文，2000年。

③ 杨宝成：《殷代车子的发现与复原》，《考古》1984年第6期。

④ 孙机：《中国古独辀马车的结构》，《文物》1985年第8期。

⑤ 郑若葵：《论商代马车的形制和系驾法的复原》，《东南文化》1992年第6期。

⑥ 郑若葵：《试论商代的车马葬》，《考古》1987年第5期。

起源。[①]王星光则进一步指出："牛车、马车应是在中国本土起源的，商族应是我国最早掌握牛车、马车驾御技术的部族。"[②]以上观点得到了其他学者的支持。[③]

刘志玲则从商代的交通道路、交通工具和物品流通三个方面对商代的交通进行了探讨。陆上交通工具，最主要的是牛车和马车，还有人力车辇，用象和牛负重物等。水路方面，商代舟船的制造和使用已初具规模。[④]冯好则根据考古发现，进一步指出商代已有羊车。[⑤]

李久昌则对虢国墓地车马坑的随葬车进行研究，认为："与殷商和西周早期相比较，虢国车的作战能力、适应能力、抗震能力、耐用性、安稳性和灵活性，远远超过了前代。"[⑥]

（二）婚姻家庭制度

婚姻与家庭是人类社会发展到一定阶段的产物，作为一种以人类自身生产为前提的男女两性结合的社会形式，理所当然地有其本身的自然属性和社会属性。婚姻人际关系所表现出的社会组织系统，属于社会构成的特定形式范畴，故其婚姻形态总是与相关的经济方式和社会生活的内约外规相适应。先秦时期的婚姻家庭制度，也是日常生活史中重要的研究对象。但受客观条件的限制，多集中在商代，尤其是以后期殷墟卜辞为资料的研究居多。

朱凤瀚《商周家族形态研究》[⑦]是这方面的代表作。该书对商至春秋战国社会内各种类型的家族组织做了深入细致的研究，并对其演化规律与趋势进

① 翟德芳：《商周时期马车起源初探》，《华夏考古》1988年第1期。

② 王星光：《试论中国牛车、马车的本土起源》，《中原文物》2005年第4期。

③ 衡云花、黄富成：《技术发展与先秦古车起源蠡探》，《中原文物》2007年第6期；刘允东：《车马坑的考古发现与研究》，《殷都学刊》2009年第4期。

④ 刘志玲：《试论商代的交通》，《四川师范学院学报（哲学社会科学版）》1998年第3期。

⑤ 冯好：《关于商代车制的几个问题》，《考古与文物》2003年第5期。

⑥ 李久昌：《虢国墓地车马坑出土的车及其相关问题》，《中原文物》2005年第4期。

⑦ 朱凤瀚：《商周家族形态研究》，天津：天津古籍出版社，1990年。

行了有益的探讨；在研究方法上注意了古文献与古文字资料、田野考古资料的充分结合，同时注意了利用现代人类学的方法，可以说是历来有关该项课题中最有价值的著作。李衡眉《中国古代婚姻史论集》①也是这方面集中研究的论文集。

更多的是单篇论文的研究。比如美国学者丁骕《商殷王室之婚姻制度》②一文对商王室的婚姻制度进行了考察。与此有关的研究还有宋镇豪《商代婚姻的运作礼规》③，该文以甲骨卜辞为主要依据，考察论析了商代的婚规婚礼及求生、冥婚、命子等相关习俗，认为商代的贵族婚姻多以家族为本位，有较强的政治性质；婚姻依附于父系家长制下的家族组织群体而存立，婚姻以家族为本位，商代族氏组织的权贵，常利用这种婚姻规约，追求其更高的政治目的。而商代贵族婚姻受崇神思想支配，求吉之卜贯穿终始，然婚嫁形式渐趋礼仪化。郑慧生《商族的婚姻制度》④一文考察认为，从简狄时代的原始群婚，到王亥时代的对偶婚居妇家制，发展为上甲微以后的一夫一妻，是商民族婚姻制度粗略的演化过程。这中间原始婚制的陋习时有再现，直到帝乙时代方与之决裂。这是商族婚姻制度发展变化的全过程，它与中国及世界各古老民族的婚姻演化过程是基本合拍的。郭旭东《殷墟卜辞所见商代品立王后制度考》⑤一文从甲骨文出组卜辞中的小𢀛的老葬之事出发，考察商王立后有两条途径：一是在已有的嫔妃中选择；二是出外到异族方国选娶，作政治婚姻。政治婚姻是商王婚姻制度中的一种重要形式和一大特色。此外，杨柳《商王婚姻研究》⑥、魏庆凤《王亥时期商族的婚姻制度》⑦与《商族的婚姻制度》⑧均对商族的婚姻制度进行了较为全面的探讨。以上部分研究名义上谈的是商族的婚姻制度，实际上由于史料的限制，主要还是局限于王族及贵族阶层，对于平民阶层，实是资料匮乏，无以述及，难以证实。

① 李衡眉：《中国古代婚姻史论集》，长春：吉林文史出版社，1992年。
②〔美〕丁骕：《商殷王室之婚姻制度》，《殷都学刊》1989年第3期。
③ 宋镇豪：《商代婚姻的运作礼规》，《历史研究》1994年第6期。
④ 郑慧生：《商族的婚姻制度》，《史学月刊》1988年第6期。
⑤ 郭旭东：《殷墟卜辞所见商代品立王后制度考》，《文史哲》2009年第1期。
⑥ 杨柳：《商王婚姻研究》，苏州大学硕士学位论文，2012年。
⑦ 魏庆凤：《王亥时期商族的婚姻制度》，《平原大学学报》2007年第2期。
⑧ 魏庆凤：《商族的婚姻制度》，郑州大学硕士学位论文，2007年。

对于周代的婚姻制度的研究，多以文献为依据，特别是以《诗经》为凭借的研究，蔚为大观。而以古文字为材料的研究就相对冷落得多，这一方面是由于《诗经》本身的特点，其有关婚恋的内容异常丰富；而同时在古文字方面，如金文材料上，由于金文的性质，涉及婚姻家庭的内容毕竟极为少见。但也不是绝无仅有，如曹兆兰《从金文看周代媵妾婚制》①，从周代为出嫁女铸媵器的七种类型出发，推定部分铸器为媵器。并认为两女同时被媵送时，其中一女是作为异姓他国来媵的媵妾。两个出嫁女的称谓可能铸于同一媵器之中，也可能分别铸于不同的媵器之中。周代这种异姓嫡媵婚制，使周代女性地位一落千丈。此外，从金文出发探讨周代婚姻制度的有曹玮《散伯车父器与西周婚姻制度》②及孙永珍《两周媵器铭文研究》③，可见，在探讨两周的妇女称谓、女性地位及权利、婚姻制度以及国族联姻等方面，媵器铭文是不容忽视的。

对于春秋战国的婚姻家庭的研究，从古文字角度出发的有夏麦陵《原氏仲簠与春秋婚制》④及户娅娅《从简牍看战国秦楚的平民家庭》⑤，前者以1975年秋河南商水县朱集村墓葬出土的一批春秋初期铜器上的铭文为依据，论及春秋婚制；后者则以秦楚简帛材料为依据，论述战国时的平民家庭逐渐脱离了宗族组织，确立了在经济生产生活中的地位，成为社会生活的基本细胞和国家统治的基本单位。韩国学者尹在硕在《睡虎地秦简〈日书〉所见“室”的结构与战国末期秦的家族类型》⑥一文中分析了云梦睡虎地秦墓出土日书反映的“室”的结构，也可参看。

对于先秦时期婚姻礼俗的研究，也是这方面的一个亮点。胡新生在《商代“余子”类卜辞所反映的原始婚俗》⑦一文中指出商王占卜“余子”，是承认新生子是否为己子，由此推测商代的婚姻还保留有“古老的不落夫家的习惯”，故王

① 曹兆兰：《从金文看周代媵妾婚制》，《深圳大学学报（人文社会科学版）》2001年第6期。

② 曹玮：《散伯车父器与西周婚姻制度》，《文物》2000年第3期。

③ 孙永珍：《两周媵器铭文研究》，首都师范大学硕士学位论文，2006年。

④ 夏麦陵：《原氏仲簠与春秋婚制》，《郑州大学学报（哲学社会科学版）》1993年第1期。

⑤ 户娅娅：《从简牍看战国秦楚的平民家庭》，河北师范大学硕士学位论文，2012年。

⑥〔韩〕尹在硕：《睡虎地秦简〈日书〉所见“室”的结构与战国末期秦的家族类型》，《中国史研究》1995第3期。

⑦ 胡新生：《商代“余子”类卜辞所反映的原始婚俗》，《山东大学学报（哲学社会科学版）》1997年第1期。

妇所生子的血统不可确定。王长丰《甲骨文所见殷商社会婚媾礼俗考》[①]则对传世文献和考古发掘甲骨文资料所载的殷商婚礼进行了详尽的比较研究，认为殷商时期是以一夫一妻制为主体的社会，男女婚嫁亦有纳采、问名、纳吉、纳征、请期、亲迎六礼。礼之成于时，本于事，此为通义。

妇女在社会生活中的地位是不可忽视的。先秦社会生活史方面的女性研究，也是这一时期的学术研究重点所在。这方面的研究，主要集中在材料相对较多的商周两代。张政烺的《帚好略说》[②]、《妇好略说补记》[③]和徐义华《商代诸妇的宗教地位》[④]可参看。

另外，郑慧生《卜辞中贵妇的社会地位考述》[⑤]对商代贵妇的社会地位及其发展因由做了详尽论述；陈建敏《卜辞诸妇的身份及其相关问题》[⑥]、朱桢《巾帼最早属殷商——说妇好、妇井》[⑦]认为这些诸妇应是王室妇人的总数，其中有武丁后妃，也应包括武丁兄弟子侄之妻妾。武丁卜辞中时常出现的重要诸妇，当是武丁配偶无疑。在武丁诸妇中，妇好、妇井最为出类拔萃，在甲骨文中反复出现，活动频繁。刘桓《殷墟卜辞中的"多毓"问题》[⑧]和徐义华《甲骨刻辞诸妇考》[⑨]认为卜辞中的妇是商人对具有一定身份的已婚妇女的称呼，是一种身份标志，它包括王妇和臣妇、子妇。

通过分析金文材料进行的研究有文术发《从媵器铭文看两周女权》[⑩]，该文在全面收集整理商周青铜媵器铭文材料的基础上，统计分析及考释疑难字词，使我们更清楚地认识到两周妇女具有较高的社会权利和地位：她们可以取名、可以施祭、可以受祭、可以作器、可以改嫁、可有陪嫁，妇女的权利和地位从母权社会到父权社会、从殷商至明清一直在走下坡路。朱凤瀚《论卜辞与商金

---

① 王长丰：《甲骨文所见殷商社会婚媾礼俗考》，《中国文化研究》2009 年第 4 期。

② 张政烺：《帚好略说》，《考古》1983 年第 6 期。

③ 张政烺：《妇好略说补记》，《考古》1983 年第 8 期。

④ 徐义华：《商代诸妇的宗教地位》，载王宇信、宋镇豪主编：《纪念殷墟甲骨文发现一百周年国际学术研讨会论文集》，北京：社会科学文献出版社，2003 年。

⑤ 郑慧生：《卜辞中贵妇的社会地位考述》，《历史研究》1981 年第 6 期。

⑥ 陈建敏：《卜辞诸妇的身份及其相关问题》，《史林》1986 年第 2 期。

⑦ 朱桢：《巾帼最早属殷商——说妇好、妇井》，《殷都学刊》1990 年第 2 期。

⑧ 刘桓：《殷墟卜辞中的"多毓"问题》，《考古》2010 年第 10 期。

⑨ 徐义华：《甲骨刻辞诸妇考》，中国社会科学院研究生院硕士学位论文，1999 年。

⑩ 文术发：《从媵器铭文看两周女权》，《中原文物》2000 年第 1 期。

文中的“后”》①和谢乃和《西周后妃无与政事说考论》②通过文献、彝铭考证西周王后不仅广泛涉足国家事务，而且有着具体的职责分工，如国家财用等。张素凤《释“帚”》③认为甲骨文“帚”是能与上天鬼神沟通的巫觋，而其中女巫则是周代宫中世妇的前身。张素凤、张学鹏《甲骨文中从“帚”之字考释》④则是对上文的补论，以“帚”字的这个意象对甲骨文中从帚字的“归”“寝”“侵”“妇”等字的构意和在卜辞中的意义进行重新说解。

比较商周两代妇女地位的不同则有王晖《从商代“牝鸡之晨”现象看商周妇女地位的文化差异》⑤，该文论述分析了商代妇女的地位、身份和价值观完全不同于周代及其之后的时代。商代妇女可以直接参与商王朝的政治、军事、占卜等军国大事，在商王朝担任各种重要职务，甚至率军出征，此即后来周人所指责的“牝鸡之晨”现象。而周代妇女的身份、地位是低下的，在家族中妇女无权、无势、无地位，在政治权力上更是为周代礼仪制度摈之于大门之外，此即周人所倡言的“牝鸡无晨”观。殷人“牝鸡之晨”型妇女价值观近于“罗马型”，周人“牝鸡无晨”型近于“希腊型”。殷人妇女价值观及其习俗观念在周代的殷墟文化圈中产生过一定时间的影响，而周人妇女价值观则通过儒家的传递关系在中国传统文化中占了主导地位。类似文章如王奇伟的《从“牝鸡之晨”现象看商代妇女的社会地位》⑥，也涉及这些问题。

（三）环境、灾荒与疾病

从 20 世纪 50 年代开始，一些学者开始从历史地理的角度展开对生态环境

① 朱凤瀚：《论卜辞与商金文中的“后”》，载中国古文字研究会、中华书局编辑部编：《古文字研究》第十九辑，北京：中华书局，1992 年，第 428 页。

② 谢乃和：《西周后妃无与政事说考论》，《中国历史文物》2006 年第 1 期。

③ 张素凤：《释“帚”》，《中原文物》2007 年第 2 期。

④ 张素凤、张学鹏：《甲骨文中从“帚”之字考释》，《中原文物》2007 年第 6 期。

⑤ 王晖：《从商代“牝鸡之晨”现象看商周妇女地位的文化差异》，《陕西师范大学学报（哲学社会科学版）》1997 年第 4 期。

⑥ 王奇伟：《从“牝鸡之晨”现象看商代妇女的社会地位》，《殷都学刊》2000 年第 3 期。

变迁史的研究。着力从多角度和多层面对黄河流域的环境变迁进行系统、细致的研究。但在此类大量的关于环境问题的文章中，多是关于气候变迁的，且多站在后人立场上去分析讨论问题，而对于先秦时期先民自身的环境意识则少有涉足，从古文字的角度进行探讨的更是凤毛麟角。这一方面固然是由于当时的生态环境状况较好，人们无须格外保护，人对生态环境的破坏是生产力发展到一定程度才能表现出来的事情；另一方面则是由于文献记载的缺略，我们对此无由得知。无论如何，学术界对于这方面的研究还比较薄弱，亟待加强。

对先秦时期生态环境进行研究，多有专论之作。王星光《生态环境变迁与夏代的兴起探索》[①]，利用历史学、历史地理学、考古学、环境考古学、生态学、环境变迁学等学科的资料和综合研究的方法，对黄河中下游地区生态环境变迁进行了较为系统的探索，旨在探明生态环境条件在黄河中下游地区形成早期文明中心，并进而在建立起夏王朝过程中产生了实际影响。

而对殷商时期生态环境的研究，明显多于先秦其他时期。朱彦民《商代晚期中原地区生态环境的变迁》[②]指出，殷商时期中原地区本来有非常良好的生态环境，雨水充沛，温暖湿润，草木丛生，野生动物资源丰富。不过从考古发现的殷墟文化各期生态资料的数量变化，并结合文献记载的“象之南迁”“洹水一日三绝”“河竭而商亡”，以及甲骨文中的“雨土于亳”等材料来看，商代晚期中原地区的生态环境曾有一定程度的变化：气候开始变冷变干，土壤变质，旱灾频仍，沙尘暴时起，植被减少，野生动物灭绝、迁徙等。出现这种变化的主要原因是自然界西北季风的转向，而人为的破坏作用也加速了生态环境的恶化过程。何艳杰《商代居址环境保护研究》[③]从商代城址中大型手工业作坊遗址分布于城址外围边缘，而少量的小规模手工作坊处于城址内部边缘出发，认为这种布局规律体现了一定的城市环境保护意识。商代诸居址中的水井构造，反映出商人对水资源的重视和保护。商人对各种废物的处理本身就是保护环境的措施。商人对建筑神、门神等自然神和风、雨等气象神的崇拜是商人环境保护意识萌芽的折射。总之，商人已逐渐认识到环境保护的重要性，采取了某些措施来保护生存环境，并且形成了初步的环保意识。陈智勇《试论商代的生态

① 王星光：《生态环境变迁与夏代的兴起探索》，北京：科学出版社，2004年。

② 朱彦民：《商代晚期中原地区生态环境的变迁》，《南开学报（哲学社会科学版）》2006年第5期。

③ 何艳杰：《商代居址环境保护研究》，《殷都学刊》2003年第4期。

文化》[①]认为商代生态文化的出现，是在以黄河流域和长江流域为主的广阔地理背景中展开的。同时也是在商以前生态文化积累的基础上产生的，商代生态文化有着不同的表现，在制度形态层面上，商代的农业管理很注重生态适应性，制定有渔业资源的保护制度；在物质与技术形态的层面上，存在着物质技术形式的转变、能源形式的转变及生活方式的转变；在精神形态的层面上，人们用图腾及器物刻绘或雕塑等特定的表达方式来反映人对自然生态的认识。

对先秦时期生态环境作整体研究的有刘继刚《对夏商周时期生态环境问题的几点思考》[②]，该文认为在三代漫长的时期里，我国的生态环境状况是有差异的。总的说来，西周以前，我国的生态环境状况良好；春秋以后，生态环境逐渐遭到破坏。三代时期生态保护思想的根源肇始于人们对森林动物和植物的自然崇拜。周代开始设置专门的人员进行生态环境管理和保护，有些国家还将“四时之禁”的内容以法律的形式进行固定。到了战国时期才以法令的形式将“四时之禁”列入部分国家的法律条文。西周时期，虽然有了管理山、林、川、泽的职官，但是管理制度尚且没有深入人心，也没有取得显著的成效。直到战国时期，才出现了分工更为细致的环境管理人员。李金玉《先秦古简与生态环境史研究》[③]则从大量已经出土的先秦竹简中，钩稽有关古代生态环境及其保护的记载，并对其所蕴含的生态环境内容进行了研究。

中国古代早期的灾异荒政，也逐渐进入学者研究的视野之中。刘继刚《中国灾害通史·先秦卷》[④]是《中国灾害通史》的第一卷，对先秦时期自然灾害进行了研究，总结了先秦时期自然灾害的总体特征，分析了先秦灾害产生的自然因素和社会因素，探讨了先秦防灾和救荒实践中的具体措施。该书是目前国内第一部研究先秦自然灾害的专著，对于文献材料极其匮乏的先秦自然灾害做了一次大胆的尝试性研究。它对先秦时期自然灾害的时间与空间分布特点，以及防灾救灾的实践总结都具有一定的开创性。

---

① 陈智勇：《试论商代的生态文化》，载王宇信、宋镇豪、孟宪武主编：《2004 年安阳殷商文明国际学术研讨会论文集》，北京：社会科学文献出版社，2004 年。

② 刘继刚：《对夏商周时期生态环境问题的几点思考》，《鄱阳湖学刊》2011 年第 2 期。

③ 李金玉：《先秦古简与生态环境史研究》，《中原文物》2013 年第 1 期。

④ 刘继刚：《中国灾害通史·先秦卷》，郑州：郑州大学出版社，2008 年。

论文方面，范毓周《殷代的蝗灾》[①]一文通过对卜辞的研究，认为我国最早的蝗灾记录较之《春秋》所记要早五六个世纪，并涉及先秦时期人民对蝗虫、蝗灾的认识与防治的情况。郭旭东《殷商时期的自然灾害及其相关问题》[②]认为殷商时期的自然灾害种类很多，旱、水、蝗、雹、震等灾害频频发生，这些灾害肆虐主要是殷商王朝所处的地理环境和区域内的气候因素所造成的。面对众多自然灾害，殷人首先寄希望于神祖的保佑，同时也采取了一些力所能及的防灾救灾措施。李亚光《从甲骨文看商代的自然灾害及救治》[③]一文讨论了商代的诸多自然灾害，认为水旱为主的自然灾害频繁发生，并且引起自然环境的恶化。殷人心目中导致灾害发生的因素，有天地神祇降祸、祖先降灾、鬼神示警三方面。面对灾害，殷人更多地是采取巫术救荒的方法，当然也采取了一些实际有效的救灾措施。

近年来学位论文也有选此为题的，赵学华《殷契及其反映的相关历史环境问题研究》[④]主要试图从殷商甲骨文字入手来考证两个方面的问题：一是商代的自然地理环境；二是商代的社会历史环境。其中暗含两条线索，即对甲骨文字的考证和对历史事物的考证。刘铁丽《先秦时期黄河水患述论》[⑤]一文通过对先秦时期黄河水患灾害史料的分析、总结，探讨夏、商、周三代黄河水患发生的具体原因，归纳出这一时期人们对于黄河的治理方法及防灾、减灾措施，间涉通过甲骨文资料对殷商自然灾害的分析。

荒政中救灾、防灾方面的研究，尚比较薄弱，计有陆忠发《甲骨卜辞中所见的整治黄河史料》[⑥]和李亚光《周代荒政研究》[⑦]。周代荒政是先秦史研究中的一个重要组成部分，也是一个缺乏系统研究的课题。《周代荒政研究》通过对荒政在先秦各个时期演变轨迹的考察，揭示了先秦时期各历史阶段荒政的一般性和特殊性及周代荒政的基本内容，阐述了荒政在周代政治经济生活中的特殊

---

① 范毓周：《殷代的蝗灾》，《农业考古》1983 年第 2 期。

② 郭旭东：《殷商时期的自然灾害及其相关问题》，《史学集刊》2002 年第 4 期。

③ 李亚光：《从甲骨文看商代的自然灾害及救治》，《锦州师范学院学报》2003 年第 5 期。

④ 赵学华：《殷契及其反映的相关历史环境问题研究》，兰州大学硕士学位论文，2010 年。

⑤ 刘铁丽：《先秦时期黄河水患述论》，哈尔滨师范大学硕士学位论文，2010 年。

⑥ 陆忠发：《甲骨卜辞中所见的整治黄河史料》，《农业考古》1998 年第 3 期。

⑦ 李亚光：《周代荒政研究》，吉林大学博士学位论文，2004 年。

地位，西周是荒政的形成时期，在《周礼》中已经把“荒政十有二纪”作为“聚万民”的手段并成为国家政事的重要部分。

相关研究论文多集中在对商代甲骨卜辞的研究上。从商代甲骨文中我们已经见到后世自然灾害的基本种类，了解到殷人心目中灾害发生的原因及灾害的救治。在荒政产生之前，人们出于生存需要，与天灾的斗争更多的是采取巫术救灾或避灾的办法，如商代的祈雨巫术。研究计有彭邦炯《商人卜螽说——兼说甲骨文的秋字》[①]，该文通过对甲骨卜辞上文字的推敲和对其内容的考证，对“蝗”字、类似“蝗”的字及这些文字字形的演变做了阐述，认为我国古代防治病害的历史，至少可追溯到甲骨文时代。朱彦民《殷商时代医学水平概论》[②]一文不仅涉及殷商时期甲骨文所见疾病及其相关治疗和禳解，还探讨了相关医术与药治方法，并认为祖国医学在殷商时期就已经初具规模了。宋镇豪《商代的疾患医疗与卫生保健》[③]探讨了殷墟甲骨文所见疾患种类，发凡甲骨辞例，细为寻绎，揭知商代55种疾患、病象病因及散积久演的医疗病患方法与卫生保健方面的社会成俗。韩国学者赵容俊《甲骨卜辞所见之巫者的救灾活动》[④]论述了因为古人对灾异总是充满惊惧之情，因此各种救灾巫仪最大的功效，即在于安抚人心，裨益于众人走出疑惧的阴影。而中国古代的巫术，便有此功效。水灾（包括江河之水与雨水）、旱灾及蝗灾，为自然界、自然力量所造成的灾祸，但群体与群体之间的武力冲突，即为人所招来的灾祸。在古人的观念中，自然灾祸和人造灾祸与人事、鬼神有不可分的关系，古代社会常将防止或禳除此种灾祸的事交付于巫者。此一职事，大致可分为“祈雨”“止风雨”“战事”“蝗灾”等四种。赵容俊在《甲骨卜辞所见之巫者的医疗活动》[⑤]一文中认为古代巫医不分，由于人类将疾病致因视为鬼魂作用，故以巫者充当人鬼间的中介，寄希望于巫术行医、安抚死神从而达到消除疾病的目的。基于此观念，医与巫、医疗与巫术、药物心理与巫术心理取得了自然的结合，求药及求巫两者皆统一于医疗活

① 彭邦炯：《商人卜螽说——兼说甲骨文的秋字》，《农业考古》1983年第2期。

② 朱彦民：《殷商时代医学水平概论》，《山东医科大学学报（社会科学版）》1995年第2期。

③ 宋镇豪：《商代的疾患医疗与卫生保健》，《历史研究》2004年第2期。

④〔韩〕赵容俊：《甲骨卜辞所见之巫者的救灾活动》，《殷都学刊》2003年第4期。

⑤〔韩〕赵容俊：《甲骨卜辞所见之巫者的医疗活动》，《史学集刊》2004年第3期。

动之中。商代的医疗知识仍然处于中国医学的萌芽状态，具有迷信性质，常与巫教信仰交织在一起。即使如此，此时的巫医也开拓壮大了医学的先河。除利用药材之外，商人亦知运用针刺方法治病，此种针砭医疗器具在各地遗址时有发现。在医疗方面的巫术的具体活动，则主要包括两种：一为医疗巫术，二为逐疫除凶。刘继刚《论先秦时期的祭祀禳灾》[①]论述了先秦时期的祭祀禳灾是由早期天神崇拜、自然崇拜和鬼神崇拜发展而来的，从原始社会开始孕育，到夏、商和西周时形式逐渐多样化，春秋战国时则渐渐趋于衰弱。早期的祭祀禳灾具有一定的积极意义，如消除人们对灾害的恐慌心理、提前防范灾害发生、与药物相结合有治疗作用等。

相关学位论文可参看张杰《试论殷人对疾病及其治疗的认识》[②]，该文综合甲骨文、考古和文献材料等对以下几个方面做了简要论述：①殷人致病的原因。尽管当时盛行的是鬼神降疾的迷信观点，但是也有一些客观的致病观点，如风寒、酗酒等。②殷人所见的疾病种类。殷人所见疾病种类是以他们积累的人体体态知识为基础的。该文列举了十七种疾病，如疾头、疾目、疾耳、疾自、疾口等，并附有充分的甲骨例证和自己的观点。③商代的几种治病方法。其中占主导地位的是祭祀，另外四种科学方法是针刺、灸疗、按摩、药物治疗。除此之外，文章还简要列举了商人用以强身健体、预防疾病的保健习俗。最后，文章强调指出，尽管商代医学含有大量迷信落后的成分，不能过分拔高其地位，但是跟同时代的世界其他各地相比，其医学还是相当发达的。

另外可以参阅的文章尚有詹鄞鑫《卜辞殷代医药卫生考》[③]、许进雄《从古文字看床与病疾的关系》[④]、徐锡台《殷墟出土的一些病类卜辞考释》[⑤]及张杰《殷人致疾及疗疾方法新考》[⑥]。

---

① 刘继刚：《论先秦时期的祭祀禳灾》，《河南科技大学学报（社会科学版）》2012 年第 5 期。

② 张杰：《试论殷人对疾病及其治疗的认识》，郑州大学硕士学位论文，2002 年。

③ 詹鄞鑫：《卜辞殷代医药卫生考》，《中华医史杂志》1986 年第 1 期。

④ 许进雄：《从古文字看床与病疾的关系》，《中国文字》1985 年第 10 期。

⑤ 徐锡台：《殷墟出土的一些病类卜辞考释》，《殷都学刊》1985 年第 1 期。

⑥ 张杰：《殷人致疾及疗疾方法新考》，《郑州大学学报（哲学社会科学版）》2004 年第 5 期。

（四）社会阶层（众、众人、奴隶、人口构成）

以往的先秦史研究，关于阶级与阶级斗争内容较多，研究比较深入。由此而关于古代统治阶层的研究，较为成熟。但对于构成社会阶层占大多数的下层人士，比如平民、奴隶等的研究，相对来说较为薄弱。而这些下层人士正是社会生活史需要关注的对象。

因为甲骨文中有“众”“众人”的占卜记载，所以关于“众”及“众人”在殷商时期的社会结构中占有的身份和地位，学术界曾展开过讨论，综观有“五种大相径庭的意见”：①众（众人）是奴隶。迄今为止，此说在学术界广被引用。②众（众人）是农村公社的自由农民。③众（众人）是家长制家族公社（也称家庭公社）的成员。④众人是农村公社的自由农民，众是奴隶主。⑤众人是奴隶主阶级的基层全体成员，众是奴隶主阶级中上层基本力量。⑥众（众人）属于商代的平民。以上各种说法，互不相能，莫衷一是。

进入20世纪80年代以后，一些学者相继对殷墟卜辞中“众”的身份做了新的探讨，其共同见解是“众”（“众”与“众人”为一）非奴隶。1981年，朱凤瀚发表论文《殷虚卜辞中的“众”的身份问题》[①]，主张“众”是生活于族氏组织中的商人族众，属平民阶级，有着某种独立的族的经济，能参加一定宗教活动，是商王国的主要军事力量，以服劳役的形式受商王与贵族的剥削；并将殷墟西区族墓地中的小型墓葬中的墓主人与众相联系。1982年，张永山在《论商代的“众”人》[②]一文中除引甲骨卜辞资料外，还深刻分析了《盘庚篇》里众的身份，并认为众属平民，但内部两极分化。1983年，杨宝成、杨锡璋两位长期从事殷墟发掘的学者亦撰文《从殷墟小型墓葬看殷代社会的平民》[③]指出，殷墟小型墓的墓主人生前应属于聚族而居的平民，身份与甲骨卜辞中的众相吻合。

---

① 朱凤瀚：《殷虚卜辞中的“众”的身份问题》，《南开学报》1981年第2期。

② 张永山：《论商代的“众”人》，载胡厚宣等：《甲骨探史录》，北京：生活·读书·新知三联书店，1982年。

③ 杨宝成、杨锡璋：《从殷墟小型墓葬看殷代社会的平民》，《中原文物》1983年第1期。

尤其需要提到的是裘锡圭1983年的论文《关于商代的宗族组织与贵族和平民两个阶级的初步研究》[①]，该文认为，从卜辞看，广义的“众”意思就是众多的人，大概可以用来指除奴隶等贱民以外各个阶层的人；而狭义的“众”应是为商王服农业劳役的主要力量，他们无疑也是广义的“众”里面数量最多的那一种人，应该就是相当于周代国人下层的平民。这种看法是相当全面、稳妥的。对以上见解有的学者不以为然，仍坚持“众”是奴隶说，如王贵民《商代“众人”身份为奴隶论》[②]认为以上文章在对卜辞的分析与对文献史料的解释上未有突破性的进展，且缺乏理论的阐明，并认为众人是保存有族氏组织的奴隶，而在中国被征服的族保存族组织是研究中国奴隶制类型的一个重要课题。

相关研究还有徐六符的《商代的“众”、“众人”问题探讨》[③]。此外，晁福林《补释甲骨文“众”字并论其社会身份的变化》[④]认为过去考释甲骨文“众”字，多谓其作“日下三人形”，其实这个字并不从日。它的造字本义值得重新考虑。“众”和“众人”的社会身份在殷商时期是有所变化的，不可笼统视之。该文论证“众”字的造字本义是在火塘旁生活的许多人，它所表示的应即殷商时期的氏族成员。此外，反映这些问题的论文，如聂玉海的《卜辞中“众”与周之“国人”比较》[⑤]、杨升南的《殷墟卜辞中众的身分考》[⑥]、彭邦炯的《商代“众人”的历史考察——关于“众人”的新探索》[⑦]与《曲诺、众人比较研究》[⑧]也可参阅。

卜辞中的“众”与人牲的身份直接关系到商代晚期商王国内是否存在着大量的作为农业劳动者的奴隶，因此也影响到对商代社会形态的看法，所以在今后相当长一段时间内此类问题还可能会继续引起古史研究者的兴趣。

---

① 裘锡圭：《关于商代的宗族组织与贵族和平民两个阶级的初步研究》，载中华书局编辑部编：《文史》第17辑，北京：中华书局，1983年。

② 王贵民：《商代“众人”身份为奴隶论》，《中国史研究》1990年第1期。

③ 徐六符：《商代的“众”、“众人”问题探讨》，《福建师范大学学报（哲学社会科学版）》1992年第1期。

④ 晁福林：《补释甲骨文“众”字并论其社会身份的变化》，《中国史研究》2001年第4期。

⑤ 聂玉海：《卜辞中“众”与周之“国人”比较》，《殷都学刊》1985年第4期。

⑥ 杨升南：《殷墟卜辞中众的身分考》，载王宇信主编：《甲骨文与殷商史》第三辑，上海：上海古籍出版社，1991年。

⑦ 彭邦炯：《商代“众人”的历史考察——关于“众人”的新探索》，《天府新论》1990年第3期。

⑧ 彭邦炯：《曲诺、众人比较研究》，《重庆师院学报（哲社版）》1992年第2期。

与下层等级身份相关的是奴隶问题的研究，还应该提到对有关战俘、人牲与奴隶关系问题的讨论。人祭和人殉，在商代，特别是殷墟时期十分盛行，它一直是研究商代社会史学者所关注的问题。关于人殉，目前学界已有大致相同的看法，但对人祭却有较大的歧异，其主要分歧在于对人牲身份的认识，并由此涉及人祭的目的和原因。由于人牲的身份是奴隶还是俘虏，关涉到对商代社会的认识。1979年，姚孝遂发表《商代的俘虏》①一文，强调不应把见于甲骨刻辞早期、中期用作牺牲的俘虏定为奴隶，俘虏只有当其活下来从事劳役时才有奴隶身份。对姚氏提出相反意见的是1982年杨升南《对商代人祭身分的考察》②一文，该文认为用作牺牲的人应已是奴隶而不是刚抓来的俘虏。1982年，罗琨《商代人祭及相关问题》③赞成将用作人牲的俘虏与奴隶相区别，但羌人已多被用为畜牧奴隶，成批杀祭羌人是为了给过去的先王补充财富与臣民。之后，杨升南又发表《云梦秦简中“隶臣妾”的身分和战国时秦国的社会性质》④和《商代人牲身份的再考察》⑤两篇文章。相关研究还有王慎行的《卜辞所见羌人考》⑥，该文对有关卜辞进行文字考释，并与古代典籍相互参证，揭示了羌人在当时所处的社会地位及其活动的实际情况。陈伟的《包山楚简所见几种身分的考察》⑦则通过对包山楚简中关于身份记载资料的爬梳考辨，比较具体地了解了战国中期楚地身份制度及社会等级的大致情形，如国家直接掌握大量的“编户齐民”，但自由民，尤其是贵族也拥有一定数量的依附人口和奴婢。与此相关的是，“官（倌）”与“客”先前已分别见于传世古书和古文字材料，但因缺乏背景材料，尚有歧义。结合包山简的记载可见，“官（倌）”为庶人在官者及“客”为楚国官职的见解，大致可以信从。

---

① 姚孝遂：《商代的俘虏》，载吉林大学古文字研究室编：《古文字研究》第一辑，北京：中华书局，1979年。

② 杨升南：《对商代人祭身分的考察》，载人文杂志编辑委员会编：《人文杂志》专刊《先秦史论文集》，西安：人文杂志编辑部，1982年。

③ 罗琨：《商代人祭及相关问题》，载胡厚宣等：《甲骨探史录》，北京：生活·读书·新知三联书店，1982年。

④ 杨升南：《云梦秦简中“隶臣妾”的身分和战国时秦国的社会性质》，《郑州大学学报（哲学社会科学版）》1987年第2期。

⑤ 杨升南：《商代人牲身份的再考察》，《历史研究》1988年第1期。

⑥ 王慎行：《卜辞所见羌人考》，《中原文物》1991年第1期。

⑦ 陈伟：《包山楚简所见几种身分的考察》，《湖北大学学报（哲学社会科学版）》1996年第1期。

可参阅文章还有李绍连的《商代农业生产者的身份初辨》[①]、刘兴林的《浅议商代社会的奴隶——兼谈殉人和人牲的社会身份》[②]、杨升南的《商代生产领域中的奴隶劳动》[③]及刘桓的《卜辞所见来自各方国的被奴役者》[④]。

关于先秦时期手工业生产者的研究情况有肖楠的《试论卜辞中的“工”与“百工”》[⑤]、陈建敏的《甲骨文金文所见商周工官工奴考》[⑥]及王冠英的《任鼎铭文考释》[⑦]。《任鼎铭文考释》通过对中国国家博物馆新藏任鼎铭文进行考释，认为任鼎铭文中有西周中期贵族买卖礼器的记录，使我们对周代“工商食官”有了新的认识。

关于先秦社会组织方面的研究，相对来说较为缺乏。计有连劭名的《殷墟卜辞中的四戈与四巫》[⑧]，该文认为甲骨卜辞中的“四戈”即指四方。殷都内的居民依居住方位分为“四单”，而“伍”是最基层的居民组织。卜辞中的“四巫”指的就是文献中的“四灵”，即“四象”：东方苍龙、南方朱雀、西方白虎、北方玄武。孙晓春《试论商代的父系家族公社》[⑨]对商代社会的基本结构，即以血缘关系为纽带的父系家族组织的结构、特征以及内部诸成员身份及其地位等问题做了探讨。

杨升南《殷墟甲骨文中的邑和族》[⑩]探讨了殷商时代人们“聚族而居”“合族而葬”的生活布局图景；而赵林《论商代家族的亲属结构关系》[⑪]借用西方人类学的亲制学说，并比较中国传统的亲制论述，在家族的层次上，重建了较完整的商人亲制结构系统；裘锡圭在利用甲骨文材料研究殷商史方面，也进行了

---

① 李绍连：《商代农业生产者的身份初辨》，《农业考古》1988年第2期。

② 刘兴林：《浅议商代社会的奴隶——兼谈殉人和人牲的社会身份》，《齐鲁学刊》1990年第4期。

③ 杨升南：《商代生产领域中的奴隶劳动》，《殷都学刊》1994年第1期。

④ 刘桓：《卜辞所见来自各方国的被奴役者》，载吴荣曾主编：《尽心集——张政烺先生八十庆寿论文集》，北京：中国社会科学出版社，1996年。

⑤ 肖楠：《试论卜辞中的“工”与“百工”》，《考古》1981年第3期。

⑥ 陈建敏：《甲骨文金文所见商周工官工奴考》，《学术月刊》1984年第2期。

⑦ 王冠英：《任鼎铭文考释》，《中国历史文物》2004年第2期。

⑧ 连劭名：《殷墟卜辞中的四戈与四巫》，《殷都学刊》2008年第4期。

⑨ 孙晓春：《试论商代的父系家族公社》，《史学集刊》1991年第3期。

⑩ 杨升南：《殷墟甲骨文中的邑和族》，《人文杂志》1992年第1期。

⑪ 赵林：《论商代家族的亲属结构关系》，《中国史研究》2006年第2期。

有意义的探索，其《关于商代的宗族组织与贵族和平民两个阶级的初步研究》[①]论述了商代社会存在着由统治阶级族人组成的宗族组织，而“众”则指被排斥在宗族组织之外的平民。

先秦时期社会阶层的人口构成及相关问题，主要是通过考古发掘的墓葬和遗迹资料来进行研究，这也是考古学的研究内容之一。杨宝成和杨锡璋将殷墟墓葬分为大中型墓、小型墓和无墓圹墓三种，此外还有大量的祭祀坑；并认为第一类墓葬的主人应属于国王和贵族奴隶主，第二类墓葬的主人是中小奴隶主和平民，第三类墓葬的主人则是失去氏族联系的奴隶。[②]梁晴则对殷墟墓葬中的各阶层所占比例做了进一步的分析，指出：“在殷墟的墓葬中，统治阶级的人数最多不超过总人数 3%，也就是全社会人口中，人民占多数，而统治阶级的人数只占极少数，平民和奴隶占绝大多数。”[③]且根据样本分析可知，身高平均在 1.5—1.75 米，死亡年龄在 25—50 岁，而以三四十岁为多。罗琨则在人口研究方面进行探讨，他并不认可有的学者提出的根据殷墟王都居民人口男女比例为 2.06∶1 的观点，提出“这种男女结构比例失调是商代比较普遍的社会现象”，进而给出“自父系社会以来，男性一定多于女性”的说法，并指出“仅据研究报告公布的少数墓葬人骨性别鉴定，判断居民人口的两性比例，无论是研究方法，还是结论，都有待讨论”。[④]段振美则指出，殷墟墓葬不但是人与人之间等级分化的反映，亦是宗族间等级分化的反映，而同一宗族墓地内的分群现象则是宗族内社会等级分化的反映。[⑤]王丽霞和何艳杰则从商代城邑遗址中有关手工业、用水、排水及墓葬的考古资料，研究与探讨商代城邑人的生产和生活方式。[⑥]马赛则通过墓葬材料对周原遗址西周时期的人群构成进行研究，并指出，西周早期，聚落中高等级的墓葬的数量较多，且周原遗址西周时期的人群族群构成情况，从总体上分析，主要可以分为广义的殷遗民和周人两类，并从腰坑比例、

① 裘锡圭：《关于商代的宗族组织与贵族和平民两个阶级的初步研究》，载中华书局编辑部编：《文史》第 17 辑，北京：中华书局，1983 年。

② 杨宝成、杨锡璋：《从殷墟小型墓葬看殷代社会的平民》，《中原文物》1983 年第 1 期。

③ 梁晴：《从殷墟发现的墓葬看殷都的人口问题》，《殷都学刊》1991 年第 1 期。

④ 罗琨：《试论商代殷都人口的自然构成——兼谈如何利用考古资料研究历史》，《考古》1995 年第 4 期。

⑤ 段振美：《从殷墟墓葬看商代社会等级分化》，《殷都学刊》2001 年第 3 期。

⑥ 王丽霞、何艳杰：《从考古资料看商代城邑人的生产和生活方式》，《西北大学学报（哲学社会科学版）》2003 年第 1 期。

殉人殉牲比例、兵器比例、陶器组合、随葬品摆放位置、明器化现象的方式、车马坑性质等多个方面予以考察。①

三、先秦社会日常生活史研究的前瞻

综观以上所举新时期先秦社会生活史论著，虽然已经取得了很大的成绩，将先秦社会生活史研究推向前进，但是也毋庸讳言，都有一定的缺陷和不足之处。

比如，仅以现有的社会生活史著作而言，或将社会生活概念作泛化处理，将政治、经济、军事、精神、文化等都归入其中，如李民的《殷商社会生活史》；或将某一阶层（贵族阶层较多）日常生活等同于整个社会生活史，如宋镇豪的《夏商社会生活史》和蔡锋的《春秋时期贵族社会生活研究》；或局限于某个时代或某个方面，而不是先秦时期社会生活的全景观察，如许嘉璐的《中国古代衣食住行》和常金仓的《周代社会生活述论》；或以社会进化与社会风俗探索代替日常社会生活研究，如晁福林的《先秦风俗史》和《中国风俗通史》系列。即便徐杰令的《先秦社会生活史》，名称是先秦时期全景式的观照，但实际内容却割舍了社会生活物事源起重要阶段的史前世界，而且将军事战争等内容也纳入其中，不伦不类；另外该书疏于考证，失之简陋，对于整个先秦时期社会生活从无到有、从小到大的物事发展脉络，并未做出令人信服的勾勒。

就单篇论文而言，一些专题性研究往往集中于某一个时代的深究细研，很少能够将这一问题的整个先秦时期做打通处理，即缺乏所谓长时段考察的目光。比如在先秦时期人们极为重视、几乎每日都要做的占卜一事，学者多做商代占卜，很少言及周代占卜如何，更没有人探讨商代与周代占卜的异同，其实三代占卜虽有继承，但各不相同，商代的甲骨占卜（所谓热占卜）与周代的蓍草占卜（所谓冷占卜），是完全不同的。到了春秋战国时期，龟占与蓍占并存，但究

① 马赛：《周原遗址西周时期人群构成情况研究——以墓葬材料为中心》，载北京大学中国考古学研究中心、北京大学震旦古代文明研究中心编：《古代文明》（第8卷），北京：文物出版社，2010年，第138—162页。

竟以何为主，要看占卜者的个人爱好和现场抉择。所以如果以任何一个时代的占卜情形而指代整个先秦时期的占卜传统，难免有以偏概全的嫌疑。与占卜类似的事项还有祭祀，也是这样。其他方面的生活史，也当有所不同。这些都需要做夏商周三代贯通考察的研究。

凡此种种，都是我们继续做此课题需要注意之处，需要努力之方向。

秦汉日常生活史的研究历程与展望

闫爱民　梁　轩

秦汉时期是中国古代史上具有典型意义的时期。政治上，是王制走向帝制的时期，大一统的中央集权制的建立，奠基了后世王朝政治制度；经济上，战国以来形成的一家一户的小农制土地私有经济基本定型；社会结构上，是从宗法到户法的时期，“汉型家庭”结构和三族制宗族形态日趋稳定；思想文化上，由百家争鸣后的黄老无为之道、霸王之道相杂到一统的儒术独尊思想模式的确立；各方面的变化奠定了此后中国古代社会形态的基础和模式。同样，秦汉社会经历了重大社会变动和生活变迁，日常生活的变化有其自身的时代特点，这是中国古代日常生活空前整合走向同一性的开端时期，有着承前启后的意义。

秦汉政府都曾以强大政治权力强力干预民众生活，秦汉之际、西汉元成以后及东汉前期，人们的日常生活发生着深刻的变化。学术界对秦汉史的研究，重点除了在政治、经济、思想文化和社会结构方面，近年来更重视风俗习尚和社会生活的研究模式。然而从“日常生活”的角度探讨秦汉社会，还有进一步深入的空间。笔者以日常生活的研究模式对秦汉人们生活方式的变迁作详细的考察，对不同社会群体的生活面貌作具体的描述和分析，结合时代的政治变动、经济基础、思想变化的社会背景，进而增进对秦汉社会整体性认识。以“日常活动”为中心，再现当时人们生活的方方面面，借着秦汉社会生活方式的转型，认识历史上鲜活和实实在在的日常生活活动，以及其在中国古代日常生活史上的地位，对秦汉日常生活进行研究有着重要的学术意义。

一、秦汉生活史的研究历程

“日常生活”是人类每日每时都在进行着的最基本的活动，是平凡而具有经验性、重复性的生产生活活动，其所包含的内容异常丰富，所透露的历史信息也更为真实、全面。近年来，日常生活史的研究理论逐渐进入中国社会史的视域，从日常生活中发现历史成为重新建构社会生活史的重要研究路径。

中国是个历史悠久、历史学研究史也极为厚重的国度，对于日常生活史料的注重和搜集，尤其是制度与生活的关联，早在先秦时期就已经开始了。比如《论语》中的《乡党篇》，保留了当时社会士阶层应该遵循的日常生活礼俗；反映了先秦时期儒家礼俗的《礼记》《仪礼》等三礼文本，对古代社会的宗法庙制、祭法祭仪、丧葬礼俗、婚规婚礼、成人仪式、亲属关系、生儿育女、学校教育、养老教子、起居仪节、服饰等次、投壶娱乐及乡射朝聘诸礼等，也都做了繁文缛节的详尽规范，可视为贵族立身处世的生活手册。这些由于古人有意无意遗留下来的社会生活史料素材，对于今天我们进行早期日常生活史研究来说是异常珍贵的。

当代学界日常生活史的研究，脱胎于社会生活史的开展，但“日常生活”的概念在秦汉史的研究中出现得比较早。回顾过往的研究历程，探讨其未来的发展趋势，对于当前秦汉日常生活史研究的深入或有一定的参考意义。

秦汉生活史的研究起步早，始于 20 世纪二三十年代的社会史大论战时期。蓄奴制的讨论牵涉到汉代的社会性质，食货学派对中国社会经济史的重视，也使秦汉社会史的讨论必然涉及经济民生及风俗、婚姻家庭等日常生活相关的内容。

1932 年，法国汉学家马伯乐（Henri Maspero，1883—1945）推出他的日常生活著作《汉代中国人的私生活》，该书主要将简牍和其他历史文献相结合，对两汉时期人们私人生活面貌做了概貌式的勾勒。[①]“私生活”（private life）概念与“日常生活”（daily life）含义相近，但却更具前瞻性。对汉代日常生活的研究，东西方学界几乎同时展开。早在1922年，柳诒徵于《史地学报》上发表的《汉人生计之研究》中指出，生计问题是日常生活研究中最重要的内容。1934年，武仙卿在《中国经济》上发表《秦汉农民生活与农民暴动》，次年杨联陞在《食货》发表《从四民月令所见到的汉代家族的生产》，二文主要探讨农民生活、日常生计及其与社会动荡的关系。熊得山著《中国社会史论》，受马克思主义和年鉴学派的影响，该书认为“一切历史都是当代史”，其《发展期的封建社会》一编中有《汉代农民的生活状况及其义务》一节，探讨农民的日常生活。[②]作者将农民的社会负担与其农耕织作、迎来送往的生活状况联系在一起，以考察当时人们生活的幸福度。社会史大论战中出现的以研究秦汉社会为主的名著中，往往涉及与日常生活相关的风俗习惯、婚丧礼俗、居住制度等内容。同时期断代史与专门史的著作，也往往增加了秦汉生活的内容。1928年商务印书馆出版的陈东原的《中国妇女生活史》被认为是中国女性生活史开山之作，书中专有一节探讨“汉代的妇女生活”。1947年开明书店出版吕思勉的《秦汉史》，在断代史中首创“人民生活”等栏目，叙述秦汉民众生计、实业、生活的内容。

这一时期秦汉生活史的研究以“民众生活”为主，相关论著以文献资料整理见长，因受时代的限制，考古资料的利用并不充分，理论探讨也不深入，但在日常生活史的探讨上具有前沿性和开创意义。

1949年以后的秦汉史研究。古史分期的讨论涉及汉代生产力水平的总估价、两汉官私奴婢的社会地位及历史作用、秦汉社会的主导生产关系、秦汉国家的政权性质、“重农抑商”政策的评价、阶级矛盾和农民战争等一系列课题。从生活史研究的角度看，日常生活的内容又或多或少牵扯其中，如奴婢、苍头、徒等身份的研究，其数量和性质，是家务奴隶还是农业生产奴隶，涉及汉代贵族阶层的生活方式；生产力和农业产量的研究又与汉代农民家庭的生活质量密切相关；汉代农业生产比较粗放，关于农业劳动率的估算，一个农业劳动力生产的粮食能养活多少人，也会涉及日常生活的艰辛及轻松与否。

---

①〔法〕马伯乐：《马伯乐汉学论著选译》，伭晓笛、盛丰等译，北京：中华书局，2014年，第525页。

② 熊得山著，张家清整理：《中国社会史论》，上海：上海书店出版社，2007年，第233—236页。

安作璋著《汉史初探》，收有西汉农业经济和农民生活的 4 篇论文。[①]陈直发表《汉代人民的日常生活》《汉代戍卒的日常生活》二文，从日常饮食、器用、服装、舟车、舞蹈音乐及医疗等方面考察汉人的“日常生活”，开启了这一时期秦汉日常生活史的专题研究。[②]陈直的研究与早年马伯乐的研究有相近之处，他们在不同的时代率先使用“日常生活”或“私生活”的概念，表现出视野的超前性，而且也都重视利用考古资料以补充日常生活研究中文献资料的不足。王仲殊《汉代物质文化略说》、贺昌群《升斗辨》等文，利用考古资料对汉代物质生活的某些方面进行论述。[③]谢国桢在“文化大革命”期间整理画像石与典籍资料，完成《两汉社会生活概述》初稿。[④]郑孟彤《汉代乐府诗里所反映的社会生活》，则是利用乐府诗歌内容发掘下层民众的社会生活。[⑤]

开展秦汉社会生活史研究的呼吁，在 20 世纪 80 年代末随着社会史的复兴被再次提出，而“日常生活”的内容包括在“社会生活”的概念之中。过去 30 年中被忽视的家族史、生活史、风俗史、文化史、社会史方面的研究纷纷开展，涌现出了一批有分量的专著论文，其内容遍及衣食住行、丧祭礼俗、岁时令节、文化娱乐、宗教生活等物质生活和精神生活的各个方面。周天游提出在研究政治、经济等主要问题时，也不能忽视社会生活史的研究。他认为民众生活的研究对于经济、政治等研究亦有互补作用，“而在了解汉代饮食生活基本以一日两餐为主要形式的情况后，对某些学者过高估价两汉农业生产的实际水平，也等于注入了一针清醒剂”[⑥]。

秦汉社会生活的研究，往往和文化史、文明史的研究融合在一起。林剑鸣等《秦汉社会文明》全面描述了秦汉社会的物质生活和精神生活的概貌，书中《秦汉时代的城市风貌》《样式繁多的服饰》《传统饮食结构的确立》《居住条件的变化》《全国水陆交通网的形成》《具有浓厚迷信色彩的信仰》《频繁的祭祀活

① 安作璋：《汉史初探》，上海：学习生活出版社，1955 年。

② 陈直：《汉代人民的日常生活》，《西北大学学报（哲学社会科学版）》1957 年第 4 期；陈直：《汉代戍卒的日常生活》，《两汉经济史料论丛》，西安：陕西人民出版社，1958 年，第 56—67 页。

③ 王仲殊：《汉代物质文化略说》，《考古》1956 年第 1 期；贺昌群：《升斗辨》，《历史研究》1958 年第 6 期。

④ 谢国桢：《两汉社会生活概述》，西安：陕西人民出版社，1985 年。

⑤ 郑孟彤：《汉代乐府诗里所反映的社会生活》，《光明日报》1955 年 2 月 27 日，第 3 版。

⑥ 周天游编著：《秦汉史研究概要》，天津：天津教育出版社，1990 年，第 3 页。

动》等章与社会生活紧密相关，物质文化资料性强也是其特点。[①]秦汉时期官吏的墓葬中普遍发现占卜所用的《日书》，林剑鸣撰文指出，当时官吏不仅要根据政府的法令行事，还要依据民间风俗信仰、各地禁忌崇尚处理政务，由此可见当时人们在日常生活中如何趋吉避凶和行事，反映出神秘主义对日常政治生活的影响。[②]熊铁基《秦汉文化志》及其再版《秦汉文化史》在体例上做了新的尝试，设置《礼仪与风俗》《衣食住行与工艺》等章，叙述秦汉的社会生活。[③]王子今《秦汉区域文化研究》探讨区域文化，从民众的日常生活和基层社会运行中去发掘文化特质，用动态的眼光揭示传统文化的统一性与多样性共存的历史特征。王氏另一部"随笔"性文化史著作《秦汉文化风景》，也认为构成社会历史文化画卷主题的是普通人的物质生活和精神生活。[④]日常生活与风俗习惯紧密相关，秦汉风俗史的研究这一时期成果颇为丰硕。韩养民、张来斌《秦汉风俗》和彭卫《汉代社会风尚研究》，以专题的形式考察汉代的社会风尚、汉人的精神生活。[⑤]彭卫、杨振红《中国风俗通史·秦汉卷》对秦汉风尚习俗和社会生活的探讨比较全面和周详，该书分饮食、服饰、居住与建筑、交通旅行、婚姻、卫生保健、丧葬、农业生产、信仰、节日、游艺、交际与社会风尚等方面，描绘了秦汉时期社会风俗的方方面面，同时也呈现出这一时期人们的生活状貌。历史上日常生活的记载更多地反映在历史的画面上，作者在增扩版的《秦汉风俗》中又补充了大量的文物历史绘画等方面的图片资料，文图相得益彰，更好地展示了秦汉风俗下的日常生活场面。[⑥]

1949 年以后中国香港、台湾与海外学界对秦汉社会生活的研究。劳榦的《秦

---

① 林剑鸣、余华青、周天游，等：《秦汉社会文明》，西安：西北大学出版社，1985 年。

② 林剑鸣：《秦汉政治生活中的神秘主义》，《历史研究》1991 年第 4 期。

③ 熊铁基撰：《秦汉文化志》，上海：上海人民出版社，1998 年；熊铁基：《秦汉文化史》，上海：东方出版中心，2007 年。

④ 王子今：《秦汉区域文化研究》，成都：四川人民出版社，1998 年；王子今：《秦汉文化风景》，北京：中国人民大学出版社，2012 年。

⑤ 韩养民、张来斌：《秦汉风俗》，西安：陕西人民出版社，1987 年；彭卫：《汉代社会风尚研究》，西安：三秦出版社，1998 年。

⑥ 彭卫、杨振红：《中国风俗通史·秦汉卷》，上海：上海文艺出版社，2002 年；彭卫、杨振红：《秦汉风俗》，上海：上海文艺出版社，2018 年。

汉史》是一部通俗简要断代史读本，其第十二章设有两汉的物质生活内容。[①]姚秀彦《秦汉史》第四编为《秦汉制度》，其中有社会等级、经济、生活日用等内容，与劳榦的著作不同，该书基本没有利用考古资料。[②]在社会生活的专门研究上有何浩天《汉画与汉代社会生活》一文，该文将汉画像砖上的图画分为弋射、收获、采桑、制盐、狩猎、乐舞、车骑等类，借此解释汉人生产、休闲、出行的日常生活。[③]费海玑《后汉东都生活》描述东汉东都洛阳的街市分布情形及百姓、豪门的生活。[④]杨联陞《帝制中国的作息时间表》探讨传统社会士、农、工、商不同职业和阶层的日常起居、工作和休闲生活。[⑤]傅锡壬《汉代乐府诗中反映的妇女生活》从乐府诗来看汉代妇女的恋爱、婚姻、教养、服饰、体态、母爱、孤儿、女性复仇等生活情形。[⑥]陶希圣《建安时代社会的改变》由西汉农耕方式的演变谈起，再进一步分析东汉社会生活方式的种类及汉末学风、曹魏建国等问题。[⑦]少数族裔的日常生活也是中国香港和台湾学界所关注的问题。颜清洋、谢剑、文崇一讨论了匈奴游牧社会的社会阶级、日常生活、婚丧礼节等生活方式及宇宙观、神的系统、祭祀、葬式、巫术等匈奴人的精神生活。[⑧]阙镐曾则对羌族的起源、生活习俗及羌患等问题做了探讨。[⑨]台湾地区由于新史学的蓬勃发展，对秦汉生活史的研究显示出积极的态势，如由邢义田、黄宽重和邓小南主编的《台湾学者中国史研究论丛》有《社会变迁》《经济脉动》《城市与乡村》《家庭与社会》《妇女与社会》《生活与文化》《礼俗与宗教》《生命与医疗》《美术与考古》等分册；《中国史新论》有《性别史分册》《基层社会分册》《生活与文化

---

① 劳榦：《秦汉史》，台北：台湾中华文化出版事业委员会，1952 年；劳榦：《秦汉史》，香港：华冈出版公司，1974 年。

② 姚秀彦：《秦汉史》，台北：三民书局，1974 年。

③ 何浩天：《汉画与汉代社会生活》，《“国立”历史博物馆历史文物丛刊》第二辑，台北：台湾中华丛书编审委员会，1969 年。

④ 费海玑：《后汉东都生活》，《大陆杂志》（台北）1962 年第 11 期。

⑤ 杨联陞：《东汉的豪族》，北京：商务印书馆，2011 年。

⑥ 傅锡壬：《汉代乐府诗中反映的妇女生活》，《中山学术文化集刊》（台北）1984 年第 3 期。

⑦ 陶希圣：《建安时代社会的改变》，《食货》复刊（台北）1974 年第 2 期。

⑧ 详见颜清洋：《匈奴的日常生活》，《史绎》（台北）1974 年第 11 期；谢剑：《匈奴宗教信仰及其流变》，载台湾“中研院”历史语言研究所集刊编辑委员会：《“中央研究院”历史语言研究所集刊》第四十二本第四分，1971 年；文崇一：《汉代匈奴人的社会组织与文化形态》，载凌纯声等：《边疆文化论集》，台北：台湾中华文化出版事业委员会，1954 年。

⑨ 阙镐曾：《两汉的羌患》，《政治大学学报》（台北）1966 年第 14 期。

分册》《医疗史分册》《古代文明的形成分册》等。[①]这些丛书中的秦汉部分内容涉及日常生活的诸多方面，多有新意所出。

日本学界对秦汉的家族、家庭、村落方面有着非常细致的探讨。[②]这些对于探讨秦汉人们的日常生活是必不可少的基础研究。对于汉代生活史有专门研究的是林巳奈夫，著有《刻在石头上的世界：画像石述说的古代中国的生活和思想》一书。学界对汉代画像石的研究多偏重于艺术史的角度，林巳奈夫则透过画像石侧重探讨民众生活和思想，去了解人物的性别、标志着人物身份的穿戴、手里拿的东西、乘坐的东西及画中器物的用途等这些日常生活中的内容。[③]同时他还著有该书的姊妹篇《中国古代的生活史》。[④]鹤间和幸在《始皇帝的遗产：秦汉帝国》一书中说“在日本作为从外部观察中国的国家、社会、文化的人们，与在中国的国家、社会、文化之中生活的人们，他们观察过去的立场自然不会一样。这也许就是历史认识的差异吧”[⑤]。这种观察过去立场的不同，很大程度上是在历史上双方生活方式差异基础上的观察。作者虽未言明“日常生活”的视野，但其在研究秦汉社会却确实由此角度加以审视，如该书《从后宫之窗见到的帝国行踪》章，展现了帝王日常生活的一些细节。另外，《从沉睡中苏醒的古代木简》一节充分利用考古简牍资料，细致记录了“绿洲国家的生活方式”，

---

① 邢义田、黄宽重、邓小南主编：《台湾学者中国史研究论丛》，北京：中国大百科出版社，2005 年；《中国史新论》，台北：联经出版事业股份有限公司，2009—2016 年。

② 相关论著有〔日〕佐竹靖彦：《中国古代的家族和家族的社会秩序》，《东京都立大学人文学报》1980 年第 141 期；〔日〕东晋次：《汉代的家族和乡里——评宇都宫清吉先生的汉代家族乡里社会论》，《名古屋大学东洋史研究报告》4，1976 年；〔日〕上田早苗氏：《汉代的家族及其劳动——夫耕妇织》，《史林》1979 年第 62 卷第 8 期；〔日〕小畑龙雄：《论汉代的村落组织》，《东亚人文学报》1942 年第 1 卷第 4 期；〔日〕池田雄一：《论汉代的里和自然村》，《东方学》1969 年第 38 期；〔日〕池田雄一：《马王堆古地图和汉代的村落》，《历史和地理》1975 年第 242 期；〔日〕越智重明：《汉代的户和家：从作为主人的户籍来看》，《史学杂志》1969 年第 78 卷第 8 期；〔日〕越智重明：《井田制的家——战国秦汉时代“家”的理解》，《古代文化》1971 年第 23 卷第 4 期；〔日〕越智重明：《家和家人》，《九州大学东洋史论集》1976 年第 4 期；〔日〕越智重明：《汉六朝的家产分割和二重家产》，《东洋学报》1979 年第 61 卷第 1、2 期；〔日〕五井直弘：《民众的生活、文化与变革主题》，东京：青木书店，1982 年。

③〔日〕林巳奈夫：《刻在石头上的世界：画像石述说的古代中国的生活和思想》，唐利国译，北京：商务印书馆，2010 年。

④〔日〕林巳奈夫：《中国古代的生活史》，东京：吉川弘文馆，1992 年。

⑤〔日〕鹤间和幸：《始皇帝的遗产：秦汉帝国·前言》，马彪译，桂林：广西师范大学出版社，2014 年。

使“消失在沙沉中的民众得以复活”。①

欧美学者关于秦汉生活史的研究著作并不多，但理论探索性强，具有前沿意义，以鲁惟一（Michael Loewe）的相关研究最为著名。鲁惟一在秦汉史研究上贡献颇多，特别是对日常生活的研究，他于1968年撰写了《汉代中华帝国初期的日常生活：公元前202年至公元220年》（*Everyday Life in Early Imperial China: During the Han Period 202B.C.-A.D.220*），后来再版时又补充了新出的考古和汉代画像资料，新版中译本的书名为《汉帝国的日常生活：公元前202年至公元220年》②。该书与早年马伯乐的《汉代中国人的私生活》相比内容更加广泛，涉及不少私人空间以外公共领域的日常生活现象。此外其博士学位论文《汉代行政记录》，利用居延简牍探讨汉朝政府和军事的日常管理、士卒的日常工作与生活。③他还著有反映秦汉人们的精神生活的专著《中国人的生死观：汉代的信仰、神话和理性》，对汉代日常生活的考察比较全面。

二、秦汉日常生活史研究的主要领域

“饮食男女”是人们日常生活最重要的内容，而“饮食”又是摆在“男女”之前。古人所言“饮食”确切地说是“衣食”，古代小农之家最重要的生产活动就是男耕女织，温饱是人们日常生活最基本的内容。黄展岳以考古资料为主对汉代的主副食及其他食品做了较为全面的探讨，认为汉人饮食生活对后代产生深远影响，其蒸煮食粮、烹调菜肴、制作饼食、酿造饮料，自汉代以后几无大的变化④；黎虎、姚伟钧分别论述了人们饮食由二餐到三餐、分食与合食的习俗

①〔日〕鹤间和幸：《始皇帝的遗产：秦汉帝国·中文版自序》，马彪译，桂林：广西师范大学出版社，2014年，第289—316页。

②〔英〕鲁惟一：《汉帝国的日常生活：公元前202年至公元220年》，刘洁、余霄译，南京：江苏人民出版社，2018年。

③〔英〕鲁惟一：《汉代行政记录》，于振波、车今花译，桂林：广西师范大学出版社，2005年。

④ 黄展岳：《汉代人的饮食生活》，《农业考古》1982年第1期；黄展岳：《〈汉代人的饮食生活〉的两条补充》，《农业考古》1982年第2期。

及汉唐间饮食生活、饮食文化和礼仪制度的演变的规律[①]；彭卫撰文论述了秦汉的饮食及饮酒生活[②]；彭卫与杨振红合著的《中国风俗通史·秦汉卷》一书有饮食和服饰风俗两章，更为全面地叙述秦汉时代的饮食的构成、厨房厨艺等问题[③]；王子今撰文探讨战国秦汉时期所见“酒人”称谓和身份、社会上的酒徒和群饮现象[④]。

服饰在生活中有两个层面的作用，低层次保暖生存的需要和高层次的身份象征。古人关注多在服饰的身份和等级层面，而今人对秦汉服饰的研究又多集中在式样、制式等方面。沈从文《中国古代服饰研究》利用出土的文物资料，对包括秦汉时期日常生活中人们的衣冠服饰的材料和款式做了图文并茂的说明和概述，为古代服饰研究的开拓之作。[⑤]林剑鸣《秦汉史》认为，随着秦汉一统王朝的建立，服饰制度也有一个整齐规范的过程。一般大多数民众衣服用麻帛，富贵人家则用丝缣，不过官方的制度规定同日常生活中的服装还是有一定距离的。[⑥]彭卫、杨振红在《中国风俗通史·秦汉卷》指出，在西汉中期以后普通百姓着装水平显著提高，上层服饰下移，而礼服向常服过渡的状况更为普遍。到东汉后期服饰种类花样繁多，更凸现个性化色彩。[⑦]孙机《汉代物质文化资料图说》（增订本）中有建筑、家具、服饰、饮食、日用杂品等项，亦图亦文详述与汉人日常衣食相关的种种器物。[⑧]

家庭结构和家庭成员间的关系对人们的日常生活构成重要的影响，是以小家庭还是以大家庭为主的社会，人们的家庭生计、家庭成员的精神风貌会有重

① 参见黎虎主编：《汉唐饮食文化史》，北京：北京师范大学出版社，1998 年；姚伟钧：《汉唐饮食制度考论》，《中国文化研究》1999 年第 1 期。

② 参见彭卫：《谈秦人饮食》，《西北大学学报（哲学社会科学版）》1980 年第 4 期；彭卫：《秦汉时期饮食生活的基本模式》，载周天游主编：《陕西历史博物馆馆刊》第十辑，西安：三秦出版社，2003 年；彭卫：《汉代酒事杂识》，载孙家洲、马利清主编：《酒史与酒文化研究》第一辑，北京：社会科学文献出版社，2012 年。

③ 彭卫、杨振红：《中国风俗通史·秦汉卷》，上海：上海文艺出版社，2002 年。

④ 王子今：《战国秦汉“酒人”略说》《秦汉“酒徒”散论》，载孙家洲、马利清主编：《酒史与酒文化研究》第一辑，北京：社会科学文献出版社，2012 年。

⑤ 沈从文：《中国古代服饰研究》，上海：上海书店出版社，2002 年。

⑥ 林剑鸣：《秦汉史》，上海：上海人民出版社，2003 年，第 978 页。

⑦ 彭卫、杨振红：《中国风俗通史·秦汉卷》，上海：上海文艺出版社，2002 年。

⑧ 孙机：《汉代物质文化资料图说》（增订本），上海：上海古籍出版社，2008 年。

要的不同。冉昭德《汉代的大家、中家和小家》，论述了汉人不同层次的家庭生活状况。[①]许倬云认为西汉受秦人遗风及秦律遗留的限制，以小家庭为多；东汉因儒家理念影响社会风俗日深，奉父母同居的主干家庭渐成主流，但累世同居的家庭仍是极少见的现象。[②]杜正胜提出“汉型家庭”的典型概念，认为这类家庭“以夫妇及其子女所组成的核心家庭为主体，父母同居者不多，成年兄弟姊妹同居者更少，家口在四五人之间”[③]。张金光、黄金山、邵台新、孙达人、张仁玺等对古人所言“五口之家”与秦汉的家庭结构和实际规模等问题进行了深入的讨论。[④]黄金山、马新则对秦汉时代家庭人际关系及父权夫权的强化过程进行了探讨。[⑤]闫爱民借鉴文化人类学、民族学的视野探讨家族结构和亲属关系，认为汉代的家族有以父系为主、兼顾母系的二元性特征，远古时代许多“旧”的氏族因素被保留在当时的婚姻和血缘组织之内。[⑥]

家庭生计和家庭消费是日常生活中的最主要内容。考察秦汉家庭的生计，数量居于绝大多数的农民的家庭生计有着非常重要的参考价值，以往关于农民阶级和地主阶级、农民起义等方面的研究成果，虽然不免带上一些时代政治色彩，却仍然整理了不少可资利用的日常生活的资料与研究。改革开放以来的经济史、农业史和断代史著作对家庭生计和消费问题多有涉及。林甘泉、比尔·孔维廉、王利华对汉代家庭生计和家庭消费有着深入的论述。[⑦]许倬云《汉代农业：

---

① 冉昭德：《汉代的大家、中家和小家》，《光明日报》1964年1月15日，第6版。

② 许倬云：《汉代家庭的大小》，《求古编》，台北：联经出版事业公司，1982年。

③ 杜正胜：《传统家族结构的典型》，《古代社会与国家》，台北：允晨文化实业股份有限公司，1992年，第793页。

④ 详见张金光：《商鞅变法后秦的家庭制度》，《历史研究》1988年第6期；黄金山：《论汉代家庭的自然构成与等级构成》，《中国史研究》1987年第4期；邵台新：《试论汉代农户的“一家五口”》，载中国秦汉史研究会编：《秦汉史论丛》第5辑，北京：法律出版社，1992年；孙达人：《试给“五口百亩之家”一个新的评价》，《中国史研究》1997年第1期；张仁玺：《秦汉时期的“五口之家”述略》，《齐鲁学刊》1998年第6期。

⑤ 黄金山：《汉代家庭成员的地位和义务》，《历史研究》1988年第2期；马新：《秦汉时代家内人际关系的变迁》，《山东大学学报（哲社版）》1993年第3期。

⑥ 阎（闫）爱民：《汉晋家族研究》，上海：上海人民出版社，2005年。

⑦ 详见林甘泉：《“养生”与“送死”：汉代家庭的生活与消费》，载侯建新主编：《经济——社会史评论》第二辑，北京：生活·读书·新知三联书店，2006年；〔美〕比尔·孔维廉：《汉代农民的收入和支出》，刘磐修译，《徐州师范学院学报（哲学社会科学版）》1994年第1期；王利华：《中国家庭史》第1卷《先秦至南北朝时期·绪论》，广州：广东人民出版社，2007年。

中国农业经济的起源及特性》中专有《农民的生计》一章，其他章节讨论农业技术和生产经营，亦多是立足于家庭的日常生活。[①]吴小强通过睡虎地秦简《日书》与放马滩秦简《日书》，考察带有宗教色彩的谷物种植、家畜饲养、养蚕种树与集市交易等农业生活，指出传统农业生产在战国秦代已经发展到了相当成熟的阶段，自然经济基础上的商品交易活动也比较活跃，同时社会内部还存在一定程度的奴隶制残余。[②]代国玺对秦汉政府的粮食计量系统与居民的口粮数量进行研究，他根据简牍中所反映的刑徒、奴婢、戍卒和普通居民家庭的廪食标准，推算出秦汉城市居民与农村居民每月的口粮数量，并指出，在生活和生产劳动基本靠人力的秦汉时期，居民维持生计所需的口粮数量要远高于机械化的今天。[③]

家庭日常生活有"食""色"两个方面。"食"，除了餐饮外，也包括"日用"，也就是家庭生计、家庭的生产和消费。学界相关的研究，虽然说从"日常"的角度关注不够，但成果相对充分。而在"色"的研究方面，也有这种特点。汉代的婚姻制度、礼俗和形态的研究比较充分，如杨树达《汉代婚丧礼俗考》、刘增贵《汉代婚姻制度》、彭卫《汉代婚姻形态》，都是不同时代、不同区域间学术研究的代表之作。[④]婚姻之后的夫妇生活，除了一些秦汉原始性风俗及房中术的研究外，对夫妇两性间的"日常生活"研究并不充分；相关的两性史中的妇女研究中，对于女性的社会、经济、家庭、婚姻和法律地位等方面关注较多，但是对女性"日常生活"的研究也显不足，这些都是有待拓展的领域。

居住、出行与生活环境。早年对秦汉建筑和居室的研究有刘敦桢《两汉第宅杂观》《汉代长安城及未央宫》和鲍鼎、梁思成《汉代建筑式与装饰》等文。[⑤]

---

① 许倬云：《汉代农业：中国农业经济的起源及特性》，王勇译，桂林：广西师范大学出版社，2005年。

② 吴小强：《秦简〈日书〉与战国秦代农业经济生活》，载秦始皇兵马俑博物馆《论丛》编委会编：《秦文化论丛》第十辑，西安：三秦出版社，2003年。

③ 代国玺：《秦汉的粮食计量体系与居民口粮数量》，载台湾"中研院"历史语言研究所集刊编辑委员会：《"中央研究院"历史语言研究所集刊》第八十九本第一分，2018年。

④ 杨树达：《汉代婚丧礼俗考》，上海：商务印书馆，1933年；刘增贵：《汉代婚姻制度》，台北：华世出版社，1980年；彭卫：《汉代婚姻形态》，西安：三秦出版社，1988年。

⑤ 刘敦桢：《两汉第宅杂观》，载中国营造学社编：《中国营造学社汇刊》1932年第3卷第3期；刘敦桢：《汉长安城及未央宫》，载中国营造学社编：《中国营造学社汇刊》1932年第3卷第3期；鲍鼎、梁思成：《汉代建筑式与装饰》，载中国营造学社编：《中国营造学社汇刊》1934年第5卷第2期。

其后林剑鸣等《秦汉社会文明》对秦汉时期的建筑有比较全面的论述，认为这一时期三合院、四合院成为最基本的民居格局，木结构的多层砖瓦取代了高台建筑；一般的贫民住宅非常简陋或以板为室，或结草为庐，保留着巢居的习惯，山区则有穴居的贫民；室内的家具和装饰，大抵有席、榻、枕、被褥等坐卧起居的必用品。[①]周锡保《中国古代服饰史》一书《汉代服饰》章中有《礼仪及生活习俗》一节，论述汉人室内布置与生活习惯的关系。[②]建筑与制度、政治的关系，也是学者所关心的一个问题。继鲁惟一《汉代行政记录》中对汉代政府的日常管理与日常工作的研究之后，侯旭东《汉代律令与传舍管理》《传舍使用与汉帝国的日常统治》二文依据尹湾汉简及文献资料，探讨传舍使用情况与汉帝国日常统治的关系，认为“传舍”及管理传舍的官吏地位虽低微，却是支撑帝国存在与正常运转所不可缺少的机构和管理人员，在制度史研究中注意“日常统治的状态”。[③]在此基础上，侯旭东从日常活动中系统探讨了西汉帝国君主与其近臣的关系，著有《宠　　信—任型君臣关系与西汉历史的展开》一书，将秦汉帝国日常统治的研究推向深入。[④]

里、闾制度是乡村生活史研究中的重要内容之一。仝晰纲、何双全、辛德勇、东晋次、金秉骏对闾里制度的性质、责职、管理及其功能变化等做了探讨。[⑤]王彦辉、黄今言分别讨论秦汉时期乡里建制与自然聚落的分合过程，在基层社会中各种名号的“聚”与“里”的内涵虽有别，但往往又存在里、聚重合的情况。[⑥]马新《两汉乡村社会史》较为全面地剖析了两汉乡村社会的内部结构，从生态

① 林剑鸣、余华青、周天游，等：《秦汉社会文明》，西安：西北大学出版社，1985 年，第 228—244 页。

② 周锡保：《中国古代服饰史》，北京：中国戏剧出版社，1984 年。

③ 侯旭东：《汉代律令与传舍管理》，载卜宪群、杨振红主编：《简帛研究 2007》，桂林：广西师范大学出版社，2010 年；侯旭东：《传舍使用与汉帝国的日常统治》，《中国史研究》2008 年第 1 期。

④ 侯旭东：《宠　　信—任型君臣关系与西汉历史的展开》，北京：北京师范大学出版社，2018 年。

⑤ 详见仝晰纲：《秦汉时期的里》，《山东师大学报（社会科学版）》1988 年第 4 期；仝晰纲：《秦汉乡官里吏考》，《山东师大学报（社会科学版）》1995 年第 6 期；何双全：《〈汉简·乡里志〉及其研究》，载甘肃文物考古研究所编：《秦汉简牍论文集》，兰州：甘肃人民出版社，1989 年；辛德勇：《闾左臆解》，《中国史研究》1996 年第 4 期；〔日〕东晋次：《东汉的乡里社会及政治的变迁》，载中国秦汉史研究会编：《秦汉史论丛》第四辑，西安：西北大学出版社，1989 年；〔韩〕金秉骏：《东汉时代里父老和国家权力》，《东洋史学研究》第 35 辑，1991 年。

⑥ 参见王彦辉：《秦汉时期的乡里控制与邑、聚变迁》，《史学月刊》2013 年第 5 期；黄今言：《汉代聚落形态试说》，《史学月刊》2013 年第 9 期。

环境、土地所有制到乡里村落、里社宗族、婚姻家庭、民间信仰、鬼神崇拜、乡村风情等方面，全面展示了当时乡村生产与生活的风貌。[①]近年来，汉代聚落考古的成果对乡村生产、生活史研究的深入有着极大的促进作用。河南内黄县三杨庄汉代庭院遗址的发掘，完整地揭示了汉代特定建筑群的规模、布局、区域功能；同时，种类众多的家庭生活实用品得以在遗址内原地保留，也为复原当时的日常生活和生产提供了难得的实物资料。刘海旺认为三杨庄遗址反映了汉代的社会秩序、生产力水平、农业经济形态、人口增长情况等诸多问题，这种较为松散但又相对集中的聚落布局特征，符合当时农耕聚落的生产生活需求。王子今指出，三杨庄聚落模式说明文献所记乡居的“齐整如一”可能并非汉代乡村里居的常态，“里”的形成首先应是以自然聚落为基础。孙家洲、宋超认为三杨庄遗址发现的汉代村落形态，或应称为“非典型农居”。袁延胜认为三杨庄遗址发现的房屋建筑符合汉代“一堂二内”的记载，也与汉人“五口之家”的家庭规模相适应。[②]

城乡之别会让人们的日常生活有很大的不同，对城邑的探讨有助于生活史研究的深入。言金星认为夜市起源于汉代，但处于萌芽状态。[③]陈昌文指出，汉代的城市规划流行神学观念，强调威严，但注重城市的环境。[④]徐萍芳就帛画中的城邑舆图分析后认为，汉代地方城市中的官吏府舍为城市中最重要的部分，它形成了城内一个所谓的“子城”。[⑤]陈绍棣则利用出土的画像资料对汉代的城市进行考察。[⑥]周长山、张继海分别著书，对汉代城市发展、分布、居民编制及城市社会中的公共生活、社会问题、城市管理等问题进行探讨。[⑦]

交游与社会群体生活。人们的日常交往为日常生活中的另一领域，如果说

① 马新：《两汉乡村社会史》，济南：齐鲁书社，1997 年。

② 参见杨勇、洪石：《“汉代城市和聚落考古与汉文化国际学术研讨会”纪要》，《考古》2011 年第 6 期。

③ 言金星：《汉代夜市考》，《江西社会科学》1987 年第 5 期。

④ 陈昌文：《汉代城市规划及城市内部结构》，《史学月刊》1999 年第 3 期。

⑤ 徐萍芳：《马王堆三号汉墓出土的帛画“城邑图”及其有关问题》，载李学勤主编，中国社会科学院简帛研究中心编辑：《简帛研究》第 1 辑，北京：法律出版社，1993 年。

⑥ 陈绍棣：《汉画所见汉代城市与政治、经济和军事的关系》，载南阳汉代画像石学术讨论会办公室编：《汉代画像石研究》，北京：文物出版社，1987 年。

⑦ 周长山：《汉代城市研究》，北京：人民出版社，2001 年；张继海：《汉代城市社会》，北京：社会科学文献出版社，2006 年。

衣食住行、饮食男女等活动是人们最基本的需求，是局限在家庭之内的生活，那么日常交往就是在家庭之外的社会生活。秦汉日常生活中不仅建立起各种交际关系，更形成各种特定的交往形式，如日常生活中的协作互助、礼尚往来、吊死问疾、游戏甚至冲突等活动。

自东汉建初二年《侍廷里父老僤买田约束石券》出土以来，学界就“僤”（又作单、弹）的乡村社会组织的性质和功能展开讨论。俞伟超对“僤”从商周到汉代的演变做了深入的分析，认为汉代的僤和里是并存的一种公社组织。林甘泉则认为汉代的“单”是有特定目的的结社组织，是公社组织的残余形态。张金光指出两汉“弹”的民间社会组织中表现出了浓厚的乡里社会自治、自助精神，显示出古代官社共同体的遗风。林兴龙认为侍廷里父老僤是为集资买地以解决父老经费而组建的民间组织，其本质亦是互助协作带有农村公社残余的特征。[①]除了“僤”以外，王勇讨论了汉代下层民众中仍保留着一定古代聚落的共同精神，他们通过协助互动、生产自救，相对容易地摆脱生产生活中遇见的困境，使小农经济再生产得以正常运行。王文涛则认为宗族互助是汉代民间互助保障的主体，帮助族人抵御自然灾害和解决生产、生活困难，在一定程度上促进了社会秩序的稳定。[②]

人们日常交游的对象往往限定在同一等级、阶层或职业的群体之内，不同社会群体间的社会生活也是学界所关注的问题之一。彭卫《游侠与汉代社会》探讨游侠与汉代社会问题，然而作者将游侠群体的活动视为汉代日常生活与社会结构演变过程中的一个缩影，从游侠群体及普通人所潜在的游侠心态，去描述汉人喜怒哀乐的精神和生活状貌，观察汉代社会视野独到。[③]居延汉简及新简的出土，对汉代西北屯戍军民的日常生活的探讨极具重要意义。李振宏关注长

① 详见俞伟超：《中国古代公社组织的考察——论先秦两汉的“单—僤—弹”》，北京：文物出版社，1988年；林甘泉：《“侍廷里父老僤”与古代公社组织残余问题》，《文物》1991年第7期；张金光：《有关东汉侍廷里父老僤的几个问题》，《史学月刊》2003年第10期；张金光：《论汉代的乡村社会组织——弹》，《史学月刊》2006年第3期；林兴龙：《东汉〈侍廷里父老僤买田约束石券〉相关问题研究》，《云南师范大学学报（哲学社会科学版）》2007年第4期；林兴龙：《论汉代的民间互助组织》，《历史教学问题》2009年第1期。

② 详见王勇：《论汉代下层民众的互助活动》，《中国社会经济史研究》2009年第1期；王文涛：《汉代民间互助保障的主体——宗族互助》，《学术交流》2006年第11期。

③ 彭卫：《游侠与汉代社会》，合肥：安徽人民出版社，2013年。

期被忽略的汉代屯戍吏卒的精神生活和情感等问题，指出学习法律条文、实用文化知识和参加宗教及占卜类活动是他们主要的精神文化生活；屯戍吏卒间的社会和法律地位相对平等，感情生活亦得到尊重，各种政策规定体现了朴素的人道主义情怀。[①]李振宏《居延汉简与汉代社会》一书，对居延汉简所反映的汉代吏卒社会生活及屯戍管理制度相关问题进行了探讨。[②]陈晓鸣对汉代西北屯戍吏卒的物质生活、精神生活和医疗、丧殓待遇进行了考察，由于军资转输极为困难，西北边陲戍卒的物质生活处于较为艰苦的状态。宋杰对尹湾汉墓墓主郡吏师饶的居住制度、职务与工作情况、休假制度等进行了梳理和概括，指出汉代政府对官吏的人身控制在其日常生活中表现得极为严格。卜宪群、刘杨对于文献和简牍中普遍出现的“自言”一词进行了解读，由此而从日常生活中去理解秦汉王朝的行政和统治，对日常秩序下社会各阶层与国家的关系提出了新的思考。[③]

生老病死相对于“日常”是个漫长的生活过程，而少年与老人的群体生活又是其中两个重要的阶段。对于秦汉社会的侠义风气与问题少年的出现、汉代的儿童游戏和生活，王子今有系列研究。[④]日本学者东晋次则对汉代孤儿及抚养问题进行了探讨。[⑤]关于老人的生活，刘德增、张鹤泉、邵台新等撰文讨论了秦汉时代的养老制度及养老政策。[⑥]于学斌、赵静敏则探讨了与农耕民族尊老观不

① 李振宏：《汉代居延屯戍吏卒的精神文化生活》，载西北师范大学文学院历史系、甘肃省文物考古研究所编：《简牍学研究》第3辑，兰州：甘肃人民出版社，2002年；李振宏：《汉代屯戍生活中的古典人道精神》，《历史研究》2001年第5期。

② 李振宏：《居延汉简与汉代社会》，北京：中华书局，2003年。

③ 详见陈晓鸣：《汉代边兵的日常生活和待遇问题述略》，《江西师范大学学报（哲学社会科学版）》1996年第3期；宋杰：《〈元延二年日记〉所反映的汉代郡吏生活》，《社会科学战线》2003年第3期；卜宪群、刘杨：《秦汉日常秩序中的社会与行政关系初探——关于“自言”一词的解读》，《文史哲》2013年第4期。

④ 王子今：《说秦汉“少年”与“恶少年”》，《中国史研究》1991年第4期；王子今、周苏平：《汉代儿童的游艺生活》，《中国史研究》1999年第3期；王子今：《汉代儿童生活》，西安：三秦出版社，2012年；王子今：《秦汉儿童的世界》，北京：中华书局，2018年。

⑤〔日〕东晋次：《关于汉代孤儿的几点考察研究》，《三重大学教育系研究纪要》，第43卷，1992年。

⑥ 参见刘德增：《汉代养老述论》，《山东师大学报（社会科学版）》1988年第6期；张鹤泉：《西汉养老制度简论》，《学习与探索》1992年第6期；邵台新：《汉代的养老制度——以〈王杖十简〉与〈王杖诏书令〉册为中心的讨论》，载黄清连编：《结网编——逯耀东教授退休纪念史学论文集》，台北：东大图书公司，1998年。

同的北方游牧民族的老幼道德观。①

对丧葬礼俗的探讨涉及秦汉人们对生死的生活态度，古人侍死如生，汉人的厚葬也表现出其生时日常生活的风气。杨树达《汉代婚丧礼俗考》是最早探讨这一问题的，该书资料充实而分门别类恰当；林剑鸣等《秦汉社会文明》对于秦汉时期的招魂、饭含、裹尸衣衾、发丧、吊唁、临丧、棺椁、赙礼、墓祭、居庐守丧等方面进行了叙述，认为秦汉丧葬礼俗在继承古礼的基础上又有自己的发展；曲柄睿、李阳通过还原秦汉一般的探病流程，考察探病过程中"病人"与"探病者"的身份构建，挖掘私人生活和公共生活不同的空间对探病行为的影响，从而透视探病行为背后的政治文化内涵；高大伦、李振宏依据居延简牍资料，对当时的疾病、医疗等问题及吏卒屯戍生活中的医疗卫生状况进行了讨论。②台湾学者在秦汉医疗史方面的探讨尤为用力。林富士对东汉晚期疾疫的流行与道教新团体的兴起的关系做出考察；李贞德对汉唐间女性生产、生育的方式、妇科医学及性别观进行了深入的论述。③

岁时节令与娱乐生活。一年两度的社祭及十二月的腊祭是最重要的节日生活内容。社祭既属信仰问题，更多的又是一种邻里间的节日聚会活动，属于节日生活。童书业、劳榦、宁可、薛英群对于汉代"社"的源流、神灵信仰、社邑活动等问题均有深入探讨。④薛瑞泽考察汉代节日、婚娶、生子之庆及家国幸

---

① 于学斌、赵静敏：《我国北方古代民族"贵壮贱老"习俗浅论》，《北方文物》1999年第2期。

② 参见杨树达：《汉代婚丧礼俗考》，上海：商务印书馆，1933年；林剑鸣、余华青、周天游，等：《秦汉社会文明》，西安：西北大学出版社，1985年；曲柄睿、李阳：《秦汉探病的政治文化内涵》，《史学月刊》2012年第7期；高大伦：《居延汉简中所见疾病和疾病文书考述》，载西北师范大学文学院历史系、甘肃省文物考古研究所编：《简牍学研究》第2辑，兰州：甘肃人民出版社，1998年；李振宏：《汉代居延屯戍吏卒的医疗卫生状况》，《中原文物》1999年第4期。

③ 详见林富士：《东汉晚期的疾疫与宗教》，载台湾"中研院"历史语言研究所集刊编辑委员会：《"中央研究院"历史语言研究所集刊》第六十六本第三分，1995年；李贞德：《汉唐之间医书中的生产之道》，载台湾"中研院"历史语言研究所集刊编辑委员会：《"中央研究院"历史语言研究所集刊》第六十七本第三分，1996年；李贞德：《汉唐之间求子医方试探——兼论妇科滥觞与性别论述》，载台湾"中研院"历史语言研究所集刊编辑委员会：《"中央研究院"历史语言研究所集刊》第六十八本第二分，1997年；李贞德：《汉唐之间的女性医疗照顾者》，《台大历史学报》1999年第23期。

④ 详见童书业：《汉代的社稷神》，天津《益世报·史学》1935年第16期；劳榦：《汉代社祀的源流》，载台湾"中研院"历史语言研究所集刊编辑委员会：《"中央研究院"历史语言研究所集刊》第十一本，1944年；宁可：《述"社邑"》，《北京师院学报（社会科学版）》1985年第1期；宁可：《汉代的社》，载中华书局编辑部编：《文史》第9辑，北京：中华书局，1980年；薛英群：《居延汉简中的"社"及其源流》，《兰州学刊》1984年第3期。

事庆贺等喜庆生活方式，指出汉人豁达向上的精神风貌和礼俗的制度化，表明汉代社会逐步走向成熟化；韩彩灵论述了汉代节令中的踏青、祓禊、登高、舞龙及驱傩的乡村民俗活动的繁荣及其演变的原因。[①]游戏、体育及其他娱乐活动也是一种重要的日常交往和生活方式，其在日常生活中的意义显而易见。崔乐泉、白云翔根据考古发现和出土文物，对秦汉时期的体育文娱活动及其蓬勃发展的原因展开了梳理和探究；周保平、王瑞峰利用汉画资料对民间流行的斗鸡、六博、投壶、蹴鞠等日常娱乐游戏生活进行梳理，认为两汉时期成为中国游戏史上一个承上启下的重要阶段；黄芬指出汉画折射出的游艺风俗，反映了汉人并蓄包容、尚武守节的乐观精神生活；樊六东认为汉代的女子体育活动有性别意识不强、娱乐为主、社会阶层意识不明显的特征。[②]

三、秦汉日常生活史研究的展望

回顾秦汉生活史的研究历程，起步早且成果丰硕，如何进一步将日常生活史的研究推向深入，问题和挑战并存。

秦汉日常生活史的微观研究与宏观理论的探讨。有学者指出，海内外的日常生活史研究已有一定程度的开展，研究通过个案反映整体，深入人的生活与观念世界，为人称道；但这些研究也被批评为选题过于琐碎，远离宏大叙事。[③]在秦汉日常生活史的研究上也遇到相同的问题。所谓研究的碎片化倾向与宏大叙述之间的矛盾，也是微观研究与宏观理论探讨之间的不平行，以往的研究过分重视理论的宏观探讨而忽视个案具体的研究，而近年来社会生活研究又过于

① 参见薛瑞泽：《试论汉代庆贺礼俗》，载雷依群、徐卫民主编：《秦汉研究》第一辑，西安：三秦出版社，2007年；韩彩灵：《汉代节令中乡村民俗体育考略》，《农业考古》2011年第6期。

② 详见崔乐泉：《从出土文物看汉代体育》，《文物》1992年第2期；白云翔：《考古发现与秦汉时期的体育活动》，《考古》2008年第7期；周保平、王瑞峰：《汉画游戏研究》，《中原文物》2004年第5期；黄芬：《从汉画看汉代游艺风俗》，《中原文物》2012年第3期；樊六东：《汉代女性体育研究》，《体育文化导刊》2010年第11期。

③ 常建华：《从社会生活到日常生活——中国社会史研究再出发》，《人民日报》2011年3月31日，第7版。

重视个案而轻视理论的探讨。在微观与宏观、碎片化研究与宏大叙事之间如何把握其轻重？王子今提出秦汉史微观考察和中观考察的理论指导的重要性，认为这里所说的微观考察和中观考察，是指较具体的实证研究，包括生产工具和生活器物层面、生活方式和社会习俗层面、社会问题和行政操作层面及地理条件和生态背景等方面。这样的考察，不管研究者自己是否承认，也必然有一定的理论作为认识基点，以一定的理论指示考察路径。[①]“中观考察理论”的提出，与年鉴学派提出历史发展的时段性有相关性。日常生活结构本来属于“长时段”社会结构层次中的第一个层次，如果将日常生活碎片化研究比之于历史事件的“短时段”，那么长时段就属于社会结构的宏观叙事，而介乎其中的社会群体、社会运动态势的“中时段”考察，正是平衡二者的关键。

以“日常生活”的视角深化既有的研究。历史的研究是不断积累和深化的过程，从新的视角去审视过往的研究，也可进一步深化对日常生活史的探索。20世纪七八十年代学界曾就汉代社会性质问题有过热烈讨论，其中汉代与罗马社会奴隶制的比较研究是热点之一。马克垚《罗马和汉代奴隶制比较研究》以中西比较法论证汉代是否为奴隶社会性质，曾引出系列辩论文章。[②]近年来，欧美学者又有大量关于希腊、罗马日常生活和私生活的研究论著问世。在以往的基础上进一步做汉代、罗马社会日常生活史的比较，或许是使研究深入的突破点。秦汉是重农抑商的社会，罗马是重商的社会。以农为本的社会和重视商业贸迁的社会，也会导致生活方式的迥异。在日常生活领域，西方私生活、公共生活界限分明，而中国公私生活之间界限并不明显。中西生活方式的比较，将比生产方式的比较更有新意。另外，以往汉代社会性质的讨论主要集中在奴婢在农业生产上的使用问题，而关注其“家务”劳动方面将是日常生活史研究的兴趣所在。其他如汉民族的形成问题，秦汉统一后以往的华人、夷人一概称为秦人、汉人，秦的统一不仅表现在行政上、文字上、思想上，也影响着日常生活方式的改变。经济史中对秦汉小农经济、物价问题的研究，又对人们的日常生计和日常消费有着重要的影响。与此同时，随着日常生活研究的深入，也能为秦汉史的研究拓展新的视野。如前述鲁惟一对汉代日常行政制度的研究，侯

① 王子今：《秦汉史研究理论认识散谈》，《史学月刊》2011年第5期。

② 马克垚：《罗马和汉代奴隶制比较研究》，《历史研究》1981年第3期。

旭东、卜宪群对汉朝的日常统治秩序的探讨，以及近年来由秦汉史研究会等单位主办的“日常秩序中的秦汉社会与政治”国际学术研讨会的召开，都深化了对秦汉史及汉代吏治史的研究。

回顾秦汉日常生活的研究，值得关注的问题和难点，首先是其研究领域与以往研究中非日常生活领域的关联与划界，如日常生活与生产消费的关系，日常生活与道德、宗教的关系，日常生活与政治活动的关系。按照匈牙利学者赫勒在其所著《日常生活》中的观点，生产活动既是日常活动，又是超越日常的直接的类本质活动；生产的履行是日常生活的有机部分，而工作过程和活动则是类本质的对象化。道德，它出现在所有领域之中，是内在于所有领域的人际关系。宗教，是日常生活的主要组织者，其影响涉及日常生活的各个方面。政治，更加远离日常生活领域，只有当政治活动在社会劳动分工条件下的“个人”简单再生产中形成时，它才是日常生活的组成部分。

其次，重视日常生活的“特性”和“个性”的区别。按照赫勒的认识，特性可以包括特殊的禀赋、排他主义观点、动机和情感。而个性则代表了类（类本质）的发展，代表了类的价值，它反映了同类本质建立起自觉关系，并以这一自觉关系为基础来安排自己日常生活的个人存在状态①，或者说是日常生活研究中由“物”到“人”的学术关注。以往的秦汉生活史研究强调“民众生活”及“社会生活”，或者从日常生活研究的角度看，更重视“公共生活”而轻视“私人生活”。在生活史的研究上，考古资料的利用一直受到重视，汉代画像砖、墓壁画中所表现的车骑和仪仗、饮宴生活、人们的工作、娱乐游戏等，反映了汉人日常生活的方方面面，但这些都是静止的生活片段。谈到日常生活的研究，往往是古人的衣食器具、车舆居住制度、社会结构与习俗风尚，而不见那个时代个人的活动。静而不动、“见物不见人”，也可以说是“碎片化”的生活景象，是秦汉日常生活史研究中的薄弱环节。欧美学者对西欧中世纪史学研究中“见物不见人”的现象提出批评，特别强调个人活动在历史进程中的作用。他们认为抽掉“人”这个内核，对世俗社会的任何变化都不能做出正确的解释。历史画卷无论多么宏伟壮丽，都是具体的人在具体的生活实践中一笔一笔描绘出来的，而不是抽象的国家、市场或“空心结构”的天然作品。“个人”与“结构”

① 〔匈〕阿格妮丝・赫勒：《日常生活》，衣俊卿译，重庆：重庆出版社，1990年，第12页。

之类的庞然大物其实相距甚远，家庭成员、邻里乡亲、同事伙伴等“个人”对于人的行为具有更为巨大和直接的影响，也比“结构”更能说明社会发展的动力。[①]中国历史自秦汉始形成高度统一的帝国政治体制，而汉人生活方式特别是公共生活方式的形成也是发生在同一时期，兼及影响同时代私生活，以“个人”为出发点，由静到动，由物到人，或许是秦汉日常生活史研究的新趋势所在。

（本文主要部分曾以《20世纪以来的秦汉日常生活研究》为题载于《中国史研究动态》2017年第5期，有改动）

① 参阅刘新成：《日常生活史与西欧中世纪日常生活》，《史学理论研究》2004年第1期。

魏晋南北朝日常生活史研究的回顾与展望

夏　炎

自20世纪70年代开始，日常生活史开始作为一个新兴的研究领域逐渐在欧美史学界兴起，至今已成为一个日益重要的史学流派。[①]近年来，日常生活史的研究理路逐渐进入中国社会史的视域，从日常生活中发现历史成为重新建构全新中国历史图景的重要研究路径。[②]

然而，对于学术积淀深厚的魏晋南北朝史研究而言，日常生活史则是一个全新的话题。在以往的社会史研究领域，生活史研究多采用“社会生活”的概念，这是新时期社会史研究的重要特色。[③]彭卫曾经统计出中国大陆20世纪50年代之后发表的中国古代社会生活史论文共计465篇，各断代论文数目的比例分别是：总论14%、先秦17%、秦汉17%、魏晋南北朝8%、隋唐五代15%、宋辽金元14%、明清15%，魏晋南北朝时期的相关研究明显处于劣势。[④]侯旭东认为近年来中国魏晋南北朝史研究出现了一些新动向，主要包括围绕儒家及其礼制的研究、法制史、官制史、区域史、新资料——三国吴简、新出吐鲁番文

---

① 常建华：《他山之石：国外和台湾地区日常生活史研究的启示》，《安徽大学学报（哲学社会科学版）》2015年第1期。

② 王春燕：《从日常生活中发现历史》，《中国社会科学报》2011年10月13日，第2版。

③ 常建华：《从社会生活到日常生活——中国社会史研究再出发》，《人民日报》2011年3月31日，第7版。

④ 彭卫：《近五十年中国古代社会生活史研究述评》，《中国史学》1996年第6卷。

书与入华粟特人墓葬以及经济史的消沉。①在这些新动向中，我们亦没有发现日常生活史研究的身影。这一迹象表明，时至今日，在魏晋南北朝史的研究阵地中，日常生活史基本处于缺席的状态。

实际上，对于中古史研究而言，日常生活史不仅缺席，而且是一个研究范围比较模糊的领域。黄正建曾经对近年来有关唐代衣食住行、婚丧医疗等论文的目录分类情况进行过统计，发现学界一般将其归入“文化”、“习俗”、“社会风俗”乃至“其他”类目下，这一分类的混乱现象反映出在中古史领域中生活史研究的角度、方法乃至理论的不明确。②魏晋南北朝史研究亦存在上述问题，笔者翻阅了近20年发表在《中国史研究动态》上的关于魏晋南北朝史年度综述的系列文章，作者往往将具有生活史意义的文章归为“社会风俗”“文化”“社会史”加以介绍。虽然近年来已经有将“社会生活”作为单独类目加以介绍的趋势，但其所包含的论文依然比较庞杂，基本上属于大社会史的研究范畴。曹文柱等在对20世纪魏晋南北朝史研究进行回顾时，也没有将生活史作为单独大类列出，而是将相关论著放置于社会史的范畴中加以介绍，反映出生活史无确定归属领域的现象。③

20世纪90年代，中国社会科学院承担的国家社会科学基金项目《中国古代社会生活史》系列论著出版，何德章在为《魏晋南北朝社会生活史》一书撰写的书评中指出：“社会生活虽是人们口头常用的语汇，但社会生活史究竟应包括哪些历史内容，采取什么样的研究方法，却仍然没有确定……忽视对西方新史学研究理论与研究旨趣的充分了解，只在题目和形式上求变求新，使在其影响下出现的新的研究课题缺乏应有的深度，这是热心于中国古代社会史、生活史的研究者应当引起注意的。”④可见，在魏晋南北朝史研究领域，“社会生活”乃至“日常生活”研究的范式至今依然没有被合理地建构起来。

那么，魏晋南北朝日常生活史建构何以可能？一部全新的魏晋南北朝日常生活史又该如何书写呢？

---

① 侯旭东：《关于近年中国魏晋南北朝史研究的观察与思考》，《社会科学战线》2009年第2期。

② 黄正建：《关于唐代日常生活史研究现状的思考》，《中国社会科学院院报》2004年9月14日，第3版。

③ 曹文柱、李传军：《二十世纪魏晋南北朝史研究》，《历史研究》2002年第5期。

④ 何德章：《朱大渭等〈魏晋南北朝社会生活史〉》，载荣新江主编：《唐研究》第5卷，北京：北京大学出版社，1999年，第524—525页。

一、在既有话题中发现日常生活

邱仲麟为《中国史新论·生活与文化分册》撰写的导言的标题是《从文化史、社会风俗到生活》，他认为："实际上，生活史本就包含在社会史之中，故社会史著作中，多半言及历史上中国人生活史的内容。"[①]可见，文化、社会、风俗这三个关键词均与日常生活史的研究论题密切相关。因此，日常生活史研究亦非无源之水，无本之木，以往的文化史、社会史、风俗史等研究范式均在不同程度上包含日常生活史的课题，在既有话题中发现日常生活应当是建构魏晋南北朝新的日常生活史的起点与基础。

古人在对3—6世纪这段历史进行描绘的时候，虽然在记载内容上偏重政治、经济、民族、军事，但日常生活的内容却从不缺席。这些生活片段零星地分散在正史、笔记及文集中，是我们认识时人生活状态的重要门径。其后，这些内容又被一些重要类书加以搜集整理，如《北堂书钞》《初学记》《艺文类聚》《白孔六帖》《太平御览》等均设相关类目对人们的日常生活史料进行分类辑录，使后人得以对这一时段的生活史面貌有所了解。清儒在对历代正史资料的整理与研究方面，成就突出，如赵翼在其《廿二史札记》中便专设"六朝清谈之习""清谈用麈尾""宋世闺门无礼""人君即位冠白纱帽""南朝以射雉为猎""帝王行三年之丧""财婚""北齐百官无妾"[②]诸条，对正史中的相关生活史材料进行搜集和初步研究。正史、笔记、文集中的零星记载，以及类书中的辑录与清儒的读史札记是魏晋南北朝日常生活史研究的传统源头，但具有近代史学性质的魏晋南北朝生活史论题的出现应当起自20世纪上半叶。

1911年，张亮采生前的旧稿《中国风俗史》出版，该书是较早系统论述古代风俗史的专著。[③]该书将魏晋南北朝归入浮靡时代（浊乱时代），分十三节叙

---

① 邱仲麟主编：《中国史新论·生活与文化分册》，台北：联经出版事业股份有限公司，2013年，第18页。
② 参见（清）赵翼著，王树民校证：《廿二史札记校证》卷六至卷十五，北京：中华书局，1984年。
③ 张亮采编纂：《中国风俗史》，上海：商务印书馆，1911年。

述风俗类目，有《清议》《流品》《门第》《氏族及名字》《仕宦》《名节》《清谈》《佛老》《鲜卑语》《美术》《婚娶》《丧葬》《言语》等。从其分类的方式来看，似乎更类似于文化史研究。该书的主旨在风俗，作者的写作意图也在于“整齐风俗”，故其并不具有生活史研究的典范意义。

这一时期，学界相继涌现出一批以“文化史”冠名的论著[①]，魏晋南北朝日常生活的痕迹开始出现在这些通史性的论著中。1924年，顾康伯的《中国文化史》出版，这是当时较早以“文化史”冠名并着意论及社会生活的专著。该书虽为中学历史教材，但其论述亦不乏系统性与学术性。其在“自序”中说道：“夫所谓文化者，包罗极广，举凡政治、地理、风俗、宗教、军事、经济、学术、思想及其他一切有关于人生之事项，无不毕具。”[②]在顾康伯的文化史建构框架中，“生活”与“风俗”是重要的类目。其在该书的第五章《帝权时代之文化（自秦之一统以迄三国）》中写道：“两汉之君主尊儒，以学术勃兴。两汉之国力富厚，是以艺术发明。即社会之生活民风，亦多受政治之影响，而有特殊之现象者，兹分述如左。”具体分为“农民生活”“商民生活”“工业制造”“民风”，对当时的社会生活进行论述。在第六章《种族之同化与厌世的思潮（自西晋以迄南北朝）》中又认为：“两晋南北朝以更迭频仍，民风各自不同”，继续重点论述了“晋之民风”“南朝之民风”“北朝之民风”。[③]顾康伯较早地将“社会生活”放置于“文化史”的叙述框架下，使文化史与生活史由此产生了密切关联。

进入20世纪30年代，一些学人对文化史的写作范式提出了初步构想。陈国强认为：“文化是以各个时代的社会生活为基础，随着社会生活的演进而转变

① 据周积明总结：“在20世纪初叶到中叶出版的文化史著作中，研究中国文化史的宏观方面或流变过程的著作占有相当比重。如林传甲的《中国文化史》（1914年）、顾康伯的《中国文化史》二册（1924年）、常乃德的《中国文化小史》（1928年）、陈国强的《物观中国文化史》二册（1931年）、柳诒徵的《中国文化史》二册（1932年）、杨东莼的《本国文化史大纲》（1932年）、陈登原的《中国文化史》二册（1935年）、文公直的《中国文化史》（1936年）、王德华的《中国文化史略》（1936年）、缪凤林《中国民族之文化》（1940年）、陈安仁的《中国文化演进史观》（1942年）与《中国文化史》二册（1947年）、王治心的《中国文化史类编》（1943年）、陈竺同的《中国文化史略》（1944年）、钱穆的《中国文化史导论》（1947年）。这些著作出版后影响广大。”（周积明：《二十世纪的中国文化史研究》，《历史研究》1997年第6期，第123页）据学者考证，林传甲的《中国文化史》似乎为其所著《中国文学史》之误。参见郑先兴：《中国最早以“文化史”命名的著作》，《史学月刊》2005年第12期。

② 顾康伯：《中国文化史》上册《自序》，上海：泰东图书局，1924年，第2页。

③ 顾康伯：《中国文化史》上册，上海：泰东图书局，1924年，第127—159页。

的，所以在叙述各时代文化发展的过程中，特别注意说明当时的社会生活和生产技术的发展阶段，使读者明了这两者间的适应关系。”[①]虽然陈国强特意关注“社会生活”之于历史发展的意义，但在论述上依然是文化史的叙述脉络。杨东莼指出：“文化就是生活。文化史乃是叙述人类生活各方面的活动之记录。”[②]其在编目上亦独出新意，分为《经济生活之部》《社会政治生活之部》《智慧生活之部》，但综观全书，“生活”二字之内涵实际上并非生活史之意，而该书依然是经济、政治、社会、思想的原有叙述模式。但陈国强与杨东莼着意突出“生活”概念，并将该名词引入传统史论框架的努力，则代表当时中国文化史研究的一种新的学术取向。不久，陈登原试图开辟文化史撰写的新范式。1935 年，其《中国文化史》一书出版，书中论及魏晋南北朝文化史专题，其中特设《涉身处世之多方面》与《南北朝之妇女》二题，渐渐具有了生活史的味道。[③]此后，王德华的《中国文化史略》一书特设第四编《社会史》，分《社会阶级》《宗教》《婚姻与丧葬》《姓氏名字与谥法》《社会风气》诸章。[④]1938 年，尚秉和的《历代社会风俗事物考》由商务印书馆出版，其“例言”云：“中国书籍皆详于国家章制，至社会情状、风俗变迁，无专书记录。兹编因经史百家之言，追想其社会情状，类别区分，捃拾荟萃。凡人所习焉不察者，均择出研究，以期易明。”[⑤]全书分 44 卷，时段一般涉及魏晋南北朝时期。在各个类目中，尤其是《三代以来的首服》《身服》《足服》《饮食》《周时车马》《汉以来车马》《屋室》《灯烛》《城郭》《都城街衢》《市肆》《闾里》《祠祭》《学校》《农田》《嫁娶》《丧事》《葬》《坟墓》《座席》《拜跪》《讼狱》《笔墨纸砚之沿革》《迷信　禁忌》《厕溷　便旋》《取水　取火　取材木》《古官吏休沐　佩印　受杖　多虱》《古贵贱之观察》《历代物价》《历代称呼》《奴婢佣赁》《治病　傩疫》《赋税　力役　户籍》《行旅》《兵事》《岁时伏腊》《各种游戏》《家庭状况》《社会杂事、杂物》《平民仕进》《妓》诸卷的类目设计与生活史研究极其接近，俨然一部“历代社会生活考”。

20 世纪 40 年代，陈安仁《中国文化演进史观》一书亦设专章论述“中国社

① 陈国强：《物观中国文化史·导言》，上海：神州国光社，1931 年，第 4 页。

② 杨东莼编：《本国文化史大纲·序言》，上海：北新书局，1931 年，第 1 页。

③ 陈登原：《中国文化史》，上海：上海书店出版社，1989 年。

④ 王德华编著：《中国文化史略》，南京：正中书局，1936 年。

⑤ 尚秉和著，母庚才、刘瑞玲点校：《历代社会风俗事物考》，北京：中国书店，2001 年。

会与中国文化”，主要从社会家族制度、社会阶级制度、社会统治、社会法律四个方面探讨中国文化的诸面相。①王治心《中国文化史类编》专设《社会与风俗》一编，着重论述社会结构、宗法、社会经济、家庭、礼节、衣、食、住、风俗与风气。②至 1948 年，钱穆在《中国文化史导论》中亦设《古代观念与古代生活》一章，使文化史的研究具有了明显的生活史意义。③综观 20 世纪上半叶关于中国文化史的研究论著，虽然是在当时旧史学反思、民族主义、进化论等思潮的影响下渐次完成的，但不少学者已将带有明显社会史叙述意味的思路融入文化史的建构之中，亦体现出当时文化史研究的社会史取向。

在上述通史性的论述中，魏晋南北朝生活史的踪迹或隐或现，实际上，当时已出现了若干探讨魏晋南北朝日常生活史的专论，涉及魏晋风度、社会风尚、士风、园林、年龄、再嫁等问题。④具体到断代性论著，陈安仁《中国上古中古文化史》在撰述中古文化形态诸节中，均设“社会风习”一目。⑤当然，对魏晋南北朝社会生活史首次进行系统性研究的学者当属吕思勉。作为“新史学”的践行者，《中国社会史》是其最具代表性的一部著作。⑥该书初稿写于 20 世纪 20 年代，原稿设 18 个专题，即《农工商业》《财产》《钱币》《饮食》《衣服》《宫室》《婚姻》《宗族》《阶级》《国体》《政体》《户籍》《赋役》《征榷》《官制》《选举》《兵制》《刑法》等。其中，《饮食》《衣服》《宫室》《婚姻》《宗族》等主题便是社会生活史研究的重要内容。在此基础上，吕思勉《两晋南北朝史》便给人以耳目一新之感。该书是其中国断代史系列论著中的第三部，撰写于 20 世纪

① 陈安仁：《中国文化演进史观》，上海：上海书店出版社，1942 年。

② 王治心：《中国文化史类编》，上海：作者书店，1943 年。

③ 钱穆：《中国文化史导论（修订本）》，北京：商务印书馆，1994 年。

④ 鲁迅：《魏晋风度及文章与药及酒之关系》，《北新》1927 年第 2 卷第 2 期；桑镐：《汉魏际之风尚与时代背境》，《国立中央大学半月刊》1929 年第 1 卷第 3 期；吴世昌：《魏晋风流与私家园林》，《学文月刊》1934 年第 1 卷第 2 期；胡秋原：《汉魏六朝中国社会》，《国际文化杂志》1932 年第 1 期；成本俊：《魏晋时代的亡国大夫与亡国文人》，《汗血月刊》1934 年第 3 卷第 1 期；董家遵：《从汉到宋寡妇再嫁习俗考》，《国立中山大学文史学研究所月刊》1934 年第 3 卷第 1 期；龙世雄：《魏晋学者之生活与思想》，《社会科学论丛》1934 年第 1 卷第 3 期；刘汝霖：《南北朝人寿之研究》，《师大月刊》1934 年第 10 期；刘衡如：《魏晋时代之士风》，《广播周报》1936 年第 93 期；赵殿诰：《三国时代的几种社会风俗之研究》，《新文化月刊》1937 年第 7—10 期。

⑤ 陈安仁：《中国上古中古文化史》，长沙：商务印书馆，1938 年。

⑥ 吕思勉：《中国社会史》，上海：上海古籍出版社，2007 年。该书的出版曾经历一系列曲折历程，参见上海古籍版“前言”，第 4 页。

40年代初，1948年由上海开明书店出版发行，是20世纪以来中国最早的一部魏晋南北朝断代史，也是较早对魏晋南北朝社会史的相关论题进行系统论述的专著。该书前述政治脉络，后分专题讨论。其中，第十七章《晋南北朝社会组织》、第十八章《晋南北朝社会等级》和第十九章《晋南北朝人民生计》均是其社会史撰写思路的充分体现，特别是第二十一章《晋南北朝人民生活》，包括《饮食》《仓储漕运籴粜》《衣服》《宫室》《葬埋》《交通》六节。①虽然该书在内容上仅仅是依据史料进行分类陈述，但从叙述意识上，明显具有向生活史靠拢的意味。不过，当时比较活跃的史家，如陈寅恪、周一良、谷霁光、萨孟武、严耕望、王伊同、姚薇元等，均将研究课题集中在魏晋南北朝的政治、制度、文化、民族等方面，而与此同时，陶希圣主编的《食货》杂志亦以刊登魏晋南北朝社会经济史方面的文章著称。因此，从整体上看，虽然吕思勉《两晋南北朝史》以110万字的鸿篇巨制闻名于20世纪上半叶，但生活史并非当时魏晋南北朝史研究的主流话题。

1949年中华人民共和国成立后，中国史学界以马克思主义为指导，大多史家运用历史唯物主义观点对魏晋南北朝史的重大问题，如社会性质、土地制度、阶级结构、农民战争、民族关系等进行了集中探讨，成果丰硕，而生活史的研究则基本被忽视，如何兹全《魏晋南北朝史略》②在章节的设计上就没有涉及社会生活。"文化大革命"十年间的史学断层自不必论，即便是"文化大革命"结束后的数年间，一些具有代表性的断代史著作，如王仲荦《魏晋南北朝史》③、韩国磐《魏晋南北朝史纲》④及万绳楠《魏晋南北朝史论稿》⑤等亦不包含社会生活专题。白寿彝主编的多卷本《中国通史》较全面地反映了20世纪80年代大陆魏晋南北朝史研究的总体水平，然而在第5卷《中古时代三国两晋南北朝时期》⑥的章节设计中，依然没有为社会生活史留有一席之地。周一良在其《魏晋南北朝史札记》⑦中设置了一些与生活史相关的条目，如《曹操遗物》《鲑》《晚

① 注：本文所用版本为吕思勉：《两晋南北朝史》，上海：上海古籍出版社，2005年。
② 何兹全：《魏晋南北朝史略》，上海：上海人民出版社，1958年。
③ 王仲荦：《魏晋南北朝史》，上海：上海人民出版社，1979年。
④ 韩国磐：《魏晋南北朝史纲》，北京：人民出版社，1983年。
⑤ 万绳楠：《魏晋南北朝史论稿》，合肥：安徽教育出版社，1983年。
⑥ 白寿彝主编：《中国通史》第5卷《中古时代三国两晋南北朝时期》，上海：上海人民出版社，1995年。
⑦ 周一良：《魏晋南北朝史札记》，北京：中华书局，1985年。

有子》《乐舞杂伎》《珠襦玉匣及其他》等，虽然显示出对生活史题材的关注，却并没有引领当时的研究风气。可以说，从中华人民共和国成立至20世纪80年代前期，生活史在魏晋南北朝史研究领域中始终是缺席的。

1983年，田余庆在中国魏晋南北朝史学会成立大会闭幕式上的发言中讲道："近年来由于各种干扰，特别是由于'文化大革命'的破坏，魏晋南北朝史家浪费了不少精力，丧失了不少时间。今天看来，研究工作刚刚恢复，譬如垦荒，房前屋后，道畔水边，凡是方便易垦之处虽然都已有人尽力勤耕，获得成果，但在深远处有待开发的空白之处还是不少……在政治史、经济史、文化史、民族史等方面，提出来的新课题并不很多。"[①]田先生所谓"有待开发的空白之处还是不少"虽然未必是指生活史，但生活史的缺席的确反映出中华人民共和国成立后几十年间魏晋南北朝史研究的某些缺失。

20世纪80年代，"文化史研究犹如潜流奔突而出，生机焕然"[②]。从20世纪80年代后期开始，在当时"文化热"的浪潮中，一些断代性质的文化史专著不断涌现，生活史作为"新课题"开始逐渐受到关注。这一时期，具有代表性的论著是罗宏曾《魏晋南北朝文化史》[③]。该书专设一章论述《生活习俗》，分《衣食住行》《婚丧嫁娶》《清谈与服寒食散》《豪侈与斗富》《岁时节令》《社神与城隍神》诸目进行详细叙述。正如作者在前言中着意强调的，他撰写《生活习俗》一章，正是为了突显魏晋南北朝的时代特征。值得一提的是，全书共设十七章，而作者将《生活习俗》安排在了第十二章，其后则是《天文、历法与算学、物理学》《医学和化学》《农学和地理学》《烧瓷、冶炼和机械制造》《中外文化交流》诸章。这一章节顺序的安排具有重要意义，显示出作者不再将生活史视为旁枝末节，反映出生活史在魏晋南北朝史研究中的地位日益彰显的趋向。

进入20世纪90年代，魏晋南北朝生活史的研究在断代文化史的研究中继续得到展开与提升。万绳楠《魏晋南北朝文化史》[④]一书中第五章《儒教动摇下风俗的变化》，集中论述了生活史的三个面相，即"对礼法的否定与对人性的追

① 田余庆：《秦汉魏晋史探微》（重订本），北京：中华书局，2004年，第405—406页。

② 周积明：《二十世纪的中国文化史研究》，《历史研究》1997年第6期。

③ 罗宏曾：《魏晋南北朝文化史》，成都：四川人民出版社，1989年。

④ 万绳楠：《魏晋南北朝文化史》，合肥：黄山书社，1989年。

求”“婚嫁的相对自由”“文人集会活动的产生与发展”，尤其是第三节对于文人集会活动的讨论，这在先前的文化史研究中是不多见的专题，主要讨论了邺官西园之会、西晋“二十四友”与金谷之会、东晋兰亭之会与曲水诗、乌衣之游与谢灵运四友、鸡笼山西邸之会与竟陵八友。文人集会活动是魏晋南北朝士人日常生活的重要内容，这一问题在先前的研究中是被忽视的，而该书对这一论题的提出和讨论无疑在魏晋南北朝生活史研究中具有重要意义。与此同时，熊铁基《汉唐文化史》[①]则从一个较长的时段展开侧重于风俗研究的文化史叙述，分别设置了婚俗、丧葬、衣饰、饮食、居处、节令、信仰、杂俗（行侠仗义、游山玩水、女子装饰）等几个类目，重点揭示了汉唐时期风俗演变的进程。梁满仓《中国魏晋南北朝习俗史》[②]亦重点考察了这一时期的节令习俗、衣食居处习俗、婚姻习俗、丧葬习俗、鬼神崇拜及宗教习俗、娱乐习俗等，并分析了这些习俗的时代特征。

值得一提的是，这一时期“社会生活史”的研究理念开始进入魏晋南北朝史研究视域，简修炜、庄辉明、章义和《六朝史稿》[③]是当时研究六朝史的代表作，该书专设第十章《六朝的社会生活》，使“社会生活史”研究范式首次走进了魏晋南北朝史。该章分五节，分别为《六朝民风的演变》《崇尚奢华的物质生活》《双重性质的婚姻生活》《薄葬与重丧》《纷繁多彩的节俗》，虽然在题目的设计上与上述文化史研究类似，但其运用“社会生活史”的研究范式对当时社会史的一些论题进行再探讨，无疑具有重要的学术意义。曹文柱主编的《中国社会通史·秦汉魏晋南北朝卷》[④]亦将魏晋南北朝社会生活置于社会史的研究视野下，并专设一章对这一时代各种形态的社会生活方式进行了分类叙述，主要类目为《社会分工和各种形式的社会劳动》（从事物质产品生产的社会劳动、从事精神产品生产的社会劳动、从事流通环节中的社会劳动、从事非生产性的社会劳动、为稳定和保障社会秩序而进行的劳动）、《日常消费生活方式》（饮食和

① 熊铁基：《汉唐文化史》，长沙：湖南出版社，1992 年。

② 梁满仓：《中国魏晋南北朝习俗史》，北京：人民出版社，1994 年。梁满仓在魏晋南北朝生活史研究方面，还有一些论文问世，如《论魏晋南北朝的早婚》，《历史教学问题》1990 年第 2 期；《先秦至南北朝异姓结拜及其对人际关系的协调》，《河南社会科学》2014 年第 12 期；《魏晋南北朝私人书信的社会功能》，《史学集刊》2015 年第 1 期；《魏晋南北朝时期的木屐、芒屩、靴子》，《华夏文化》1994 年第 3 期。

③ 简修炜、庄辉明、章义和：《六朝史稿》，上海：华东师范大学出版社，1994 年。

④ 曹文柱主编：《中国社会通史·秦汉魏晋南北朝卷》，太原：山西教育出版社，1996 年。

炊食具，衣服与配饰，住所与家具，水、陆交通线和舟车舆轿，葬法、葬式及不同的丧葬风气）、《教育与精神文化生活》（学校与家教，文学、书法与美术，音乐、舞蹈和杂伎）、《风俗节令与宗教生活》（娱乐活动、风俗种种、岁时节令、宗教活动）。该书的分类方式体现出对于魏晋南北朝生活史研究逐渐细化的趋势。

1998 年，《魏晋南北朝社会生活史》[①]出版，该书是中国社会科学院承担的国家社会科学基金项目成果《中国古代社会生活史》之一卷，是中国大陆第一部以“社会生活史”为主要研究对象的魏晋南北朝断代史著作。该书详细搜集和整理了当时社会生活相关的文献与考古资料，既从时代背景、阶级结构、宗族组织、基层政权等方面勾画出这一时期社会生活的时代风貌，同时又分别从衣冠服饰、饮食习俗、城市、宫苑与园宅、车船舆乘与交通、婚姻、丧葬、宗教信仰及鬼神崇拜、节日、娱乐、教育与医药、少数民族的社会生活等多个角度对魏晋南北朝社会生活的诸面相进行具体论述。虽然该书存在诸多不足[②]，但对于魏晋南北朝社会生活史的整体研究具有重要意义，同时也为日后日常生活史建构提供了学术准备。

进入 21 世纪，魏晋南北朝生活史的课题继续在文化史、风俗史的叙事框架之下保有一席之地。在文化史研究方面，曹文柱主编的《中国文化通史·魏晋南北朝卷》[③]在第十三章设《社会风俗与时尚》专题，着重探讨了士人习尚和民风嬗变（士人习尚、民风嬗变），日常生活中的汉俗与胡风（面食、菜肴以及茶与酒，衣服、配饰和服饰文化），婚俗、丧仪和世俗迷信（婚俗与性观念、丧仪与葬法、世俗迷信）及娱乐、节令和宗教活动（娱乐游戏、岁时节令、宗教活动），代表了新世纪魏晋南北朝文化史体系下的生活史叙述模式。与此同时，这一时期还出现了一些论述魏晋南北朝风俗史的研究论著。张承宗、魏向东《中国风俗通史·魏晋南北朝卷》[④]分十四章论述魏晋南北朝的饮食、服饰、居住与建筑、行旅交通、生育、婚姻、卫生保健与养老、丧葬、生产、信仰、岁时节

---

① 朱大渭、刘驰、梁满仓，等：《魏晋南北朝社会生活史》，北京：中国社会科学出版社，1998 年。

② 何德章：《朱大渭等〈魏晋南北朝社会生活史〉》，载荣新江主编：《唐研究》第 5 卷，北京：北京大学出版社，1999 年。

③ 曹文柱主编：《中国文化通史·魏晋南北朝卷》，北京：北京师范大学出版社，2009 年。

④ 张承宗、魏向东：《中国风俗通史·魏晋南北朝卷》，上海：上海文艺出版社，2001 年。

日、游艺、交际、社会组织等风俗。此后，张承宗又独著《六朝民俗》[①]一书，设《饮食》《服饰》《居处及园林》《交通及旅游》《宗族、家庭和交际》《婚俗》《民间礼俗》《节俗》《娱乐》《信仰》十章。周耀明、万建中、陈华文著的《汉族风俗史》第2卷《秦汉·魏晋南北朝汉族风俗》[②]将视角集中在这一时代的汉族风俗，分生产风俗、生活风俗、礼仪风俗、岁时风俗、信仰风俗及社会风俗六大类进行叙述，大类下的细目更加详细。钟敬文主编、郭必恒等著的《中国民俗史·汉魏卷》[③]共分9章，分别为《物质生产民俗》（农业生产民俗、工商业民俗、林牧渔业民俗）、《物质生活民俗》（服饰民俗、饮食民俗、居住建筑民俗、行旅民俗）、《岁时节日民俗》（岁时民俗特征概述、岁时节日民俗表现）、《社会组织民俗》（宗族和家庭、学校与教育）、《人生礼仪民俗》（诞生、成人礼、婚姻仪礼、丧葬）、《信仰民俗》（自然神信仰、人神和鬼怪信仰、巫师与巫术、道教与佛教）、《民间文学》（神话、传说、民歌谣谚）、《先秦汉魏六朝民间戏剧》（中国戏剧的发生、先秦俗乐的兴盛与雅乐式微、汉代的角抵戏与百戏盛会、魏晋六朝的歌舞戏与参军戏萌芽）和《民间工艺》（工具和机械的制作，陶瓷，纺织、印染和刺绣，金属工艺，中药炮制，造纸术，印刷术）。从章节的设计来看，该书将风俗史与生活史研究结合得更加紧密。

除去文化史、风俗史中的生活史叙述外，这一时期，魏晋南北朝"社会生活史"继续以独立的面貌出现。王子今、方光华主编的《中国历史·秦汉魏晋南北朝卷》[④]专设《秦汉三国时期的社会生活》《两晋南北朝社会生活与社会风俗》类目，其中既包括物质生活与精神生活，亦分生活概貌、社会文化生活的变化及社会风俗分门论述。在以"生活史"或"社会生活史"冠名的专著中，刘春香主要分"生态环境"、"饮食文化"、"居处状况"、"旅行活动"、"医药卫生"、"社会保障"、"商业经营"、"民间信仰"及"妇女生活"等专题，试图从整体上勾画魏晋南北朝社会生活图景。[⑤]范子烨以中古时期特定人群个体的生活

① 张承宗：《六朝民俗》，南京：南京出版社，2002年，第7页。

② 周耀明、万建中、陈华文：《汉族风俗史》第2卷《秦汉·魏晋南北朝汉族风俗》，上海：学林出版社，2004年。

③ 钟敬文主编，郭必恒等著：《中国民俗史·汉魏卷》，北京：人民出版社，2008年。

④ 王子今、方光华主编：《中国历史·秦汉魏晋南北朝卷》，北京：高等教育出版社，2001年。

⑤ 刘春香：《魏晋南北朝社会生活研究》，北京：人民出版社，2013年。

史为主要研究对象的专论，通过对中古文人个体生活的描绘，揭示该群体的文化走向。[①]贾小军专门探讨魏晋十六国河西社会生活史诸面相，充分利用传世文献与考古资料，研究论题涉及政治环境、自然环境、城市建筑、农牧生产、渔采狩猎生计、坞壁与村里、衣食住行、家庭规模、女性、少数民族、丧葬等，是一部特定时代与特定区域的社会生活史研究。[②]此外，李梅田结合文物考古，从物质文化史的视角，探讨了魏晋南北朝时期的城市规划与形态、帝陵与陵寝制度、墓地设施与地下空间、丧葬图像与美术、窑业与陶瓷器、金属工艺与金属器、漆器与玻璃器、佛教与道教及中外文化交流等不同的物质文化面相，展示出全新的日常生活史图景。[③]2015 年 10 月 30 日至 11 月 1 日，“中国史上的日常生活与物质文化”学术研讨会在天津召开，会议由南开大学中国社会史研究中心举办，与会学者围绕日常生活的物质性、物质生活的多样性、物质文化及其他、民族文化交流、物质性与地方社会、城市生活、医疗生活与文化等七个议题展开讨论。这种将物质文化史与日常生活史相结合的研究范式，无疑会为日常生活史的建构带来崭新动力。

陈长琦、范兆霖认为在新史学看来，社会生活才是应该重点关注的内容，历史并非只是王侯将相的历史，关注民众的生活才是历史研究的首要任务。近 30 年来，在新史学理论的影响之下，魏晋南北朝史学界也逐渐关注社会生活的研究，关注下层民众的历史，并且取得了不错的成绩。[④]总之，改革开放 30 年间，中国大陆生活史研究在文化史、风俗史、社会史的叙事框架中逐渐受到关注，日常生活史开始成为独立研究课题并不断发展成熟。

在中国台湾地区，相较于明清生活史研究的系统化与规模化，魏晋南北朝的相关研究则仍处于边缘地位。[⑤]20 世纪七八十年代，已有学者开始关注生活史的话题，如劳榦、吴天任、张仁青等对六博游戏、士大夫生活及审美等问题进

---

① 范子烨：《中古文人生活研究》，济南：山东教育出版社，2001 年。

② 贾小军：《魏晋十六国河西社会生活史》，兰州：甘肃人民出版社，2011 年。

③ 李梅田：《中国古代物质文化史：魏晋南北朝》，北京：开明出版社，2014 年。

④ 陈长琦、范兆霖：《魏晋南北朝史研究三十年》，《史学月刊》2009 年第 10 期。

⑤ 台湾地区的明清日常生活史研究，不仅有专门的课程、读书会、研究计划及国际研讨会，还有相关的专著和专号。参见胡晓真、王鸿泰主编：《日常生活的论述与实践・序文》，台北：允晨文化实业股份有限公司，2011 年，第 40—50 页；邱仲麟主编：《中国史新论・生活与文化分册》，台北：联经出版事业股份有限公司，2013 年，第 19—21 页；常建华：《明代日常生活史研究的回顾与展望》，《史学集刊》2014 年第 3 期。

行了具有生活史意味的讨论。[①]近年来，刘淑芬关于中古佛教史、城市社会史的研究[②]；李贞德基于性别史视角的医疗疾病史、生活史、法制史研究[③]；甘怀真对汉唐士大夫自我认同的关注[④]；卢建荣对北魏死亡生活世界的诠释[⑤]；林富士关于中古宗教史、医疗疾病史的探究[⑥]；郑雅如对中古家庭及齐梁士人交游的研究[⑦]，均给人以耳目一新之感。虽然台湾地区尚未出现关于魏晋南北朝生活史研究的系统性论著，但上述学者的研究课题均与日常生活密切相关，且自成体系，亦为魏晋南北朝生活史研究注入了新鲜活力。

在日本，那珂通世《支那通史》是19世纪末20世纪初在中日学界影响较大的一部中国通史。其中，中世史上分九篇，前八篇历叙秦汉三国王朝兴衰，在第九篇设“制度略”，论述官制沿革、州郡牧守、爵封品秩。[⑧]中世史中亦分九篇，先叙西晋至唐历代兴亡，最后三篇为外国事略、文学宗教、制度之沿革。[⑨]其

① 劳榦：《六博及博局的演变》，载台湾“中研院”历史语言研究所集刊编辑委员会：《“中央研究院”历史语言研究所集刊》第三十五本，1964年；吴天任：《魏晋士大夫的生活艺术》，《大陆杂志》1975年第42卷第6期；张仁青：《六朝人之爱美心理》，《东方杂志》1983年第7期。

② 刘淑芬：《六朝的城市与社会》，台北：台湾学生书局，1992年；刘淑芬：《慈悲清净——佛教与中古社会生活》，台北：三民书局股份有限公司，2001年；刘淑芬：《中古的佛教与社会》，上海：上海古籍出版社，2008年。

③ 李贞德关于汉唐女性医疗疾病史研究论文主要集结在《女人的中国医疗史——汉唐之间的健康照顾与性别》，台北：三民书局股份有限公司，2008年。法律史研究参见《公主之死——你所不知道的中国法律史》，台北：三民书局股份有限公司，2001年（简体字本，北京：生活·读书·新知三联书店，2008年）；《女人的中国中古史——性别与汉唐之间的礼律研究》，载中国史学会编：《中国の历史世界—统合的システムと多元的发展》，東京：汲古書院，2002年；《汉唐之间女性财产权试探》，载李贞德主编：《中国史新论·性别史分册》，台北：联经出版事业股份有限公司，2009年。

④ 甘怀真：《汉唐间的京城社会与士大夫文化》，载邱仲麟主编：《中国史新论·生活与文化分册》，台北：联经出版事业股份有限公司，2013年，第165—198页。

⑤ 卢建荣：《北魏唐宋死亡文化史》，台北：麦田出版社，2006年。

⑥ 林富士：《中国中古时期的宗教与医疗》，台北：联经出版事业股份有限公司，2008年（简体字本，北京：中华书局，2012年）。

⑦ 郑雅如：《情感与制度：魏晋时代的母子关系》，台北：台大出版委员会，2001年；郑雅如：《中古时期的母子关系——性别与汉唐之间的家庭史研究》，载李贞德主编：《中国史新论·性别史分册》，台北：联经出版事业股份有限公司，2009年；郑雅如：《齐梁士人的交游——以任昉的社交网络为中心的考察》，《台大历史学报》2009年第44期。

⑧ 那珂通世：《支那通史》卷二，東京：中央堂，1888年。

⑨ 那珂通世：《支那通史》卷三上，東京：中央堂，1888年；那珂通世：《支那通史》卷三下，東京：中央堂，1889年。

中，“文学宗教”涉及魏晋南北朝文化史专题。在此后的一些日人中国通史类著作中，文化史内容亦有涉及，如 1937 年出版的有高岩《概观东洋通史》就设专章论述六朝时代的社会状态与文化。[①]又如 1939 年出版的市村瓒次郎《东洋史统》卷一中有“北魏的文化与后魏的分裂”“南朝的文化”“南北文化的异同”的论述。[②]但总体上看，19 世纪末 20 世纪初日本学界关于魏晋南北朝文化史的叙述中，生活史的内容是缺少的。[③]1941 年，内野熊一郎的《“支那”古代生活史》出版[④]，全书分五章，所涉内容包括产业生活（牧畜、农耕、商贾、工艺生活）、家族生活（宗法制社会、冠礼、婚礼、丧礼、祭祀、秦汉人的家庭日常生活与风俗、其他日常生活的礼仪与做法）、社会生活（宗法制社会生活、饮食、住居、衣服）、政治生活（阶级制度生活、宾礼、养老与乡饮酒礼）和学术文化生活（思想、宗教、绘画、科学）。虽然所论时段仅为先秦、秦汉，但从内容编排上看，该书显然超越了传统文化史的写作模式，具有明显的生活史范式。无独有偶，林巳奈夫的《中國古代の生活史》于 1992 年问世，这是一部以考古资料为中心的古代生活史专论，但其时间段依然为先秦、秦汉。[⑤]而在日本学界，目前尚无一部关于魏晋南北朝生活史的系统论著问世。

不过，一些学者对于与生活史相关论题的探研，亦值得关注。关于魏晋南北朝服饰史研究，有原田淑人的专论，而森鹿三则从历史地理的视角探讨古代的食衣问题。[⑥]在性别史研究方面，下见隆雄关于魏晋女性史的探研值得关注。[⑦]在信仰生活层面，宫川尚志对晋代的贵族社会与佛教、六朝士大夫的佛教

① 有高巖：《槩觀東洋通史》，東京：同文書院，1937 年。

② 市村瓚次郎：《東洋史統》卷一，東京：冨山房，1939 年。

③ 1904 年出版的久保天随《东洋通史》第二篇《中古期：汉族繁荣时代·（六）三国及西晋》第五十六章的内容是“魏晋以后士风的颓废”，恐怕是当时为数不多的具有生活史意味的论述。参见久保天随：《東洋通史》，東京：博文館，1904 年，第 1168—1181 页。

④ 内野熊一郎：《“支那”古代生活史》，東京：清水書店，1941 年。

⑤ 林巳奈夫：《中國古代の生活史》，東京：吉川弘文館，1992 年。

⑥ 原田淑人：《漢六朝の服飾》（增補版），東京：東洋文庫，1967 年；森鹿三：《中國衣食的历史地理》，载森鹿三著，森博士定年退官記念事業會編：《東洋學研究·歷史地理篇》，東京：東洋史研究会，1970—1975 年。

⑦ 下見隆雄：《儒教社会と母性：母性の威力の観点でみる漢魏晋中国女性史》（增補版），東京：研文出版社，2008 年。

信仰、女性的宗教生活、巫俗进行了生活史的考察。[①]中岛隆藏研究六朝士大夫的佛教接受史，对于信奉佛教的士大夫生活、汉人僧侣的生活等都有重要考察。[②]对于精神生活，森三树三郎、吉川忠夫着意挖掘六朝士大夫的精神生活诸面相。[③]守屋美都雄通过个案重点考察了太原王氏的经济生活与精神生活[④]；谷川道雄探讨了北朝贵族的生活伦理[⑤]；根本诚对于中国古代隐逸现象有独到的研究，有专文讨论隐逸的生活实态与特征[⑥]；守屋美都雄对中国古代的岁时记有精深的研究，其《中國古歲時記の研究：資料復元を中心として》[⑦]一书分研究篇与资料篇，对汉至五代相关岁时资料进行了研究与资料辑录，涉及魏晋南北朝的部分，是对周处风土记与荆楚岁时记的研究。此外，守屋美都雄还曾校注、译注过《荆楚岁时记》[⑧]，并撰有《寒食考》[⑨]一文。中村乔亦有关于中国岁时的专论。[⑩]近年来，又有中村裕一《中國古代の年中行事》的系列论著问世，该书分春、夏、秋、冬四册出版，虽然以唐代为主，但也涉及魏晋南北朝部分，是日本学界讨论年中行事的集大成之作。[⑪]近年来，日本学界对于出土的魏晋画像砖墓、壁画墓十分关注，学者试图将图像资料与生活史研究相结合，并取得了系列成果，可参见《西北出土文献研究》的相关专号收录的论文。

从总体上看，日常生活史研究虽然在欧美发端，但直至今日，“西方学界关于中国的‘日常生活’的研究，还是存在种种问题，比如定位不明、界限模糊、

① 宮川尚志：《六朝史研究宗教篇》，京都：平楽寺書店，1964年。

② 中嶋隆藏：《六朝思想の研究：士大夫と仏教思想》，京都：平樂寺書店，1985年。

③ 森三樹三郎：《六朝士大夫の精神》，京都：同朋舎，1986年；吉川忠夫：《六朝精神史研究》，京都：同朋舍，1984年（吉川中译本，王启发译，南京：江苏人民出版社，2012年）。

④ 守屋美都雄：《六朝門閥の一研究：太原王氏系譜考》，東京：日本出版協同，1951年，第34—54页。

⑤ 谷川道雄：《北朝贵族的生活伦理》，载中国中世史研究会编：《中國中世史研究：六朝隋唐の社会と文化》，東京：東海大学出版会，1970年。

⑥ 根本誠：《專制社會における抵抗精神：中國的隱逸の研究》，東京：創元社，1952年。

⑦ 守屋美都雄：《中國古歲時記の研究：資料復元を中心として》，東京：帝国書院，1963年。

⑧ 守屋美都雄：《校註荊楚歲時記：中國民俗の歷史的研究》，東京：帝國書院，1950年；宗懔撰，守屋美都雄訳注，布目潮渢、中村裕一補訂：《荊楚歲時記》，東京：平凡社，2006年。

⑨ 和田博士還暦記念東洋史論叢編纂委員会編：《東洋史論叢：和田博士還暦記念》，東京：講談社，1951年。

⑩ 中村喬：《中國歲時史の研究》，京都：朋友書店，1993年。

⑪ 中村裕一：《中國古代の年中行事》，東京：汲古書院，2009—2011年。

概念陈旧等”[①]，而在断代研究方面，魏晋南北朝更是薄弱环节。1965年，鲁惟一写成了一部标题包含“日常生活”的汉代史[②]，蒲慕州称其为“百科全书式的日常生活史”，认为：“这类的日常生活史其实是对某一段历史和文明做综合介绍，主要的预设读者群是初学者或者有兴趣了解此一段历史和文明的一般读者，其功用主要是提供资料，引起兴趣。”[③]类似的日常生活史专著也出现在中古史的研究领域，如查尔斯·本（Charles Benn）《中国的黄金时代：唐朝的日常生活》[④]。遗憾的是，处在汉唐夹缝中的魏晋南北朝，至今尚无一部日常生活史的系统论著问世。近年来，“日常生活”课题开始出现在一些魏晋南北朝的断代论著中。鲁威仪（Mark Edward Lewis）《帝国之间：中国南北朝时代》[⑤]一书虽近似一部断代史，但该书在写作编排上以专题为纲，其中专设“城市转型”与“乡村生活”二目，颇具生活史研究意味。丁爱博《六朝文明》[⑥]专设日常生活一章，分城市生活、乡村生活、食物与农产品、蜡烛与灯、交通方式、娱乐进行论述。该书的特色是建立在考古资料的基础上，结合传世文献对六朝社会进行综合考察。研究论题涉及城市发展、建筑形式、丧葬礼俗、手工艺品、宗教及衣食住行等多方面，既有对六朝政治与社会的宏观把握，又有关于六朝日常生活的细微考索，是近年来极具日常生活史研究风格的魏晋南北朝史研究论著。2014年，Wendy Swartz 等主编的《早期中国中古文献导读》（*Early Medieval China: A*

---

① 〔澳〕安东篱：《太平天国运动前夕扬州城的日常生活》，载复旦大学文史研究院编：《都市繁华：一千五百年来的东亚城市生活史》，北京：中华书局，2010年，第393页。

② Michael Loewe, *Everyday Life in Early Imperial China,* New York: Harper and Row, 1968.

③ 蒲慕州主编：《台湾学者中国史研究论丛》第十分册《生活与文化·导言》，北京：中国大百科全书出版社，2005年，第7页。

④ Charles Benn, *Daily Life in Traditional China: The Tang Dynasty*, New York: Greenwood Press, 2002（中译本《中国的黄金时代：唐朝的日常生活》，姚文静译，北京：经济科学出版社，2012年）。早在20世纪40年代末，日本学者石田干之助曾撰写《唐史丛钞》（东京：要书房，1948年）一书，其中有几个篇目与日常生活相关，如《唐代风俗史抄》《唐代宴饮小景》《唐代的妇人》《唐代中国北部的一种异俗》，这是较早关注唐代日常生活的论著。近年，庄申的遗稿《长安时代：唐人生活史》出版（香港：香港大学美术博物馆，2008年），该书虽然是未完成稿，但从其生前所列撰写纲要来看，似是欲撰写一部系统的唐人生活史。可见，学界对于中古生活史的兴趣时段不在魏晋南北朝，而在唐朝。

⑤ Mark Edward Lewis, *China between Empires: The Northern and Southern Dynasties*, Cambridge, Mass.: The Belknap Press of Harvard University Press, 2009.

⑥ Albert E. Dien, *Six Dynasties Civilization*, New Haven: Yale University Press, 2007.

Sourcebook）出版[1]，该书第五部分的标题便是《日常生活》，所收论文涉及饮食习惯、乳母、节日礼仪、习俗与社会、收养与母亲身份及财产文化等方面，该书试图通过对文赋、墓志、岁时记、家训、文论等不同形式文献的解读，逐渐接近古人的生活世界。该书虽然以中古文献导读为目的，但其对于日常生活史的重视则是近年来西方魏晋南北朝史研究的一个新趋势。

二、具有范式引导意义的精耕细作

对于日常生活史研究而言，人们日常生活发生的时空背景是首先应当思考的问题。宫崎市定、宫川尚志、谷川道雄、堀敏一等对魏晋南北朝都市与乡村的论考，为生活史的研究提供了空间前提。[2]而日本的地域社会论则具有重要的范式引导意义。按照森正夫的观点，地域社会就是日常生活发生的"场"。谷川道雄的士大夫阶级与地域社会论，都筑晶子关于西晋末年乡宗集团、坞壁集团统合过程的探讨，以及堀敏一对魏晋南北朝华北村落形成过程、形态和结构的分析，均是在不同思考框架下形成的地域社会思考。[3]近年来，中村圭尔《六朝江南地域史研究》虽然侧重于各个具体地理单元的功能构成及其相互关系，与森正夫等学者所倡导的"地域社会"理论有很大差异[4]，但该书所提供的宏大的地域社会背景，却是日常生活研究所需要的地域知识。目前，六朝城市史研究，无论是整体研究，抑或城市规划与布局、城市人口及管理、城市经济、城市风

① Wendy Swartz, Robert Ford Campany, Yang Lu, et al,*Early Medieval China: A Sourcebook*, New York: Columbia University Press, 2014.

② 宫崎市定：《六朝時代華北の都市》，《宮崎市定全集》第七卷《六朝》，東京：岩波書店，1992 年；宫川尚志：《六朝時代の村について》《六朝時代の都市》，《六朝史研究政治・社会篇》，京都：平楽寺書店，1964 年；谷川道雄：《六朝時代城市和农村的对立关系》，载唐代史研究会编：《中国の都市と農村》，東京：汲古書院，1992 年；堀敏一：《魏晋南北朝時代的村》，载唐代史研究会编：《中國の都市と農村》，東京：汲古書院，1992 年。

③ 参见〔日〕伊藤宏明：《六朝隋唐时期地域社会研究动向》，《中国史研究动态》1996 年第 7 期。

④ 魏斌：《中村圭尔〈六朝江南地域史研究〉评介》，载《中国中古史研究》编委会编：《中国中古史研究：中国中古史青年学者联谊会会刊》第 2 卷，北京：中华书局，2011 年，第 263—264 页。

俗与城市文化等方面的探讨，均各具特色。[①]刘淑芬对于六朝建康城的园宅、市廛、民居与治安及中古都城坊制的探讨颇具生活史意味[②]，鲁西奇提出的“城居”“散居”概念为聚落生活史研究提供新的空间构架[③]。以往学界对于中古时代“村”的研究为进一步探讨村落日常生活课题做了良好的学术积淀[④]，而将魏晋南北朝的村与民众日常生活建立起联系的是侯旭东，其《北朝村民的生活世界——朝廷、州县与村里》[⑤]一书以北朝作为时空背景，以村落为基本研究单位，以村民为主要研究对象，既分析村民的活动，也涉及他们的观念，更为重要的是试图从日常生活的视角对北朝村民的生活世界进行史实建构。既借用西方哲学、社会学家提出的“生活世界”概念，又强调权力对古人日常生活的渗透与影响。

相较于时空概念，社会风气应当是建构整体史意义的日常生活史的重要地方性知识，“是某一区域人们在各类社会生活中表露出来的带有普遍意义的言行作风”[⑥]。社会风气与日常生活之间的密切关联，使社会风气研究成为魏晋南北朝生活史研究的重要课题。20世纪40年代初，蒙思明的《魏晋南北朝的社会》[⑦]在强调世族社会模式的视角下，专辟一章《世族影响下的风尚》，分“门户的标榜”“道德的低落”“音容的注重”“学术的浮浅”“实务的鄙视”“技艺的僻好”诸门，均涉及社会生活。认为当时的社会风尚由世族引领，而影响民众。曹文柱通过探讨六朝江南地区社会风气的变迁，提出了社会风气研究应当解决的关键问题，即在描述社会变迁过程本身的基础上进一步揭示隐藏在风气表象背后的各种社会动因。[⑧]此后，学者多在时间、空间、阶层、族群几个侧面对当时社会风气的具象进行考察。韩东育对汉末魏晋的社会风气进行了概观性论述[⑨]；闫爱民指出

① 张捷：《近二十年来魏晋南北朝城市研究综述》，《淮阴师范学院学报（哲学社会科学版）》2005年第4期。

② 刘淑芬：《六朝的城市与社会》，台北：台湾学生书局，1992年。

③ 鲁西奇：《城墙内外：古代汉水流域城市的形态与空间结构》，北京：中华书局，2011年，第79页。

④ 相关学术脉络梳理，参见侯旭东：《北朝村民的生活世界——朝廷、州县与村里》，北京：商务印书馆，2005年，第5—17页。近年来的研究状况，参见秦冬梅：《十年来国内魏晋南北朝乡村社会史研究回顾》，《南京农业大学学报（社会科学版）》2003年第3期。

⑤ 侯旭东：《北朝村民的生活世界——朝廷、州县与村里》，北京：商务印书馆，2005年。

⑥ 曹文柱：《六朝时期江南社会风气的变迁》，《历史研究》1988年第2期。

⑦ 蒙思明：《魏晋南北朝的社会》，上海：上海人民出版社，2007年。

⑧ 曹文柱：《六朝时期江南社会风气的变迁》，《历史研究》1988年第2期。

⑨ 韩东育：《关于汉末魏晋世风的历史考察》，《天津师大学报》1994年第1期。

了魏晋人具有族类意识与谨慎重文之风[1]；吕一飞重点探讨了当时北方少数民族社会风俗[2]；刘锡涛则将研究目光集中在中原的胡风[3]；福原启郎根据《世说新语》考察了西晋社会贵族的奢侈与吝啬之风[4]；梁满仓、王永平、李永康则将对这种奢侈风气的讨论舞台转移到了北魏[5]；张承宗、孙立又将社会风气置于民俗研究的框架之下，体现出研究视角的转换与视野的更新[6]。

近年来，随着环境史的兴起，将生态环境视为日常生活发生的重要背景的学术诉求渐次强化。王利华结合环境背景，探讨了端午节俗的流变；夏炎则致力于探讨中古时期人们对动植物、自然环境、自然现象的认知问题，时人对自然资源的利用问题及生态环境与日常生活的关系问题，从人与自然之间的灵性互动关联的视角，全新揭示中古社会发展变迁的历史脉络。[7]

在日常消费生活中，衣食住行向来是生活史关注的热门话题，相关研究是在物质文化史与艺术史范式下渐次展开的。

魏晋南北朝的服饰史研究重点论述当时的服饰类型及其变化。于涛将三国服饰分为冠、衣、裳、袜、履、饰品等六部分进行分别叙述[8]；傅江、李采姣延

① 阎（闫）爱民：《汉晋家族研究》，上海：上海人民出版社，2005年，第412—414页。

② 吕一飞：《胡族习俗与隋唐风韵——魏晋北朝北方少数民族社会风俗及其对隋唐的影响》，北京：书目文献出版社，1994年。

③ 刘锡涛：《南北朝时期中原地区的生活胡风现象》，《新疆大学学报（社会科学版）》2001年第1期。

④ 福原啓郎：《西晋の贵族社会の気风に関する若干の考察—『世说新语』の倹嗇篇と汰侈篇の検讨を通して—》，《魏晋政治社会史研究》，京都：京都大学学术出版会，2012年。

⑤ 梁满仓：《北魏后期的贪污之风与治贪之策》，《探索与争鸣》1991年第3期；王永平：《论北魏后期的奢侈风气——从一个侧面看北魏衰亡的原因》，《学术月刊》1996年第6期；李永康：《试论北魏后期的吏制腐败与社会腐败》，《北朝研究》1997年第2期（总第26期）。

⑥ 张承宗、孙立：《魏晋南北朝社会风气及南北民俗的交流》，《江海学刊》1995年第6期；张承宗：《魏晋南北朝风俗观念与风俗特点》，《浙江学刊》2001年第4期。

⑦ 王利华：《端午风俗中的人与环境——基于社会生态史的新考察》，《南开学报（哲学社会科学版）》2008年第2期；夏炎：《魏晋南北朝燃料供应与日常生活》，《东岳论丛》2013年第2期；夏炎：《转凶为吉：环境史视野下的古代喜鹊形象再探讨》，《南开学报（哲学社会科学版）》2013年第4期；夏炎：《中古野生动物资源的破坏——古代环境保护问题再认识》，《中国史研究》2013年第3期；夏炎：《“霾”考：古代天气现象认知体系建构中的矛盾与曲折》，《学术研究》2014年第3期；夏炎：《“附会”与“诉求”：环境史视野下的古代雁形象再探》，《青海民族研究》2014年第3期；夏炎：《环境史视野下“飞蝗避境”的史实建构》，《社会科学战线》2015年第3期。

⑧ 于涛：《三国人物服饰研究》，《民俗研究》1997年第2期。

续了服饰史的研究理路，只不过是把时代定位在了六朝[①]；徐晓慧《六朝服饰研究》分男子服饰与女子服饰两大类对六朝世俗服饰的基本形制进行介绍，是六朝服饰史研究的最新总结[②]。此外，已有学者关注到了服饰的主体“人”的存在及其变化，如宋丙玲认为服饰是性别区分的重要标志，发现了魏晋南北朝“女扮男装”“男扮女装”等服饰性别转换现象，并对时人对这一现象的态度进行了剖析。[③]此外，张海容、范英豪、逄成华、胡迅对南北朝“褒衣博带”的探研，周晓薇对簪笔的探讨，范子晔对麈尾的考索，周兆望、侯永惠、张承宗对妇女服装的考察，梁满仓、梅铮铮、王长印和王晶对鞋的论考，均各有特色。[④]

“饮食文化史”是古代饮食史惯常使用的研究范式，实际上，这一研究范式基本是围绕以饮食为核心的物质文化史的形式展开叙述的，如赵建国、姚伟钧、瞿明安、张承宗、魏向东、刘春香均对魏晋南北朝的饮食文化进行概述[⑤]；黎虎主编《汉唐饮食文化史》分别论述了食物原料、加工与烹制、饮料、炊食器具、饮食市场与行业、食制与食俗、饮食与社会、饮食学等专题，展现了魏晋南北朝时期饮食文化诸面相[⑥]；吕一飞、王玲揭示了当时胡、汉文化交融中的饮食表

---

① 傅江：《从容出入 望若神仙——试论六朝士族的服饰文化》，《东南文化》1996年第1期；李采姣：《奢华与飘逸并存——论六朝服饰风格》，《宁波大学学报（人文科学版）》2008年第3期。

② 徐晓慧：《六朝服饰研究》，济南：山东人民出版社，2014年。

③ 宋丙玲：《浅论魏晋南北朝时期服饰中的性别转换现象》，《兰州学刊》2007年第10期。

④ 张海容：《南朝褒衣博带之风考略》，《饰》1999年第2期；范英豪：《同源而异趣的南北朝“褒衣博带”》，《装饰》2006年第1期；逄成华：《北朝“褒衣博带”装束渊源考辨》，《学术交流》2006年第4期；胡迅：《魏晋的士人服饰》，《文艺研究》2009年第3期；周晓薇：《古代簪笔制度探微》，《中国典籍与文化》2001年第3期；范子晔：《说尘尾——六朝的名流雅器》，《中国文化》2001年第17、18期；周兆望、侯永惠：《魏晋南北朝妇女的服饰风貌与个性解放》，《中国史研究》1995年第3期；张承宗：《魏晋南北朝时期的妇女服装》，《江苏文史研究》2004年第4期；梁满仓：《魏晋南北朝时期的木屐、芒屩、靴子》，《华夏文化》1994年第3期；梅铮铮：《屐与魏晋士人生活之关系》，《四川文物》2001年第4期；王长印、王晶：《六十一则木屐文献考略》，《语文学刊（基础教育版）》2009年第2期。

⑤ 赵建国：《论魏晋南北朝时期的饮食文化》，《许昌师专学报（社会科学版）》1990年第2期；姚伟钧：《三国魏晋南北朝的饮食文化》，《中南民族学院学报（哲学社会科学版）》1994年第2期；瞿明安：《中国古代宗教祭祀饮食文化略论》，《中国史研究》1998年第3期；张承宗、魏向东：《魏晋南北朝饮食风俗研究》，载殷宪、马志强：《北朝研究》第一辑，北京：北京燕山出版社，2000年；刘春香：《魏晋南北朝时期饮食文化的发展及其原因》，《许昌学院学报》2003年第4期；刘春香：《魏晋南北朝时期的饮食娱乐文化》，《农业考古》2014年第4期。

⑥ 黎虎主编：《汉唐饮食文化史》，北京：北京师范大学出版社，1998年。

现[①]。同时，饮食文化的交流，不仅表现在胡汉之间即族群之间，亦表现在区域之间，南北的饮食文化交流便是研究的重点。[②]在具体研究方面，缪钺对东晋南朝士大夫的食量问题的探研，颇具新意。[③]王雁卿则结合考古资料，对北朝时期的炊具进行了论述。[④]涉及具体的饮食类目，茶与酒无疑是关注的热点。[⑤]在魏晋南北朝饮食史探研中，值得关注的是许倬云与王利华的研究。许倬云《中国中古时期饮食文化的转变》讨论了三国两晋南北朝时期饮食文化的调整与改变。认为上古的饮食文化到秦汉统一之后，在中古时期再度遭遇新的问题。一方面有外来民族及外来文化的刺激；另一方面中华民族向南开拓，在新的土地上也必须面对新的生态环境。经此一番调整，在三四百年的消融之后，中国的饮食文化又整合为唐宋以后的形态与内容。文章着重分析了几个变化最显著的方面，即面食之普遍、烹饪方法与炊具的变化、南方的饮食。[⑥]王利华《中古华北饮食文化的变迁》一书则为我们展现了中古饮食文化史研究的另一面相。作者在书中为我们提出了如下诸多问题：中古时代的中国人主要吃什么、喝什么？他们通常如何吃、如何喝？他们的吃喝较之前代有无重大变化、与现今的吃喝有何不同？如果他们的吃喝与前代相比确实发生了变化、与当代相比也确实有所不同，那么是哪些因素造成了这些变化和不同？为了回答这些问题，作者不仅将研究视野扩展到当时的自然环境与社会环境，还将饮食文化的变迁进程分为食物原料构成的变化、食品加工技术的发展、烹饪方法与膳食构成、饮料的革命加以详细讨论。正如作者在引言中所论：“我们尝试从饮食这一最基本的物质生

① 吕一飞：《〈齐民要术〉记载的羌、胡饮食》，《文献》1993 年第 3 期；王玲：《魏晋北朝时期内迁胡族的农业化与胡汉饮食交流》，《中国农史》2003 年第 4 期。

② 李荣华：《从〈齐民要术〉看南方饮食文化的北传》，《中国农史》2014 年第 3 期。

③ 缪钺：《陶潜不为五斗米折腰新释——附论东晋南朝地方官俸及当时士大夫食量诸问题》，《历史研究》1957 年第 1 期。

④ 王雁卿：《北朝时代的饮食器具》，载中国魏晋南北朝史学会、大同平城北朝研究会编：《北朝研究》第四辑，郑州：中州古籍出版社，2004 年。

⑤ 孙立：《魏晋南北朝饮茶与饮酒之风》，《苏州大学学报（哲学社会科学版）》1996 年第 1 期；卢海鸣：《六朝饮酒风尚及相关问题研究》，《江海学刊》2001 年第 2 期；关剑平：《魏晋南北朝的吃茶文化》，载台湾民族学博物馆编：《研究报告》27—2，2002 年；温乐平：《魏晋南北朝时期茶叶消费与生产》，《农业考古》2011 年第 5 期；蒋福亚：《走马楼吴简所见盐铁官营和酒类专卖》，《史学月刊》2011 年第 12 期；李荣华：《南方的茶文化与汉唐时期的华北社会》，《农业考古》2012 年第 2 期。

⑥ 许倬云：《许倬云自选集》，上海：上海教育出版社，2002 年。

活与物质文化层面入手，窥测特定时代和地域环境中人们日常生活的丰富内容与实际情态，并试图通过观察与此有关的种种变化，触摸文化变迁的历史脉搏。”可见，作者对于饮食文化的研究理路虽然依然主要是物质文化层面的，但其已将研究触角深入日常生活层面，与“人”挂钩，给人以耳目一新之感。[①]之后，王利华在《汉唐饮食与生态环境》一文中强调饮食文化的生态环境因素，认为“饮食史与环境史是两种可以互相资借、彼此补益的研究”[②]，带有强烈的环境史学术取向，也为中古饮食史的研究带来了新的视角。

限于史料，对于居住与出行的研究难度较大，但亦有相关具有启发性的论著问世。黎虎将粤、赣、闽交界地的客家聚族而居的居住方式上溯至魏晋南北朝时期的家族制度与中原的居住传统，探讨了家族制度、建筑方式与日常生活空间的联系。[③]刘增贵则以中国古代的门为讨论对象，从门所代表的空间通道的功能、门作为不同阶层人群的分界象征，以及门所具有的政治和社会意义探讨建筑空间与日常生活之关系。[④]私家园林作为一种独特的居住空间也被学者所关注。[⑤]车是出行的重要工具，刘增贵探讨了车驾制度[⑥]，刘磐修则论述了乘坐牛车问题[⑦]。亦有学者关注当时的旅行。[⑧]近年来，田晓菲从魏晋南北朝的游记文本中寻找古人“错位”的游历行为。所谓“错位”是指它既是实际发生的，也是象征性的；既是身体的，也是精神的，“把行旅经验记载下来，使作者得以把这个世界的混乱无序整理为有序的文字，在这一过程中找到意义，找到一定的图案和规

① 王利华：《中古华北饮食文化的变迁》，北京：中国社会科学出版社，2000年。

② 王利华：《汉唐饮食与生态环境》，载邱仲麟主编：《中国史新论·生活与文化分册》，台北：联经出版事业股份有限公司，2013年，第113页。

③ 黎虎：《客家聚族而居与魏晋北朝中原大家族制度——客家居处方式探源之一》，《北京师范大学学报（社会科学版）》1995年第5期；黎虎：《汉魏晋北朝中原大宅、坞堡与客家民居》，《文史哲》2002年第3期。

④ 刘增贵：《门户与中国古代社会》，载台湾“中研院”历史语言研究所集刊编辑委员会：《“中央研究院”历史语言研究所集刊》第六十八本第四分，1997年。

⑤ 卢海鸣：《六朝建康的私家园林》，《东南文化》1996年第4期；张鹤泉、赵延旭：《北魏洛阳寺院园林营建考——以〈洛阳伽蓝记〉为中心的考察》，《史学集刊》2014年第5期。

⑥ 刘增贵：《汉隋之间的车驾制度》，载台湾“中研院”历史语言研究所集刊编辑委员会：《“中央研究院”历史语言研究所集刊》第六十三本第二分，1993年。

⑦ 刘磐修：《魏晋南北朝社会上层乘坐牛车风俗述论》，《中国典籍与文化》1998年第4期。

⑧ 魏向东、张承宗：《魏晋南北朝旅游风俗初探》，《江海学刊》2001年第2期；李传军：《汉魏时期的行旅习俗》，《民俗研究》2008年第3期。

章”[①]。这一交叉文学、史学、宗教学的研究范式虽然是基于文本的意义分析，但通过行旅写作考察时人的旅行体验仍不失为一种较为合理的研究路径。

魏晋南北朝的世家大族研究模式的经典性，导致以往的家族、家庭相关研究一般均偏重于政治、经济、文化特性，即使是婚姻研究亦离不开其政治性特征。如何剥离既往的研究范式，突出家族、家庭的生活要素，是日常生活史研究必须重新思考的问题。冻国栋关于北朝一般民户、豪族、士大夫家庭规模结构诸问题的考察，颇具启发意义，认为对这一论题的研讨不仅有助于了解汉晋以来中国古代家庭规模结构演变的基本脉络，而且可以由此窥见南北朝时期家庭婚姻方面的地域性特征，从而对这一时期南北方经济、政治、文化间的差异获得新的启示。[②]刘精诚对于魏孝文帝家庭生活的论述、葛建平关于东晋南朝家庭伦常的讨论和李卿关于当时皇室家庭的日常生活，以及家族生活与国家社会的探研都是极具生活史意味的家庭史研究尝试。[③]王利华认为：“家庭史首先应被理解为人们在‘家庭’这种特殊亲属组织下的生活史；一部真正的家庭史，首先应该尽量讲清楚历史上的人们究竟怎样居家过日子。”[④]为此，在《中国家庭史》第 1 卷《先秦至南北朝时期》中，王利华分别对当时的家庭结构、规模与亲属关系，婚姻观念和婚姻状况，家庭生计和生活状态，生儿育女和养老送终，家庭教育和宗教信仰等论题进行了详细讨论，以实现其关于“家庭生活史”的建构目标。

具体到家庭生活的诸面相，魏向东关于生育风俗的论述，侯旭东对于生日记忆与生日称庆习俗的考察，魏斌、盖翠杰关于起名习惯的探讨，均各具特色。[⑤]马瑞志（Richard B. Mather）《孝子的模范与宠坏了的毛孩子：〈世说新

① 田晓菲：《神游：早期中古时代与十九世纪中国的行旅写作》，北京：生活 • 读书 • 新知三联书店，2015 年，第 11 页。

② 冻国栋：《北朝时期的家庭规模结构及相关问题论述》，《北朝研究》1990 年上半年刊（总第 2 期）。

③ 刘精诚：《魏孝文帝崇儒及家庭生活》，《北朝研究》1990 年上半年刊（总第 2 期）；葛建平：《东晋南朝社会中的家庭伦常》，《中山大学学报（哲学社会科学版）》1990 年第 3 期；李卿：《秦汉魏晋南北朝时期家族、宗族关系研究》，上海：上海人民出版社，2005 年。

④ 王利华：《中国家庭史》第 1 卷《先秦至南北朝时期》，广州：广东人民出版社，2007 年，第 3 页。

⑤ 魏向东：《魏晋南北朝生育风俗述论》，《安徽史学》2003 年第 2 期；侯旭东：《秦汉六朝的生日记忆与生日称庆》，《中华文史论丛》2011 年第 4 期；魏斌：《单名与双名：汉晋南方人名的变迁及其意义》，《历史教学（下半月刊）》2012 年第 7 期；盖翠杰：《魏晋南北朝乳名考说》，《民俗研究》2013 年第 5 期。

语〉里中国中古时期的儿童一瞥》(*Filial Paragons and Spoiled Brats: A Glimpse of Medieval Chinese Children in the ShiShuo XinYu*)则将视角对准了魏晋史书中的儿童，试图挖掘《世说新语》中“孝子的模范和宠坏了的毛孩子”的证据。[①]对于尊老敬老的研究似乎与老人生活比较贴近。[②]韩树峰结合传世文献与出土资料，对中古的“姪”与“兄子”“弟子”的讨论[③]，亦对家庭生活史的建构提供了知识支撑。近年来，随着妇女史、性别史研究的不断升温，魏晋南北朝的女性相关问题研究不断得到深化，如妇女社会地位、精神风貌、生命意识、社交、贞洁观念、劳动与经济活动、参政、从军、教育诸面相，均得到了不同程度的关注。[④]具体到富有女性生活史意义的研究，李贞德将性别史与医疗疾病、法制史相结合的探讨模式，值得关注；郑雅如则以母子关系为中心，从性别史的视野拓展家庭史的研究图景。[⑤]

此外，在家族、家庭生活史的研究中，婚丧问题是一个绕不过去的重要话题。魏晋南北朝的婚姻课题历来受到学界关注，限于史料，主流的研究一般集中于社会上层，最为人津津乐道的是婚姻的政治性特征。[⑥]毛汉光对于中古五姓通婚的研究、逯耀东关于北魏中原大族的婚姻关系研究[⑦]，以及形形色色的世家

① Anne Behnke Kinney、巫鸿, *Chinese Views of Childhood*, Honolulu: Hawaii University Press, 1995. 马瑞志文章的中文译名采自单国钺主编：《当代西方汉学研究集萃·中古史卷》，上海：上海古籍出版社，2012 年，第 150 页。

② 张承宗：《魏晋南北朝养老与敬老风俗》，《史林》2001 年第 4 期；张宏慧：《两晋南朝社会的尊老养老之风》，《许昌学院学报》2006 年第 3 期。

③ 韩树峰：《中古时期的“姪”与“兄子”、“弟子”》，《历史研究》2010 年第 1 期。

④ 张东华：《近十余年来魏晋南北朝女性史研究述评》，《史学月刊》2003 年第 8 期；张承宗：《从妇女史的视野深化魏晋南北朝史的研究》，载中国魏晋南北朝史学会、武汉大学中国三至九世纪研究所编：《魏晋南北朝史研究：回顾与探索——中国魏晋南北朝史学会第九届年会论文集》，武汉：湖北教育出版社，2009 年。

⑤ 郑雅如：《情感与制度：魏晋时代的母子关系》，台北：台大出版委员会，2001 年；郑雅如：《中古时期的母子关系——性别与汉唐之间的家庭史研究》，载李贞德主编：《中国史新论·性别史分册》，台北：联经出版事业股份有限公司，2009 年。

⑥ 罗自强：《20 年来魏晋南北朝婚姻家庭研究综述（1980—2000 年）》，《许昌师专学报》2002 年第 6 期。

⑦ 毛汉光：《中古大族著房婚姻之研究——北魏高祖至唐中宗神龙年间五姓著房之婚姻关系》，载台湾“中研院”历史语言研究所集刊编辑委员会：《“中央研究院”历史语言研究所集刊》第五十六本第四分；逯耀东：《拓跋氏与中原士族的婚姻关系》，《从平城到洛阳——拓跋魏文化转变的历程》，北京：中华书局，2006 年。

大族个案研究中的婚姻篇章[①]，均具备传统的示范意义。近年来，又有李金河关于门第婚姻的整体性论著[②]，对婚姻的政治性话题进行了初步总结。我们不否认魏晋南北朝特定阶层的婚姻具有政治性因素，但在其遮掩下，婚姻的日常生活特性便无法充分体现出来。近年来，薛瑞泽对婚姻形态的研究在一定程度上为还原婚姻的日常性提供了研究的基础。[③]薛书虽然也讨论了所谓门阀等级内婚制，但大部分篇幅探讨婚姻程序、择偶标准、婚龄、婚姻类型、私通、淫乱、纳妾、离婚、二妻、再婚、夫妻关系等问题。此外，王晓卫对北朝鲜卑婚俗，梁满仓、冯素梅对魏晋南北朝的早婚现象，张承宗、孙立对魏晋南北朝婚俗，谢宝富对北朝婚龄、婚俗、再婚、后娶与妾妓，小池直子关于贾南风的婚姻个案，张庆民对魏晋南北朝幽婚的研究，均具有强烈的日常生活史研究范式意义。[④]在丧葬方面，成果多偏重于丧葬礼制与葬俗[⑤]，但卢建荣关于北魏死亡文化图景的展示，以及鲁西奇关于买地券的研究，则更为直观地展现了中古丧葬生活的发生画面[⑥]。

对于人群生活的研究，由于史料的局限，士人生活自然成为学者较易关注的话题。葭森健介对魏晋南北朝士大夫的历史地位进行了总评价[⑦]；孙立群则从读书生活、仕途、衣与食、住与行、聚会结社、琴棋书画等方面详细讨论了士人这一群体的组成结构及其分化，分析了中国古代士人自身存在的弱点及其在思想、文化、科技等方面的传承作用，从日常生活层面整体论述了魏晋士人的

---

① 容建新：《80年代以来魏晋南北朝大族个案研究综述》，《中国史研究动态》1996年第4期。

② 李金河：《魏晋隋唐婚姻形态研究》，济南：齐鲁书社，2005年。

③ 薛瑞泽：《嬗变中的婚姻——魏晋南北朝婚姻形态研究》，西安：三秦出版社，2000年。

④ 王晓卫：《北朝鲜卑婚俗考述》，《中国史研究》1988年第3期；梁满仓：《论魏晋南北朝的早婚》，《历史教学问题》1990年第2期；冯素梅：《魏晋南北朝时期的早婚现象》，《晋阳学刊》2000年第6期；张承宗、孙立：《魏晋南北朝婚俗初探》，《浙江学刊》1995年第6期；谢宝富：《北朝婚龄考》，《中国史研究》1998年第1期；谢宝富：《北朝婚姻式俗考略》，《中央民族大学学报（社会科学版）》1999年第5期；谢宝富：《北朝的再嫁、后娶与妾妓》，《中国社会科学院研究生院学报》2002年第4期；〔日〕小池直子：《贾南风婚姻》，《名古屋大学东洋史研究报告》27，2003年；张庆民：《魏晋南北朝幽婚故事研究》，《首都师范大学学报（社会科学版）》2004年第1期。

⑤ 郭善兵：《二十世纪八十年代以来魏晋南北朝时期婚丧礼俗研究概述》，《贵州文史丛刊》2001年第4期。

⑥ 卢建荣：《北魏唐宋死亡文化史》，台北：麦田出版社，2006年；鲁西奇：《中国古代买地券研究》，厦门：厦门大学出版社，2014年。

⑦〔日〕葭森健介：《魏晋南北朝士大夫的高贵性及其历史地位》，吴少珉、程有为译，《北朝研究》1996年第1期（总第21期）。

生活实态①；刘静夫选取了魏晋南朝士大夫精神生活这一侧面，将其置于当时的思想观念变迁背景中加以考察②；宁稼雨则基于《世说新语》进一步细化了关于士人人格精神的研究③；卞东波对六朝时期特殊的隐士群体的研究，展现出这一群体独特的生活世界面相④；田中麻纱巳则将论题进一步缩小，通过研究荀爽的微观生活世界，力图从历史人物的个体生活研究上升到群体生活层面⑤。一些学者还围绕"士风"问题展开讨论，如徐国荣所定义的汉魏名士的人格萎缩和通脱，便属于概观性的论述。⑥王永平基于正史与文论重点探讨了孙吴士风的变迁问题；魏斌则关注北魏末年的青齐士风，探讨其流变。⑦士人的日常交往也纳入生活史的研究视域。魏向东、杨龙从整体上考察了当时的士人交际风尚；陈群从文学集团的视角探讨南朝文人的日常交往；张亚军对南朝四史中记载的南朝文人的重要的文学集会活动进行了论述；刘增贵重点关注了当时的士人与乡党的社会交往层面。⑧梁满仓对于书信及执手礼的探研，以及郭浩对谒与刺的论述，则有助于了解士人交往行为的实态。⑨一些学者还将士人交往的话题聚焦在个案研究，王永平探讨了崔浩与南士的交往史实⑩；郑雅如则试图突破旧有的士族阶

① 孙立群：《中国古代的士人生活》，北京：商务印书馆，2014年。

② 刘静夫：《魏晋南朝士大夫精神生活述论》，《中国史研究》1994年第3期。

③ 宁稼雨：《魏晋士人人格精神：〈世说新语〉的士人精神史研究》，天津：南开大学出版社，2003年。

④ 卞东波：《六朝隐士的生活》，《中国典籍与文化》2000年第3期。

⑤〔日〕田中麻纱巳：《荀爽的生活态度和主张》，《东方学》98，1999年。

⑥ 徐国荣：《汉魏名士的人格萎缩和通脱之风》，《学术月刊》1997年第8期。

⑦ 王永平：《孙吴中期士风的变化与侨旧士风的差异推论——读〈三国志·吴书·孙和传〉、韦昭〈博弈论〉》，《南京理工大学学报（社会科学版）》2005年第2期；魏斌：《北魏末年的青齐士风》，《魏晋南北朝隋唐史资料》第22辑，武汉：武汉大学文科学报编辑部，2005年。

⑧ 魏向东：《论魏晋南北朝时期的交际风尚》，《江海学刊》2002年第6期；杨龙：《北魏前期汉族士人的社会交往初探》，载中国魏晋南北朝史学会、山西大学历史文化学院编：《中国魏晋南北朝史学会第十届年会暨国际学术研讨会论文集》，太原：北岳文艺出版社，2012年；陈群：《文学集团与南朝文人的社会生活》，《烟台大学学报（哲学社会科学版）》2004年第4期；张亚军：《论南朝"四史"史传人物的文学赏会》，《山西师大学报（社会科学版）》2006年第4期；刘增贵：《晋南北朝时代的乡里之情》，载熊秉真主编：《欲掩弥彰：中国历史文化中的"私"与"情"——公义篇》，台北：汉学研究中心，2003年。

⑨ 梁满仓：《论秦汉魏晋南北朝书信的类别及其构成的变化》，《江海学刊》2014年第5期；梁满仓：《魏晋南北朝私人书信的社会功能》，《史学集刊》2015年第1期；梁满仓：《魏晋南北朝时期书信礼仪的社会影响》，《北京社会科学》2015年第2期；梁满仓：《从魏晋南北朝执手礼看礼文化的传承与更新》，《江西社会科学》2015年第3期；郭浩：《汉晋"名片"习俗探究》，《史学月刊》2011年第9期。

⑩ 王永平：《崔浩之南朝情结及其与南士之交往考析》，《学术研究》2008年第5期。

层研究模式，以任昉及其社交网络为中心，从门第之外的视角探讨齐梁士人的交游活动所具有的社会与政治功能、交游所建构的人际关系特质，以及交游活动反映的士人文化[①]。近年来，甘怀真在其提出的“京城社会”的叙述框架下，探讨以长安、洛阳为代表的社交空间特征及其所具有的文化符号，在此基础上，讨论汉唐间士大夫在相互交往的过程中的自我认同。其中对魏晋时期的九品官人法与京城社会之间关系的关注，值得注意。[②]

在对以往思想史研究范式的反思中，葛兆光提出了“一般知识、思想与信仰的世界”模型，认为：“过去的思想史只是思想家的思想史或经典的思想史，可是我们应当注意到在人们生活的实际的世界中，还有一种近乎平均值的知识、思想与信仰，作为底色或基石而存在，这种一般的知识、思想与信仰真正地在人们判断、解释、处理面前的世界中起着作用，因此，似乎在精英和经典的思想与普通的社会和生活之间，还有一个‘一般知识、思想与信仰的世界’。”[③]这一思想史的研究思路对于思想、信仰的日常性建构颇具启发意义。蒲慕州认为：“若从生活史之角度出发，则值得注意的问题是宗教信仰活动在人们生活中所造成的各种影响。”[④]围绕民众的佛教信仰，侯旭东与刘淑芬的相关研究值得关注。侯旭东以造像记为核心材料，力图揭示十六国北朝时期民众的佛教信仰诸面相。这一研究对于日常信仰生活史的重要贡献在于将佛教信众研究的主体下移到“民众”层面，“以往佛教史研究在名僧大德的思想与活动、教理经义的发展、佛教在上层社会的传播影响、重要的制度仪轨等方面积累了不少成果。这些只是整个佛教史中浮出水面的冰山一角，水线以下冰山躯体鲜有论及。本书的研究多少有助于揭开水面之下冰山躯体的面貌，于全面、整体地认识这一时期的佛教史不无裨益”[⑤]。刘淑芬关心佛教与社会生活的互动，致力于描绘中古社会生活中的佛教图景，认为“由于佛教的兴盛与流行，佛教的经典、教义对人们

① 郑雅如：《齐梁士人的交游——以任昉的社交网络为中心的考察》，《台大历史学报》2009年第44期。
② 甘怀真：《汉唐间的京城社会与士大夫文化》，载邱仲麟主编：《中国史新论·生活与文化分册》，台北：联经出版事业股份有限公司，2013年。
③ 葛兆光：《中国思想史·导论：思想史的写法》（第2版），上海：复旦大学出版社，2013年，第11页。
④ 蒲慕州主编：《台湾学者中国史研究论丛》第十分册《生活与文化·导言》，北京：中国大百科全书出版社，2005年，第16页。
⑤ 侯旭东：《五、六世纪北方民众佛教信仰：以造像记为中心的考察》，北京：中国社会科学出版社，1998年，第5页。

的思想、行为，乃至于政治和社会方面，都有广泛而深远的影响。因此在人民的日常生活中，处处有佛教的影子”①，而且还围绕日常生活中的佛教，分别探讨了中古时期的“慈济人”、佛教与中古的社会事业、佛教与国家的社会救济、中古后期的“断屠日”、佛教的节日与庶民的娱乐、佛教与中古的女性和男性、净土佛国的想望，试图多角度地揭示中古佛教在日常生活中的影响。此外，刘淑芬还讨论了中古的断屠与斋戒、佛教徒的社会福利事业、佛教对中古民众葬俗的影响等佛教与社会的互动话题，突出了下层民众日常生活在中古佛教与社会的地位和作用。②蒲慕州指出，人们在处理生老病死的问题上表现出的信仰活动、时日禁忌、风水观念，以及分散在民间的各类巫祝活动和祀祠等，均是日常信仰生活的不同面相。③另外，郝春文对于佛教结社的研究，林富士关于六朝巫觋与厉鬼信仰的讨论，刘屹对道教信仰世界的探讨，魏斌对山岳信仰的新观察，孙英刚对中古时代知识、信仰世界的揭示，亦对日常信仰生活史的建构具有启发意义。④

关于魏晋南北朝的节日习俗，学界多有探讨。⑤而太史文（Stephen F.Teiser）关于中古鬼节的综合性讨论，让我们坚信可以通过节日的个案揭示人们日常生活信仰的某些片段。⑥娱乐休闲的话题，如投壶、围棋、音乐、舞蹈，也被学者

---

① 刘淑芬：《慈悲清净——佛教与中古社会生活》，台北：三民书局股份有限公司，2001年，第3页。

② 刘淑芬：《中古的佛教与社会》，上海：上海古籍出版社，2008年。

③ 蒲慕州：《中国古代的信仰与日常生活》，载林富士主编：《中国史新论·宗教史分册》，台北：联经出版事业股份有限公司，2010年，第50—59页。

④ 郝春文：《东晋南北朝时期的佛教结社》，《历史研究》1992年第1期；郝春文：《两晋南北朝时期的法社》，《北京师范学院学报（社会科学版）》1992年第1期；林富士：《中国中古时期的宗教与医疗》，台北：联经出版事业股份有限公司，2008年（简体字本，北京：中华书局，2012年）；刘屹：《神格与地域：汉唐间道教信仰世界研究》，上海：上海人民出版社，2011年；魏斌：《宫亭庙传说：中古早期庐山的信仰空间》，《历史研究》2010年第2期；魏斌：《句容茅山的兴起与南朝社会》，《历史研究》2014年第3期；孙英刚：《神文时代：中古知识、信仰与政治世界之关联性》，《学术月刊》2013年第10期。

⑤ 日本学者对于魏晋南北朝岁时节日的探讨参见本文第一部分。中国大陆的研究主要有张弓：《中古盂兰盆节的民族化衍变》，《历史研究》1991年第1期；吕静：《上巳节沐浴消灾习俗探研》，《史林》1994年第2期；何红英：《漫谈三国节令习俗》，《文史杂志》1999年第4期；魏向东：《魏晋南北朝时期节俗的嬗变》，《史林》2002年第4期；夏日新：《北朝夜游之风与元宵节灯俗起源》，载殷宪主编：《北朝史研究：中国魏晋南北朝史国际学术研讨会论文集》，北京：商务印书馆，2004年。

⑥〔美〕太史文：《幽灵的节日：中国中世纪的信仰与生活》，侯旭东译，杭州：浙江人民出版社，1999年。

关注。[①]而王永平《游戏、竞技与娱乐：中古社会生活透视》是近年来全面、系统研究中古日常娱乐生活史的集大成之作。该书分门别类地叙述了中古时期的民间说唱与音乐歌舞娱乐活动、戏剧欣赏娱乐活动、杂技、马戏和魔术娱乐活动、各类球戏活动、水嬉、拔河与投壶、武术竞技活动、博弈游戏、猜射游戏、花鸟虫鱼类游戏、儿童游戏、节日娱乐活动、寺观与游戏娱乐，以及中外文化交流中的游戏、竞技与娱乐等多个论题，详细考察了各种娱乐项目的起源演变、各种游戏规则与具体的玩法以及在历史上的流行程度，清晰地描绘出中古游戏的发展变迁轨迹，为日常娱乐生活研究提供了重要基础。[②]

三、片段记忆整合与以“人”为核心的范式建构

魏晋南北朝上承秦汉，下启隋唐，处于统一帝国的夹缝之中，然而这一时代却延续了400年之久，其间，分与合的交替，统治中心多元化，人口大流动，胡化与汉化，士、庶之隔及政治、经济、文化发展的新特征，均赋予这一时代独特而灵动的鲜明特色。在过去的一个世纪里，中外学界对于魏晋南北朝史的研究业已取得了丰硕的研究成果。当前，在对有限史料解读的基础上，挖掘新的问题意识与探索新的研究路径，是魏晋南北朝史研究可持续发展的动力。在此种情势下，日常生活史研究范式的引入，无疑对于魏晋南北朝的重新发现具有重要的学术意义。

我们首先应当肯定这一研究范式更新的价值与意义。对魏晋南北朝日常生活进行全新的历史考察，可以生动地再现魏晋南北朝日常生活的多个面相，进

① 刘春香：《魏晋南北朝时期的休闲游览活动》，《许昌学院学报》2010年第1期；李红雨：《六朝的休闲娱乐活动——以投壶和围棋为例》，《中央民族大学学报（哲学社会科学版）》2011年第5期；李兆成：《漫谈魏晋时的围棋》，《四川文物》2001年第3期；张承宗：《六朝音乐与舞蹈》，《史林》2002年第3期；陈海涛：《胡旋舞、胡腾舞与柘枝舞——对安伽墓与虞弘墓中舞蹈归属的浅析》，《考古与文物》2003年第3期；来琳玲、李天石：《乐舞所见之南朝社会风气——兼论南朝社会风气的成因》，《南京晓庄学院学报》2006年第1期。

② 王永平：《游戏、竞技与娱乐：中古社会生活透视》，北京：中华书局，2010年。

一步把握魏晋南北朝特定的时代特征与时空特色，从而揭示出日常生活与社会变迁之间的互动关系。与此同时，通过对魏晋南北朝日常生活所折射出的生活方式及其社会变迁的考察，还可以使我们更深入地观察与认识这一时期的社会形态与性质、文化及思想的观念积累和进步。总之，从日常生活领域捕捉中国社会变迁的信息，深入体察魏晋南北朝日常生活风貌，对于从全新的视角对传统课题进行再认识，构建全新的魏晋南北朝历史思维模式与解读体系，具有一定学术理路设计的合理性。

但在具体操作层面，却依然存在史料与范式的双重困难与挑战。

许倬云对于古代日常生活史研究的史料问题，有过一种认识："重建古代中国人类的生活，尤其史前人类的日常生活，具有一定程度的困难。第一，从考古学取得的资料，其实并不完整。第二，文献留下的资料，经过记忆的传承记录、整理、编纂，其中已多有遗漏、误传与阐释的扭曲。第三，中国广土众民，地区性的差异不少：古代资料流传的时间不短，时空维度的落差，无法求其一致与同步。第四，无论考古资料，抑或是文献资料，往往相对的不足，于是社会维度的落差，也会导致重建古人生活的偏颇。凡此四项困难，均难有医救之处！"[①]诚然，涉及古人日常生活的史料稀少而零散，而对于史料本来就较少的魏晋南北朝而言，其研究的困难程度是显而易见的。为此，广泛占有史料，从中发现日常生活轨迹，当是一项琐碎而繁难的工作。

在传世文献的利用上，正史是日常生活发生的背景，千万不可忽视其重要地位，要合理地进行分析理解，发现隐藏在历史叙述背后的日常生活图景。更要大量运用笔记、诗歌、文集等相关史料，因为它们之中记载了许多日常生活片段，需要将这些片段通过史家的历史认识加以连缀。与此同时，在充分占有传世文献的基础上，对于出土资料的运用与解读，便显得尤为重要。卢建荣曾谈及墓志之于日常生活史研究的重要性[②]，其在家族、家庭生活、信仰生活、妇女、儿童、婚丧等研究上的学术价值在学界早已达成共识。鲁西奇对于买地券

① 许倬云：《中国古代平民生活——食物、居住、衣著、岁时行事及生命仪礼》，载邱仲麟主编：《中国史新论·生活与文化分册》，台北：联经出版事业股份有限公司，2013年，第25页。

② 卢建荣：《墓志史料与日常生活史》，《古今论衡》1999年第3辑。

的利用和解读，使少得可怜的南朝石刻资料焕发出生活史的气息。[①]造像记“是造像当事人活动、主观心愿与认识的直接与真实的记述，非如文献记载要经过文人的筛选与转述，真实地向后人展示了这一时期人们生活、信仰与思想的某些侧面。由不同年代、不同地区、不同背景的造像者的造像记中又可以感受到日常活动、信仰与思想的种种细部变化”[②]。刘淑芬、卢建荣、侯旭东均十分注重运用造像记研究北朝民众信仰生活[③]，刘淑芬还运用石柱颂文，探究北朝佛教徒的社会救济事业，兼论佛教对北朝社会的影响[④]。自走马楼吴简陆续公布以来，相关生活史的课题也变得丰富起来。王子今关于“小妻”的研究，高凯关于长沙郡吏民的取名风俗和婚姻生活、临湘国的疾病人口问题的研究都值得关注。[⑤]此外，壁画、雕塑等形象史学的素材更应当是日常生活具象建构的史料来源。

正如本文在篇首所指，对于魏晋南北朝史研究而言，“日常生活”依然是一个研究范围比较模糊的领域，适合于魏晋南北朝特殊研究需求的日常生活史研究范式至今没有被合理地建构起来。虽然在文化史、社会史、风俗史的叙述下，生活史的内容依稀可见，而在一些专题性较强的论说中，生活史画面也时常被加以描绘。然而问题在于，我们始终无法确定日常生活史与文化史、社会史、风俗史乃至社会生活史研究之间的界限。这一边界的模糊性，导致日常生活史研究产生一种“寄生性”。我们既可以将其放到社会史、文化史、风俗史的框架中去探讨，也可以将其划入物质文化史、地域社会史、性别史、思想史的叙述序列，“日常生活”似乎无处不在，但却又是似有似无。日常生活史的寄生性特征，使我们必须思考如何界定日常生活史的研究范畴问题。

关于日常生活史的理论建构，中外学者均进行过不同程度的努力，虽然研

---

① 卢建荣：《北魏唐宋死亡文化史》，台北：麦田出版社，2006 年；鲁西奇：《中国古代买地券研究》，厦门：厦门大学出版社，2014 年。

② 侯旭东：《造像记与北朝社会史研究的回顾与展望》，《中国史研究动态》1999 年第 1 期。

③ 刘淑芬：《五至六世纪华北乡村的佛教信仰》，载台湾“中研院”历史语言研究所集刊编辑委员会：《“中央研究院”历史语言研究所集刊》第六十三本第三分，1993 年；卢建荣：《从造像铭记论五至六世纪北朝乡民社会意识》，《台湾师范大学历史学报》1995 年第 23 期；侯旭东：《五、六世纪北方民众佛教信仰：以造像记为中心的考察》，北京：中国社会科学出版社，1998 年。

④ 刘淑芬：《北齐标异乡义慈惠石柱——中古佛教社会救济的个案研究》，《新史学》1994 年第 5 卷第 4 期。

⑤ 王子今：《论走马楼简所见“小妻”——兼说两汉三国社会的多妻现象》，《学术月刊》2004 年第 10 期；高凯：《从吴简看孙吴初期长沙郡吏民的生活习俗》，《许昌学院学报》2008 年第 1 期；高凯：《从吴简蠡测孙吴初期临湘侯国的疾病人口问题》，《史学月刊》2005 年第 12 期。

究框架和结论不尽相同，但“个体”“私人”“重复”当是普遍达成共识的关键词。[1]然而，如果将日常生活按照上述特点加以理解的话，那么诸如“婚丧嫁娶”这类并非重复进行的“日常”的行为又如何将其归入日常生活的范畴呢？又如从古至今，工作是人们的一种普遍的日常行为，那么这种区别于琐碎的衣食住行而重复发生的工作行为是否可以将其视为日常生活史的研究内容呢？同时，日常生活史研究还涉及人群、阶层划分与史料解析的问题，我们要研究的究竟是历史上个人的日常生活史，还是群体的日常生活史？是研究社会全阶层的日常生活史，还是某些具有特定史料基础的特定阶层的日常生活史？是还原历史上真实的日常生活史，还是探讨历史叙述中的日常生活史。由此可见，无论从理论建构、方法论指导抑或研究范畴等方面，日常生活史研究依然任重而道远。

关于日常生活史理论建构问题的讨论也许永远不会休止，而对于研究需求比较特殊的魏晋南北朝时期而言，则应当在借鉴中外相关理论的基础上，摸索出一条与之相适应的日常生活史研究路径。

材料上的困难告诉我们这样一个事实，所谓全方位多角度的研究至少在当前是一个可望而不可即的目标。实际上，囿于史料的局限，魏晋南北朝史研究的所有论题，基本上也都具有“片段式”特征。既然无法图全、图多，那么我们的魏晋南北朝日常生活研究便只能是片段式的叙述与解读，我们可以称之为“片段记忆整合”。这种基于零散的日常生活史料而形成的历史分析与认识，往往被冠之以“碎片化”而频频遭到诟病。我们必须承认，日常生活史研究的单一碎片化趋势的确是应该在研究中努力加以克服的。历史上的日常生活本身就是诸多片段的集合体，但如果将碎片记忆经过整合，通过一种历史思维模式重新建构出来的日常生活史画面便不再是琐碎的。邱仲麟认为：“在生活史方面，或许有些学者觉得社会生活或日常生活的研究是鸡零狗碎，但透过对特定时代、个别事物，结合社会、经济、文化，甚至是制度等层面，对生活的细部内容进行考察，应该还是值得尝试的。”[2]从研究范式上看，日常生活史应当是一种方

① 参见刘新成：《日常生活史与西欧中世纪日常生活》，《史学理论研究》2004 年第 1 期；常建华：《从社会生活到日常生活——中国社会史研究再出发》，《人民日报》2011 年 3 月 31 日，第 7 版；常建华：《他山之石：国外和台湾地区日常生活史研究的启示》，《安徽大学学报（哲学社会科学版）》2015 年第 1 期。

② 邱仲麟主编：《中国史新论 • 生活与文化分册》，台北：联经出版事业股份有限公司，2013 年，第 22 页。

法论，而非具体的研究内容。日常生活史研究的目标不应当仅限于还原历史上人的日常生活面相，而是应当有更深一层的理论关怀，更重要的是要触及社会历史发展变迁的重大问题，探讨人的日常行为在社会发展过程中的意义，即“由物到人而及社会”，这才是日常生活史研究的灵魂所在。这一片段式的重构，虽然无法达到全方位、多角度的高度，但却接近整体史的研究意义。

谈到“人”，这里还涉及另一个日常生活史研究范式的转变问题。日常生活史研究，“一定要以‘人’为中心，不能以‘物’为中心。我们不能停留在对某一类服装或某一类饮食的具体研究上。重要的是研究‘人’在‘生活’中如何穿如何吃……舍弃了‘人’，就没有‘生活’，也就没有‘日常生活史’”[①]。要突破传统的物质文化史的研究范式，将人的因素放在首位，突出日常生活中人的行为方式在历史进程中的表象与作用，使日常生活史更具灵动性。这种以“人”为核心的研究理路，笔者曾经进行过一些尝试，讲述了一个魏晋南北朝“鞋”与“人”的故事。[②]文章试图从原有的物质文化史、社会生活史的叙事范式中脱离出来，通过其他视角重新讲述鞋的历史，既要剥离物的一面，凸显人的一面，同时还不能脱离物的存在。这一史实建构的关键是将鞋的物性叙述转换为人性叙述，努力去探寻物性背后隐藏的人性因素，发现人与物之间的灵性互动，并尝试通过非常态行为反证日常行为。这种转变是日常生活史建构的一个重要的颠覆环节，虽然这一视角转换工作并不轻松，但通过一种全新的建构理念，重新整合碎片化的历史记忆，探索一种适合于中古史叙述特色的日常生活史研究范式，应当是魏晋南北朝日常生活史建构的努力方向。

如果将历史图景分为影视剧式的、连环画式的和幻灯片式的，材料稀少的魏晋南北朝史研究获得的历史画面充其量也只能是幻灯片式的。幻灯片虽然仅是一种表达的媒介，形式上要求简洁明快，但其背后却是一个十分广阔的授课话题。我想，这也许就是目前我们所能够触及的魏晋南北朝日常生活画面吧！

---

① 黄正建：《关于唐代日常生活史研究现状的思考》，《中国社会科学院院报》2004 年 9 月 14 日，第 3 版。

② 夏炎：《魏晋南北朝的鞋与人：一项中古日常生活史的建构尝试》，载程章燦主编：《古典文献研究》第 21 辑上卷，南京：凤凰出版社，2018 年。

隋唐五代日常生活研究的回顾与思考

王力平

20 世纪二三十年代伊始，一批致力于中国古代经济与社会研究的史学家开辟了隋唐五代生活史研究新领域。此后，不断有学者从文化史、风俗史的角度对隋唐五代社会生活进行探讨，并取得了巨大成绩。近年来，随着对出土墓志、敦煌吐鲁番文书、壁画等新材料的利用，隋唐五代生活史的研究呈现出内容更加丰富的特点，有关理论的探讨也达到了新的高度，这些都为今后隋唐五代日常生活的研究奠定了坚实的基础。但目前隋唐五代生活史研究领域方面还存在着对传世文献利用重视不够、研究内容不平衡及将生活研究等同于名物制度研究等问题，仍需学者继续探索与开拓。

一、隋唐五代日常生活研究的发展历程

日常生活是人类每日每时都在进行着的最基本的生产、生活活动，它具有重复性、经验性，与人类自身的生存和繁衍密切相关，同时，人类自身物质生活的提高、思想文化和文明进步也体现在其中。许多历史学家对日常生活的研究都很重视，认为日常生活虽平凡、琐碎但却具有重要意义，如梁启超曾说:“史

料者何？过去人类思想行事所留之痕迹，有证据传留至今日者也”；又言：“匹夫匹妇的日用饮食之活动”，对“一社会一时代之共同心理、共同习惯”之形成，“皆与有力焉”。[①]法国年鉴学派也倡导一种“整体史”的研究范式，强调无论经济史抑或社会史，都应该是整体性和社会性的，生活史也自然纳入其研究范围。自20世纪70年代开始，日常生活研究开始作为一个新兴领域和史学流派在欧美兴起，其代表人物、匈牙利学者阿格妮丝·赫勒（Agnes Heller）把日常生活定义为“个体的再生产”，她说：“正是历史——人们自觉选择的和按人们的设计铸造的历史——可以使所有人都把自己的日常生活变成‘为他们自己的存在’，并且把地球变成所有人的真正家园。”[②]

其实，中国古代的史学家素有关注民生并记录日常生活的传统。司马迁在《史记》的《平准书》《货殖列传》中，就对各地民生、风俗、物产有所记载。杜佑撰《通典》，则将《食货》列在首位，传达了“《洪范》八政，食货为先”的宗旨。隋唐时期是中国古代历史发展的高峰，所谓“盛唐气象”在中国乃至世界历史上都留下了深刻印记。唐五代与宋初出现的大量野史、笔记和小说，是刚刚告别那个时代的文人墨客对繁华故国的追忆和记述，其中不乏专门记述士庶生活的内容，如《太平广记》不仅是“小说家之渊薮”，同时堪称隋唐社会、日常生活史料之渊薮。当然在这些记述中，关于生活的内容还比较零散，缺少系统性，甚至有一些“小说家言”，离严肃的历史著述和学术研究还有很大距离。

历史研究的主题从来没有脱离过时代脉搏的律动。20世纪初叶，隋唐五代史的研究也明显带有由旧入新的时代特征。据张国刚统计，1900—1949年发表的隋唐五代史论文约1100篇，其中著作不下150种[③]，主要为考证性文字，但有关隋唐生活史的研究也在此时蹒跚起步，如关于唐代服饰的研究，就有冯承钧的《唐代华化蕃胡考》[④]、韵倩的《唐代女子化妆考》[⑤]、贺昌群的《唐代女

① 梁启超撰，汤志钧导读：《中国历史研究法》第一章《史之意义及其范围》、第四章《说史料》，上海：上海古籍出版社，1998年，第2、40页。

② 〔匈〕阿格妮丝·赫勒：《日常生活》，衣俊卿译，重庆：重庆出版社，1990年，第292页。

③ 参阅张国刚：《二十世纪隋唐五代史研究的回顾与展望》，《历史研究》2001年第2期。

④ 原载于《东方杂志》1930年第27卷第17期，后收入冯承钧撰，邬国义编校：《冯承钧学术论文集》（上），上海：上海古籍出版社，2015年，第62—93页。

⑤ 韵倩：《唐代女子化妆考》，《小说月报》1910年第1卷第2期。

子服饰考》[1]、童书业的《唐代妇女的围巾“披帛”考》《唐代妇女的西装——胡服式半袖裙襦考》《唐代妇女“红妆”考》等[2]。王国维也著有《胡服考》[3]。接触到西域考古资料的学者如向达（觉明），在1933年10月《燕京学报》专号发表了长文《唐代长安与西域文明》[4]，其中分别考察了“流寓长安之西域人”“疏勒裴氏”“龟兹白氏”“昭武九姓胡人”的生活，以及西市胡店与胡姬、开元前后长安之胡化、打毬、歌舞伎等问题，并配以多幅长安、洛阳等地出土的唐三彩俑、画作图片，令人耳目一新。刘复（半农）也在法国抄录了百余件反映社会生活的敦煌文书，辑为《敦煌掇琐》，该书汇集的史料，“可以见当时社会状况”，“可以见家宅图，可以见居室的布置、舞谱，可以见舞蹈的形式……可以见借贷实物和罚去利息的习惯。通婚书、答婚书等，可以见结婚的仪节”等，“都是很有益于考察当时社会状况的”。[5]以上成果，代表了一部分置身时代学术前沿的学者对生活史的关注，富有开创性。与此同时，在此阶段开展的“中国社会史大论战”和古代社会史研究热潮中，涌现出更多隋唐五代社会、文化生活的研究成果，如黄现璠的《唐代之贱民阶级》《唐代社会概略》[6]，考察了贵族、贱民、娼妓、劳动阶级的不同处境和生活，被公认为20世纪探讨唐代社会阶层问题的力作。1933年，陶希圣创办了半月刊《食货》，并与鞠清远、武仙卿等在唐代经济史料搜集方面投入巨大精力，完成了唐代经济史料丛编八册（当时仅印就《土地问题》《寺院经济》《唐代之交通》三种，其余只印成清样，但抗日战争全面爆发后研究搁浅，五种清样亦为白蚁所毁）[7]，其中的交通分册将

① 原载于《大公报・艺术周刊》1935年第14—15期，后收入《贺昌群文集》第一卷《史学丛论》，北京：商务印书馆，2003年，第263—279页。此外，同书还收有贺氏《唐代之服饰》（第224—262页）一文。

② 原文分别刊于《中央日报》（上海）、《文物周刊》1947年10月15日、22日、29日，后收入童书业著，童教英整理：《童书业著作集》第三卷《童书业史籍考证论集》，北京：中华书局，2008年，第566—573、574—579、580—582页。

③ 本文初刊于《雪堂丛刻》（1915年上虞罗氏排印本），原题为《古胡服考》，后改为《胡服考》，收入王国维：《观堂集林》（第四册）卷二十二《史林十四》，北京：中华书局，1959年，第1069—1113页。

④ 后作者以此文为书名，于1957年由生活・读书・新知三联书店出版。

⑤ 蔡元培：《敦煌掇琐・序》，《敦煌掇琐》（上册），台湾“中研院”历史语言研究所专刊之二，1925年，第3—4页。

⑥ 黄现璠：《唐代之贱民阶级》，《师大月刊》1934年第13期（国立北平师范大学创办）；黄现璠：《唐代社会概略》，上海：商务印书馆，1936年。

⑦ 至20世纪70年代初，台湾食货出版社予以正式出版（参阅李源涛：《20世纪30年代的食货派与中国社会经济史研究》，《河北学刊》2001年第5期，第98—101页）。

关隘、桥梁、过所、陆路水路驿制、中外交通等分列为52项；都市分册对重要城市的地理位置、内部组织及城市生活乃至小市、镇、庙会式的蚕市也搜罗极详。这部分类资料集，带有一定的研究性质，为当时学者进行唐代经济史研究提供了极大的便利。在此基础上，一大批质量较高的专著和论文得以结撰成篇，推动了20世纪30年代唐代社会与经济研究的开展，其中代表性的著作是陶希圣《婚姻与家族》[①]、鞠清远《唐宋官私工业》[②]，以及二人合著的《唐代经济史》[③]。陶著对婚姻和家族问题的关注，是对中国社会重大问题的思考；鞠著较早关注唐宋商人和市民的生活，论述了下层工匠乃至官奴婢的身份地位、劳作与日常生活状况。这几部著作以新的学术视野和问题意识受到学术界的好评，当时的《天津益世报读书周刊》《中国社会经济史集刊》等都发表了书评。另外还有傅安华《唐代的两种女性生活》《唐代男性生活之一斑》《唐代社会生活一斑》等文章发表[④]，傅氏不仅讨论唐代男性、女性的生活，还涉及农村的交换与借贷、邸店、部曲、牙人等问题，是当时直接以唐代生活史为主题、更具生活史意味的专门研究，实属可贵。此后，罗香林《唐代文化史研究》出版，该书旨在揭示唐代文化创造性、世界性、适应性等特点，其中《唐人斗鸡戏考》《唐代波罗毬戏考》等考察了休闲生活。[⑤]此外，全汉昇的《唐代物价的变动》[⑥]、《唐宋帝国与运河》[⑦]，瞿宣颖的《中国社会史料丛钞》、陈东原的《中国妇女生活史》、邓云特的《中国救荒史》[⑧]等著作的隋唐部分，从广义的社会经济史的角度，或多或少地涉及与日常生活有关的婚姻、物价、社会救助及衣食住行问题。总之，在中国社会史大论战背景下，一批致力于古代经济史研究的学者——“食货派”

① 陶希圣：《婚姻与家族》，上海：商务印书馆，1934年。

② 鞠清远著，陶希圣校：《唐宋官私工业》，上海：新生命书局，1934年。

③ 陶希圣、鞠清远：《唐代经济史》，上海：商务印书馆，1936年。

④ 《唐代的两种女性生活》连载于《华北日报·史学周刊》1935年11月1日、28日；《唐代男性生活之一斑》连载于《华北日报·史学周刊》1936年3月19日、26日；《唐代社会生活一斑》原载于《文化建设》1937年第2期，后收入傅安华著，安冰整理：《傅安华史学论文集》，合肥：黄山书社，2010年，第169—193页。

⑤ 罗香林：《唐代文化史研究》，上海：商务印书馆，1944年。

⑥ 全汉昇：《唐代物价的变动》，《国立中央研究院历史语言研究所集刊》第十一本，1944年。

⑦ 全汉昇：《唐宋帝国与运河》，上海：商务印书馆，1944年。

⑧ 瞿宣颖：《中国社会史料丛钞》，长沙：商务印书馆，1937年；陈东原：《中国妇女生活史》，上海：商务印书馆，1937年；邓云特：《中国救荒史》，上海：商务印书馆，1937年。

成员，以及向达、刘复等一批接触到新史料和研究方法的学者，成为隋唐生活史研究的探路者，正是他们筚路蓝缕，以史籍考订和代表当时学术前沿的西域出土文献研究，开辟了隋唐生活研究的新领域。遗憾的是，全面抗战的爆发打断了隋唐五代生活史研究继续深化的进程。

20 世纪 50—70 年代，隋唐五代史研究出现了一个高峰，主要标志是多部隋唐五代史著作的出版。而以岑仲勉、吕思勉二人为代表的、旧学根底深厚，又以“新方法整理旧国故”的学者，在隋唐史的撰述中开始注意社会生活问题，岑著《隋唐史》有《乐、舞及百戏》《服饰》《社会杂缀》等节，专门记述南北风俗的差异及唐代的婚姻习俗；吕思勉的《隋唐五代史》设《隋唐五代人民生计》《隋唐五代人民生活》等章，从交易方式、物价、饮食、服饰、丧葬、交通等方面，对社会组织、人民生计、生活做了专门的探讨。此后，傅乐成《唐人的生活》发表。[①]但由于当时大陆学界在选题上囿于“五朵金花”主题，这个时期的社会研究很难容纳更多的日常生活内容，主要特点还是从经济形态、生产关系、文化等角度来讨论生活史，尚无全面、系统的著作。

进入 20 世纪 80 年代以后，伴随着改革开放，学术研究进入全面繁荣期，隋唐社会生活受到学者更多的关注。三秦出版社、西北大学出版社相继出版了“隋唐历史文化丛书”和“唐代历史文化丛书”，收入著作数十种，其中牛志平与姚兆女的《唐人称谓》、高世瑜的《唐代妇女》、田廷柱的《隋唐士族》、王永平的《唐代游艺》、潘孝伟的《唐代体育》等，从不同方面涉及了隋唐五代的日常生活。而熊铁基的《汉唐文化史》、赵文润的《隋唐文化史》、臧嵘的《中国隋唐五代习俗史》、李斌城等的《隋唐五代社会生活史》、吴玉贵的《中国风俗通史·隋唐五代卷》、徐连达的《唐朝文化史》，代表了这个阶段从社会史、文化史角度观察隋唐时代的婚姻、礼俗、风尚综合性研究成果。[②]这个时期，武汉大学中国三至九世纪研究所《魏晋南北朝隋唐史资料》、中国唐史学会《唐史论丛》、北京大学荣新江《唐研究》、南开大学中国社会史研究中心《中国社会历

① 傅乐成：《唐人的生活》，《食货副刊》1974 年第 4 卷第 1、2 期。

② 熊铁基：《汉唐文化史》，长沙：湖南出版社，1992 年；赵文润主编：《隋唐文化史》，西安：陕西师范大学出版社，1992 年；臧嵘：《中国隋唐五代习俗史》，北京：人民出版社，1994 年；李斌城等编：《隋唐五代社会生活史》，北京：中国社会科学出版社，1998 年；吴玉贵：《中国风俗通史·隋唐五代卷》，上海：上海文艺出版社，2001 年；徐连达：《唐朝文化史》，上海：复旦大学出版社，2003 年。

史评论》，以及多种隋唐史方面的论文集、“唐研究基金会丛书”和台北文津出版社推出的大陆唐史博士论文和学术专著等，都刊载了数量可观的生活史方面的研究论文。特别是近年来，随着对出土墓志、敦煌吐鲁番文书、壁画等新材料的利用，隋唐五代生活的研究开始出现前所未有的繁荣局面，不仅选题愈加丰富，内容也更为深化、细化，专题、区域、个案研究的新成果层出不穷。

2004 年，在隋唐生活史研究日趋繁荣的背景下，在此研究领域有突出贡献的黄正建教授发表了《唐代日常生活史研究现状断想》一文，适时回顾和总结成绩，同时指出了存在着的问题。[①]当然，作者旨在从“类例”上规范日常生活史的研究对象，没有对学术史做全面的总结。有鉴于此，笔者试对隋唐五代日常生活的学术史做一梳理，指出学界在此领域所取得的成绩，与仍存在的不足，庶几于该领域的学术发展有所裨益。

需要说明的是，由于以往的研究成果大多从属于文化、风俗或社会生活研究，极少明确冠以“日常生活”题目，因而需要从众多论著中提炼和梳理出与日常生活史相关的内容，加之笔者在域外资料的获取上有很多局限，本文下面所介绍和评论的成果，也只能说是粗略的，挂一漏万之弊在所难免，还请方家不吝批评和指教。

二、隋唐日常生活史研究的主要领域

（一）从摇篮到坟墓——关于生命历程的研究

从呱呱坠地开始，人的生命与生活就被赋予了社会性和日常性。台湾学者较早开始对古代婴幼儿生活的研究，如熊秉真《幼幼：传统中国的襁褓之道》[②]即

① 黄正建：《唐代日常生活史研究现状断想》，载孙家洲、刘后滨主编：《汉唐盛世的历史解读：汉唐盛世学术研讨会论文集》，北京：中国人民大学出版社，2009 年，第 398—404 页。

② 熊秉真：《幼幼：传统中国的襁褓之道》，台北：联经出版事业公司，1995 年。

是这方面的代表作。在隋唐五代史领域，则有廖宜方的《唐代的母子关系》、王一平的《唐代儿童的教与养》、高嘉琪的《生育、养育、教育——唐代育儿文化研究》等[①]，对唐代儿童的生存状况、养护与教育及亲子关系进行了研究。

李斌城等的《隋唐五代社会生活史》，是大陆学界对隋唐五代儿童生活的较早关注和研究，但因篇幅有限，仅提到三日洗儿、儿童游戏等风俗习惯。[②]此后相关成果渐多，如王永平《游戏、竞技与娱乐：中古社会生活透视》一书，用较多笔墨论述了唐代儿童的各种游戏及其渊源、文化内涵。[③]刘燕歌的《唐诗中的少年儿童生活研究》、李巧玲的《从笔记小说看唐代儿童的日常生活》，则从唐诗、笔记小说素材探讨儿童生活。[④]余欣的《重绘孩提时代——追寻儿童在中古敦煌历史上的踪迹（婴戏篇）》[⑤]利用壁画、金银器、陶俑等图像、器物并结合传世文献，观察自诞生、占相、洗浴开始的儿童生活，揭示隋唐时期人们对于新生命的关爱及与儿童生活相关的思想与认识。杨秀清的《敦煌石窟壁画中的古代儿童生活研究》[⑥]及郑阳的《唐代儿童图像研究》[⑦]等文，在史料运用方面很有新意，如演绎疑伪经的《父母恩重经变》和西方净土思想的壁画，有许多儿童游戏图像（大多为男童），兼有敦煌和中原内地生活，对认识隋唐儿童生活具有较高价值。

婚姻与家庭是成人生活的重要内容。李树桐的《唐人的婚姻》[⑧]、向淑云的《唐代婚姻法与婚姻实态》[⑨]、牛志平的《唐代婚丧》[⑩]，以及李斌城等的《隋唐五代社会生活史》第三章《婚丧》，都比较深入地考察了唐人婚姻生活，涉及王

① 廖宜方：《唐代的母子关系》，新北：稻乡出版社，2009 年；王一平：《唐代儿童的教与养》，台湾师范大学硕士学位论文，2004 年；高嘉琪：《生育、养育、教育——唐代育儿文化研究》，台湾中兴大学硕士学位论文，2008 年。

② 李斌城等编：《隋唐五代社会生活史》，北京：中国社会科学出版社，1998 年。

③ 王永平：《游戏、竞技与娱乐：中古社会生活透视》，北京：中华书局，2010 年。

④ 刘燕歌：《唐诗中的少年儿童生活研究》，西北大学硕士学位论文，2007 年；李巧玲：《从笔记小说看唐代儿童的日常生活》，《巢湖学院学报》2010 年第 5 期。

⑤ 余欣：《重绘孩提时代——追寻儿童在中古敦煌历史上的踪迹（婴戏篇）》，《敦煌写本研究年报》，日本京都大学人文科学研究所"西陲发现中国中世写本研究班"（第 3 号），2009 年。

⑥ 杨秀清：《敦煌石窟壁画中的古代儿童生活研究》，《敦煌学辑刊》2013 年第 1—3 期。

⑦ 郑阳：《唐代儿童图像研究》，中央美术学院硕士学位论文，2010 年。

⑧ 李树桐：《唐人的婚姻》，《唐史索隐》，台北：台湾商务印书馆，1988 年。

⑨ 向淑云撰：《唐代婚姻法与婚姻实态》，台北：台湾商务印书馆，1991 年。

⑩ 牛志平：《唐代婚丧》，西安：三秦出版社，2011 年。

公贵族、官僚士人、平民等各阶层。张国刚主编的《中国家庭史》之《隋唐五代时期》卷，以及其论文《论唐代家庭中父母的角色及其与子女的关系》[①]，从法制、经济和社会等角度探索了隋唐家庭的发展变迁，在更深层面如家庭结构、夫妻关系与财产、生计、子女教育、离异、财产分割等方面，做了深入、全面、系统的考察，为全面认识隋唐家庭生活提供了多方面启发。李志生对工商业者婚姻状况的研究[②]，以及杜文玉对宦官婚姻生活的研究[③]，填补了特殊群体婚姻研究的空白。此外，利用唐代墓志文献研究婚俗，考察婚龄、选妻标准、离婚改嫁等方面的成果也层出不穷。[④]至于士族家族婚姻生活，学界已在个案研究中取得了丰厚成果，对此已有学者做过专门评述[⑤]，故不赘述。

与生命历程相伴随的，是身体的衰老、疾病，因此保健与医疗成为日常生活史的重要内容。在隋唐五代生活中，哪些人是医者，人们如何问医求药、治病救人，都是需要加以考察的内容。李斌城等的《隋唐五代社会生活史》中《医药卫生与保健》一节，对隋唐官方、私人医疗机构，包括长安与地方的民间药肆、病坊的经营和作用，以及宫廷和民众使用药膳、食疗等方法进行了饶有兴味的探讨。另有周左锋考察了长安的药肆和药材市场以及宫廷药材问题。[⑥]尚永亮、萧波则从唐诗中的“药”讨论了文人生活中药的重要性及所反映的生命意识。[⑦]

近年来，与食疗、养生相关的研究成果众多[⑧]，如有学者对司马承贞和孙思

① 张国刚主编：《中国家庭史》，广州：广东人民出版社，2007 年；张国刚：《论唐代家庭中父母的角色及其与子女的关系》，《中华文史论丛》2007 年第 3 期。

② 李志生：《唐代工商业者婚姻状况初探》，《人文杂志》1997 年第 3 期。

③ 杜文玉：《唐代宦官婚姻及其内部结构》，《学术月刊》2000 年第 6 期。

④ 段塔丽：《从唐墓志看唐代社会的婚姻习俗》，《文博》1998 年第 5 期；李肖：《论隋唐时期的婚姻习俗》，《中华文化论坛》2002 年第 2 期；姚平：《论唐代的冥婚及其形成的原因》，《学术月刊》2003 年第 7 期。

⑤ 参见容建新：《80 年代以来魏晋南北朝大族个案研究综述》，《中国史研究动态》1996 年第 4 期；常建华：《二十世纪的中国宗族研究》，《历史研究》1999 年第 5 期。

⑥ 周左锋：《论唐代药肆和宫廷药材消费》，南京师范大学硕士学位论文，2012 年；周左锋：《唐代药肆新探》，载杜文玉主编：《唐史论丛》第 16 辑，西安：陕西师范大学出版总社有限公司，2013 年。

⑦ 尚永亮、萧波：《唐人的“后院”——从唐诗中的“药”看唐人生活与创作》，《华中师范大学学报（人文社会科学版）》2004 年第 5 期。

⑧ 拜根兴：《唐代道教徒养生饮食述论》，《陕西师范大学学报（哲学社会科学版）》1998 年第 4 期；张萍：《唐代饮食文化中的道教色彩》，《兰州大学学报（社会科学版）》2000 年第 2 期；李悦：《唐代酒疗研究》，陕西师范大学硕士学位论文，2010 年；刘朴兵：《试论唐宋饮食养生学的发展》，《农业考古》2009 年第 1 期。

邈的养生思想展开研究①，提出唐代有重视家庭养生和性命双修的观念。李斌城《唐人养生文化》系统论述了唐人道教色彩浓重的服食养生理论和养生方法②；林富士《中国中古时期的宗教与医疗》以字书、医家观念研究医疗制度③；李金菊《汉传佛教养生的历史研究》有部分内容涉及隋唐时期的佛教养生④。此外，学者对隋唐生活中的佛医、道医、巫觋也有较多关注。于赓哲《唐代疾病、医疗史初探》是较为全面、系统地考察唐代疾病与医疗的著作。该书指出了威胁唐人生命的常见疾病，如疟疾和传染病、产褥期感染，并对官方与民间医疗机构的多种功能和疗法进行了系统的考证，为认识隋唐生活中人们如何面对疾病，疾病如何影响到人们的生活质量，甚至军事行动的胜负等问题提出了新见。与疾病直接关联的是人的寿命。⑤李燕捷《唐人年寿研究》一书借鉴社会学、人类学方法，对唐代各阶层、男女性的平均寿命进行了分时期的估算与分析，开唐人寿命研究之先河。⑥此后，冻国栋《中国人口史》也涉及隋唐时期人口寿命的问题。⑦蒋爱花《唐人寿命水平及死亡原因试探——以墓志资料为中心》利用墓志资料探讨了唐人年寿和养老问题。⑧另有学者专门对科举出身者的年寿进行了考证。⑨

对死亡的认识和态度既是哲学问题，也是生活研究的一部分。透过丧葬制度和普遍存在的冥婚、厚葬等现象，探讨隋唐生死观念的成果较多。⑩李斌城等《隋唐五代社会生活史》对隋唐的厚葬、薄葬、归葬、招魂葬俗等做了较为详细的论述，揭示了丧葬活动的阶层差异。卢建荣《北魏唐宋死亡文化史》对北魏

---

① 严善馀、卢声远：《试论孙思邈的养生学术思想》，《中国自然医学杂志》2003 年第 1 期。

② 李斌城：《唐人养生文化》，载黄正建主编：《隋唐辽宋金元史论丛》第 1 辑，北京：紫禁城出版社，2011 年，第 13—31 页。

③ 林富士：《中国中古时期的宗教与医疗》，北京：中华书局，2012 年。

④ 李金菊：《汉传佛教养生的历史研究》，中国中医科学院博士学位论文，2007 年。

⑤ 于赓哲：《唐代疾病、医疗史初探》，北京：中国社会科学出版社，2011 年。

⑥ 李燕捷：《唐人年寿研究》，台北：文津出版社，1994 年。

⑦ 冻国栋：《中国人口史》第二卷《隋唐五代时期》，上海：复旦大学出版社，2002 年。

⑧ 蒋爱花：《唐人寿命水平及死亡原因试探——以墓志资料为中心》，《中国史研究》2006 年第 4 期。

⑨ 张燕波：《唐代科举出身者年寿问题研究》，《江汉论坛》2005 年第 9 期。

⑩ 如姚平《论唐代的冥婚及其形成的原因》（《学术月刊》2003 年第 7 期）认为佛教的影响是冥婚兴盛的原因；黄景春《论我国冥婚的历史、现状及根源——兼与姚平教授商榷唐代冥婚问题》（《民间文化论坛》2005 年第 5 期）一文中则提出冥婚在唐代是违禁的，是中国原始宗教观念的产物，与佛教无关；牛志平《唐代的厚葬之风》（《文博》1993 年第 5 期）比较了魏晋薄葬和唐代厚葬风气及其特点。

至宋约六百年间人们如何面对生活中的死亡及与此有关的思想、礼制等问题进行了探索。[①]此外，还有对隋唐佛教徒葬法的研究[②]，以及探讨敦煌地区丧葬问题的成果[③]。

（二）关于衣食住行及消费生活的研究

衣着与服饰为日常生活所必需。除前揭早期研究的成果外，沈从文《中国古代服饰研究》隋唐部分图文并茂地对士农工商，以及船夫、猎户、行脚僧、进香人等普通民众的服饰进行了细致考证。[④]学界对女子服饰的研究则有大量成果。[⑤]黄正建《唐代衣食住行》从等级、地方和民族方面讨论了服饰的社会性。[⑥]纳春英《唐代服饰时尚》则侧重研究生活中服饰与时尚的关系。[⑦]

饮食，既关乎人的生命"再生产"，又是家庭消费的重要部分，同社会交往也关系密切，是最富日常性的内容。黄永年《说饼——唐代长安饮食探索》一文对唐三辅地区各种饼的由来、做法及与之相关的饮食生活做了饶有兴趣的考证。[⑧]王子辉的《隋唐五代烹饪史纲》[⑨]、陈伟明的《唐宋饮食文化发展史》[⑩]、黎虎的《汉唐饮食文化史》《汉唐时期的食肆行业》《唐代的饮食原料市场》等

① 卢建荣：《北魏唐宋死亡文化史》，台北：麦田出版社，2006年。

② 王磊：《试论中古时期佛教徒的全身葬法》，《中山大学学报（社会科学版）》2013年第2期。

③ 余欣：《唐宋敦煌墓葬神煞研究》，《敦煌学辑刊》2003年第1期；金身佳：《敦煌写本宅经葬书研究》，兰州大学博士学位论文，2006年。

④ 沈从文编著：《中国古代服饰研究》，香港：商务印书馆，1981年。

⑤ 党焕英：《唐代男女服饰及女妆概述》，《文博》1996年第2期；李蓉：《唐代前期妇女服饰开放风气》，《中国典籍与文化》1995年第1期；张庆：《唐代妇女的流行服装》，《文史知识》1997年第3期；纳春英：《唐代平民女子服饰与生存状态初探》，《陕西师范大学学报（哲学社会科学版）》2012年第1期。

⑥ 黄正建：《唐代衣食住行》（插图珍藏本），北京：中华书局，2013年。

⑦ 纳春英：《唐代服饰时尚》，北京：中国社会科学出版社，2009年。

⑧ 黄永年：《说饼——唐代长安饮食探索》，原载于《中国烹饪》1983年第10期，后收入《唐史十二讲》，北京：中华书局，2007年，第191—196页。

⑨ 王子辉：《隋唐五代烹饪史纲》，西安：陕西科学技术出版社，1991年。

⑩ 陈伟明：《唐宋饮食文化发展史》，台北：台湾学生书局，1995年。

系列论文[①]、王赛时的《唐代饮食》[②]，都是较早讨论唐饮食文化发展轨迹及其与社会政治、经济关系的论作。此后的相关研究趋于细化，如拜根兴《饮食与唐代官场》把饮食生活和官场政治相联系[③]；张萍《唐代饮食文化中的道教色彩》考察道教徒禁食鱼、肉的教规、菜肴中的道教名词、道教养生食品的流传等，构成唐饮食文化的独有特色[④]；黄正建则从社会阶层的角度对饮食的社会性做了综合性考察[⑤]。对不同地区的食生活，如北方、中原受北朝胡食影响下的食生活，江淮地区的饮食特色也有不少成果[⑥]，其中王利华《中古华北饮食文化的变迁》通过对华北地区生存环境、人口承载能力、饮食生活的内容和质量的细致考察，提出了生态环境与生活方式演变的交互影响和联系，对生活史研究也富有启发性。[⑦]

饮茶、酒与宴集也是日常生活的重要方面。唐代处于中国茶史发展的关键阶段，相对于酒，茶的重要地位有过之而无不及。关于隋唐茶事的研究成果很多，涉及茶树种植、茶叶采制及分类、煮茶技艺、饮茶用水和茶具的选择、茶叶的药用、饮茶风气盛行的原因、饮茶人群之社会阶层、茶道等方面。[⑧]至于

① 黎虎主编：《汉唐饮食文化史》，北京：北京师范大学出版社，1998年；黎虎：《汉唐时期的食肆行业》，《中国社会经济史研究》1998年第2期；黎虎：《唐代的饮食原料市场》，《中国经济史研究》1999年第1期。

② 王赛时：《唐代饮食》，济南：齐鲁书社，2003年。

③ 拜根兴：《饮食与唐代官场》，《人文杂志》1994年第1期。

④ 张萍：《唐代饮食文化中的道教色彩》，《兰州大学学报（社会科学版）》2000年第2期。

⑤ 黄正建：《唐代衣食住行》（插图珍藏本），北京：中华书局，2013年。

⑥ 如傅晓静：《唐代的胡风饮食》，《民俗研究》1998年第2期；张萍：《唐代长安的饮食生活》，载史念海主编：《唐史论丛》第6辑，西安：陕西人民出版社，1995年；张萍：《唐代西北民族内迁及对中原饮食文化的影响》，载史念海主编：《唐史论丛》第7集，西安：陕西师范大学出版社，1998年；刘朴兵：《从日常饮食习俗看唐宋社会变革——以中原地区为考察中心》（《中州学刊》2013年第3期）、《从酒宴习俗看唐宋社会变迁——以中原地区为考察中心》（《农业考古》2012年第3期），从中原地区日常饮食习俗如餐制、饮食坐姿、分食向会食变化等细节探讨了唐宋之际饮食习俗的形成及其影响。刘礼堂、黄薇：《唐代长江上中游地区的饮食文化——以民间饮食中的主、副食为例》（《江汉论坛》2009年第6期），则从红米饭食、鱼类副食研究了唐代长江上中游饮食文化的特色。

⑦ 王利华：《中古华北饮食文化的变迁》，北京：中国社会科学出版社，2000年。

⑧ 朱利民：《唐代茶道》，《唐都学刊》1988年第1期；李斌城：《唐人与茶》，《农业考古》1995年第2期；韩金科：《试论大唐茶文化》，《农业考古》1995年第2期；姜含春：《唐风贵茶之成因》，《农业考古》1998年第2期；王双怀：《论唐代饮茶风气形成的原因》，《农业考古》1998年第4期；杨西云：《唐代的茶道》，《历史教学》2000年第6期；王赛时：《论唐代的饮茶风习》，《农业考古》2002年第2期；孙军辉：《唐人饮茶习俗的兴盛与唐代上层消费群体》，《求索》2007年第2期。

饮酒，既是饮食生活的一部分，也是隋唐社会风尚，成果同样丰富，如王昆吾的《唐代酒令艺术》[①]、徐连达的《隋唐的饮酒习尚》[②]等，论述了隋唐酒宴、酒肆、酒具、酒名、酒令。黄正建《唐代衣食住行》中也有相当篇幅论述唐代的饮酒活动。

居住是日常生活的必要条件，也是文化与习俗的体现。具体到房屋建筑，刘敦桢《中国古代建筑史》第五章《隋唐五代时期的建筑》，据《展子虔游春图》对平民住宅进行了研究，认为乡村中的住宅一般建造成平面、狭长的四合院，此外还有木篱茅屋房舍、简单三合院，这些住宅的布局具有明显的中轴线和左右对称的特点。[③]雷巧玲的《唐代租宅初探》《唐人的居住方式与孝悌之道》《试论唐代的住宅文化》《唐代凶宅剖析》等文，也对唐人的起居习惯、居住方式和住宅文化做了比较系统、深入的探讨。[④]黄正建的《唐朝人住房面积小考》，用具体的考证深化了居住社会性的研究。[⑤]盛会莲的《唐五代百姓房舍的分配及相关问题之试析》，考察了敦煌百姓获得宅舍的途径与相关制度。[⑥]都城长安的居住生活素来为学者所关注，曹尔琴的《唐代长安住宅的规模》、贺从容的《隋唐长安城坊内百姓宅地规模分析》，都对唐人住宅规模和住宅面积做了具体考察。[⑦]孙英刚的《隋唐长安的王府与王宅》、蒙曼的《唐代长安的公主宅第》[⑧]，是对贵族宅第的研究。荣新江的《高楼对紫陌，甲第连青山——唐长安城的甲第及其象征意义》从居所和环境考察了特权阶级的居生活，认为唐代新贵的特征之一就是拥有靠近宫城，外观壮丽宽广、庭园奢华的甲第，甲第现象反映了

① 王昆吾：《唐代酒令艺术》，上海：东方出版中心，1995年。

② 徐连达：《隋唐的饮酒习尚》，载《中国古代社会研究》编委会编：《中国古代社会研究——庆祝韩国磐先生八十华诞纪念论文集》，厦门：厦门大学出版社，1998年。

③ 刘敦桢主编：《中国古代建筑史》，北京：中国建筑工业出版社，1980年，第10—162页。

④ 雷巧玲：《唐代租宅初探》，《晋阳学刊》1993年第3期；雷巧玲：《唐人的居住方式与孝悌之道》，《陕西师大学报（哲学社会科学版）》1993年第3期；雷巧玲：《试论唐代的住宅文化》，《人文杂志》1997年第4期；雷巧玲：《唐代凶宅剖析》，《西安交通大学学报（社会科学版）》1998年第1期。

⑤ 黄正建：《唐朝人住房面积小考》，《陕西师大学报（哲学社会科学版）》1994年第3期。

⑥ 盛会莲：《唐五代百姓房舍的分配及相关问题之试析》，《敦煌研究》2002年第6期。

⑦ 曹尔琴:《唐代长安住宅的规模》，载中国古都研究编：《中国古都研究》第十三辑，太原：山西人民出版社，1995年；贺从容：《隋唐长安城坊内百姓宅地规模分析》，《中国建筑史论汇刊》2010年第1期。

⑧ 孙英刚：《隋唐长安的王府与王宅》，载荣新江主编：《唐研究》第9卷，北京：北京大学出版社，2003年，第185—214页；蒙曼：《唐代长安的公主宅第》，载荣新江主编：《唐研究》第9卷，北京：北京大学出版社，2003年，第215—234页。

一种城市观念的兴起，带动了城市生活和文化的建设。[①]此外，荣新江、李丹婕的《郭子仪家族及其京城宅第——以新出墓志为中心》，通过新刊郭氏家族成员墓志，对郭子仪这一安史之乱后催生出的武将权贵代表人物在京城的宅第进行了考察。[②]

对家具的研究，有黄永年的《唐代家具探索》，作者认为隋唐家具部分承自汉魏南北朝传统，后以“胡床”为代表的西域风格对中原家具以及与此相关的起居方式产生了影响。[③]黄正建《唐代的椅子与绳床》认为椅子和绳床（坐具）在唐代处于发展阶段，到五代则成熟。[④]朱大渭《中古汉人由跪坐到垂脚高坐》一文认为，为适应垂脚高坐，唐代的床、榻、桌、几案由低向高发展，唐墓壁画和绘画中垂脚高坐家具较多出现，汉人由跪坐到垂脚坐至唐末五代已近完成。[⑤]杨森《敦煌壁画家具图像研究》则对敦煌壁画中南北朝至宋的家具图像进行了分类研究，分析了敦煌家具与中原家具异同，认为唐代是家具发展的重要时期。[⑥]

“行”的研究过去一直从属于广义的交通史范畴，但也有一些学者关注其在日常生活中的作用。例如，吕思勉的《隋唐五代史》中《隋唐五代人民生活·交通》介绍了隋唐时期的主要交通工具，如牛、驴、骡、驼及肩舆、步辇等[⑦]；岑仲勉的《隋唐史》论述了唐代“交通之设备及程途”，包括驿站、关隘等[⑧]。黄正建的《唐代的“传”与“递”》[⑨]、宁欣的《隋唐五代的城市与交通》[⑩]也都关系到“行”的研究。

---

① 荣新江：《高楼对紫陌，甲第连青山——唐长安城的甲第及其象征意义》，《中华文史论丛》2009年第4期。

② 荣新江、李丹婕：《郭子仪家族及其京城宅第——以新出墓志为中心》，《北京大学学报（哲学社会科学版）》2013年第4期。

③ 黄永年：《唐代家具探索》，原载于《家具与生活》1981年第1、2期，收入《唐史十二讲》，北京：中华书局，2007年，第199—210页。

④ 黄正建：《唐代的椅子与绳床》，《文物》1990年第7期。

⑤ 朱大渭：《中古汉人由跪坐到垂脚高坐》，《中国史研究》1994年第4期。

⑥ 杨森：《敦煌壁画家具图像研究》，北京：民族出版社，2010年。

⑦ 吕思勉：《隋唐五代史》，上海：上海古籍出版社，2005年，第858—882页。

⑧ 岑仲勉：《隋唐史》，北京：商务印书馆，2015年，第524—535页。

⑨ 黄正建：《唐代的“传”与“递”》，《中国史研究》1994年第4期。

⑩ 宁欣：《隋唐五代的城市与交通》，《唐史识见录》下编《经济视野下的城乡社会》，北京：商务印书馆，2009年。

消费是生活中日常性很强的活动，是人类实现劳动交换与生命再生产的重要环节。消费分层是最直观的社会分层，个体、群体的消费水平和差异直接反映其生活质量。近年来，陈衍德的《试述唐后期奢侈性消费的特点》[①]集中讨论了唐后期消费的特点及奢侈性消费的不良影响。黄正建的《试论唐代前期皇帝消费的某些侧面——以〈通典〉卷六所记常贡为中心》考证了原始唐式中的物品及皇帝贡品所反映的皇帝的衣食住行消费。[②]吴晓亮的《从城市生活变化看唐宋社会的消费变迁》较为全面地考察了中唐以后奢侈性消费的特点。[③]张雁南的《唐代社会阶层消费水平差异析论》等系列文章，针对唐代社会不同阶层的消费行为和方式进行考察，认为不同社会阶层的消费存在很大差异，富商、僧侣群体的消费活动日趋增长，而农民等下层社会的消费则仅能维持生存。[④]介永强的《论隋唐时期的宗教消费》考察了宗教活动中僧道信徒日常衣食丹药的消费给社会造成的影响，同时指出这种消费刺激了艺术的发展。[⑤]陈磊的《隋唐时期的物价研究：以江淮地区为中心》以唐人笔记材料勾勒出唐后期日常生活费用及物价情况，对不同时间、地区的物价变化及其原因做了具体分析。[⑥]夏炎的《唐代薪炭消费与日常生活》从燃料这一特殊视角对日常生活中薪炭消费方面的相关问题做了新探讨，并提出了唐代薪炭供应总体良好的观点。[⑦]

金银器与三彩是隋唐生活中常见的日用品，研究成果丰富，仅列举一二：段丙文的《唐代金银香囊研究》对法门寺、何家村、正仓院等地出土的唐代13件金银香囊进行了细致研究，认为金银香囊属上层贵族生活中的配饰品，镂空、鎏金等工艺水平十分高超，具有时代审美特点。[⑧]刘毅的《“唐三彩”

---

① 陈衍德：《试论唐后期奢侈性消费的特点》，《中国社会经济史研究》1990年第1期。

② 黄正建：《试论唐代前期皇帝消费的某些侧面——以〈通典〉卷六所记常贡为中心》，载荣新江主编：《唐研究》第6卷，北京：北京大学出版社，2000年，第173—211页。

③ 吴晓亮：《从城市生活变化看唐宋社会的消费变迁》，《中国经济史研究》2005年第4期。

④ 张雁南：《唐代社会阶层消费水平差异析论》，《贵州社会科学》2009年第2期；张雁南：《唐代炫耀性消费异化析论》，《河北师范大学学报（哲学社会科学版）》2009年第3期；张雁南：《唐代中上层社会消费方式变革析论》，《殷都学刊》2009年第2期；张雁南：《唐代上层社会节俭消费方式的倡导及实践》，《郑州大学学报（哲学社会科学版）》2011年第2期。

⑤ 介永强：《论隋唐时期的宗教消费》，《思想战线》2008年第4期。

⑥ 陈磊：《隋唐时期的物价研究：以江淮地区为中心》，《史林》2012年第4期。

⑦ 夏炎：《唐代薪炭消费与日常生活》，《天津师范大学学报（社会科学版）》2013年第4期。

⑧ 段丙文：《唐代金银香囊研究》，《中央民族大学学报（哲学社会科学版）》2011年第4期。

所展示的唐人社会生活》则以唐两京等地出土的三彩器物为基本资料，结合唐宋文献，细致考察了唐人的日常物质生活，包括服饰、宅园与家具、娱乐活动等内容。[①]

（三）生活的律动——岁时节日与娱乐

岁时节日是社会和日常生活的重要内容，也是调节社会生活节奏的重要工具，既体现了传统文化和主流价值取向，又蕴含人民群众的丰富创造力和想象力，因此节日研究如同寻访古人的精神家园，触摸时代生活的脉搏，对观察隋唐社会与日常生活以及民俗、风尚都有重要意义。有关隋唐节日的记载，除正史史部时令、地理类中的记录外，专门著作不多。《荆楚岁时记》是专门记录长江中游地区岁时节气的笔记，注释中有隋朝的内容。[②]另有韩鄂的《岁华纪丽》。当然，笔记小说中对节日有很多丰富、生动的记述。随着近年来社会生活史研究的兴盛，岁时节日研究受到关注，如张泽咸的《唐代的节日》[③]，对唐代官定节日和民间传统节日，如诞节、佛日、道日、元日、寒食、清明、上巳、端午节、七夕、中元节、中秋节、重阳节、除夕等进行了全面、系统的研究。再如臧嵘的《中国隋唐五代习俗史》、李斌城等的《隋唐五代社会生活史》、吴玉贵的《中国风俗通史·隋唐五代卷》等，从社会风俗、文化的角度对隋唐节日进行了论述，其中吴著将节日分作岁时、纪念性和宗教性三类，有利于对节日的总体把握。[④]程蔷、董乃斌的《唐帝国的精神文明：民俗与文学》[⑤]之《岁时节

① 刘毅：《“唐三彩”所展示的唐人社会生活》，载张国刚主编：《中国社会历史评论》第1卷，天津：天津古籍出版社，1999年。

② 《四库馆臣》认为：“其注相传为隋杜公瞻作，故多引开皇中杜台卿《玉烛宝典》。”（清·永瑢等撰：《四库全书总目》卷70《史部·地理》类三《荆楚岁时记》一卷，北京：中华书局，1965年，第622页）

③ 张泽咸：《唐代的节日》，载中华书局编辑部编：《文史》第37辑，北京：中华书局，1993年，第65—92页。

④ 臧嵘：《中国隋唐五代习俗史》，北京：人民出版社，1994年；李斌城等编：《隋唐五代社会生活史》，北京：中国社会科学出版社，1998年；吴玉贵：《中国风俗通史·隋唐五代卷》，上海：上海文艺出版社，2001年。

⑤ 程蔷、董乃斌：《唐帝国的精神文明：民俗与文学》，北京：中国社会科学出版社，1996年。

日篇》探讨了唐人的时间意识及对节俗传统的改造，旨在通过节日认识唐人的精神世界。此外，还有学者从宗教节俗如三元节、佛诞日、降圣节与唐人休闲娱乐生活的关系，讨论佛教元素对日常节俗的影响。[①]

对地方节庆的研究，主要集中在敦煌。张弓的《敦煌春月节俗探论》对 8—10 世纪敦煌春季节俗进行了研究。作者认为此间敦煌先后为唐、吐蕃、归义军政权所统治，节日内容既有中原传统文化的影响，也掺杂有吐蕃、粟特等民族元素，反映了本土文化与异族、域外文化的交流与碰撞。[②]此后，谭蝉雪发表了对敦煌节日习俗尤其是佛俗的系列研究。[③]此外，张弓的《中古盂兰盆节的民族化衍变》，具体探讨了外来节日的本土化过程。[④]刘礼堂的《唐代长江上中游民俗文化问题研究》[⑤]、刘礼堂和熊燃的《唐代长江上中游地区的岁时节令》[⑥]，探讨了长江中游岁时节令及所反映的民间生活。吕一飞的《胡族习俗与隋唐风韵——魏晋北朝北方少数民族社会风俗及其对隋唐的影响》[⑦]，专门探讨了南北朝以来北方民族习俗对隋唐风俗的影响。另外，还有张宏梅的《唐代的节日与风俗》、张勃的《唐代节日研究》两部著作出版[⑧]，后者着重从国家制度层面论述隋唐新兴节日的产生与影响并试图揭示唐代节日特点。

在古代的日常生活中，游戏与体育活动经常合而为一。早在 20 世纪 30 年代，向达作《长安打毬小考》[⑨]。此后，罗香林发表了《唐人斗鸡戏考》《唐代

① 王永平：《宗教节俗与唐人的休闲娱乐生活——以三元节、佛诞日与降圣节为中心》，《山西大学学报（哲学社会科学版）》2011 年第 4 期。

② 张弓：《敦煌春月节俗探论》，《中国史研究》1989 年第 3 期。

③ 谭蝉雪：《敦煌祈赛风俗》，《敦煌研究》1993 年第 4 期；谭蝉雪：《唐宋敦煌岁时佛俗——正月》，《敦煌研究》2000 年第 4 期；谭蝉雪：《唐宋敦煌岁时佛俗——二月至七月》，《敦煌研究》2001 年第 1 期；谭蝉雪：《唐宋敦煌岁时佛俗——八月至十二月》，《敦煌研究》2001 年第 2 期。

④ 张弓：《中古盂兰盆节的民族化衍变》，《历史研究》1991 年第 1 期。

⑤ 刘礼堂：《唐代长江上中游民俗文化问题研究》，武汉大学博士学位论文，2002 年。

⑥ 刘礼堂、熊燃：《唐代长江上中游地区的岁时节令》，《武汉大学学报（人文科学版）》2008 年第 6 期。

⑦ 吕一飞：《胡族习俗与隋唐风韵——魏晋北朝北方少数民族社会风俗及其对隋唐的影响》，北京：书目文献出版社，1994 年。

⑧ 张宏梅：《唐代的节日与风俗》，太原：山西人民出版社，2010 年；张勃：《唐代节日研究》，北京：中国社会科学出版社，2013 年。

⑨ 向达：《长安打毬小考》，《唐代长安与西域文明》六，北京：生活·读书·新知三联书店，1957 年，第 80 页。

波罗毬戏考》《唐代拔河之戏考》[①]，认为六朝时拔河已流行，唐玄宗时最盛，已演变为娱乐与耀武双重性质，并论述了拔河之阵容、盛况及影响，又详述了唐代斗鸡习尚、鸡坊、护鸡坊谒者与鸡坊小儿及斗鸡图、诗等。罗氏还考证了唐代打毬之盛，包括马毬传入、打毬规则、毬场和毬戏之地域分布等，比向达仅研究长安打毬更进一步。此后，体育与文娱生活的研究成果层出不穷。[②]王永平的《唐代游艺》《从踏歌看唐代中外娱乐风俗》[③]，涉及唐代各阶层日常生活中的蹴鞠、下棋、斗鸡、竞渡、秋千等游戏。李重申的《敦煌古代体育文化》[④]考察了敦煌唐五代时期的体育活动。近年来，唐代休闲活动方面的研究成果也在逐年增加，有刘菊湘的《唐代旅游研究》[⑤]、牟维珍的《唐代文人与旅游文化论略》[⑥]、卢长怀的《唐宋休闲活动的主要方式及其影响》[⑦]。此外，还有对唐人喜爱牡丹习俗的研究[⑧]，以及对赌博、文身习俗的研究[⑨]。宠物研究限于史料研究者较少，从振的《西域"猧子"与唐代社会生活》吸收前贤的相关论述，以西域狗猧子为中心，对猧子活跃于贵族仕女和儿童生活及对社会的诸多影响进行了探讨，触及了中西文化交流这一大主题。[⑩]

① 按：罗香林前两篇文章载《唐代文化史研究》，该书初印于1946年，1967年收入王云五主编的"人人文库"中；1974年由台湾商务印书馆再版时增补了《唐代拔河之戏考》，参见李岩：《罗香林唐代文化史研究述略》，《中国史研究动态》1991年第4期。

② 王赛时：《唐代马球综考》，载中国唐史学会编：《中国唐史学会论文集》，西安：三秦出版社，1993年；邱百明：《从安阳隋墓中出土的围棋盘谈围棋》，《中原文物》1981年第3期；黄伟：《唐代体育与唐代社会开放风气》，《晋阳学刊》1991年第6期；潘孝伟：《略论唐代体育的主要特点》，《安庆师范学院学报》1991年第3期；黄中安：《论唐代的体育活动》，《人文杂志》1990年第5期。

③ 王永平：《唐代游艺》，西安：西北大学出版社，1995年；王永平：《从踏歌看唐代中外娱乐风俗》，《河北学刊》2010年第6期。此外还有通俗性的著作，如于左的《玩在唐朝》（北京：中华书局，2008年），也介绍了唐代生活中蹴鞠、投壶、斗鸡等各种游戏。

④ 李重申：《敦煌古代体育文化》，兰州：甘肃人民出版社，2000年。

⑤ 刘菊湘：《唐代旅游研究》，《宁夏社会科学》2005年第6期。

⑥ 牟维珍：《唐代文人与旅游文化论略》，《学术交流》2010年第8期。

⑦ 卢长怀：《唐宋休闲活动的主要方式及其影响》，《辽宁师范大学学报（社会科学版）》2012年第6期。

⑧ 胡行之：《唐都长安的牡丹狂》，《逸经》1936年第7期；李树桐：《唐人喜爱牡丹考》，《大陆杂志》1969年第1、2期。

⑨ 葛承雍：《论唐代社会中的赌博浊流》，《社会科学战线》1991年第4期；张燕波：《唐代的博戏》，《华夏文化》2001年第3期；张萍：《唐代的文身风气》，《晋阳学刊》1990年第3期；汤夺先：《从〈酉阳杂俎·黥〉看唐代的文身风俗》，《华南师范大学学报（社会科学版）》2010年第5期。

⑩ 从振：《西域"猧子"与唐代社会生活》，《新疆师范大学学报（哲学社会科学版）》2012年第6期。

（四）精神世界——有关信仰生活的研究

隋唐是佛教、道教高度发达的时期。在信众的日常生活中，礼佛、斋醮是不可缺少的部分。郭绍林的《唐代士大夫与佛教》[①]、张国刚的《佛学与隋唐社会》[②]，从佛教对士人生活的影响，佛教的世俗化、佛教与民众闲暇生活、佛教饮食与茶文化等方面，探讨了宗教与民众生活的联系。近年来，考察隋唐民间众神崇拜的著作很多，如贾二强的《唐宋民间信仰》[③]，记述和考察了庶民生活中在鬼神观念支配下的迷信活动。敦煌、吐鲁番发现的部分文书，丰富了生活中民间神祇的研究，如法藏的《白泽精恠（怪）图》，它是敦煌文书中涉及民间信仰的重要资料之一，该图以杂占记述为主要内容，并附相关彩图及解说，与唐代完成的占卜类书《天地瑞祥志》《开元占经》等相近，本质上也包含了复杂的民间信仰观念。[④]有学者认为隋唐以后"百怪"使用频繁，《百怪书》和《百怪图》的出现[⑤]，反映了民间信仰对象更加广泛。

（五）群体与个体——女性，士、农、工、商、兵士及文人生活的研究

高世瑜《唐代妇女》一书是较早详细考察唐代各阶层妇女生活状况及杰出

① 郭绍林：《唐代士大夫与佛教》，开封：河南大学出版社，1987年。

② 张国刚：《佛学与隋唐社会》，石家庄：河北人民出版社，2002年。

③ 贾二强：《唐宋民间信仰》，福州：福建人民出版社，2002年。同类研究还有王昌焕：《论唐代社会的神仙信仰》，《史学月刊》2000年第4期。

④ 关于此文书的研究，可参高国藩：《敦煌民间信仰的〈白泽精怪图〉》，《敦煌民俗学》，上海：上海文艺出版社，1989年，第342—367页；黄正建：《敦煌占卜文书与唐五代占卜研究》，北京：学苑出版社，2001年，第166—167页；余欣：《神道人心：唐宋之际敦煌民生宗教社会史研究》，北京：中华书局，2006年，第216页。

⑤ 参阅游自勇：《敦煌写本〈百怪图〉补考》，《复旦学报（社会科学版）》2013年第6期。

女性在文学、艺术、政治、科技、学术、宗教领域的活动的代表性著作。[①]此后，段塔丽的《唐代妇女地位研究》也对唐代妇女生活有多角度的研究。[②]姚平的《唐代妇女的生命历程》分别探讨了婚姻、夫妇关系、为人之母这妇女生活的三大方面。[③]陈弱水的《隐蔽的光景：唐代的妇女文化与家庭生活》侧重从思想史角度研究妇女生活。[④]近年来，对女性家庭和婚姻生活的研究日趋细化，如张国刚的《唐代寡居妇女的生活世界》根据墓志、笔记小说、出土文书，分析和研究了隋唐"寡母孤儿"的物质生活和精神生活，并深入探讨了儒家礼法文化逐渐下移的问题。[⑤]此外，宁可、郝春文的《北朝至隋唐五代间的女人结社》通过对女性的结社与信仰的考察，得出了北朝至隋唐间妇女社会地位较高的观点。[⑥]各阶层妇女的服饰、时尚生活、消费能力及社会活跃度等也受到学者的关注，如荣新江的《女扮男装——唐代前期妇女的性别意识》，由着装风习探讨了唐前期妇女的性别意识[⑦]，颇多新见。

近年来，对官员与士人日常交游、宴集等休闲生活的研究十分活跃。李乃龙的《雅人深致与宗教情缘——唐代文人的生活样态》[⑧]考察了唐代文人群体的生活。香港大学庄申的《长安时代：唐人生活史》[⑨]讨论了唐人琴棋书画、文学艺术、舞蹈服饰、健康病患等生活细节。彭梅芳的《中唐文人日常生活与创作关系研究》一书也从衣食住行、琴棋书画及交往活动探讨了文人的日常生活，特别是宴集活动。[⑩]黄正建的《韩愈日常生活研究——唐贞元长庆间文人型官员日常生活研究之一》及《官员日常生活的个案比较——张说与元稹的场合》，以

① 高世瑜：《唐代妇女》，西安：三秦出版社，1988年。

② 段塔丽：《唐代妇女地位研究》，北京：人民出版社，2000年。

③ 姚平：《唐代妇女的生命历程》，上海：上海古籍出版社，2004年。

④ 陈弱水：《隐蔽的光景：唐代的妇女文化与家庭生活》，桂林：广西师范大学出版社，2009年。

⑤ 张国刚：《唐代寡居妇女的生活世界》，《安徽师范大学学报（人文社会科学版）》2007年第3期。同一主题的研究还有李晓敏：《唐代寡居女性生活探微——以墓志为基础》，《内蒙古大学学报（人文社会科学版）》2007年第5期；苏士梅：《从墓志看佛教对唐代妇女生活的影响》，《史学月刊》2003年第5期等。

⑥ 宁可、郝春文：《北朝至隋唐五代间的女人结社》，《北京师范学院学报（社会科学版）》1990年第5期。

⑦ 荣新江：《女扮男装——唐代前期妇女的性别意识》，《隋唐长安：性别、记忆及其他》，上海：复旦大学出版社，2010年，第25—46页。

⑧ 李乃龙：《雅人深致与宗教情缘——唐代文人的生活样态》，台北：文津出版社，2000年。

⑨ 庄申：《长安时代：唐人生活史》，香港：香港大学美术博物馆，2008年。

⑩ 彭梅芳：《中唐文人日常生活与创作关系研究》，北京：人民出版社，2011年。

“文人型官员”的个体生活为对象，先后考察了韩愈、元稹和张籍的日常生活，试图通过文官个案揭示一个时代、一个阶层的生活内容，为认识人与社会的发展变化提供了生活层面的依据。[①]

对隋唐城市中商人、手工业者和艺人生活的研究起步于20世纪二三十年代。陶希圣、鞠清远，特别是向达，从中西文化交流的宏观视野，探讨了寓居长安的胡商的生活及文娱活动中的胡俗、胡伎。[②]黄煌的《唐代的城市居民生活与城市经济》探讨了唐代市民的衣食住行及文化精神生活，再现了商品生产发展和城市经济的进步。[③]此外，黄新亚的《消逝的太阳——唐代城市生活长卷》[④]及程蔷、董乃斌的《唐帝国的精神文明：民俗与文学》[⑤]，综合考察了唐代城市政治、经济、文化、宗教、民情、风俗各方面的情况，并将宫城皇城与李唐皇族、官员、长安市井居民划分为不同的群体。薛平拴的《论唐代商人阶层的经济实力》从奢侈生活方面窥知商人的地位。[⑥]王赛时的《唐代的夜生活》集中探讨了常日夜晚及节日夜晚时分的宴饮、娱乐活动。[⑦]关于手工业者生活的研究也有较多成果。例如，宋军风的《唐宋商人舆服演变考述》论述了唐宋商人舆服实况与制度相脱节，其中涉及一些商人的日常生活，如出行、服饰等。[⑧]李鸿宾的《唐代四种官类工匠考实》，有助于了解服役于官府的四类工匠的生活。[⑨]魏明孔的《唐代工匠与农民家庭规模比较》对画匠、染匠、织户、制笔户等手

① 黄正建：《韩愈日常生活研究——唐贞元长庆间文人型官员日常生活研究之一》，载荣新江主编：《唐研究》第4卷，北京：北京大学出版社，1998年，第251—273页；黄正建：《官员日常生活的个案比较——张说与元稹的场合》，载黄正建主编：《中晚唐社会与政治研究》，北京：中国社会科学出版社，2006年，第411—433页。

② 详见向达《唐代长安与西域文明》一书，该书是以同名论文（最初发表于1933年10月《燕京学报》专号）为书名的。

③ 黄煌：《唐代的城市居民生活与城市经济》，《华东师范大学学报（哲学社会科学版）》1992年第3期。

④ 黄新亚：《消逝的太阳——唐代城市生活长卷》，长沙：湖南出版社，1996年。

⑤ 程蔷、董乃斌：《唐帝国的精神文明：民俗与文学》，北京：中国社会科学出版社，1996年。

⑥ 薛平拴：《论唐代商人阶层的经济实力》，载史念海主编：《唐史论丛》第7集，西安：陕西师范大学出版社，1998年。

⑦ 王赛时：《唐代的夜生活》，《东岳论丛》2000年第4期。

⑧ 宋军风：《唐宋商人舆服演变考述》，《重庆社会科学》2006年第6期。

⑨ 李鸿宾：《唐代四种官类工匠考实》，载中华书局编辑部编：《文史》第42辑，北京：中华书局，1997年，第105—111页。

工业者家庭结构做了五种划分，探讨了他们的生产模式、生活与婚姻状况。[①]宁欣的《论唐代长安另类商人与市场发育——以〈窦乂传〉为中心》，也从个案讨论了商人生活。[②]戴显群的《唐五代优伶的社会地位及其相关的问题》、岳永逸的《眼泪与欢笑：唐代教坊艺人的生活》，都以艺人与卜者等特殊行业者的生活为中心，考察这一群体的生活方式和社会地位。[③]

学界对隋唐军人生活的研究，最初散见于对军事制度的考察中，如陈仲安、张国刚对府兵衣装、衣粮的讨论等。[④]张国刚的《唐代藩镇研究》对唐后期藩镇军人问题的探讨，也涉及一些军人生活。[⑤]此后，部分学者利用敦煌特别是吐鲁番出土的军事文书，如黄正建的《敦煌文书与唐代军队衣装》[⑥]、孙继民的《敦煌吐鲁番所出唐代军事文书初探》等[⑦]，对府兵、兵募的装备、补给等问题进行了深入的探讨，为认识唐代前后期军事制度演变背景下的军人生活提供了重要参照。还有学者从运河沿岸骄兵哗变频繁现象分析了唐后期军人带家属、养家压力问题，认为这是引发藩镇动乱的原因之一。[⑧]郭绍林的《唐代的练兵活动》《唐代军队乐舞体育活动考》[⑨]，是对军人日常训练和余暇文娱活动的专门研究。刘琴丽的《唐代幽州军人与佛教——以〈房山石经题记汇编〉为中心》[⑩]，是为数不多的、考察军人信仰生活的佳作。近年来，在硕士学位论文中，出现了军人生活选题，如李谋娜的《唐代士兵生活相关问题研究》、陈巍的《唐代前期患

① 魏明孔：《唐代工匠与农民家庭规模比较》，《西北师大学报（社会科学版）》2004年第1期。

② 宁欣：《论唐代长安另类商人与市场发育——以〈窦乂传〉为中心》，《西北师大学报（社会科学版）》2006年第4期。

③ 戴显群：《唐五代优伶的社会地位及其相关的问题》，《福建师范大学学报（哲学社会科学版）》1993年第2期；岳永逸：《眼泪与欢笑：唐代教坊艺人的生活》，《民俗研究》2009年第3期。

④ 陈仲安：《唐府兵随身七事辨》，载中国唐史学会编：《中国唐史学会论文集》，西安：三秦出版社，1989年，第183—187页；张国刚：《所谓府兵“随身七事”辨》，《唐代政治制度研究论集》，台北：文津出版社，1994年，第259—260页。

⑤ 张国刚：《唐代藩镇研究》，长沙：湖南教育出版社，1987年。

⑥ 黄正建：《敦煌文书与唐代军队衣装》，《敦煌学辑刊》1993年第1期。

⑦ 孙继民：《敦煌吐鲁番所出唐代军事文书初探》，北京：中国社会科学出版社，2000年。

⑧ 王力平：《关于唐后期汴乱原因的分析》，《河北学刊》1987年第5期。

⑨ 郭绍林：《唐代的练兵活动》，《洛阳师范学院学报》2003年第6期；郭绍林：《唐代军队乐舞体育活动考》，《史学月刊》2004年第3期。

⑩ 刘琴丽：《唐代幽州军人与佛教——以〈房山石经题记汇编〉为中心》，《世界宗教研究》2011年第6期。

兵问题研究——以军队和地方政府关系为主》、赵杰的《唐代军赏问题研究》、刘宁的《唐宋军伶考述》。[①]此外，还有对唐代士兵亡故的善后处置及军人服饰、边塞诗中的征衣等问题的研究，反映出青年学人对军人研究领域的拓展。[②]

近年来，学界对隋唐农村乡里组织的构成、功能，地方与中央关系的研究成果丰硕，但对乡里胥吏的日常工作和生计则缺少具体的研究。林晓洁的《唐代西州官吏日常生活的时与空》[③]运用敦煌、吐鲁番文书，以西州官吏的工作为线索，考察其工作与休假、值班及发放月料等日常活动，揭示了官与吏身份地位的不同及其日常生活状态。该文是胥吏日常工作与生活研究的成功尝试，在史料的分析运用方面颇有新意。

农民是古代国家财富的主要创造者和赋役的承担者，乡村农民日常生活的具体内容与家庭经济状况、社会发展程度有着密切的关系，是观察社会的重要视角。韩国磐的《唐天宝时农民生活之一瞥——敦煌吐鲁番资料阅读札记之一》，根据敦煌出土的物价史料，分析了天宝年间农民家庭的收入与支出状况，从生产关系层面直接触及农民生活。[④]近年来，张安福对唐代农民的日常生活、生产活动及收入与消费做了系列研究，如《唐初农民家庭收支与社会发展》《税制改革对唐代农民产业经营和日常生活的影响》等文[⑤]，详细考察了农民在均田制度和安史之乱后两税法背景下的生产和日常生活状况。学界对劳动妇女生活素来缺少研究。夏增民的《中古时代女性赋税负担蠡测》[⑥]，根据男女在社会和家庭内劳动分工的不同，结合物价和女性所要承担的租调庸进行了匡算，认为中古时代女性赋税为男子的3—4倍，此结论尚待商讨，但作者的关注点十分难得。

① 李谋娜：《唐代士兵生活相关问题研究》，陕西师范大学硕士学位论文，2007年；陈巍：《唐代前期患兵问题研究——以军队和地方政府关系为主》，中国人民大学硕士学位论文，2008年；赵杰：《唐代军赏问题研究》，安徽大学硕士学位论文，2013年；刘宁：《唐宋军伶考述》，河北师范大学硕士学位论文，2014年。

② 李蓉：《论唐代士兵亡故的善后处置》，《陕西师范大学学报（哲学社会科学版）》2012年第5期。

③ 林晓洁：《唐代西州官吏日常生活的时与空》，《西域研究》2008年第1期。

④ 韩国磐：《唐天宝时农民生活之一瞥——敦煌吐鲁番资料阅读札记之一》，《厦门大学学报》1963年第4期。

⑤ 张安福：《唐初农民家庭收支与社会发展》，《齐鲁学刊》2003年第6期；张安福：《税制改革对唐代农民产业经营和日常生活的影响》，《江西社会科学》2009年第7期。

⑥ 夏增民：《中古时代女性赋税负担蠡测》，《华中科技大学学报（社会科学版）》2009年第5期。

（六）特殊地区——敦煌、吐鲁番地区的生活研究

敦煌、吐鲁番文书的发现，使学者对这一地区人民生活的研究有了大量生动丰富的史料可资利用，成果众多。张安福的《唐代西北地区农民群体的生活世界》对敦煌、吐鲁番等地农民群体的物质生活，包括衣食住行，宗教信仰和劳作之余的休闲生活进行了考察，认为西北农民日常生活比想象中富足、舒适。①徐秀玲的《唐宋之际敦煌农业领域受雇人的生活》根据敦煌雇佣文书中受雇人的工价，考察了雇工与普通农户每日食粮、税收、穿衣及邻舍人情往来花费等生活支出，认为敦煌普通农户佣工生活拮据。②此外，僧尼生活也是敦煌研究的热点。姜伯勤的《唐五代敦煌寺户制度》从敦煌寺户文书的研究入手，力图再现8—10世纪敦煌寺院的经济结构，探讨农奴式人口“寺户”的地位和生活。③郝春文的《唐后期五代宋初敦煌僧尼遗产的处理与丧事的操办》利用办理亡僧后事、处置遗产的文书，还原了敦煌僧尼群体处理后事的过程。④同主题的论文还有季爱民的《唐代西州僧尼的社会生活》。⑤此外，薛宗正的《唐代西域汉人的社会生活》⑥集中考察了生活在西域的汉人的状况。李方的《唐西州九姓胡人生活状况 瞥——以史玄政为中心》通过16件文书梳理了昭武九姓胡人的生活经历。⑦

① 张安福：《唐代西北地区农民群体的生活世界》，《齐鲁学刊》2008年第6期。
② 徐秀玲：《唐宋之际敦煌农业领域受雇人的生活》，《敦煌研究》2012年第5期。
③ 姜伯勤：《唐五代敦煌寺户制度》，北京：中华书局，1987年。
④ 郝春文：《唐后期五代宋初敦煌僧尼遗产的处理与丧事的操办》，《敦煌研究》1998年第3期。
⑤ 季爱民：《唐代西州僧尼的社会生活》，《西域研究》2007年第4期。
⑥ 薛宗正：《唐代西域汉人的社会生活》，《西域研究》1996年第4期。
⑦ 李方：《唐西州九姓胡人生活状况一瞥——以史玄政为中心》，载季羡林等主编：《敦煌吐鲁番研究》第4卷，北京：北京大学出版社，1999年，第265—286页。

三、域外学者关于隋唐五代日常生活的研究

西方学者对中国古代社会生活史的研究从属于传统汉学的范围，发端于“汉学的童年时期”[①]——明清传教士来华以后，中国物品充斥于欧洲人的生活，西方知识界对中国典籍也渐有了解，对这一古老文明形态和社会体系的认知、认可，促使其将中国作为独立的研究对象。也因此，有关古代中国社会和生活的最早记录，大多出自传教士的观察与描述，当然时代多为明清以后。1753 年，法兰西学院曾收到过在华耶稣会士宋君荣（Antione Gaubil，1689—1759）《中国大唐朝史纲》的手稿，并于 1814 年由法国学者萨西、雷慕沙编行。19 世纪末 20 世纪初，法国是西方汉学的中心，产生了沙畹（Édouard Chavannes，1865—1918）、马伯乐（Henri Maspero，1883—1945）、伯希和、戴密微等一批著名学者，此后谢和耐（Jacques Gernet）、戴仁、童丕（Éric Trombert）等继其续馀。在他们的汉学研究中，对中国古代社会悠久历史和传统的研究，为其鲜明特色，如沙畹《古代中国的社神》一文[②]；马伯乐在 1920 年编写了《唐代长安方言考》[③]，虽然该文是以“切韵”为中心研究唐代音韵的著作，但作者对中国古代道教有深入的研究，而其不太为人所知的贡献是对斯坦因第三次中亚探险（敦煌、楼兰、吐鲁番、塔里木盆地、居延）所获数量庞大的唐代古文书的整理和考释，其中有对开元年间长行马、马簿或马籍，以及唐代小麦借据的考释。这些研究在仁井田陞《斯坦因在第三次中亚探险中收集的文书与马伯乐的研究——特别是唐代有关马政文书与西夏高利贷文书》一文中有介绍，作者评价说：“大概在马伯乐的许多成就中，（这）是经过最艰苦的努力而取得的一个。”[④]

① 张国刚、吴莉苇等：《明清传教士与欧洲汉学・前言》，北京：中国社会科学出版社，2001 年。

②〔法〕沙畹：《沙畹汉学论著选译》，邢克超、杨金平、乔雪梅译，北京：中华书局，2014 年。

③〔法〕马伯乐：《唐代长安方言考》，法文版于 1920 年出版。2005 年，中华书局出版了聂鸿音的中译本（参据姚伯岳：《〈胡适王重民先生往来书信集〉中的几位法国汉学家》，《大学图书馆学报》2009 年第 6 期）。

④〔日〕仁井田陞：《斯坦因在第三次中亚探险中收集的文书与马伯乐的研究——特别是唐代有关马政文书与西夏高利贷文书》，姜镇庆译，《中国史研究动态》1981 年第 4 期。

此后，欧洲的英国、俄国、德国等国逐渐形成一支职业化的汉学研究队伍，各领风骚，但研究多偏重儒家经典和古典文学、宗教，时代也多为明清以后。在此不能不提到英国作家韦尔斯（Herbert George Wells，1866—1946）初版于1920年的《世界史纲：生物和人类的简明史》（*The Outline of History:Being A Plain History of Life and Mankind*）和另一部《世界史纲简编》（*Short History of World*，另有版本译作《世界文化史》《世界文化史纲》《世界史要》）。韦尔斯的著作，最初由梁启超倡议翻译，20世纪30年代有多个译本，译者分别为梁思成、向达、陈建民、朱应会、蔡希陶等，先后由商务印书馆（1927）、上海昆仑书店（1930）、大江书铺（1932）出版。韦尔斯对唐代及生活的下述评论传布甚广："公元7—9世纪，中国是世界上最安乐的文明国家。……中国威名远扬；甚至在生活娱乐的方式上，都有了伟大的成就。人们开始饮茶，发明了纸张，并开始木版印刷术。在这几个世纪之间，将近数百万的中国人过着井然有序、优雅舒适的生活。但是，在同一时期，欧洲和西亚的人口却在减少，人们居住在茅舍或有城墙的小城市，这些地方遍布着盗贼山寨。西方人的精神，因为神学上的迷妄而黯淡无光，中国人的思想却是开放的、宽容的。"①这个结论虽不能说完全准确，但作者对盛唐生活的艳羡却是由衷的。这部小说家偶然"玩票"的历史著述，不可避免地存在着若干史实上的错误，但却在当时的中国史学界产生了很大影响，甚至受到一些学者的好评。②

第二次世界大战后，远东史研究迅速发展，1956年，法国学者谢和耐的《中国5—10世纪的寺院经济》一书出版③，部分章节涉及唐代僧侣的经济生活；作者还著有《中国社会史》④，但这是一部从上古至当代的中国通史，却没有讨论隋唐生活。童丕的《敦煌的借贷：中国中古时代的物质生活与社会》⑤、

---

①〔英〕H. G. 韦尔斯原著，福印编绘：《图解世界简史》，北京：中国国际广播出版社，2008年，第196—197页。

② 如吴于廑认为：韦尔斯"超越地区、国别的局限，以鲜明的世界观点考察世界历史……这点值得称道"。参吴于廑：《吴于廑文选》，武汉：武汉大学出版社，2007年；朱慈恩：《略论韦尔斯及其〈世界史纲〉在中国的影响》，《廊坊师范学院学报（社会科学版）》2013年第5期。

③〔法〕谢和耐：《中国5—10世纪的寺院经济》，耿昇译，上海：上海古籍出版社，2004年。

④〔法〕谢和耐：《中国社会史》，耿昇译，北京：中国藏学出版社，2006年。

⑤〔法〕童丕：《敦煌的借贷：中国中古时代的物质生活与社会》，余欣、陈建伟译，北京：中华书局，2003年。

《酒与佛教——八至十世纪敦煌寺院的酒类消费》[①]收集、分析了大量敦煌等地的唐宋契约文书，并广泛征引小说、法律文书及考古资料，揭示了敦煌社会的经济发展状况以及当地百姓的生活，戴仁称赞该书："不仅得以重现了这个时代的经济，而且展示了日常生活的一个重要方面。"[②]

虽然与欧洲各国汉学研究相比，美国汉学研究起步较晚，但发展很快，成为战后西方汉学（或称"中国学"）的重镇。一些研究机构及会刊如《美国东方学会会刊》《哈佛亚洲学报》在学界产生了很大影响，中国上古史、秦汉史、魏晋南北朝史、隋唐史等学会也纷纷成立。美国学者除去同样重视儒家经典、古典文学、佛教、道教研究外，还更多关注明清以降，特别是近代以来中国社会的政治、经济。相比之下，隋唐生活史的成果不多，比较重要的有薛爱华（Edward Schafer）的《撒马尔罕的金桃：唐代舶来品研究》[③]，该书既是一部中西文化交流方面的名著，又有大量唐代日常生活内容，作者从物质生活这一独特视角来探讨唐代的社会和文化生活。20 世纪 70 年代中期以后，以宇文所安、梅维恒（Victor HMair）、伊佩霞（Patricia Ebrey）等为代表的新一代汉学家，不仅有良好的中文素养，而且视野宽广，成就可观。但宇文所安、梅维恒学术专长在唐代文学研究[④]，伊佩霞则是在古代家族研究方面享有较高知名度。涉及唐代生活史研究的，则有韩森（Valerie Hansen）的《传统中国日常生活中的协商：中古契约研究》[⑤]，作者利用了敦煌、吐鲁番的地契、卖身契约、放妻书等资料进行研究。2001 年，查尔斯·本（Charles Benn）著的《中国的黄金时代：唐朝的日

---

① 转引自〔法〕童丕：《敦煌的借贷：中国中古时代的物质生活与社会·译者前言》，余欣、陈建伟译，北京：中华书局，2003 年。

②〔法〕童丕：《敦煌的借贷：中国中古时代的物质生活与社会·序》，余欣、陈建伟译，北京：中华书局，2003 年，第 3 页。

③ 该书最初于 1963 年由加利福尼亚大学出版社出版，后有多种版本。笔者在此使用的是吴玉贵译本（北京：社会科学文献出版社，2016 年）。

④ 梅维恒著有《唐代的变文》和《唐代的行卷》，参阅仇华飞：《论美国早期汉学研究》，《史学月刊》2000 年第 1 期。

⑤〔美〕韩森：《传统中国日常生活中的协商：中古契约研究》，鲁西奇译，南京：江苏人民出版社，2008 年。

常生活》（*Daily Life in Traditional China: The Tang Dynasty*）出版[①]，该书是作者在夏威夷大学讲授唐代日常生活课程的讲稿，不是学术著作，因此未注史料出处，但作者自己绘制了多幅简图，章节的设置如《生命循环》《死亡与来世》也体现了对人的生活、生命历程的关注。2009 年，由著名汉学家卜正民（Timothy Brook）主编、陆威仪（Mark Edward Lewis）撰写的《哈佛中国史》之《世界性的帝国：唐朝》（*China's Cosmopolitan Empire:The Tang Dynasty*）[②]卷问世，该卷用可观的篇幅讨论了唐代城市生活、乡村生活及宗教、宗族问题，一些内容如长安的花街柳巷、花卉热、茶叶和糖、家庭中妇女的生活、长安宗教场所图、安史之乱前后街市对比图，以及通过《北里志》《李娃传》等材料对社会风尚的讨论，都颇有新意。

日本学界对隋唐生活史的关注更有着复杂的背景。日本古代文化、制度受隋唐礼乐文明影响至深，如池田温教授所说："日本经过开国和维新，比清朝早一步迈入近代化，努力吸收欧美历史学，对作为其文明母体的古代中国一直持有兴趣。1895 年甲午战争以后，日本意识到对毗邻的东亚的朝鲜半岛、中国大陆谋求政治、经济上的利益是关系国家存亡的课题，自然也认识到对这些地区进行地理、历史研究的重要性。这就是日俄战争以后日本东洋史研究急速发展的背景。"[③]日本学者对唐代社会文化史的综合研究开始较早并取得了较多成果，综合性的著作有守屋美都雄的《中国古代岁时记的研究——以恢复资料原貌为中心》[④]、那波利贞的《唐代社会文化史研究》[⑤]、爱宕元的《唐代地域社会史研究》[⑥]、池田温的《中国古代籍帐研究》[⑦]等。其他如滨口重国对汉唐兵制、

① 英文初版 2001 年由格林伍德出版社（New York: Greenwood Press）发行，收入"格林伍德日常生活史丛书"（*The Greenwood Press Daily Life Through History Series*），书名为 *Daily Life in Traditional China: The Tang Dynasty*。2004 年，该书由牛津大学出版社（New York : Oxford University Press）再版，书名改为 *China's Golden Age: Everyday Life in the Tang Dynasty*。2012 年北京经济科学出版社出版中译本（姚文静译）。

② 英文版 2009 年由哈佛大学出版社出版。中译本为〔美〕陆威仪：《世界性的帝国：唐朝》，张晓东、冯世明译，北京：中信出版社，2016 年。

③ 转引自〔日〕池田温撰：《二十世纪中国古代史研究回顾（上）——从上古到隋唐》，杨振红摘译，《中国史研究动态》2005 年第 2 期，第 22—23 页。

④ 守屋美都雄：《中國古歲時記の研究—資料復元を中心として》，東京：帝国書院，1963 年。

⑤ 那波利貞：《唐代社會文化史研究》，東京：創文社，1974 年。

⑥ 愛宕元：《唐代地域社會史研究》，京都：同朋舍，1997 年。

⑦〔日〕池田温：《中国古代籍帐研究》，龚泽铣译，北京：中华书局，2007 年。

徭役，青山定雄对地志和交通史，铃木俊对均田租庸调制，特别是仁井田陞的《唐令拾遗》对法律文书的整理和研究，都可视为从整体上考察隋唐制度、文化和社会，从而为日常生活史研究提供理论和相关背景方面的著作。

由于日本古代都城深受长安都城制度的影响，因此追溯隋唐都城的历史，考察长安生活一直是日本学界的热点，较早的研究有足立喜六的《长安史迹研究》①。此后有石田幹之助的《长安之春》，这部在日本社会家喻户晓的著作，对长安胡商、胡姬、胡旋舞及长安盛夏生活有详细且生动的描写。②该氏在此后出版的《唐史丛钞》中，又讨论了唐代风俗、宴饮、妇女生活及纸张问题。③桑原骘藏较早注意到长安生活中的中西交往现象，其对隋唐时期与中国往来的西域人的研究在学界产生了重要影响。④那波利贞也发表过唐代长安朝野生活受突厥风俗浸染的研究⑤；1974年，创文社又出版了他的《唐代社会文化史研究》一书，其中部分论文是据其游学英法等国时从伯希和文书中抄录的中国古代民间生活史料完成的，涉及开元天宝年间的社会变迁、俗讲与变文、佛教与社邑等问题⑥。

进入20世纪80年代后，日本学界出现了更多研究都市生活的论著，如布目潮渢的《唐代长安的王府与王宅》。⑦妹尾達彦继承并发扬了长安研究的传统，著有《长安的都城规划》一书⑧，该书第三章《居民将长安变为生活之都》动态地考察了“花都长安”各阶层的居住地域及变动，指出了不同时期长安居民按社会阶层选择居住区的倾向以及出现“精英区”“平民区”的原因。作者绘制的“长安西市复原图”别具匠心，生动再现了长安日常商业活动。此外，妹

① 〔日〕足立喜六：《长安史迹研究》，王双怀、淡懿诚、贾云译，西安：三秦出版社，2003年。

② 〔日〕石田幹之助：《长安之春》，钱婉约译，北京：清华大学出版社，2015年。

③ 石田幹之助：《唐史叢鈔》，東京：要書房，1948年。有关此书的介绍参见胡宝华编著：《20世纪以来日本中国史学著作编年》，北京：中华书局，2012年，第69页。

④ 桑原隲蔵：《隋唐時代に支那に來住した西域人に就いて》，载羽田亨編：《內藤博士還曆祝賀支那学論叢》，京都：弘文堂書房，1926年。向达称此文：“考证俱甚精确，可为隋唐史研究上辟一新叶。”详见氏著《唐代长安与西域文明·叙言》，北京：生活·读书·新知三联书店，1957年，第1页。

⑤ 那波利貞：《唐代の長安城内の朝野人の生活に浸润したる突厥风俗に就きての小考》，《甲南大学文学會論集》，1965年3月。

⑥ 对那波利貞此书的介绍，引自胡宝华编著：《20世纪以来日本中国史学著作编年》，北京：中华书局，2012年，第197页。

⑦ 布目潮渢：《唐代長安における王府·王宅について》，载唐代史研究會編：《中國聚落史の研究》，東京：刀水書房，1980年，第115—124页。

⑧ 〔日〕妹尾達彦：《长安的都市规划》，高兵兵译，西安：三秦出版社，2012年。

尾達彦还有《世界都市长安城中西域人的生活》[1]，讨论了昭武九姓商胡在长安的活动。

对贵族、官僚、士人、女性、农民、商人、胡人等不同群体的综合性研究，如玉井是博的《中国社会经济史研究》[2]中讨论了唐代贱民、土地契约、外国奴隶等问题。贵族、官僚生活一直是日本学者关注的重要方面，如布目潮渢的《唐初的贵族》[3]、筑山治三郎的《唐代官僚的俸禄和生活》[4]。妹尾達彦的《唐代长安近郊的官人别庄》[5]指出，官僚和文人别庄与长安政治、经济、社会文化存在密切关系；《9世纪的转型——以白居易为例》，则从文官生活角度来观察中唐两京的生活，并尝试复原官员生活圈[6]。户崎哲彦对柳宗元故乡与唐长安城的研究[7]，西村富美子对白居易、裴度迫于政治压力避居洛阳的生活及其与文人的交游唱和的研究[8]，中尾健一郎对洛阳与唐宋文人的研究[9]，都属同类研究。此外，岡本午一的《唐代聘财考》[10]、大澤正昭的《唐宋时代的家族、婚姻、女性：女子强悍》[11]，论述了女性生活方式的某些细节。

具体到衣食住行研究，早期的有原田淑人对唐代女子化妆的研究，以及从正仓院御物看唐代风俗、千秋节宴乐考、唐代女子骑马俑考、中国古代信札的

---

① 妹尾達彦：《世界都市長安における西域人の暮らし》，《シルクロード学研究叢書》2004年第9卷，第21—99页。

② 〔日〕玉井是博：《支那社会経済史研究》，東京：岩波書店，1942年。

③ 布目潮渢:《唐初の貴族》，《東洋史研究》1948年第10卷第3號，第24—34页。

④ 築山治三郎：《唐代官僚の俸禄と生活について》，《京都府立大学学術報告》（人文卷）1962年第14期。

⑤ 妹尾達彦：《唐代長安近郊の官人別荘》，载唐代史研究會编：《中國都市の歴史の研究》（《唐代史研究会報告》第VI集），東京：刀水書房，1988年，第125—136页。

⑥〔日〕妹尾達彦：《9世纪的转型——以白居易为例》，载荣新江主编：《唐研究》第11卷，北京：北京大学出版社，2005年，第485—524页。

⑦ 戸崎哲彦：《柳宗元の故鄉と唐長安城—柳宗元の故鄉・莊園をめぐる唐代長安城里坊・長安県鄉里に関する歴史地理学的考察の試み（上）》，载《彦根論叢》1995年第296號，彦根：滋賀大学経済学會，第1—21页；戸崎哲彦：《柳宗元の莊園と唐長安県—柳宗元の故鄉・莊園と唐代長安城・長安県に関する歴史地理学的考察の試み（下）》，《滋賀大学経済学部研究年報》1995年第2卷，第43—78页。

⑧ 西村富美子：《白居易と裴度の周辺—長安・洛陽の両地をめぐって（上）》，《未名》2000年第18號，第1—27页；西村富美子：《白居易と裴度の周辺—長安・洛陽の両地をめぐって（下）》，《未名》2001年第19號，第1—32页。

⑨ 中尾健一郎：《古都洛陽と唐宋文人》，東京：汲古書院，2012年。

⑩ 岡本午一：《唐代聘财考》，《羽田亨博士颂寿記念集》，刊《東洋史论丛》，東洋史研究會，1950年。

⑪ 大澤正昭：《唐宋時代の家族、婚姻、女性：婦は強く》，東京：明石書店，2005年。

编缀法、中国杯的形状和用途等生活史方面的内容。[①]1943 年，井坂锦江的《中国民族生活史》出版，隋唐时代章论述了环境、衣食住行、农业生产、城市建筑、贸易、交通、居住、婚丧嫁娶、育儿等方面的生活内容。[②]此后有布目潮渢的《唐代茶道的成立》。[③]

日本学界也有较多关注唐代邸店与农村、农民生活的研究。邸店是与“住”“行”密切相关的重要内容。日野开三郎的《唐代邸店研究》及《唐代邸店研究续》（收入三一书房 1980—1996 年出版的多卷本《日野开三郎东洋史学论集》，第 17—18 卷），分类、详细地论述了各州县邸店、草市的经营内容、发展状况，店的分类包括山店、野店、水店、津店、河次店、道店、村店等。青山定雄的《唐宋时代的交通和地志地图研究》[④]，也涉及“住”与“行”的问题。宫川尚志的《唐五代的村落生活》[⑤]、筑山治三郎的《唐代均田制下的赋役与农民生活》[⑥]、《唐代两税法下的农民生活》[⑦]、长泽和俊的《敦煌的庶民生活》[⑧]，涉及乡里和农民生活的内容，还有 1992 年日本唐代史研究会的专集《中国的都市与农村》。[⑨]

此外，宫下三郎的《隋唐时代的医疗》，对食经、酒、植物进行了研究。[⑩]中村乔的专著《中国岁时史研究》，是对寒食、清明、端午、七七、重阳、除夕等

---

① 据胡宝华教授《20 世纪以来日本中国史学著作编年》（北京：中华书局，2012 年，第 47 页）：原田淑人上述成果载《東亜古文化研究》一书，其中收入作者数十年内发表的学术论文 48 篇，其中与唐代生活相关的论文为《正倉院御物に見ゆる唐朝風俗の一斑》《唐代女子騎馬土偶に就いて》《支那古代簡札の編綴法に就いて》《支那杯の器形と用途とに就いて》，東京：座右寶刊行會，1940 年。原田淑人还有据壁画、墓葬和西域、正仓院等地出土衣饰考察唐人服饰的《唐代の服饰》，東洋文庫 1970 年出版。

② 井坂錦江：《中國民族生活史》，東京：日本評論社，1943 年。

③ 布目潮渢：《唐代における茶道の成立》，《立命館文学》1962 年第 200 号，京都：立命馆大学人文学會。

④ 青山定雄：《唐宋時代の交通と地誌地圖の研究》，東京：吉川弘文馆，1963 年。

⑤ 宮川尚志：《唐五代の村落生活》，《岡山大学法文学部学術紀要》1956 年第 5 號。

⑥ 築山治三郎：《唐代均田制下の賦役と農民生活》，《京都産業大学論集》（社会科学系列）1973 年第 2 號，第 1—29 页。

⑦ 築山治三郎：《唐代両税法下における農民生活》，《社会文化史学》1974 年第 10 號，第 1—19 页。

⑧ 〔日〕長澤和俊：《敦煌の庶民生活》，载池田温主編：《講座敦煌》第三卷《敦煌の社會》，東京：大東出版社，1980 年，第 457—485 页。

⑨ 唐代史研究會編：《中國の都市と農村》，東京：汲古書院，1992 年。

⑩ 宮下三郎：《隋唐時代の医療》，载藪内清主編：《中国中世科学技術史の研究》，東京：角川書店，1963 年。

节日进行的研究。[①]对生活用语的研究则有前嶋信夫的《安史之乱时期的几个胡语》[②]、滨口重国的《部曲和家人的用语》[③]。

综上所述，从传教士对中国生活的记述开始，西方汉学对中国古代社会和日常生活的研究取得了一些成就，而在隋唐五代方面，法国等国学者利用西域出土文献对唐代寺院和契约的研究，美国学者对唐代“舶来品”的研究都是其中富有创造性的成果。而日本学者的隋唐生活史研究，具有起步早、探讨领域宽，研究深入、细致的特点，尤其是都市生活、官僚文人生活、农民生活的研究成果，值得借鉴。

四、隋唐五代日常生活研究的成绩与问题

学界对隋唐五代日常生活史的关注与耕耘已近百年。虽然以往的日常生活研究大多从属于社会生活研究，但“日常”这一“枝叶”得益于“社会”这棵“大树”而日益繁茂。通过中外学者从经济、社会、文化、风俗、地理等不同角度所开展的研究，构成隋唐日常生活史的基本元素——衣食住行等问题的梳理、考证、辨析，以及其历史意义的开掘，取得了许多开创性的成果，这个时期生活的面貌基本上被勾勒出来。特别是墓志、出土文书、壁画、考古资料的利用，给隋唐五代日常生活史研究带来了全面的进步，而部分学者对西方有关日常生活理论的借鉴，也为研究注入了新的活力。凡此种种，是新时期日常生活史研究所取得的最大成绩和鲜明特点，具体说来，可以概括为以下几点：第一，对日常生活的基本概念、研究对象和方法，进行了较全面的梳理和探索，一些理论范畴正在逐渐明晰并取得广泛共识；第二，在研究方法上，开始走向多学科交叉研究，除传统史学之外，从文学、考古学、人类学等角度考察日常生活史

① 〔日〕中村喬：《中國歲時史の研究》，京都：朋友書店，1993 年，引自胡宝华编著：《20 世纪以来日本中国史学著作编年》，北京：中华书局，2012 年，第 401 页。

② 前嶋信夫：《安史の亂時代の一二の胡語》《石田博士頌寿記念東洋史論叢》，石田博士古稀記念事業會，1965 年。

③ 濱口重國：《唐王朝の賤人制度》第六章《部曲と家人の語》，東京：東洋史研究會，1966 年。

的成果也层出不穷；第三，个案式的研究，如考察、分析不同群体、个体，不同时间、不同地域的日常生活状态等，都有比较细致、深入的成果。这些进步都为今后日常生活史研究的“再出发”奠定了重要基础。

当然，隋唐五代日常生活史研究还存在很多不足，需要予以总结，具体表现在以下几方面。

其一，“类例不分，学术不明”的情况还存在。黄正建曾指出：1996—2002年的《中国唐史学会会刊》目录中，最初有关日常生活的论文被分别归入政治、经济、文化教育等大类中；其后编者在“文化”类中加入“习俗”或“民俗”，统称“文化与民俗”或“文化与习俗”，日常生活论著被归入此类。再后来，分类又变为“社会风俗”，并与“文化教育”彻底分开。显然，日常生活研究先从属“文化”，后归“习俗”，再归“社会风俗”。这种“类例不分”的状况，必然导致“学术不明”。[①]上述现象表明，学界对日常生活史定位的认识还混沌不明，因此“在生活史研究中强调‘日常生活’的概念，从‘社会生活’转向‘日常生活’，对于进一步推进社会史研究显得尤为必要”[②]。

其二，研究内容方面还有所遗漏，最明显的当然是五代十国生活研究成果稀少。再如对环境与日常生活的关系也研究不足。还有对一些群体如老人、农民劳动生活、军人的日常生活研究都嫌不足。以军人为例，除去驰骋疆场、驻防屯垦外，军人也有婚姻、家庭、衣食住行和休闲娱乐生活；虽有学者利用敦煌、吐鲁番文书对唐代行军制度和后勤保障、军装等问题进行研究，但还没出现全面、系统的军人日常生活研究的著作。此外，对生活中的日常交际语言还欠缺研究。至于对不同地区日常生活的考察，相比明清等断代，除敦煌、吐鲁番地区外，其他地区的研究成果还不够丰富。

其三，研究主旨或着眼点还不够明晰。有些研究题目虽是生活内容，但着眼点在考释名物制度，缺乏对生活的主体——人的关注，所谓“见物不见人”。比如胡饼研究主要在制作、材料、花样等方面，而究竟哪些人食用胡饼，胡饼

① 见前揭黄正建《唐代日常生活史研究现状断想》一文。

② 常建华：《从社会生活到日常生活——中国社会史研究再出发》，《人民日报》2011年3月31日，第7版。

是否为大众食品，则应多加讨论。[①]一些史料翔实、论述系统的断代社会史，重点还在于人的阶层和社会性，而相对忽视考察作为生命个体的私人生活特征。阿格妮丝·赫勒把日常生活定义为人类的“类本质活动”[②]，强调人不仅实现着自身或个体的再生产，同时也实现着整个社会的再生产。因此，生育子嗣、两性活动都是人类日常生活的基本内容，应加强这方面的研究。

其四，在史料的运用方面存在着重笔记小说、墓志和出土资料，忽视传世文献的倾向。章太炎曾说：“历史非小说传奇。”[③]陈寅恪也曾反对以石刻完全等同于历史的做法，认为“群经诸史，乃古史资料多数之所汇集。金文石刻则其少数脱离之片断，未有不了解多数汇集之资料，而能考释少数脱离之片断不误者”[④]。当然，现在的资料条件与章、陈所处的时代已大不相同，唐代墓志就字数来说已超出“两唐书”的总和。但墓志与传世文献仍需很好地结合，互相参证。事实上，正史作为史部的“大纲”，具有“体尊，义与经配”的权威性，具有版本优、选材审慎、“凡未经宸断者，则悉不滥登”[⑤]的优点，与稗官野史不同，是一代典章制度、礼乐文明的精髓，可以说，不谙熟《礼仪志》，写不好帝王生活；不熟读《食货志》，也写不好衣食住行。再以《唐律疏议》和《通志二十略》为例，前者是一代刑法法典，但其中的法条及注疏，不乏与社会各阶层生活密切相关的内容；后者的《艺文略》著录了食疗、妇幼保健、围棋、“粉泽”、印度“香薰”等方面的书籍，《乐略》记录了流行曲目近百首，可了解娱乐生活；《昆虫草木略》中也记载了唐代妇女喜欢佩戴的花草等装饰品。总之，志书也富有生活史料。我们对正史等传世文献中日常生活方面的史料还须多加采撷。至于小说史料的运用，则须格外谨慎，如《太平广记》有数十卷专言鬼神；敦煌、

① 譬如贺知章将“保惜多时”的明珠赠予老道，后者使书童“以珠易得三十余胡饼”（《太平广记》卷四二《神仙》，北京：中华书局，1963年，第263页）；安史之乱玄宗仓皇离京，至咸阳“县令俱逃，中使征召吏民，莫有应者。日向中，上犹未食，杨国忠自市胡饼以献。于是民争献粝饭，杂以麦豆，皇孙辈争以手掬食之，须臾而尽，犹未能饱”（《资治通鉴》卷二一八“至德元年”条，北京：中华书局，1956年）；白居易也有以忠州胡饼作礼物寄赠友人事（《白居易集》卷一八）。可见胡饼通常情况应非穷人所食。

②〔匈〕阿格妮丝·赫勒：《日常生活》，衣俊卿译，重庆：重庆出版社，1990年。

③ 章太炎讲演，曹聚仁整理：《国学概论》第一章《概论》甲《国学之本体》三，北京：中华书局，2010年，第1页。

④ 陈寅恪：《杨树达积微居小学金石论丛续稿序》，《金明馆丛稿二编》，上海：上海古籍出版社，1980年，第230页。

⑤（清）永瑢等撰：《四库全书总目》卷四五《史部一·正史类》，北京：中华书局，1965年，第397页。

吐鲁番文书的价值固然重要，但部分文书也存在残损过甚、游戏文字及赝品问题；壁画和诗歌也不尽为写实之作。总之，对这些素材都须小心辨证。

其五，写法的雷同和理论探讨的不足。众所周知，“日常生活”首先是西方学术界一个哲学范畴，后发展为史学流派，他们认为日常生活具有重复性、一般性的特点，对人类社会生活来说具有基础性的作用和意义。20 世纪 70 年代中期开始，日常生活史首先出现于德国和意大利，称相似的史学学派为 Microstoria，直译为微小，即“微观史学”。可见，日常生活史的内容是由细微具体、平凡重复的生活元素组成的，它以个体生命的日常活动为研究对象，更关注人的生命历程、平凡生活和“私人领域”，同时也自然会采取所谓“目光向下”（from below）的方法，与研究政治、军事史等“宏大”叙述相比，显然存在巨大差异。但这不等于说日常生活史研究就一定是饾饤之学。在这方面，谢和耐对蒙古军队入侵前夜南宋临安日常生活的研究就颇具启发性[①]，他从衣食住行、生命周期、四时节令、消闲时光入手，探讨了尚武、好战、组织严明的唐代社会是如何渐变为重商、享乐和腐化的宋代社会，而其中农民生活的困苦恰是一个重要因素。笔者认为：具体到隋唐五代日常生活史研究的任务和意义来说，除了要真实再现这个时期的人们是怎样生活的外，还要进而探讨人们生活在什么样的社会环境、生产关系、文化氛围中，生活得好不好。如能将微观与宏观方法相结合，用开阔的视野和多角度的观察与比较，揭示这个时代的日常生活如何反映社会面貌、物质生活进步与文化繁荣，进而由生活的变革推及社会的变革，或许是隋唐五代日常生活史研究的更高目标。

（本文原载于《中国社会历史评论》第 20 卷，有改动）

附记：

拙文大部分内容是笔者数年前在南开大学中国社会史研究中心“日常生活史断代项目负责人读书班”上的讨论发言。在修改发言稿撰成此文之际，隋唐日常生活史不断有新成果问世，可谓目不暇接。仅就管见所及略举数例：卢建荣《唐宋私人生活史》[②]是一部兼具学术性与普及性特点的著作，其中有对向为学者所忽略的内容如“婚前性关系”“单亲家庭子女教育”等问题的讨论。此外，

① 〔法〕谢和耐：《蒙元入侵前夜的中国日常生活》（插图本），刘东译，北京：北京大学出版社，2008 年。

② 卢建荣：《唐宋私人生活史》，台北：新高地文化事业有限公司，2014 年。

《唐研究》第 21 卷以《长安节庆》为专题刊载了多篇讨论唐代元正舞蹈、元宵节、千秋节、重阳节方面的新作。[①]中西书局出版了黄正建《走进日常——唐代社会生活考论》一书，该书是作者多年来在日常生活史领域辛勤耕耘的总结性成果，对作者坚持将研究重点放在人的活动这一研究旨趣[②]，笔者深表赞同。夏炎的新作《"北人""南物"与唐后期南北问题的重新审视——以南贬北人间的礼物馈赠为中心》[③]，通过南贬北人间礼物馈赠的习惯，探讨他们的生存状态，揭示习惯背后实际上蕴含被贬北人积极应对南方环境的态度，令人耳目一新。新近出版的于赓哲《隋唐人的日常生活》一书则从普及性出发，多方面地再现了这个时代丰富多彩的日常生活。[④]此外，还有一些通俗性读物[⑤]，利用当代读者喜爱的语言和表达方式，对唐代生活做了生动的描写，虽非学院式的文本，却也传递出大众对古代生活的关注，某种程度上折射出学界日常生活研究在社会上的反响。应该说，随着隋唐五代社会史研究领域所取得的全面进步，日常生活史的研究具备了更适宜的环境和肥沃的土壤，需要我们继往开来，不懈努力。

① 王静：《岁时与秩序——唐代的时间政治》、夏国强：《长安节庆·拜舞长安——唐代元正朝会"舞蹈"礼仪的礼据与内涵》、孟宪实：《元宵节在唐代的发展》、何亦凡：《论唐朝端午节的律令化》、刘子凡：《唐代三伏择日中的长安与地方》、杨为刚：《节日·空间·记忆——关于千秋节几个问题的再探讨》、靳亚娟：《唐代长安重阳诸题》，载荣新江主编：《唐研究》第 21 卷，北京：北京大学出版社，2015 年。

② 黄正建：《走进日常——唐代社会生活考论·自序》，上海：中西书局，2016 年。

③ 夏炎：《"北人""南物"与唐后期南北问题的重新审视——以南贬北人间的礼物馈赠为中心》，《清华大学学报（哲学社会科学版）》2016 年第 4 期。

④ 于赓哲：《隋唐人的日常生活》，西安：陕西人民教育出版社，2017 年。

⑤ 如森林鹿的《唐朝穿越指南：长安及各地人民生活手册》（北京：北京联合出版公司，2012 年）和师永涛的《唐代的乡愁：一部万花筒式的唐朝生活史》（合肥：安徽文艺出版社，2014 年）等。

辽宋西夏金元日常生活史研究概述

王善军

20世纪以来，随着新史学的产生和社会史研究的开展，学术界有关辽宋西夏金元日常生活史的研究不断累积。尽管明确以日常生活为题的成果并不多见，但内容涉及生活史的某一方面，或主要以社会生活为研究对象的成果，百余年来已积累了相当数量。本文将这一学术历程划分为若干时段，并按论著所涉及的主要研究内容，分方面略加介绍，以期通过对该专题研究简史的梳理，昭示日常生活史研究的走向。

一、20世纪前半期的研究

20世纪初期，随着新史学对群体历史的重视，社会史研究由此而起步。在20世纪前半期，伴随辽宋西夏金元社会史研究的开拓与发展，有关日常生活史的若干问题，陆续进入研究者的视野，被开辟为社会史研究的课题。

城市生活受到学者的较多关注，而且多侧重于都市生活。全汉昇《宋代都市的夜生活》[①]比较全面地介绍了作为新生事物的夜生活，反映出经济发展和社

① 全汉昇：《宋代都市的夜生活》，《食货》1934年第1卷第1期。

会变革过程中日常生活的新动向。具体探讨北宋首都开封日常生活不同侧面的有徐嘉瑞的《北宋首都（汴京）的民众生活及其艺术》①和丛治湘的《北宋汴京集市庙会概况》。相对而言，南宋首都杭州的日常生活更受学者关注。相关成果有全汉昇的《南宋杭州的外来食料与食法：南宋都市间的关系之一》②、小竹文夫和岑家梧的《南宋之都市生活》③、张家驹的《宋室南渡后的南方都市》④、孙正容的《南宋临安都市生活考（上）》⑤等。

与中国学者一样，不少日本学者也对都市生活给予了特别关注。那波利贞的《宋都汴京的繁华》⑥、曾我部静雄的《开封与杭州》⑦介绍了开封和杭州的城市风貌、传统节日等情况。加藤繁的《宋代都市的发达》⑧进一步涉及宋代城市的商业布局和城市生活情况。

乡村生活方面也出现了一定数量的成果。畜邻室主的《南宋诗人眼中的农民痛苦》⑨利用诗歌作品，对官租私债压迫下农民的痛苦状况和程度，进行了初步描绘。黄毓甲的《宋元农村经济与农民生活》⑩也主要从经济角度论述农民生活。乡村生活中的灾荒救济问题，受到较多关注，如华文煜的《宋代之荒政》⑪、高迈的《宋代的救济事业》⑫、徐益棠的《宋代平时的社会救济行政》⑬、吴云瑞的《宋代农荒豫防策——仓制》（上、下）⑭等。

---

① 徐嘉瑞：《北宋首都（汴京）的民众生活及其艺术》，《语言文学专刊》1936年第1卷第1期。

② 全汉昇：《南宋杭州的外来食料与食法：南宋都市间的关系之一》，《食货》1935年第2卷第2期。

③ 小竹文夫、岑家梧：《南宋之都市生活》，《现代史学》1934年第2卷第1、2期。

④ 张家驹：《宋室南渡后的南方都市》，《食货》1935年第1卷第10期。

⑤ 孙正容：《南宋临安都市生活考（上）》，《文澜学报》1935年第1卷第1期。

⑥〔日〕那波利贞：《宋都汴京的繁华》，《历史与地理》1922年第10卷第5号。

⑦〔日〕曾我部静雄：《开封与杭州》，《中国历史地理丛书》第7辑，东京：富山房，1940年。

⑧〔日〕加藤繁：《宋代都市的发达》，《桑原博士还历记念东洋史论丛》，东京：弘文堂书房，1931年；中文本，陈望道译，《新中华》1934年第2卷第21、22期。

⑨〔日〕畜邻室主：《南宋诗人眼中的农民痛苦》，《国闻周报》1931年第8卷第24期。

⑩ 黄毓甲：《宋元农村经济与农民生活》，《金陵学报》1939年第9卷第1、2期。

⑪ 华文煜：《宋代之荒政》，《经济统计季刊》1932年第1卷第4期。

⑫ 高迈：《宋代的救济事业》，《文化建设》1936年第2卷第12期。

⑬ 徐益棠：《宋代平时的社会救济行政》，《中国文化研究汇刊》1945年第5卷上。

⑭ 吴云瑞：《宋代农荒豫防策——仓制》（上），《中央日报》1946年12月28日；吴云瑞：《宋代农荒豫防策——仓制》（下），《中央日报》1947年1月11日。

物质生活的研究除了在城市和乡村日常生活研究中较多涉及外，也有专门论述不同社会群体的成果出现。日本松井等的《契丹人的衣食住》[①]、田村实造的《论契丹族的服饰——头发和胡服》《弭论契丹族的服饰——国服与汉服》[②]、鸟山喜一的《金初女真人的生活状态》[③]及程溯洛的《女真辮发考》[④]等，从族群角度论及契丹族和女真族的生活。全汉昇的《宋代女子职业与生计》[⑤]、钱华的《宋代妇女服饰考》[⑥]等，则从性别角度论述妇女的生活。

精神生活的研究，主要是关于辽代和宋代的成果，也涉及若干个方面。辽代主要有日本松井等的《契丹人的信仰》[⑦]、冯家昇的《契丹祀天之俗与其宗教神话风俗之关系》[⑧]及日本鸟居龙藏的《契丹之角抵》[⑨]等。宋代方面则有王遵海《宋代士风》[⑩]，论述士大夫与风俗；林达祖《唐宋时元宵看灯的盛况》[⑪]、子振《〈水浒传〉和宋代风习》[⑫]涉及节日风俗；烟桥《宋代的游艺》[⑬]、泽甫《两宋游艺述考》[⑭]涉及游艺。张亮采《中国风俗史》[⑮]将宋和辽金元列入由浮靡而趋敦朴的时代。

婚姻家庭生活的研究，美国魏特夫（Karl August Wittfogel）和冯家昇合著的《中国社会史：辽(907—1125)》[⑯]一书，是首部用西方语言写成的中国王朝断代史，该书对辽代社会组织、经济生活、婚姻家庭等诸多方面进行了详细论述

① 〔日〕松井等：《契丹人的衣食住》，《满鲜地理历史研究报告》1922 年第 9 期。
② 〔日〕田村实造：《论契丹族的服饰——头发和胡服》，《考古学杂志》1943 年第 33 卷第 12 号；〔日〕田村实造：《弭论契丹族的服饰——国服与汉服》，《考古学杂志》1944 年第 34 卷第 7 号。
③ 〔日〕鸟山喜一：《金初女真人的生活状态》，《小田先生颂寿记念朝鲜论集》，京都：京城大阪屋号书店，1934 年。
④ 程溯洛：《女真辮发考》，《史学集刊》1947 年第 5 期。
⑤ 全汉昇：《宋代女子职业与生计》，《食货》1935 年第 1 卷第 9 期。
⑥ 钱华：《宋代妇女服饰考》，《中国文学会集刊》1936 年第 3 期。
⑦ 〔日〕松井等：《契丹人的信仰》，《满鲜地理历史研究报告》1921 年第 8 期。
⑧ 冯家昇：《契丹祀天之俗与其宗教神话风俗之关系》，《史学年报》1932 年第 1 卷第 4 期。
⑨ 〔日〕鸟居龙藏：《契丹之角抵》，《燕京学报》1941 年第 29 期。
⑩ 王遵海：《宋代士风》，《励学》1936 年第 6 期。
⑪ 林达祖：《唐宋时元宵看灯的盛况》，《论语》1937 年第 106 期。
⑫ 子振：《〈水浒传〉和宋代风习》，《文潮月刊》1947 年第 3 卷第 5 期。
⑬ 烟桥：《宋代的游艺》，《珊瑚》1934 年第 4 卷第 7 期。
⑭ 泽甫：《两宋游艺述考》，《东方文化》1942 年第 1 卷第 4、5 期。
⑮ 张亮采编纂：《中国风俗史》，上海：商务印书馆，1911 年。
⑯ 〔美〕魏特夫、冯家昇：《中国社会史：辽（907—1125）》，费城：美国哲学学会，1949 年。

和系统分析，并提供了大量原始资料的译文，陈东原《中国妇女生活史》[①]一书，在宋元时期也有较多的着墨。该书第六章为《宋代的妇女生活》，包括宋儒对于妇女的观念、社会对于离婚再嫁的态度、男性的处女嗜好之产生、第一个女性同情论者——袁采、冥婚、旷世女文人李清照等内容；第七章为《元代的妇女生活》，包括元代的妇女生活、提倡贞节之极致、几个女教的圣人、“无才是德”一语之产生、罚良为娼与娼妓生活、“妻不如妾”与妾的情形、皇帝之蹂躏女子、处女的检查与“陈毯”等内容。论文主要有初白的《宋代婚俗零考》[②]、董家遵的《唐宋时“七出”研究》[③]、陶希圣的《十一至十四世纪的各种婚姻制度》[④]、日本岛田正郎的《论辽代契丹人的婚姻状况》[⑤]等。

二、20世纪后半期前半段的研究

20世纪后半期的前半段，约相当于1949—1977年，整体上看日常生活史的研究受到一定程度的忽视，但在中国与海外学者之间具有明显差异。中国内地（大陆）学者由于注重诠释马克思主义历史理论模式和说明社会发展的规律，对日常生活史的研究基本处于停顿状态。中国香港和台湾学者则基本延续前期的研究理路，对日常生活史的研究给予了一定的关照。国外学者的研究成果中则出现了一些具有代表性的著作。

城市生活方面的突出研究成果是法国谢和耐（Jacques Gernet）的《蒙元入侵前夜的中国日常生活》[⑥]一书。该书从中西文明的比较视野出发，试图解释南

① 陈东原：《中国妇女生活史》，上海：商务印书馆，1937年。

② 初白：《宋代婚俗零考》，《燕大月刊》1929年第5卷第3期。

③ 董家遵：《唐宋时“七出”研究》，《文史汇刊》1935年第1卷第1期。

④ 陶希圣：《十一至十四世纪的各种婚姻制度》，《食货》1935年第1卷第12期、1935年第2卷第3期。

⑤〔日〕岛田正郎：《论辽代契丹人的婚姻状况》，《史学杂志》1942年第53编第9号。

⑥〔法〕谢和耐：《蒙元入侵前夜的中国日常生活》，巴黎：桦榭出版公司，1959年；中译本，马德程译名《南宋社会生活史》，台北：台湾中国文化大学出版部，1982年；刘东译名《蒙元入侵前夜的中国日常生活》，南京：江苏人民出版社，1995年。

宋剧烈的社会变迁，对于当时的社会各个阶层的影响如何？民众如何看待这些外来的压力？中国社会变迁的内在动力是什么？书中首先考察了杭州城市的状况，如人口、交通、火灾等，然后考察了各个阶层的民众，如官吏、军官、贵族、皇帝、商人、普通百姓、农民、娼妓等。接着考察了各个阶层的衣、食、住及他们日常生活中的生命周期、四时节令、消闲时光等方面。在谢和耐揭示的杭州普通民众的生活图景中，可以看到南宋国家国库的空虚、农村当时的贫困和农民的不满及统治阶层内部的争斗等。这些因素综合在一起，最终导致了中国社会内部的变迁，表现就是南宋社会的各个阶层普遍性的道德松弛。对于一个以道德立国的政权来说，道德的松弛必然涉及政权。[①]庞德新的《从话本及拟话本所见之宋代两京市民生活》[②]、王拾遗的《酒楼——从水浒看宋之风俗》[③]等研究，则从文学作品中发掘开封和杭州市民生活的若干面相。费海玑的《南宋临安生活简介》《元代上都人的生活》[④]则专门介绍杭州和上都市民生活。

乡村生活的研究，虽然专门性的成果并不多见，但有所涉及的成果却有若干。姚从吾的《契丹人的捺钵生活与若干特殊习俗》[⑤]、《辽朝契丹族的捺钵文化与军事组织、世选习惯、两元政治及游牧社会中的礼俗生活》[⑥]、林瑞翰的《女真初起时期之寨居生活》[⑦]分别涉及契丹族和女真族的乡村生活。劳延煊的《金朝帝王季节性的游猎生活》（上、下）[⑧]、《元朝诸帝季节性的游猎生活》[⑨]、《金

---

① 董敬畏：《一种日常生活史的视野——读〈蒙元入侵前夜的中国日常生活〉》，《中国图书评论》2011 年第 2 期。

② 庞德新：《从话本及拟话本所见之宋代两京市民生活》，香港：龙门书店有限公司，1974 年。

③ 王拾遗：《酒楼——从水浒看宋之风俗》，《光明日报》1954 年 8 月 8 日。

④ 费海玑：《南宋临安生活简介》，《大陆杂志》1959 年第 19 卷第 1 期；费海玑：《元代上都人的生活》，《大陆杂志》1959 年第 19 卷第 11 期。

⑤ 姚从吾：《契丹人的捺钵生活与若干特殊习俗》，载凌纯声等：《边疆文化论集》第 1 册，台北：台湾中华文化出版事业委员会，1954 年。

⑥ 姚从吾：《辽朝契丹族的捺钵文化与军事组织、世选习惯、两元政治及游牧社会中的礼俗生活》，《中山学术文化集刊》1968 年第 1 期。

⑦ 林瑞翰：《女真初起时期之寨居生活》，《大陆杂志》1956 年第 12 卷第 11 期。

⑧ 劳延煊：《金朝帝王季节性的游猎生活》（上），《大陆杂志》1961 年第 23 卷第 11 期；劳延煊：《金朝帝王季节性的游猎生活》（下），《大陆杂志》1961 年第 23 卷第 12 期。

⑨ 劳延煊：《元朝诸帝季节性游猎生活》，《大陆杂志》1963 年第 26 卷第 3 期。

元诸帝游猎生活的行帐》[1]考述了金元帝王游猎的实况、地点、行帐等问题。王德毅的《宋代灾荒的救济政策》[2]、袁国藩的《金元之际江北之人民生活》[3]则主要论及汉族民众在不同社会条件下的生活。

物质生活的研究也有一些值得珍视的成果。冯先铭的《从文献看唐宋以来饮茶风尚及陶瓷茶具的演变》[4]从考古学角度涉及了饮茶问题。王德毅的《宋代的养老与慈幼》[5]则对老年和幼年群体的物质生活有所讨论。德国傅海波的《释金朝的酒》[6]论及金朝的饮酒。费海玑的《元人生活管窥》《元人生活疏证》[7]主要利用法律史料探讨元代的经济生活特别是家庭成员间的经济关系。

精神生活的研究，也是仅见若干篇论文积累。韩道诚对契丹礼俗进行了系列研究，发表《契丹礼俗研究》[8]、《契丹礼俗与汉化》[9]等论文。吴晗的《宋元以来老百姓的称呼》[10]、徐苹芳的《宋元时代的火葬》[11]，则是颇为难得的成果。徐玉虎的《女真建都上京时期的风俗》[12]、韩国黄钟东的《女真风俗考》[13]均对金代女真风俗有所考证。

婚姻家庭方面，日本岛田正郎的《再谈契丹族的婚姻》[14]、《三论契丹族的婚姻》[15]是在此前对契丹人婚姻初步探讨基础上的更为全面的论述；桑秀云的《金

① 劳延煊：《金元诸帝游猎生活的行帐》，《大陆杂志》1963年第27卷第9期。

② 王德毅：《宋代灾荒的救济政策》，台北：台湾中国学术著作奖助委员会，1970年。

③ 袁国藩：《金元之际江北之人民生活》，《大陆杂志》1965年第30卷第5期。

④ 冯先铭：《从文献看唐宋以来饮茶风尚及陶瓷茶具的演变》，《文物》1963年第1期。

⑤ 王德毅：《宋代的养老与慈幼》，载台湾图书馆庆祝蒋慰堂先生七十荣庆论文集编辑委员会编：《庆祝蒋慰堂先生七十荣庆论文集》，台北：台湾学生书局，1968年。

⑥〔德〕傅海波：《释金朝的酒》，《中亚细亚研究》1974年第8卷。

⑦ 费海玑：《元人生活管窥》，《大陆杂志》1961年第22卷第12期；费海玑：《元人生活疏证》，《大陆杂志》1962年第24卷第8期。

⑧ 韩道诚：《契丹礼俗研究》，《反攻》1968年第310期。

⑨ 韩道诚：《契丹礼俗与汉化》，《台湾编译馆馆刊》1972年第1卷第2期。

⑩ 吴晗：《宋元以来老百姓的称呼》，《灯下集》，北京：生活·读书·新知三联书店，1960年。

⑪ 徐苹芳：《宋元时代的火葬》，《文物参考资料》1956年第9期。

⑫ 徐玉虎：《女真建都上京时期的风俗》，《大陆杂志》1954年第9卷第10期。

⑬〔韩〕黄钟东：《女真风俗考》，《东西文化（启明大学）》1968年第2期。

⑭〔日〕岛田正郎：《再谈契丹族的婚姻》，《法律论丛》1955年第29卷第2、3号。

⑮〔日〕岛田正郎：《三论契丹族的婚姻》，《综合法学》1963年第55号。

室完颜氏婚制之试释》[①]侧重探讨完颜氏一族的婚姻制度；袁国藩的《十三世纪蒙人之婚姻制度及其有关问题》[②]侧重论述蒙古婚姻习俗及与婚姻有关的重大事件。洪金富的《元代汉人与非汉人通婚问题初探》[③]通过对数百例的统计，说明元代汉人与非汉人通婚是极为普遍的现象。

三、20世纪后半期后半段的研究

20世纪后半期的后半段，约相当于1978—2000年，随着中国内地（大陆）地区的学术研究回归“百家争鸣，百花齐放”的正常轨道与对外交流的逐步加强，生活史的研究日益受到学术界的重视。同时，中国香港和台湾学术界继续重视生活史的研究，国外学术界则因“汉学”的日益被重视而不断涌现生活史论著。

社会史研究领域的扩大是这一时期的显著特点，有关生活史的断代综合性著作随之不断涌现。宋德金《金代的社会生活》[④]是较早的一部专门性著作，概括叙述了金代社会生活的各个层面，包括各阶级、阶层的社会地位和生活、衣食住行、婚丧礼俗、宗教信仰、伦理道德、文娱体育、岁时杂俗等，还考察了金代汉族与女真文化的相互影响和民族融合的历史趋势。王可宾《女真国俗》[⑤]探讨辽金时期女真族的婚姻、家庭形态、社会习俗及一些具有民族特色的社会制度如氏族制、军事民主制、勃极烈制、猛安谋克制等。随后，人民出版社1994年出版了柯大课的《中国宋辽金夏习俗史》和那木吉拉的《中国元代习俗史》，叙述了岁时节令、物质生活、人生仪礼、社会组织、婚姻家庭、民间信仰、生

① 桑秀云：《金室完颜氏婚制之试释》，载台湾“中研院”历史语言研究所集刊编辑委员会：《“中央研究院”历史语言研究所集刊》第三十九本上册，1969年。

② 袁国藩：《十三世纪蒙人之婚姻制度及其有关问题》，《大陆杂志》1968年第37卷第10期。

③ 洪金富：《元代汉人与非汉人通婚问题初探》，《食货月刊》1977年第6卷第12期、第7卷第1、2期合刊。

④ 宋德金：《金代的社会生活》，西安：陕西人民出版社，1988年。

⑤ 王可宾：《女真国俗》，长春：吉林大学出版社，1988年。

产贸易、娱乐等方面的内容。中国社会科学出版社1996年出版了史卫民的《元代社会生活史》和1998年出版了朱瑞熙等的《辽宋西夏金社会生活史》，比较系统地论述了辽宋西夏金元时期的社会生活，具体分为饮食、服饰、居室、交通、妇女、婚姻、生育、丧葬、社会交谊、宗教信仰、鬼神崇拜、巫卜、文体娱乐、医疗保健、称谓、排行、避讳、押字、刺字文身、休假、语言文字、家族、节日、生态环境、民族分布等。林正秋的《宋代生活风俗研究》[①]对生活领域的各种风俗也做了论述，如饮食文化、社会风俗、保健养生、官民服饰、园林建筑、交通旅游、商贸娱乐、宫廷礼仪等。

除这些总论性著作外，更多的则是具体论述社会生活某一方面问题的论著。

（一）置生活史于空间范围的研究

1. 城市生活

宋代城市生活的研究最为丰富。日本伊原弘的《中国中世都市纪行——宋代都市和都市生活》[②]、《中国开封的生活和岁时——宋代都市生活绘卷》[③]等均是关于城市生活的专著。李春棠的《坊墙倒塌以后——宋代城市生活长卷》[④]立足于从商品经济的角度出发审视宋代城市生活的发展，提出了对宋代商业市场的新观点，认为商业市场的分工已较为复杂，分工水平远远超出了唐代以前的商业市场。其他专著主要有周宝珠的《宋代东京研究》[⑤]、伊永文的《宋代城市风情》[⑥]和《宋代市民生活》[⑦]等，也都从不同侧面展现了城市生活的丰富多彩。梁庚尧连续发表《南宋官户与士人的城居》[⑧]、《南宋城居官户与士人的经济来

① 林正秋：《宋代生活风俗研究》，北京：中国商业出版社，1997年。

②〔日〕伊原弘：《中国中世都市纪行——宋代都市和都市生活》，东京：中央公论新社出版社，1988年。

③〔日〕伊原弘：《中国开封的生活和岁时——宋代城市生活绘卷》，东京：山川出版社，1991年。

④ 李春棠：《坊墙倒塌以后——宋代城市生活长卷》，长沙：湖南出版社，1993年。

⑤ 周宝珠：《宋代东京研究》，开封：河南大学出版社，1992年。

⑥ 伊永文：《宋代城市风情》，哈尔滨：黑龙江人民出版社，1987年。

⑦ 伊永文：《宋代市民生活》，北京：中国社会出版社，1999年。

⑧ 梁庚尧：《南宋官户与士人的城居》，《新史学》1990年第1卷第2期。

源》[①]等文，对官户和士人群体做了系列探讨；另外，其《南宋城市的公共卫生问题》[②]对南宋城市的公共污染、环境恶化的情况及政府的解决办法做了详细的论述。吴涛的《北宋东京的饮食生活》[③]对东京的饮食生活做了概括：东京居民所食用的粮食有米、麦、粟、菽等；副食品有肉类、菜蔬、果类等；饮料主要有酒、茶、汤等。龙建国的《宋代城市社会的享乐意识》[④]考述了城市社会的享乐意识。

金代主要有景爱的《金上京女真贵族的社会生活》[⑤]一文，该文考察了上京城女真贵族的生活，另外他还著有《金上京》[⑥]一书。

系统考察元大都的宫廷生活、都市生活和社会风习的著作是陈高华的《元大都》[⑦]。此后他又陆续发表《元大都的酒和社会生活探究》[⑧]、《元代大都的饮食生活》[⑨]等文，对元大都的主食、副食及饮料等各类饮食品种进行了探析，指出空前规模的多民族国家的统一，国内各民族、各地区间的经济文化联系与中外经济文化交流，以及元大都的地理环境，都对饮食结构变化产生了巨大影响。陈高华还和史卫民合著了《元上都》[⑩]一书。

2. 乡村生活

乡村日常生活史的研究相对薄弱，相关的一些论著所涉也多为经济生活方面。王成国的《从契丹族俗看辽代经济生活》[⑪]以习俗观察契丹的经济生活。佟柱臣的《辽墓壁画反映的契丹人生活》[⑫]以壁画内容来佐证辽代文献中的四时捺

① 梁庚尧：《南宋城居官户与士人的经济来源》，载台湾“中研院”历史语言研究所出版品编辑委员会编辑：《中国近世社会文化史论文集》，台北：台湾“中研院”历史语言研究所，1992年。

② 梁庚尧：《南宋城市的公共卫生问题》，载台湾“中研院”历史语言研究所集刊编辑委员会：《“中央研究院”历史语言研究所集刊》第七十本第一分，1999年。

③ 吴涛：《北宋东京的饮食生活》，《史学月刊》1994年第2期。

④ 龙建国：《宋代城市社会的享乐意识》，《天府新论》1993年第1期。

⑤ 景爱：《金上京女真贵族的社会生活》，《学习与探索》1986年第3期。

⑥ 景爱：《金上京》，北京：生活·读书·新知三联书店，1991年。

⑦ 陈高华：《元大都》，北京：北京出版社，1982年。

⑧ 陈高华：《元大都的酒和社会生活探究》，《中央民族学院学报》1990年第4期。

⑨ 陈高华：《元代大都的饮食生活》，《中国史研究》1991年第4期。

⑩ 陈高华、史卫民：《元上都》，长春：吉林教育出版社，1988年。

⑪ 王成国：《从契丹族俗看辽代经济生活》，《社会科学辑刊》1987年第3期。

⑫ 佟柱臣：《辽墓壁画反映的契丹人生活》，载陈述主编：《辽金史论集》第5辑，北京：文津出版社，1991年。

钵、游牧弋猎、毡庐宴饮、车马出行、衣冠服饰、散乐、骨朵、四神门神等，认为壁画反映了契丹人的生活实态。席岫峰的《略论辽代契丹人“畜牧”“畋渔”生活方式及社会功能》[①]指出，辽代契丹人“畜牧”“畋渔”的生活方式，从形成的原初意义上说，是特定地理环境的产物；从文化的传承作用上看，是因袭了东胡族系的生活传统。刘素侠的《从辽墓壁画看契丹人的社会生活》[②]也属于同类的作品。贾丛江的《西辽时期中亚契丹人的经济生活》和《西辽契丹人生活方式考辨》[③]是仅有的关于西辽契丹人生活的论文。前文论述了契丹人的生产方式和衣食住行，认为西辽后期，大部分契丹人由畜牧经济转入定居农业，或半农半牧，或进入城市生活；但后文又考辨契丹人始终保持着游牧生活方式，并无部分契丹部民转入定居农业的情况发生，两文观点难免抵牾。傅宗文的《宋代草市镇研究》[④]探讨了草市镇形成的环境条件、两宋草市镇的发展情况及市容、市政、市民、市场等问题，分析了其社会影响和时代局限。梁庚尧的《豪横与长者：南宋官户与士人居乡的两种形象》[⑤]考察了官户与士人的乡居生活及其表现出来的社会形象。日本周藤吉之的《宋代乡村店的分布与发展》[⑥]考察了宋代乡村店的基本情况。

（二）置生活史于具体侧面的研究

1. 物质生活

涉及该时期物质生活各方面的总论性论文主要有武玉环的《略论辽代契丹人的衣食住行》[⑦]、邓浩的《从〈突厥语词典〉看喀喇汗王朝的物质文

---

① 席岫峰：《略论辽代契丹人“畜牧”“畋渔”生活方式及社会功能》，《东北师大学报（哲学社会科学版）》1993年第2期。

② 刘素侠：《从辽墓壁画看契丹人的社会生活》，《社会科学辑刊》1997年第3期。

③ 贾丛江：《西辽时期中亚契丹人的经济生活》，《西域研究》1994年第4期；贾丛江：《西辽契丹人生活方式考辨》，《西域研究》1997年第4期。

④ 傅宗文：《宋代草市镇研究》，福州：福建人民出版社，1989年。

⑤ 梁庚尧：《豪横与长者：南宋官户与士人居乡的两种形象》，《新史学》1993年第4卷第4期。

⑥〔日〕周藤吉之：《宋代乡村店的分布与发展》，向旭译，《中国历史地理论丛》1997年第1期。

⑦ 武玉环：《略论辽代契丹人的衣食住行》，《北方文物》1991年第3期。

化》[①]和宋德金的《金代的衣食住行》[②]等文。但更多的成果是就物质生活的某一方面进行的研究。

服饰方面。周锡保的《中国古代服饰史》[③]涉及该时期部分介绍较详，认为该时期商业发达，城市繁荣，人们对服饰的追求讲究多样化。李逸友的《契丹的髡发习俗——从豪欠营辽墓契丹女尸的发式谈起》[④]谈及契丹人的髡发。朱筱新的《契丹族的礼仪风俗与服饰》[⑤]涉及辽代的服饰。刘复生的《宋代"衣服变古"及其时代特征——兼论"服妖"现象的社会意义》[⑥]认为，由于宋代被统治者得到了比前代较多的人身"自由"，表现在服饰上就是"风俗狂慢，变节易度"的"服妖"现象大量出现。吴旭霞的《宋代的服饰与社会风气》[⑦]论述了宋代服饰与社会风气的关系。赵评春、迟本毅的《金代服饰——金齐国王墓出土服饰研究》[⑧]比较全面地论述了金代的服饰。

饮食方面。伊永文的《辽金饮食生活漫述》[⑨]、陈晓莉的《辽、金、夏代饮食风俗》[⑩]概述了辽金西夏的饮食。程妮娜的《辽代契丹族饮食习俗述略》[⑪]认为契丹族传统的饮食是食肉饮酪。中华人民共和国成立后，随着生产水平的提高，饮食的系列与品类随之由简至繁,但始终保持着本民族的特点。辽初，契丹人的主食以肉为主，粮食为辅；中期以后，粮食在主食中的比重增大，但其嗜肉酪的习俗并没因此而改变。酒、茶的饮用较多；果品种类亦不少。张国庆的《辽代契丹人饮食考述》[⑫]、《辽代契丹人的饮酒习俗》[⑬]也探讨了辽代契丹人的

---

① 邓浩：《从〈突厥语词典〉看喀喇汗王朝的物质文化》，《西北史地》1996年第4期。

② 宋德金：《金代的衣食住行》，载陈述主编：《辽金史论集》第3辑，北京：书目文献出版社，1987年。

③ 周锡保：《中国古代服饰史》，北京：中国戏剧出版社，1984年。

④ 李逸友：《契丹的髡发习俗——从豪欠营辽墓契丹女尸的发式谈起》，《文物》1983年第9期。

⑤ 朱筱新：《契丹族的礼仪风俗与服饰》，《文史知识》1991年第6期。

⑥ 刘复生：《宋代"衣服变古"及其时代特征——兼论"服妖"现象的社会意义》，《中国史研究》1998年第2期。

⑦ 吴旭霞：《宋代的服饰与社会风气》，《江汉论坛》1998年第3期。

⑧ 赵评春、迟本毅：《金代服饰——金齐国王墓出土服饰研究》，北京：文物出版社，1998年。

⑨ 伊永文：《辽金饮食生活漫述》，载张碧波主编：《北方文化研究——中国古代北方民族文化史论文集》第2集，哈尔滨：黑龙江教育出版社，1989年。

⑩ 陈晓莉：《辽、金、夏代饮食风俗》，《民俗研究》1995年第2期。

⑪ 程妮娜：《辽代契丹族饮食习俗述略》，《博物馆研究》1991年第3期。

⑫ 张国庆：《辽代契丹人饮食考述》，《中国社会经济史研究》1990年第1期。

⑬ 张国庆：《辽代契丹人的饮酒习俗》，《黑龙江民族丛刊》1990年第1期。

饮食特别是饮酒习俗。朱瑞熙的《宋代的北食和南食》[①]论述了南食、北食各自的特点及其差别。伊永文的《北宋的“煎点汤茶药”》[②]对“点茶”“煎点茶”“汤药”做了解释，指出茶与汤药的提神作用。赵葆寓的《宋代的汴京李和北宋的糖炒栗子》[③]、王春瑜的《宋人嘲淡酒》[④]、朱瑞熙的《宋代的“排档”》[⑤]则是对具体某一饮食习俗的探讨。陈伟明的《唐宋饮食文化初探》[⑥]、《唐宋饮食文化发展史》[⑦]主要涉及宋代饮食。戴建国的《香料对宋代社会生活的影响》[⑧]论述了香料对宋代社会生活的影响。日本中村乔的《宋代的菜肴和食品》[⑨]探讨了饮食生活中食的内容。苏冠文的《西夏膳食述论》[⑩]从膳食原料、炊具和食品加工方法、食品种类和餐具、饮料和饮具等方面考察，认为西夏膳食兼有游牧民族和农耕民族的特点。吴正格的《金代女真族食俗窥略》[⑪]简要探讨了女真族的食俗。李宾泓的《金代上京地区女真人的饮食文化》[⑫]指出，上京地区女真人食制经历了由两餐制向三餐制的过渡；他们的主食原料有麦、稻、粟、黍等；菜肴原料有六大类，即鱼肉类、油脂类、蔬菜类、蛋乳类、瓜果类、调味类。面食逐渐占主要地位，且种类繁多；菜肴以肉食为主；饮料主要是酒和茶。陈高华的《舍儿别与舍儿别赤的再探讨》[⑬]考证了舍儿别的含义、词源，认为是解渴用的饮料，以水果、药物或各种加蜜（或糖）煎熬而成；《元代饮茶习俗》[⑭]专论饮茶。姚伟钧的《〈饮膳正要〉与元代蒙古族饮食文化》[⑮]论及蒙古族的饮食。

① 朱瑞熙：《宋代的北食和南食》，《中国烹饪》1985年第11期。
② 伊永文：《北宋的“煎点汤茶药”》，《农业考古》1991年第4期。
③ 赵葆寓：《宋代的汴京李和北宋的糖炒栗子》，《北京财贸学院学报》1982年第2期。
④ 王春瑜：《宋人嘲淡酒》，《中国史研究》1993年第2期。
⑤ 朱瑞熙：《宋代的“排档”》，《中国烹饪》1998年第11期。
⑥ 陈伟明：《唐宋饮食文化初探》，北京：中国商业出版社，1993年。
⑦ 陈伟明：《唐宋饮食文化发展史》，台北：台湾学生书局，1995年。
⑧ 戴建国：《香料对宋代社会生活的影响》，《文史知识》2000年第4期。
⑨〔日〕中村乔：《宋代的菜肴和食品》，京都：朋友书店，2000年。
⑩ 苏冠文：《西夏膳食述论》，《宁夏社会科学》1999年第2期。
⑪ 吴正格：《金代女真族食俗窥略》，《满族研究》1986年第3期。
⑫ 李宾泓：《金代上京地区女真人的饮食文化》，《北方文物》1991年第1期。
⑬ 陈高华：《舍儿别与舍儿别赤的再探讨》，《历史研究》1989年第2期。
⑭ 陈高华：《元代饮茶习俗》，《历史研究》1994年第1期。
⑮ 姚伟钧：《〈饮膳正要〉与元代蒙古族饮食文化》，《中国典籍与文化》1993年第2期。

住房方面。陈晓莉的《辽夏金代居住风俗》①对北方各政权统治区的居住做了简要探讨。张国庆的《辽代契丹人的“住所”论略》②论述了游牧民族的住所。田中初的《南宋临安房屋租赁述略》③就临安房屋租赁的具体情况进行了论述。吴以宁的《宋代消防制度述论》④、刘顺安的《北宋东京旅馆的作用及特点》⑤分别探讨了消防制度和城市旅馆问题。朱瑞熙的《宋代的生活用具》⑥指出，宋代家庭的用具出现显著变化，不仅表现在数量的增加，而且表现在质量的提高和品种的增多等方面。

交通方面。张国庆的《辽代契丹人的交通工具考述》⑦论述了契丹人的交通工具。朱家源与何高济的《从几幅宋画上的车谈宋代的陆路交通》⑧对车运及其在交通中的使用情况做了考述。程民生的《略述宋代陆路交通——纪念先师 90 诞辰》⑨对陆路交通情况进行了论述。崔广彬的《金代的交通及其管理》⑩论述金代的交通状况及其管理制度。

医疗保健方面。朱建平的《两宋时期的卫生保健》⑪从清洁卫生、灭蚊除害、推广火葬、开办商业性浴室、饮食卫生、制定卫生法规等方面做了探讨，在饮食卫生方面尤其强调宋人饮用开水的习惯。

2. 精神生活

社会风气与习俗文化方面。韩国金在满的《契丹岁时风俗考》⑫考述了契丹族的岁时风俗。田广林的《契丹礼俗考论》⑬考述了契丹祭祀、婚姻、丧葬、捺钵、舆仗、饮食、游艺等礼俗。程民生的《论宋代北方习俗特点》⑭、《论宋代

---

① 陈晓莉：《辽夏金代居住风俗》，《民俗研究》1995 年第 4 期。

② 张国庆：《辽代契丹人的“住所”论略》，《辽宁师范大学学报（社科版）》1990 年第 5 期。

③ 田中初：《南宋临安房屋租赁述略》，《史林》1994 年第 3 期。

④ 吴以宁：《宋代消防制度述论》，《学术月刊》1996 年第 1 期。

⑤ 刘顺安：《北宋东京旅馆的作用及特点》，《史学月刊》1996 年第 2 期。

⑥ 朱瑞熙：《宋代的生活用具》，《上海师范大学学报》1996 年第 3 期。

⑦ 张国庆：《辽代契丹人的交通工具考述》，《北方文物》1991 年第 1 期。

⑧ 朱家源、何高济：《从几幅宋画上的车谈宋代的陆路交通》，《故宫博物院院刊》1981 年第 3 期。

⑨ 程民生：《略述宋代陆路交通——纪念先师 90 诞辰》，《暨南学报（哲学社会科学版）》1992 年第 3 期。

⑩ 崔广彬：《金代的交通及其管理》，《学术交流》1996 年第 6 期。

⑪ 朱建平：《两宋时期的卫生保健》，《上海中医药杂志》1994 年第 2 期。

⑫〔韩〕金在满：《契丹岁时风俗考》，《人文科学》9，汉城：成均馆大学人文科学研究所，1980 年。

⑬ 田广林：《契丹礼俗考论》，哈尔滨：哈尔滨出版社，1995 年。

⑭ 程民生：《论宋代北方风俗特点》，《中州学刊》1996 年第 4 期。

南方习俗特点》[①]认为宋代南北方习俗存在明显差别，习俗特点奠定了北方和南方文化的基础。雷家宏的《宋初社会风气建设浅识》[②]、唐兆梅的《力求撙节，不事繁侈——评宋初的清廉俭约之风》[③]认为宋初的风气建设具有重要意义。黄时鉴的《元代的礼俗》[④]认为元代的祭祀、仪制、婚姻、丧葬和岁时节序等礼俗：一方面基本上是中国传统礼俗的继承和发展；另一方面又含有浓厚、鲜明的蒙古民族礼俗的因素。论述宋代岁时节令的专文，主要有朱瑞熙的《宋代的节日》[⑤]和刘春迎的《北宋东京三大节日及其习俗》[⑥]等。有关丧葬祭祀礼俗的概述性文章有陈述的《谈辽金元“烧饭”之俗》[⑦]、宋德金的《“烧饭”琐议》[⑧]、朱瑞熙的《宋代的丧葬习俗》[⑨]等。而火葬仍是讨论的重点，徐吉军的《论宋代火葬的盛行及其原因》[⑩]认为由于商品经济的发展给人们的意识观念和风俗习惯带来重大变化，传统的“入土为安”习俗发生动摇，从而使宋代成为中国历史上火葬最为盛行的时期。张邦炜、张敏的《两宋火葬何以蔚然成风》[⑪]则认为火葬盛行是地少人多，火葬既卫生又节省等原因。美国韩森（Valerie Hansen）的《传统中国日常生活中的协商：中古契约研究》[⑫]论述从唐至元时期官府、百姓、鬼神三者之间错综复杂的契约关系，力图从相关侧面展现社会关系的变迁。有关人生杂仪方面，朱瑞熙的《宋代的避讳习俗》和《宋代官民的称谓》[⑬]、王

---

① 程民生：《论宋代南方习俗特点》，《中国历史地理论丛》1996 年第 1 期。

② 雷家宏：《宋初社会风气建设浅识》，《河南大学学报（哲学社会科学版）》1988 年第 1 期。

③ 唐兆梅：《力求撙节，不事繁侈——评宋初的清廉俭约之风》，《福建论坛（人文社会科学版）》1994 年第 2 期。

④ 黄时鉴：《元代的礼俗》，《元史及北方民族史研究集刊》1987 年第 11 辑。

⑤ 朱瑞熙：《宋代的节日》，《上海师范大学学报》1987 年第 3 期。

⑥ 刘春迎：《北宋东京三大节日及其习俗》，《史学月刊》1997 年第 1 期。

⑦ 陈述：《谈辽金元“烧饭”之俗》，《历史研究》1980 年第 5 期。

⑧ 宋德金：《“烧饭”琐议》，《中国史研究》1983 年第 2 期。

⑨ 朱瑞熙：《宋代的丧葬习俗》，《学术月刊》1997 年第 2 期。

⑩ 徐吉军：《论宋代火葬的盛行及其原因》，《中国史研究》1992 年第 3 期。

⑪ 张邦炜、张敏：《两宋火葬何以蔚然成风》，《四川师范大学学报（社会科学版）》1995 年第 3 期。

⑫〔美〕韩森：《传统中国日常生活中的协商：中古契约研究》，纽黑文：耶鲁大学出版社，1995 年；中文本，鲁西奇译，南京：江苏人民出版社，2008 年。

⑬ 朱瑞熙：《宋代的避讳习俗》，《上海师范大学学报》1988 年第 4 期；朱瑞熙：《宋代官民的称谓》，《上海师范大学学报》1990 年第 3 期。

曾瑜的《略谈宋代的避讳、称呼和排行》[①]、陈高华的《论元代的称谓习俗》[②]概述了宋元人日常生活中的避讳、称谓和排行习俗。

文体娱乐方面。谷世权的《试论辽金两代体育的民族文化特征》[③]认为辽金的体育内容存在着注重民族传统、军事武艺和向中原先进民族学习与借鉴三种文化特征。郭康松的《辽代娱乐文化之研究》[④]列举了棋艺、击鞠、角抵、百戏、双陆、叶格戏、渔猎等文体活动，认为辽代的文体是中原传统农业文化和草原游牧文化和谐发展的结果。王瑞明的《宋儒风采》[⑤]从十几个方面进行了解剖，力图多层次、多角度地说明宋儒文化素养的高超、精神风貌的非凡和思想情趣的卓越。刘子健的《南宋中叶马球衰落和文化的变迁》[⑥]认为，儒臣阻止宋孝宗及其太子击球，逐渐使马球从风尚降于恶习，趋于衰落。蒙古时代，马球反倒消失。陈高华的《宋元和明初的马球》[⑦]则提出不同看法，认为南宋打马球不仅存在于军营之中，而且也在民间流行，元代马球更没有消失。施惠康的《宋代的球鞠之戏》[⑧]按照击球方式将宋代的球类运动分为用杖击球、以足踢球、用手拍球三类，并对其场地、比赛规则有所论述。张传玺的《宋明时期的武术——“中国武术文化五千年”之四》[⑨]、王赛时的《宋代的竞渡》[⑩]分别叙述了武术和竞渡项目。宋东侠的《宋代士大夫的狎妓风》[⑪]论述了士大夫不健康的娱乐活动——狎妓。刘菊湘的《西夏人的娱乐生活》[⑫]认为，西夏人的娱乐活动主要有音乐、歌舞、骑射、相扑、狩猎、戏曲、饮酒、下棋等，境内汉乐、戏曲的盛行表明西夏文化是中原文化与党项、回鹘、吐蕃等民族文化共同作用的结果。

---

① 王曾瑜：《略谈宋代的避讳、称呼和排行》，《文史知识》1998 年第 3 期。
② 陈高华：《论元代的称谓习俗》，《浙江学刊》2000 年第 5 期。
③ 谷世权：《试论辽金两代体育的民族文化特征》，《体育科学》1992 年第 5 期。
④ 郭康松：《辽代娱乐文化之研究》，《北方文物》1995 年第 1 期。
⑤ 王瑞明：《宋儒风采》，长沙：岳麓书社，1997 年。
⑥ 刘子健：《南宋中叶马球衰落和文化的变迁》，《历史研究》1980 年第 2 期。
⑦ 陈高华：《宋元和明初的马球》，《历史研究》1984 年第 4 期。
⑧ 施惠康：《宋代的球鞠之戏》，《西安体育学院学报》1989 年第 4 期。
⑨ 张传玺：《宋明时期的武术——“中国武术文化五千年”之四》，《中华武术》1990 年第 8 期。
⑩ 王赛时：《宋代的竞渡》，《成都体育学院学报》1991 年第 4 期。
⑪ 宋东侠：《宋代士大夫的狎妓风》，《史学月刊》1997 年第 4 期。
⑫ 刘菊湘：《西夏人的娱乐生活》，《宁夏社会科学》1999 年第 3 期。

宗教生活方面。汪圣铎讨论了礼与佛道二教的相互关系，认为宋代礼法中有相当一部分内容带有佛道色彩或与佛道直接关联。[①]关于佛道对民间习俗的影响，范荧的《宋代民间信仰中的佛教因素》[②]认为，随着佛教的广泛传播，给传统的民间信仰注入了外来因素。这一方面表现在许多佛教神被“中国化”后纳入民间神谱；另一方面则是产生了许多佛教因素影响下的民间信仰习俗，如功德坟寺、火葬、佛教节日、放生、素食等。

有关民间信仰，日本今井秀周的《金代女真人的信仰——以祭天为中心》[③]探讨了女真人的祭天习俗。程民生的《神权与宋代社会——略论宋代祠庙》[④]探讨了宋代祠庙和祠神崇拜习俗。李玉昆的《试论宋元时期的祈风与祭海》[⑤]探讨了宋元风神海神崇拜习俗。美国韩森的《变迁之神：南宋时期的民间信仰》[⑥]认为，12 世纪的中国人面对诸多神灵信仰，选择那些最为灵验有证的。佛、道、儒三教传统的信仰，并不能完全决定世俗信徒的神灵崇拜。大众宗教中的变化是伴随着 11—12 世纪的经济、社会及政治的变迁而出现的。沈宗宪的《宋代民间的幽冥世界观》[⑦]则从信仰角度探讨基层社会的精神生活。

3. 婚姻家庭及宗族生活

婚姻方面。向南、杨若薇的《论契丹族的婚姻制度》[⑧]认为契丹族是氏族外婚制、部落内婚制。席岫峰的《关于契丹婚姻制度的商榷》[⑨]认为契丹族人实行的是两姓直接交换婚制。程妮娜的《契丹婚制婚俗探析》[⑩]对契丹族的婚俗做了

---

① 汪圣铎：《宋朝礼与佛教》，《学术月刊》1990 年第 5 期；汪圣铎：《宋朝礼与道教》，载北京大学古文献研究所、四川大学古籍整理研究所编：《国际宋代文化研讨会论文集》，成都：四川大学出版社，1991 年。

② 范荧：《宋代民间信仰中的佛教因素》，载漆侠、胡昭曦主编：《宋史研究论文集》（1994 年年会编刊），保定：河北大学出版社，1996 年。

③〔日〕今井秀周：《金代女真人的信仰——以祭天为中心》，载森三树三郎博士祝寿记念事业会编：《森三树三郎博士颂寿记念东洋学论集》，京都：朋友书店，1979 年。

④ 程民生：《神权与宋代社会——略论宋代祠庙》，载邓广铭、漆侠等主编：《宋史研究论文集》（1987 年年会编刊），石家庄：河北教育出版社，1989 年。

⑤ 李玉昆：《试论宋元时期的祈风与祭海》，《海交史研究》1983 年第 5 期。

⑥〔美〕韩森：《变迁之神：南宋时期的民间信仰》，普林斯顿：普林斯顿大学出版社，1990 年；中文本，包伟民译，杭州：浙江人民出版社，1999 年。

⑦ 沈宗宪：《宋代民间的幽冥世界观》，台北：商鼎文化出版社，1993 年。

⑧ 向南、杨若薇：《论契丹族的婚姻制度》，《历史研究》1980 年第 5 期。

⑨ 席岫峰：《关于契丹婚姻制度的商榷》，《历史研究》1993 年第 2 期。

⑩ 程妮娜：《契丹婚制婚俗探析》，《社会科学战线》1992 年第 1 期。

较全面的论述。张邦炜的《婚姻与社会（宋代）》[①]采取与唐代相比较的方法，较全面地论述了唐宋之际婚姻制度、婚姻习俗和婚姻观念的变化及其原因。在婚姻观念方面，张邦炜的《试论宋代“婚姻不问阀阅”》[②]指出，不问阀阅是宋代婚姻制度的一大特色。方建新的《宋代婚姻论财》[③]认为，“不顾门户，直求资财”是宋代婚姻一种值得注意的社会倾向。在婚姻礼仪方面，方建新的《宋代婚姻礼俗考述》[④]认为，宋代婚姻的礼仪，基本上均通过朱熹《家礼》记载的纳采、纳币、亲迎三个阶段。彭利芸的《宋代婚俗研究》[⑤]从一般婚俗、皇族婚姻、民间婚俗等方面，探讨了婚俗问题。史金波的《西夏党项人的亲属称谓和婚姻》[⑥]涉及党项人的婚姻习俗。唐长孺的《金代收继婚》[⑦]、邓荣臻的《金代女真族“妻后母”说考辨——兼论女真族宗族接续婚》[⑧]对女真婚俗的收继婚做了考辨。都兴智的《10—13世纪蒙古人的婚俗特点》[⑨]对蒙古人的婚姻制度和习俗做了探讨。

家庭方面。孟古托力的《契丹族家庭探讨》[⑩]、韩世明的《辽金时期女真家庭形态研究》[⑪]分别探讨了辽金时期契丹族和女真族的家庭生活。宋代则主要集中在家庭财产继承及家庭经济生活方面。郭东旭的《宋代财产继承法初探》[⑫]、魏天安的《宋代〈户绝条贯〉考》[⑬]等，均是财产继承方面的探讨。龙登高的《略论宋代士大夫家庭的经济生活》[⑭]、《宋代的小农家庭与农村市场》[⑮]考察了士大夫家庭和小农家庭的经济生活。

---

① 张邦炜：《婚姻与社会（宋代）》，成都：四川人民出版社，1989年。
② 张邦炜：《试论宋代“婚姻不问阀阅”》，《历史研究》1985年第6期。
③ 方建新：《宋代婚姻论财》，《历史研究》1986年第3期。
④ 方建新：《宋代婚姻礼俗考述》，载中华书局编辑部编：《文史》第24辑，北京：中华书局，1985年。
⑤ 彭利芸撰著：《宋代婚俗研究》，台北：新文丰出版公司，1988年。
⑥ 史金波：《西夏党项人的亲属称谓和婚姻》，《民族研究》1992年第1期。
⑦ 唐长孺：《金代收继婚》，《山居存稿》，北京：中华书局，1989年。
⑧ 邓荣臻：《金代女真族“妻后母”说考辨——兼论女真族宗族接续婚》，《北方文物》1990年第1期。
⑨ 都兴智：《10—13世纪蒙古人的婚俗特点》，《辽宁师范大学学报（社科版）》1989年第3期。
⑩ 孟古托力：《契丹族家庭探讨》，《学习与探索》1994年第4期。
⑪ 韩世明：《辽金时期女真家庭形态研究》，《史学集刊》1993年第2期。
⑫ 郭东旭：《宋代财产继承法初探》，《河北大学学报》1986年第8期。
⑬ 魏天安：《宋代〈户绝条贯〉考》，《中国经济史研究》1988年第3期。
⑭ 龙登高：《略论宋代士大夫家庭的经济生活》，《史学月刊》1991年第4期。
⑮ 龙登高：《宋代的小农家庭与农村市场》，《思想战线》1991年第6期。

家庭中的妇女和儿童群体也受到较多的关注。张邦炜的《辽宋西夏金时期少数民族妇女的生活》[①]专论少数民族妇女群体的生活。美国伊佩霞（Patricia Ebrey）的《内闱：宋代的婚姻和妇女生活》[②]对相关问题做了相当细致的数据统计和分析。刘静贞的《不举子——宋人的生育问题》[③]从损子坏胎的报应传说、妇产医学、不举子的经济理由、亲子关系等方面，探讨了生育问题。张伟然的《唐宋时期峡江女性的形象及日常生活》[④]将女性形象与日常生活相结合。游惠远的《宋代民妇的角色与地位》[⑤]也是关于妇女的专著。周愚文的《宋代儿童的生活与教育》[⑥]则专论儿童群体。

宗族方面。都兴智的《辽代契丹人姓氏及其相关问题考探》[⑦]从耶律氏封爵多以漆水为郡望、萧氏封爵多以兰陵为郡望及辽朝契丹人自称是黄帝后裔这一史实进行考察，改汉姓为“刘”“萧”是辽朝绍周、汉继统思想的反映。席岫峰和宋志发的《试析契丹族人的祖先崇拜活动》[⑧]认为在契丹人意识当中，天地、神、人（祖先）是互渗的，即他们祖先既是神，又与大地合而为一。王善军的《宋代宗族和宗族制度研究》[⑨]既对宋代宗族制度的形成，以及时代特点、宗族谱牒、宗族公产、族规家法、宗族祭祀、族塾义学、宗祧继承等进行了较全面的论述，还对几种重要的宗族组织类型如同居共财大家庭、世家大族、强宗豪族、皇族等进行了具体的解剖。日本学者论文集《柳田节子先生古稀记念论集——中国的传统社会与家族》[⑩]、《宋代的规范与习俗》[⑪]对此也多有涉及。

---

① 张邦炜：《辽宋西夏金时期少数民族妇女的生活》，《四川师范大学学报（社会科学版）》1999 年第 3 期。

② 〔美〕伊佩霞：《内闱：宋代的婚姻和妇女生活》，伯克利：加利福尼亚大学出版社，1993 年；中文本，胡志宏译，南京：江苏人民出版社，2004 年。

③ 刘静贞：《不举子——宋人的生育问题》，新北：稻乡出版社，1998 年。

④ 张伟然：《唐宋时期峡江女性的形象及日常生活》，《中国文化研究》1998 年第 2 期。

⑤ 游惠远：《宋代民妇的角色与地位》，台北：新文丰出版公司，1998 年。

⑥ 周愚文：《宋代儿童的生活与教育》，台北：师大书苑有限公司，1996 年。

⑦ 都兴智：《辽代契丹人姓氏及其相关问题考探》，《社会科学辑刊》2000 年第 5 期。

⑧ 席岫峰、宋志发：《试析契丹族人的祖先崇拜活动》，《社会科学辑刊》1994 年第 3 期。

⑨ 王善军：《宋代宗族和宗族制度研究》，石家庄：河北教育出版社，2000 年。

⑩ 〔日〕柳田节子先生古稀记念论集编集委员会：《柳田节子先生古稀记念论集——中国的传统社会与家族》，东京：汲古书院，1993 年。

⑪ 〔日〕宋代史研究会：《宋代的规范与习俗》，东京：汲古书院，1995 年。

韩世明的《女真姓氏及姓氏集团研究》①对女真姓氏演变做了探讨。冯继钦的《金元时期契丹人姓名研究》②认为契丹人特定的姓氏和名字，反映了本民族特有的风俗习惯、时代风尚和伦理道德等，辽亡后契丹人姓名发生了重要变化。常建华的《宋元时期徽州祠庙祭祖的形式及其变化》③认为宋元时期徽州宗族祭祖从依附或与地缘性社祭、宗教性寺观祭祖结合而逐渐分离并走向衰败，而独立性祠堂祭祖渐兴。

四、21世纪的研究

21世纪的生活史研究，在20世纪已取得成果的基础上，问题不断细化，传统的研究领域也不断与日常生活史视角相结合，取得的学术成果也日益丰富多彩。综合性著作如韩世明的《辽金生活掠影》④着重叙述契丹、女真族的社会生活状况，兼及其他的民族。韩国金渭显的《契丹社会文化史论》⑤一书单列“生活习俗”为一篇，包括祭礼、仪礼等各种礼俗、狩猎习俗、服饰等。汪圣铎的《宋代社会生活研究》⑥也涉及多个传统领域，如精神文化生活、官员等特殊群体生活、社会医疗卫生、教育、文化娱乐、经济生活等。

有关生活史的通史类编撰成果更为突出。如《中国风俗通史》辽金西夏卷（宋德金、史金波著）、宋代卷（徐吉军等著）、元代卷（陈高华、史卫民著）⑦，内容涉及衣食住行、生育、婚姻、医疗保健、丧葬、生产、宗教信仰、岁时节

① 韩世明：《女真姓氏及姓氏集团研究》，载干志耿、王可宾主编：《辽金史论集》第8辑，长春：吉林文史出版社，1994年。

② 冯继钦：《金元时期契丹人姓名研究》，《黑龙江民族丛刊》1992年第4期。

③ 常建华：《宋元时期徽州祠庙祭祖的形式及其变化》，载安徽大学徽学研究中心编：《徽学》2000年卷，合肥：安徽大学出版社，2001年。

④ 韩世明编著：《辽金生活掠影》，沈阳：沈阳出版社，2002年。

⑤〔韩〕金渭显：《契丹社会文化史论》，汉城：景仁文化社，2004年。

⑥ 汪圣铎：《宋代社会生活研究》，北京：人民出版社，2007年。

⑦ 陈高华、徐吉军主编：《中国风俗通史》，上海：上海文艺出版社，2001年。

日、游艺、交际、社会组织等。游彪等的《中国民俗史·宋辽金元卷》[1]全面论述了物质生产民俗、物质生活民俗、社会组织民俗、人生礼仪、岁时节日民俗、信仰民俗等。

（一）置生活史于空间范围的研究

1. 城市生活

日本久保田和男的《宋代开封研究》[2]一书第三部为《都市空间构造与首都住民生活》，考察了宋代开封城市的夜禁制、城市东部与西部功能的形成、宋代时法与开封的早晨等问题，展示了开封城市构造与市民生活的多样性。徐吉军《南宋临安社会生活》[3]一书包含饮食、服饰、住居、交通行旅、婚姻与生育、生日寿诞、丧葬、节日、体育竞技及文化娱乐等内容，且分类相当细致。作者对不同社会阶层日常生活的差异进行了论述，体现出宋代都市生活的丰富多彩和等级性特征。成荫的《日常生活视野下的唐宋都城变革——以节日游乐社会环境为中心》[4]通过考察节日游乐社会环境主要因素的历史变迁、社会功能及历史意义，揭示出唐宋都城变革在日常生活领域中的某些表现及特征。王晓如的《音乐与宋代城市生活》[5]指出，音乐的平民化转向，使宋代城市生活更加引人注目。城市音乐活动丰富了市民的精神文化生活。梁建国的《北宋东京的士人拜谒——兼论门生关系的生成》[6]考察了北宋东京的士人拜谒现象，进而探讨了拜谒活动所生成的三种门生关系。

2. 乡村生活

张国庆的《辽代社会基层聚落组织及其功能考探——辽代乡村社会史研究

---

① 游彪、尚衍斌、吴晓亮，等：《中国民俗史·宋辽金元卷》，北京：人民出版社，2008年。

② 〔日〕久保田和男：《宋代开封研究》，东京：汲古书院，2007年；中文本，郭万平译，董科校译，上海：上海古籍出版社，2010年。

③ 徐吉军：《南宋临安社会生活》，杭州：杭州出版社，2011年。

④ 成荫：《日常生活视野下的唐宋都城变革——以节日游乐社会环境为中心》，《中国经济史研究》2009年第3期。

⑤ 王晓如：《音乐与宋代城市生活》，《西安文理学院学报（社会科学版）》2012年第5期。

⑥ 梁建国：《北宋东京的士人拜谒——兼论门生关系的生成》，《中国史研究》2008年第3期。

之一》[①]认为辽代社会基层聚落组织的形成与存在具有地域和民族的双重特征，各类社会基层聚落组织发挥着各自行政、生产、军事及宗教等不同方面的功能。刁培俊的《宋代的富民与乡村治理》[②]则论述了乡村富民在参与乡间基层社会的管理，尤其是在乡村税收、治安管理等方面的作用；《官治、民治规范下村民的“自在生活”——宋朝村民的生活世界初探》[③]通过对州县行政“官治”和乡役等体制下“民治”的考察，认为宋王朝权威以一种刚性形式向乡村渗透的趋势相当明显，来自王朝的柔性的教化理念也深入民心。村民们只能在这一网络控制下“自在生活”。谭景玉的《宋代乡村组织研究》[④]比较全面地论述了乡村行政组织、乡村民间组织及乡村组织与社会控制的关系。谷更有的《宋代乡村户之生活水平析议》[⑤]认为宋代经济取得了快速发展，但依然没有摆脱“普遍贫穷”的前现代社会的特征。其中乡村中户的生活水平一般能自给自足。《宋代乡村户意识形态研究》指出：五代时期的纷争，土地私有制的盛行，已使人们头脑中充满了利欲的观念，就乡村户而言，突出表现了“追末逐利，诚信孝悌朴素伦理逐渐式微”“富求贵，贫求贵”“重鬼神，轻法度”等三种意识形态。[⑥]李瑾明的《南宋时期福建地区的农村市场和农民生活》[⑦]对福建地区的农民生活进行了论述。张文的《宋朝社会救济研究》《宋朝民间慈善活动研究》[⑧]、郭文佳的《宋代社会保障研究》[⑨]等是探讨宋代社会保障的专著。张文的《社区慈善：两宋民间慈善活动的空间结构》[⑩]指出，两宋民间慈善活动的空间结构特征呈现出两种

---

① 张国庆：《辽代社会基层聚落组织及其功能考探——辽代乡村社会史研究之一》，《中国史研究》2002 年第 2 期。

② 刁培俊：《宋代的富民与乡村治理》，《河北学刊》2005 年第 2 期。

③ 刁培俊：《官治、民治规范下村民的“自在生活”——宋朝村民的生活世界初探》，载邓小南、程民生、苗书梅主编：《宋史研究论文集》（2012 年年会编刊），郑州：河南大学出版社，2014 年。

④ 谭景玉：《宋代乡村组织研究》，济南：山东大学出版社，2010 年。

⑤ 谷更有：《宋代乡村户之生活水平析议》，载缪坤和主编：《经济史论丛（一）》，北京：中国经济出版社，2005 年。

⑥ 谷更有：《宋代乡村户意识形态研究》，《思想战线》2003 年第 2 期。

⑦〔韩〕李瑾明：《南宋时期福建地区的农村市场和农民生活》，载姜锡东、李华瑞主编：《宋史研究论丛》第 7 辑，保定：河北大学出版社，2006 年。

⑧ 张文：《宋朝社会救济研究》，重庆：西南师范大学出版社，2001 年；张文：《宋朝民间慈善活动研究》，重庆：西南师范大学出版社，2005 年。

⑨ 郭文佳：《宋代社会保障研究》，北京：新华出版社，2005 年。

⑩ 张文：《社区慈善：两宋民间慈善活动的空间结构》，《中国社会经济史研究》2005 年第 4 期。

不同类型，即主要面向“熟人”的乡村社区慈善与主要面向“陌生人”的城市社区慈善。前者有开放性特征，后者具有封闭性特征。范立舟的《元代白莲教的乡村生存及其与吃菜事魔和弥勒信仰的糅合》[①]认为白莲教原本是一种平和的世俗化佛教,但在元代与当时乡村中广泛存在的吃菜事魔现象及弥勒信仰发生了深度的融汇，最终成为古代中国各种反叛势力的渊薮。

（二）置生活史于具体侧面的研究

1. 物质生活

程民生的《宋代物价研究》[②]考证了宋代的土地、房屋、矿产、服饰、家畜、家禽、文房四宝，以及日杂用品等的交换价格并做了剖析，显示了同一物品由于质量差别、地区差别、时代差别而显示不同价格的动态变化，说明宋代社会经济生活的复杂性。徐永斌的《宋代文人的治生与商化》[③]认为成名文人治生的手段主要是卖文或撰写碑铭，具有一定的商业化特点；下层文人的治生手段则更加多样。费君清的《南宋江湖诗人的谋生方式》[④]指出江湖诗人的谋生方式和经济来源主要有干谒权贵、亲友周济、出卖诗文字画、教书授徒、代人撰述等。何辉的《宋代消费史：消费与一个王朝的盛衰》[⑤]、叶烨的《北宋文人的经济生活》[⑥]等专著，也均是在关照宋代社会的前提下研究经济生活和经济关系。

服饰方面。王青煜的《辽代服饰》[⑦]介绍了服装、佩饰、化妆品以及发式等。王雪莉的《宋代服饰制度研究》[⑧]通过对宋代冕服、朝服、公服、胡服及奇装异服等方面的分析研究，提出宋代服饰文化四种创新模式，并据此说明宋代服饰

① 范立舟：《元代白莲教的乡村生存及其与吃菜事魔和弥勒信仰的糅合》，《宗教学研究》2013 年第 4 期。
② 程民生：《宋代物价研究》，北京：人民出版社，2008 年。
③ 徐永斌：《宋代文人的治生与商化》，《社会科学辑刊》2005 年第 2 期。
④ 费君清：《南宋江湖诗人的谋生方式》，《文学遗产》2005 年第 6 期。
⑤ 何辉：《宋代消费史：消费与一个王朝的盛衰》，北京：中华书局，2010 年。
⑥ 叶烨：《北宋文人的经济生活》，南昌：百花洲文艺出版社，2008 年。
⑦ 王青煜：《辽代服饰》，沈阳：辽宁画报出版社，2002 年。
⑧ 王雪莉：《宋代服饰制度研究》，杭州：杭州出版社，2007 年。

保守论有失公正。孙昌盛的《西夏服饰研究》[①]分析了唐、宋、辽、金和吐蕃服饰对西夏的影响，论述了西夏的服饰制度和男女服饰的特点。顾韵芬等的《金代女真族服饰文化的整合性发展》[②]认为金代女真族服饰文化整合性发展具有不平衡性、跳跃性、渐进性和强势性等特性。

饮食方面。韩荣的《有容乃大：辽宋金元时期饮食器具研究》[③]是关于饮食器具的专著。张景明、马利清的《契丹民族的饮食文化在礼俗中的反映》[④]勾勒出契丹饮食文化的丰富内涵，并详析其在婚姻、丧葬、祭祀等礼俗礼仪中的表现。刘朴兵的《唐宋饮食文化比较研究》[⑤]对唐宋两代的食品、饮品、饮食业、饮食习俗、饮食文化交流、饮食思想等进行了系统的比较，认为唐宋饮食文化有着许多显著的差异。沈冬梅的《茶与宋代社会生活》[⑥]论述了茶与宋代社会生活诸层面的关系及特征，涉及宋代茶叶生产制造、茶饮技巧和茶具，日常生活中客来敬茶、婚礼用茶等茶习俗，以及茶与宋代宗教生活的相互关系。日本石田雅彦的《“茶道”前史研究——宋代片茶文化完成到日本的茶道》[⑦]涉及宋代的饮茶。崔广彬的《金代女真人饮食习俗考》[⑧]认为金代女真人据有中原后，其饮食发生了很大变化。夏宇旭的《金代女真人食用蔬菜瓜果刍议》[⑨]论述了金代女真人的野生蔬菜、种植蔬菜、储藏蔬菜，以及秋白梨、桃李、石榴、樱桃、西瓜等各种水果。

住房方面。谭刚毅的《两宋时期的中国民居与居住形态》[⑩]总结了两宋及辽、金、西夏的住居形制、材料选择、构造技术和审美意向，勾勒出宋代民居的营建过程和仪式，阐释了两宋时期居住生活的变化及其影响。邵晓峰的《中国宋代家具：研究与图像集成》[⑪]通过对大量图像、文献史料与实物资料的总结、归

① 孙昌盛：《西夏服饰研究》，《民族研究》2001 年第 6 期。
② 顾韵芬、高岩、李丹：《金代女真族服饰文化的整合性发展》，《纺织学报》2008 年第 2 期。
③ 韩荣：《有容乃大：辽宋金元时期饮食器具研究》，镇江：江苏大学出版社，2011 年。
④ 张景明、马利清：《契丹民族的饮食文化在礼俗中的反映》，《饮食文化研究》2004 年第 1 期。
⑤ 刘朴兵：《唐宋饮食文化比较研究》，北京：中国社会科学出版社，2010 年。
⑥ 沈冬梅：《茶与宋代社会生活》，北京：中国社会科学出版社，2007 年。
⑦〔日〕石田雅彦：《“茶道”前史研究——宋代片茶文化完成到日本的茶道》，东京：雄山阁，2003 年。
⑧ 崔广彬：《金代女真人饮食习俗考》，《学习与探索》2001 年第 2 期。
⑨ 夏宇旭：《金代女真人食用蔬菜瓜果刍议》，《满语研究》2013 年第 2 期。
⑩ 谭刚毅：《两宋时期的中国民居与居住形态》，南京：东南大学出版社，2008 年。
⑪ 邵晓峰：《中国宋代家具：研究与图像集成》，南京：东南大学出版社，2010 年。

纳，并以图、史、物互证，展现了丰富多彩的宋代家具世界。夏时华的《宋代香药与平民生活》①、《宋代上层社会生活中的香药消费》②、《宋代平民社会生活中的香药消费述论》③对香药与日常生活的关系做了系统研究，认为宋代平民在医疗、饮食、佩香、化妆、建筑、婚育仪式、宗教活动、节日习俗等日常生活中广泛使用香药。在上层社会生活中，香药消费表现出广泛多样性、奢侈性、雅致性、部分市场化等特点。广大平民在日常社会生活中香药消费兴盛，并表现出其消费的广泛性和多样性、市场化、生存性与享受性并存等特点。

交通方面。曹家齐的《宋代交通管理制度研究》④系统论述了交通制度的各个方面。王福鑫的《宋代旅游研究》⑤通过旅游的三个要素来探讨宋代的旅游文化，认为在宋代社会经济特别是商品经济发展的基础上，宋代的旅游也兴盛了起来。

医疗保健方面。刘金柱、许启伟的《由黄庭坚〈宜州乙酉家乘〉对宋人沐浴观的考察》⑥通过考察黄庭坚的日记《宜州乙酉家乘》，发现黄庭坚在生命结束前夕，仍能按照当时士人约定俗成的频率洗浴，由此可见其生活的规律、严谨，也可想见其社会意识之自觉。袁冬梅的《宋代江南地区疾疫成因分析》⑦将疾疫与日常生活方式如城市环境卫生、日常生活习惯、丧葬习俗等联系在一起，说明一些大的疾疫的发生往往与日常生活中的细节有着密切的联系。姚海英的《从洪迈〈夷坚志〉看宋代的医疗活动与民间行医群体》⑧从医学的发展、巫医治病的存在、民间行医队伍的庞杂等方面展示了宋代医学的一些情况。朱德明的《南宋时期浙江公共卫生治理及其卫生习俗》⑨主要从环境卫生、饮水卫生、个人卫生、传统节日中的医药卫生习俗等方面讲述这一时期浙江的一些情况。

① 夏时华：《宋代香药与平民生活》，《淮北煤炭师范学院学报（哲学社会科学版）》2008年第5期。
② 夏时华：《宋代上层社会生活中的香药消费》，《云南社会科学》2010年第5期。
③ 夏时华：《宋代平民社会生活中的香药消费述论》，《江西社会科学》2010年第12期。
④ 曹家齐：《宋代交通管理制度研究》，开封：河南大学出版社，2002年。
⑤ 王福鑫：《宋代旅游研究》，保定：河北大学出版社，2007年。
⑥ 刘金柱、许启伟：《由黄庭坚〈宜州乙酉家乘〉对宋人沐浴观的考察》，《河北大学学报（哲学社会科学版）》2006年第6期。
⑦ 袁冬梅：《宋代江南地区疾疫成因分析》，《重庆工商大学学报（社会科学版）》2007年第4期。
⑧ 姚海英：《从洪迈〈夷坚志〉看宋代的医疗活动与民间行医群体》，《贵州文史丛刊》2011年第1期。
⑨ 朱德明：《南宋时期浙江公共卫生治理及其卫生习俗》，《医学与社会》2005年第5期。

2. 精神生活

人际关系方面。陈成国的《中国礼制史·宋辽金夏卷》[①]从礼俗礼制角度透视宋辽金夏时期的人际关系。王曾瑜的《辽宋西夏金的避讳、称谓和排行》[②]论述了辽宋西夏金时期的避讳、称谓和排行的基本情况及特点。程妮娜的《辽金时期渤海族习俗研究》[③]认为渤海人长期与汉、契丹、女真诸族人杂居相处，社会风俗发生显著变异，形成了本族习俗与他族习俗杂糅共存的特征，一方面衣食住等物质习俗的变异十分活跃；另一方面恋爱婚嫁等习俗，却长期按照本族传统习俗发展变化，表现了独特的民俗风情。周扬波的《宋代士绅结社研究》[④]、方健的《北宋士人交游录》[⑤]等对士人群体的人际关系有所揭示。郭东旭等的《宋代民间法律生活研究》[⑥]对宋代民间社会中的各种法律现象进行了考察，包括宋代民众生活的社会环境和法律环境、民众法律地位和法定权利的变化、民间讼学之兴与好讼之风、民间财产纷争的各种表现形态、官府诫争息讼措施及民众在司法活动中的实际境遇。方燕的《巫术与人生礼俗——以宋代为例》[⑦]指出尽管巫术掺杂了许多有悖礼制、荒谬和非理性的成分，却作为习俗融进了日常生活。游彪的《建构和谐：宋儒理想状态的家庭邻里关系》[⑧]认为，宋朝士大夫逐渐形成了一套系统的"齐家"理念和"居家礼仪"，而单个的家庭又与宗族、邻里之间逐渐形成既存在矛盾又利害与共的某种共同体；《"礼""俗"之际——宋代丧葬礼俗及其特征》[⑨]提出宋代士大夫阶层提倡实施规范的丧葬礼节与民间丧葬之"俗"共生共存，是宋代丧葬民俗的总体特征。秦大树的《宋代丧葬习俗的变革及其体现的社会意义》[⑩]比较了唐宋时期的丧葬制度与习俗，指出了诸多变化与社会政治、经济和文化变革的密切关联。日本平田茂树、远藤隆俊、冈

---

① 陈成国：《中国礼制史·宋辽金夏卷》，长沙：湖南教育出版社，2001年。

② 王曾瑜：《辽宋西夏金的避讳、称谓和排行》，《安徽师范大学学报（人文社会科学版）》2005年第5期。

③ 程妮娜：《辽金时期渤海族习俗研究》，《学习与探索》2001年第2期。

④ 周扬波：《宋代士绅结社研究》，北京：中华书局，2008年。

⑤ 方健：《北宋士人交游录》，上海：上海书店出版社，2013年。

⑥ 郭东旭、高楠、王晓薇，等：《宋代民间法律生活研究》，北京：人民出版社，2012年。

⑦ 方燕：《巫术与人生礼俗——以宋代为例》，《四川大学学报（哲学社会科学版）》2005年第3期。

⑧ 游彪：《建构和谐：宋儒理想状态的家庭邻里关系》，《上海大学学报（社会科学版）》2008年第1期。

⑨ 游彪：《"礼""俗"之际——宋代丧葬礼俗及其特征》，《云南社会科学》2005年第1期。

⑩ 秦大树：《宋代丧葬习俗的变革及其体现的社会意义》，载荣新江主编：《唐研究》第11卷，北京：北京大学出版社，2005年。

元司的《宋代社会的空间与交流》①在理解与地域社会相关史料的过程中，着眼于日常空间，该空间是多样的现实与意识相互关联的具有流动性并带有复杂性质的“场”。萧启庆的《元代多族士人网络中的师生关系》②指出，师生关系为元代“多族士人圈”中具有重要意义的一环。由元初的以汉族士人为师，以蒙古人、色目人为生，发展至出现以蒙古人、色目人为师，以汉族士人为生的变化，反映出汉文化传播的进展。虽然元代各族始终未能高度统合而达致长治久安，但其症结在于政治，而不在于社会与文化。李玲珑的《论元代爱情剧中的民俗生活相》③认为，元代爱情剧对民俗生活相的揭示和勾勒，是对民俗生活相的艺术概括和升华。

文体娱乐方面。王俊奇的《宋代体育文化史》④从文化史视角对宋代体育的发展状况做了较详细的论述。郭学信的《宋代士大夫生活世俗化探析》⑤指出，有宋一代，士大夫无论是在生活方式还是在行为习惯上，都表现出鲜明的世俗化文化性格，体现出注重世俗生活的体验和官能感受的追求与满足。潘立勇和陆庆祥的《宋代士人的休闲之境——宋代士人日常生活哲学描述》⑥从日常生活哲学的角度分析士人群体，认为宋代士人日常生活哲学，突出表现在仕隐之间、政治出处的生存智慧和徜徉于林泉之乐、园林之境的休闲境趣。

宗教生活方面。张国庆的《佛教文化与辽代社会》⑦较全面地考察了辽代佛教的发展状况，并论述了佛教对辽代政治、经济、文学、艺术、民俗等方面的影响。刘浦江的《宋代宗教的世俗化与平民化》⑧认为，自唐末五代以后，佛、道二教均趋于世俗化和平民化。佛教的变化主要表现在唐代义学宗派的衰落和新禅宗的崛起，以及佛教前所未有的社会影响。道教的变化主要表现为神仙信仰的动摇、内丹术取代外丹术，以及南宋金元时期新道教的兴盛，道教从上层社会走向民间社会，民众道教成为主流。日本蜂屋邦夫的《金代道教研究：王

① 〔日〕平田茂树、远藤隆俊、冈元司编：《宋代社会的空间与交流》，开封：河南大学出版社，2008 年。

② 萧启庆：《元代多族士人网络中的师生关系》，《历史研究》2005 年第 1 期。

③ 李玲珑：《论元代爱情剧中的民俗生活相》，《青海师范大学学报（哲学社会科学版）》2012 年第 2 期。

④ 王俊奇：《宋代体育文化史》，北京：北京体育大学出版社，2009 年。

⑤ 郭学信：《宋代士大夫生活世俗化探析》，《历史教学（高校版）》2007 年第 1 期。

⑥ 潘立勇、陆庆祥：《宋代士人的休闲之境——宋代士人日常生活哲学描述》，《哲学分析》2013 年第 1 期。

⑦ 张国庆：《佛教文化与辽代社会》，沈阳：辽宁民族出版社，2011 年。

⑧ 刘浦江：《宋代宗教的世俗化与平民化》，《中国史研究》2003 年第 2 期。

重阳与马丹阳》[①]研究了全真教的开祖王重阳和他的弟子（实际上的二祖）马丹阳的生涯和教说，是一部研究全真教的著述。

关于民间信仰，贾二强的《唐宋民间信仰》[②]以小说笔记为主要材料，对一些重要的民间信仰进行了考证和复原，解释了日常生活中流行的若干重要观念。皮庆生的《宋代民众祠神信仰研究》[③]以张王、祠赛社会、祈雨、祠神信仰传播、正祀与淫祀五个个案为例，将宋代民众祠神信仰置于唐宋社会变革的背景下，考察了祠神活动存在、演变的状况及其复杂的社会、政治与文化背景。刘祥光的《宋代日常生活中的卜算与鬼怪》[④]认为，宋朝卜算成了“全民运动”，上至皇帝任命官员，下至一心想发财的百姓与埋首啃书的读书人，都要借助算命。“风水”一词于宋代也应运而生，居所与墓地都要看风水，宋代出版了许多算命、风水书籍，让人可以自学卜算。鬼魂也常出现在宋人的日常生活中。美国韩明士（Robert Hymes）的《道与庶道：宋代以来的道教、民间信仰和神灵模式》[⑤]提出了关于中国人的神祇象征和人神关系象征的两种模式：其一是官僚模式，神祇如同官员，神祇和信众都是一个更大的组织机构中的一部分；其二是个人模式，神祇是“异人”，神灵和信众之间的关系独立于外在权威，扎根于本地，并且围绕神祇的固有神力而非外在委托的力量建构其模式。其他还有王章伟的《在国家与社会之间——宋代巫觋信仰研究》[⑥]、《文明世界的魔法师——宋代的巫觋与巫术》[⑦]及李小红的《宋代社会中的巫觋研究》[⑧]等专著。陈曦的《宋代荆湖北路的水神信仰与生态环境》[⑨]分析了宋代荆湖北路水神崇拜的对象、水神庙址的分布特点与职能，探讨了水神信仰所体现出的本区人地关系尤其是人与水环境之间关系的基本特征。

① 〔日〕蜂屋邦夫：《金代道教研究：王重阳与马丹阳》，钦伟刚译，北京：中国社会科学出版社，2007年。

② 贾二强：《唐宋民间信仰》，福州：福建人民出版社，2002年。

③ 皮庆生：《宋代民众祠神信仰研究》，上海：上海古籍出版社，2008年。

④ 刘祥光：《宋代日常生活中的卜算与鬼怪》，台北：政大出版社，2013年。

⑤ 〔美〕韩明士：《道与庶道：宋代以来的道教、民间信仰和神灵模式》，伯克利：加利福尼亚大学出版社，2002年（中文本，皮庆生译，南京：江苏人民出版社，2007年）。

⑥ 王章伟：《在国家与社会之间——宋代巫觋信仰研究》，香港：中华书局，2005年。

⑦ 王章伟：《文明世界的魔法师——宋代的巫觋与巫术》，台北：三民书局股份有限公司，2006年。

⑧ 李小红：《宋代社会中的巫觋研究》，北京：光明日报出版社，2010年。

⑨ 陈曦：《宋代荆湖北路的水神信仰与生态环境》，《湖北社会科学》2009年第9期。

3. 婚姻家庭及宗族生活

婚姻方面。邵方的《西夏党项社会的族际婚》[①]、王晓清的《元代社会婚姻形态》[②]讨论了西夏、元代的婚姻形态特别是不同民族间的通婚。林雅琴的《西夏人的婚姻与丧葬》[③]认为党项族的婚姻形态早期流行群婚制度。迁入西北以后，随着社会生产的不断发展和汉族婚姻文化的日益侵染，发生了很大的变化。徐适端的《元代平民妇女婚姻生活考》[④]认为，北方游牧民族论财购妻和收继婚俗使汉族平民妇女成了婚姻双方家庭的经济筹码。封建传统女性观、婚姻观的长期积淀强化了妇女自身的依附意识，使女性自觉不自觉地兼充着可悲的受害施暴双重角色。

家庭方面。邢铁的《中国家庭史》第3卷《宋辽金元时期》[⑤]是全面探讨家庭史的首部通史类著作，另外邢铁还著有《宋代家庭研究》[⑥]一书。柳立言的《宋代的家庭和法律》[⑦]涉及家庭与法律问题。张本顺的《宋代家产争讼及解纷》[⑧]论述了宋代家庭、家族成员之间财产利益纷争的状况和法律生活。邵方的《西夏家庭研究》[⑨]探讨了西夏的家庭。

妇女群体受到广泛关注，取得了丰硕的成果。《中国妇女通史》宋代卷和辽金西夏卷[⑩]是全面论述妇女群体的著作。其他专著有刘芳如的《从绘本与文本的参照探索宋代几项女性议题》[⑪]、方燕的《巫文化视域下的宋代女性——立足于女性生育、疾病的考察》[⑫]、铁爱花的《宋代士人阶层女性研究》[⑬]等。

---

① 邵方：《西夏党项社会的族际婚》，《西北民族研究》2004年第3期。

② 王晓清：《元代社会婚姻形态》，武汉：武汉出版社，2005年。

③ 林雅琴：《西夏人的婚姻与丧葬》，《宁夏社会科学》2010年第6期。

④ 徐适端：《元代平民妇女婚姻生活考》，《西南师范大学学报（人文社会科学版）》2003年第2期。

⑤ 邢铁：《中国家庭史》第3卷《宋辽金元时期》，广州：广东人民出版社，2007年。

⑥ 邢铁：《宋代家庭研究》，上海：上海人民出版社，2005年。

⑦ 柳立言：《宋代的家庭和法律》，上海：上海古籍出版社，2008年。

⑧ 张本顺：《宋代家产争讼及解纷》，北京：商务印书馆，2013年。

⑨ 邵方：《西夏家庭研究》，《西北民族研究》2001年第4期。

⑩ 方建新、徐吉军：《中国妇女通史·宋代卷》，杭州：杭州出版社，2011年；张国庆、韩志远、史金波：《中国妇女通史·辽金西夏卷》，杭州：杭州出版社，2011年。

⑪ 刘芳如：《从绘本与文本的参照探索宋代几项女性议题》，台北：文史哲出版社，2005年。

⑫ 方燕：《巫文化视域下的宋代女性——立足于女性生育、疾病的考察》，北京：中华书局，2008年。

⑬ 铁爱花：《宋代士人阶层女性研究》，北京：人民出版社，2011年。

另有邓小南主编的《唐宋女性与社会》[①]论文集。日本柳田节子的《宋代庶民的妇女们》[②]则专论社会中下层的妇女。美国费侠莉的《繁盛之阴——中国医学史中的性（960—1665）》[③]中有两章内容专论宋代妇科的发展和宋代医学中的怀孕和分娩。韩国崔碧茹的《宋代女性的经济活动：以地产买卖与契约为中心》[④]指出，宋代私人土地买卖发展及对契约的重视，给当时女性的地产买卖活动提供了良好环境，并以寡妻和寡母为例，分析了宋代官方和社会对这两种不同身份女性在家庭财政处分权方面的不同要求。战秀梅的《宋代妇女经济活动探析》[⑤]认为在实际生活中，宋代各个阶层的妇女都参加经济活动。陈高华的《元代女性的文化生活》[⑥]以元代女性的文化生活为研究对象，主要探讨了元代女性的教育、诗词散曲和书画艺术、舞台表演艺术、游戏等方面内容。

宗族方面。总论性专著有陶晋生的《北宋士族——家族·婚姻·生活》[⑦]、黄宽重的《宋代的家族与社会》[⑧]等；区域性专著有朱开宇的《科举社会、地域秩序与宗族发展——宋明间的徽州，1100—1644》[⑨]；论文集有张邦炜的《宋代婚姻家族史论》[⑩]、邹重华和粟品孝主编的《宋代四川家族与学术论集》[⑪]、日本井上徹和远藤隆俊编的《中国宋—明宗族的研究》[⑫]等。远藤隆俊的《宋

① 邓小南主编：《唐宋女性与社会》，上海：上海辞书出版社，2003年。

②〔日〕柳田节子：《宋代庶民的妇女们》，东京：汲古书院，2003年。

③〔美〕费侠莉：《繁盛之阴——中国医学史中的性（960—1665）》，甄橙主译，南京：江苏人民出版社，2006年。

④〔韩〕崔碧茹：《宋代女性的经济活动：以地产买卖与契约为中心》，《中国经济史研究》2010年第3期。

⑤ 战秀梅：《宋代妇女经济活动探析》，《中国社会经济史研究》2010年第1期。

⑥ 陈高华：《元代女性的文化生活》，载纪宗安、汤开建主编：《暨南史学》第5辑，广州：暨南大学出版社，2007年。

⑦ 陶晋生：《北宋士族——家族·婚姻·生活》，《“中央研究院”历史语言研究所专刊》102，台北：台湾“中研院”历史语言研究所，2001年。

⑧ 黄宽重：《宋代的家族与社会》，台北：东大图书股份有限公司，2006年；黄宽重：《宋代的家族与社会》，北京：国家图书馆出版社，2009年。

⑨ 朱开宇：《科举社会、地域秩序与宗族发展——宋明间的徽州，1100—1644》，台北：台湾大学出版委员会，2004年。

⑩ 张邦炜：《宋代婚姻家族史论》，北京：人民出版社，2003年。

⑪ 邹重华、粟品孝主编：《宋代四川家族与学术论集》，成都：四川大学出版社，2005年。

⑫〔日〕井上徹、远藤隆俊编：《中国宋—明宗族的研究》，东京：汲古书院，2005年。

元宗族的坟墓和祠堂》[①]以苏州范氏为中心，从宋代士大夫的社会问题，特别是家族、宗族的侧面，论述了坟墓的分布和迁居，坟墓的择地和风水、阶层、夫妇合葬，坟寺和祖先祭祀，以及祠堂的管理、运营等问题。王善军的《宋代世家大族消费述论》[②]认为，宋代世家大族的消费大体可分为生存性消费、享乐性消费、发展性消费和公益性消费四种类型。陆敏珍的《宋代家礼与儒家日常生活的重构》[③]通过家礼探讨宋代儒家日常生活问题。杜建录的《论党项宗族》[④]认为宗族以血缘关系为纽带，派生出许多支系，一个强宗大族往往包括若干个乃至数十个中小家族。宗族首先是一个军事实体，同时还是一个经济实体。杨茂盛的《试论生女真人的宗族文化》[⑤]认为长期以宗族谋克为本位的女真社会，形成了浓厚的宗族文化，并渗透到女真社会的各个方面。陈瑞的《元代徽州的宗族建设》[⑥]认为元代徽州的宗族建设主要体现在族谱编纂、祠堂建设、祖茔建设、族田设置、宗族内部管理等方面。

五、结　　语

综上所述，以往有关辽宋西夏金元生活史的研究，已经取得相当丰富的成果，但也存在明显不足。以往成果要么在宏大框架下热衷于描述生活现象，要么过分专注于具体生活事项的考索和叙述，而对日常生活方式所昭示的社会结构及其变迁缺乏全面认识。传统框架下对生活现象的描述，呈现出社会生活的若干功能和历史发展的丰富性。但是，对日常生活中的各种关系特别是个人与个人的关系，个人与群体的关系，以及人与自然的关系，还未能给予充分的重

① 〔日〕远藤隆俊：《宋元宗族的坟墓和祠堂》，载常建华主编：《中国社会历史评论》第9卷，天津：天津古籍出版社，2008年。

② 王善军：《宋代世家大族消费述论》，《社会科学战线》2008年第7期。

③ 陆敏珍：《宋代家礼与儒家日常生活的重构》，《文史》2013年第4期。

④ 杜建录：《论党项宗族》，《民族研究》2001年第4期。

⑤ 杨茂盛：《试论生女真人的宗族文化》，《北方文物》2001年第1、2期。

⑥ 陈瑞：《元代徽州的宗族建设》，《安徽师范大学学报（人文社会科学版）》2009年第2期。

视。有些以社会生活为研究内容的著作，在大量借用其他社会科学特别是社会学的理论和概念时，套用痕迹不时显露，史料运用具有例证的倾向，既难以得出规律性的认识，又未能彰显出日常生活史生动与深刻的特性。

对具体生活事项的考索和叙述，揭示出越来越多的历史事实，并能在这些事实基础上得出越来越深刻的认识。只是以下两点颇值得注意：一是社会史的研究决不能像有人担心的那样走向琐碎和庸俗，而应当为历史学带来新的生机，要尽量避免完全新闻报道式的论文写作；二是如果过度使用以小见大的方法，正像近年有些论著所显示的那样，往往会拔高细微问题所具有的社会缩影意义，从而使史学研究出现失真现象。因而，在今后的辽宋西夏金元社会史研究实践中，多从日常生活史的角度，逐渐形成相对规范的范畴和方法，对相关问题进行深入研究，可说是十分必要的。

明代日常生活史研究的回顾与展望

常建华

“日常生活”这一用语大量出现在我们的生活中，一般理解为人类为维护生存反复出现的行为，如衣食住行、人际交往、信仰行为等。明代社会史的研究中，最近二十多年来有关生活史的探讨越来越多，但一般使用“社会生活”一词，人们对其理解似乎更加宽泛。事实上，人们一般不太强调区分“日常生活”与“社会生活”，二者的使用往往糅合在一起，讨论生活问题时不易将二者严格区分开来。作为新兴起的“日常生活史”，更强调与文化史的关系，有新的学术追求，值得倡导。本文以“日常生活史”为题的学术讨论，并不是严格学术概念理解下的分析，更多的是强调一种学术理念与学术分析的方向，因此所梳理的明代生活研究的学术史，也包括了“社会生活史”的内容。

一、明代生活史研究的历程

明代生活史的研究，肇始于 20 世纪 30 年代明史学家吴晗对仕宦阶级生活的开创性研究。

1934 年吴晗所写两篇论文论述到明代中后期的生活问题，《〈金瓶梅〉的著作时代及其社会背景》一文认为：“《金瓶梅》是一部现实主义作品，所集中描写的是作者所处时代的市井社会的奢靡淫荡的生活。”这种市井社会的生活，是通过西门庆的“个人生活”“市民生活”展示的，生活上“表现出两个绝对悬殊的阶级”，对于“社会上的有闲阶级”而言，“妓女、小唱、优伶、赌博、酗酒，成为日常生活”；农民则“过着饥饿困穷的生活”。吴晗指出，地方志“所描写的‘市井贩鬻’‘逐末营利’商业发展和社会风气的变化及其生活，不恰就是《金瓶梅》时代的社会背景吗？”[①]吴晗此文旨在解决《金瓶梅》的产生时代，由于采取的方法之一是将书中描写的生活与明代文献记载生活相近时期加以比较，就呈现了明代中后期的社会与生活。从文中使用的“个人生活”“市民生活”“日常生活”的用词来看，以及从将生活区分两个“阶级”，即上层阶级（上自皇帝，下至市侩，即有闲阶级）、农民来看，作者具有将生活进行社会分析、阶级分析、多样性分析的考虑在内。

《晚明仕宦阶级的生活》一文，更使用文集、笔记等资料，揭示晚明仕宦阶级生活的骄奢淫逸，引用弘正时人周玺《垂光集·论治化疏》所说：“中外臣僚士庶之家，靡丽奢华，彼此相尚，借贷费用，习以为常。居室则一概雕画，首饰则滥用金宝，倡优下贱以绫缎为袴，市井光棍以锦绣缘袜，工匠艺之人任意制造，殊不畏惮。虽朝廷禁止之诏屡下，而奢靡僭用之习自如。”据此认为：“在16世纪初期的仕宦生活已经到达这地步。风俗之侈靡，自上而下，风行草偃，渐渐地浸透了整个社会。”[②]并论述士大夫生活的园亭之盛、饮食衣服求精侈尚、狎优纵博、广蓄声伎等诸多方面内容。

1943年写作、1991年作为遗作才正式发表的吴晗的《明代的新仕宦阶级，社会的政治的文化的关系及其生活》一文，探讨了新仕宦阶级的产生、法律所规定的特权阶级、进入仕宦阶级的梯子——科举和学校、贪污的吏治、乡绅——举贡生员和乡宦、文化与生活六个问题，在文化与生活部分，作者列举了从正统到崇祯的史料，论证仕宦阶级骄奢淫逸的生活风气，认为：

> 这一阶级的生活趣味，全部建筑在金钱上。一生的前半期耗费在科举

① 原载于《文学季刊》1934年第1卷第1期，收入北京市历史学会主编：《吴晗史学论著选集》第一卷，北京：人民出版社，1984年，第334、364、367、368页。

② 该文写于1934年1月22日，原载于《大公报·史地周刊》1935年第31期，收入北京市历史学会主编：《吴晗史学论著选集》第一卷，北京：人民出版社，1984年，第508页。

上，等到登科入仕以后，八股文故束之高阁，即切身的现实的如何做事，如何从政，国家的、民族的、社会的问题都一概不管，却用全副精神来讲求物质的享受。一般的说，都饱食终日，无所用心，只刻意谋生活上的舒适、纳姬妾，营居室，筑园亭、侈饮食、备仆从，再进而召妓女，养优伶，事博弈。雅致一点或附庸风雅的更提倡玩古董、讲版刻、组文会、究音律。这一阶级人的生活风趣影响了文学、美术、建筑学、金石学、戏曲、版本学等部门，使之具有特殊的时代的面目。①

吴晗使用了大量笔记、文集等资料，详细说明仕宦阶级生活的腐败性。值得注意的是，作者指出“生活风趣”影响了多种文化部门，构成时代特色，会增强读者对那一时代的联想。

1949 年以前论述明代生活的研究极为罕见，即使中华人民共和国成立后，直到 1979 年之前，也只有吴晗等在 20 世纪五六十年代发表的有关古人日常生活方面的普及性短文，如《谈烟草》《古人的服装及其他》《宋元以来老百姓的称呼》等中涉及明代的内容。当时历史学研究的重点是政治影响下的社会形态史，讲生活史有些另类，即使学术地位、政治地位兼具的吴晗也不无小心，他在《谈烟草》结尾时说：“我想，谈一点对我们日常生活有关的一些事情，了解它的发生和发展，以至对于人民生活、国家经济的影响，也不是不值得的。”②王宏钧利用图像介绍了明代北京社会生活。③

20 世纪 80 年代后，明代生活史才得以开始正式研究，其标志是文化史、社会史、社会生活史的兴起。从事哲学研究的王玉波将生活方式理论引入了史学研究，呼吁人们开展生活方式演变史的研究，认为社会史是以人的社会生活的历史演变过程和规律为基本内容，就是生活方式演进史，而把社会发展史作为哲学范畴。④1986 年 10 月由南开大学历史系、历史研究杂志社、天津人民出版社举办的首届中国社会史研讨会，把研究的视角指向人民大众的生活，把历史

① 吴晗：《明代的新仕宦阶级，社会的政治的文化的关系及其生活》，载中国社会科学院历史研究所明史研究室编：《明史研究论丛》第 5 辑，南京：江苏古籍出版社，1991 年，第 42 页。

② 吴晗：《灯下集》，北京：生活·读书·新知三联书店，1960 年，第 23 页。

③ 王宏钧：《反映明代北京社会生活的〈皇都积胜图〉》，《历史教学》1962 年第 7 期。

④ 王玉波：《要重视生活方式演变史的研究——读吕思勉史著有感》，《光明日报》1984 年 5 月 2 日，第 3 版；王玉波：《为社会史正名》，《光明日报》1986 年 9 月 10 日，第 3 版。

的内容还给历史。[①]冯尔康、宋德金等学者较早尝试进行社会生活史性质的断代社会史研究。[②]1987年，彭卫论述了开展社会生活史研究的方法[③]，同年，中国社会科学院历史所承担国家社会科学基金项目“中国古代社会生活史”，并进行社会生活史理论探讨。[④]该项目出版了陈宝良的《明代社会生活史》（中国社会科学出版社，2004年），反映了中国大陆明代社会生活史研究的水平。该书论述了上层社会及其生活、社会下层众生相、服饰生活、饮食生活、居住生活、行旅交通生活、家礼：冠婚丧祭、宗教信仰生活、节日与仪式、休闲与娱乐生活、社交礼仪生活等内容。在深入挖掘资料的基础上，呈现出明代“社会生活”的面相。江南地区的社会生活研究也出版了专书。[⑤]

改革开放不久，明史学者关注生活史内容。王春瑜从事包括社会生活在内的文化研究，认为嘉靖、万历时期江南园林兴盛，属于消费性文化。他也探讨了明朝酒与皇帝、宦官、政风、妓女的关系，强调明代商业文化与消费的兴盛，所写关于吸烟、文人下海、官场吃喝风的随笔颇具生活史意趣。王春瑜本有写作“明代社会生活史”的打算。[⑥]另一位明代文化史学者刘志琴更早一些写出了明代城市民变与士大夫、商人资本对社会影响、城市风尚的论文，将商品经济发展与城市生活的变化纳入视野。[⑦]还有学者发表了有关城市生活、造园风气、

① 参见《历史研究》1987年第1期发表有关这次会议的专栏。

② 冯尔康：《清代社会史论纲》，《中华文史论丛》1987年第1期；冯尔康、常建华：《清人社会生活》，天津：天津人民出版社，1990年；宋德金：《金代的社会生活》，西安：陕西人民出版社，1988年。

③ 彭卫：《略论社会生活史的研究方法》，《云南社会科学》1987年第3期。

④ 浦斯：《中国古代社会生活史讨论会简记》，《中国史研究动态》1987年第12期。

⑤ 钱杭、承载：《十七世纪江南社会生活》，杭州：浙江人民出版社，1996年；陈江：《明代中后期的江南社会与社会生活》，上海：上海社会科学院出版社，2006年。

⑥ 王春瑜：《论明代江南园林》，《中国史研究》1987年第3期；王春瑜：《说酒与明朝社会》，台北：台湾东大图书公司，1990年；王春瑜：《明代商业文化初探》，《中国史研究》1992年第4期；王春瑜：《明朝官场吃喝风考略》，《光明日报》1989年1月4日，第3版；王春瑜：《明清之际吸烟状》，《中国史研究》1985年第3期；王春瑜：《“海”上生明月？——明朝文人下“海”一瞥》，《北京日报》1993年9月29日。又，关于王春瑜对于研究社会生活史的兴趣，见《明清史事沉思录》（西安：陕西人民出版社，2007年）第335页自述。。

⑦ 刘志琴：《试论万历民变》，明清史国际学术讨论会秘书处论文组编：《明清史国际学术讨论会论文集》，天津：天津人民出版社，1982年；刘志琴：《商人资本与晚明社会》，《中国史研究》1983年第2期；刘志琴：《晚明城市风尚初探》，载丁守和、方行主编：《中国文化研究集刊》第一辑，上海：复旦大学出版社，1984年。

戏曲欣赏的论文，比较关注士大夫、文人的生活与动向。[①]

生活史研究可为文化史与社会史架起桥梁，“日常生活”更能体现这一特性。刘志琴提出“世俗理性”这一概念，她说：“精英文化的价值观念渗入世俗生活，从而使世俗生活理性化，这就是世俗理性。……世俗理性造成中国社会文化的显著特点是，伦理观念和文化意识渗入日常生活的各个领域。”[②]日常生活研究正是发现世俗理性的场所。她还强调生活，包括衣食住行和休闲在内，是人类赖以生存与发展的基本形式，呼吁学术界“发现生活”。[③]2008 年，中国社会史学会举办了“日常生活与政治变动”学术研讨会[④]，在加强日常生活史研究的同时，亦注意日常生活与大历史的关联性。笔者认为生活史应当从社会生活向日常生活转移，日常生活史应当成为社会文化史、历史人类学的出发点。[⑤]南开大学中国社会史研究中心将日常生活史作为重点研究，2011 年起连续三年举行了“中国日常生活史的多样性”“日常生活史视野下的生命与健康”“中国史上的日常生活与地方社会”这些推动日常生活史研究的学术研讨会。[⑥]

① 王宏钧、刘如仲：《明代后期南京城市经济的繁荣和社会生活的变化——明人绘〈南都繁会图卷〉的初步研究》，《中国历史博物馆馆刊》1979 年第 1 期；杨嘉祐：《明代江南造园之风与士大夫生活——读明人潘允端〈玉华堂日记〉札记》，《社会科学战线》1981 年第 3 期；赵山林：《晚明文人戏曲生活的记录——读〈快雪堂日记〉》，《戏剧艺术》1987 年第 3 期。

② 刘志琴：《社会文化史的视野》，载周积明、宋德金主编．《中国社会史论》，武汉：湖北教育出版社，2000 年，第 104 页。

③ 刘志琴：《发现生活》，载薛君度、刘志琴主编：《近代中国社会生活与观念变迁·代序》，北京：中国社会科学出版社，2001 年。

④ 罗艳春：《中国社会史学会第十二届年会综述》，载常建华主编：《中国社会历史评论》第 11 卷，天津：天津古籍出版社，2010 年。

⑤ 常建华：《从社会生活到日常生活——中国社会史研究再出发》，《人民日报》2011 年 3 月 31 日，第 7 版；常建华：《日常生活与社会文化史——“新文化史”观照下的中国社会文化史研究》，《史学理论研究》2012 年第 1 期；常建华：《中国社会生活史上生活的意义》，《历史教学》2012 年第 2 期；常建华：《历史人类学应从日常生活史出发》，《青海民族研究》2013 年第 4 期。

⑥ 部分会议论文收入常建华主编：《中国社会历史评论》第 13 卷、第 14 卷，天津古籍出版社，2012 年、2013 年。有关会议综述，请参看张传勇：《从习以为常发现历史：“中国日常生活史的多样性”国际学术研讨会综述》，《民俗研究》2012 年第 2 期；许三春：《“日常生活史视野下中国的生命与健康”国际学术研讨会纪要》，《中华医史杂志》2012 年第 5 期；张瑞：《日常生活史视野下中国的生命与健康国际学术研讨会综述》，《中国史研究动态》2013 年第 2 期；张传勇：《置日常生活于社会空间——“中国史上的日常生活与地方社会”学术研讨会综述》，载常建华主编：《中国社会历史评论》第 15 卷，天津：天津古籍出版社，2014 年。

近年来也有以“日常生活”为题的明代生活史专著。从宋立中《闲雅与浮华：明清江南日常生活与消费文化》一书的“绪论”来看，无意从严区分“社会生活”与“日常生活”，行文中使用较多的是“社会生活”一词。该书分上、中、下三篇：上篇《婚姻礼俗与社会变迁》探讨了婚嫁论财风尚及婚姻礼俗自明清至民国时期的变动过程；中篇《消费文化与消费服务》分别阐述了婚礼、节日、鲜花、时尚消费文化，以及游船、旅馆、娱乐服务业的经营形态，并论述了明清的消费政策；下篇《休闲生活与雅俗冲突》着眼于妇女“冶游”等休闲生活实践及其与传统礼俗文化观念的冲突。①该书如题目所示，探讨消费文化是其特色。另外，宫廷生活史也得到开展。②

中国台湾地区明代生活史的研究，也有从社会生活史到日常生活史变化的趋势。1998 年，吴智和在中国文化大学开设“明代社会生活史”课程，组织学生编辑了《明代社会生活史类目》，包括人口流动、阶层关系、户籍管制、里甲村社、婚姻关系、家庭结构、社会救济、社会风俗、文娱活动、文人生活、商人生活、妇女生活、城市生活、饮食生活、饮茶生活、饮酒生活、服饰衣冠、信仰生活、宗族生活、园林生活、社交生活、旅游生活共 22 个类目。③吴智和研究茶生活，指导学生完成了有关旅游、家居生活的研究。④王尔敏也是较早进行明清庶民日常生活研究的学者，他的《明清时代庶民文化生活》第三章《日常生活节奏》就饶有趣味，第五章《日常礼仪规矩》谈朱子《家礼》广行民间的问题，也是重要的。⑤世纪之交，以台湾“中研院”为主，出现了重视“物质

① 宋立中：《闲雅与浮华：明清江南日常生活与消费文化》，北京：中国社会科学出版社，2010 年。又，该书为 2005 年向南京大学历史学系提交博士学位论文《明清江南消费及消费服务业研究》的增补本。有关该书，可参考范莉莉的书评，载常建华主编：《中国社会历史评论》第 14 卷，天津：天津古籍出版社，2013 年。

② 李成燕：《“明代宫廷生活史学术研讨会”在京召开》，《中国史研究动态》2012 年第 5 期。

③ 见象牙塔提供下载原网页转换为简体中文编码的文档。

④ 如吴智和：《明清时代饮茶生活》，台北：博远出版有限公司，1990 年；吴智和：《明人饮茶生活文化》，宜兰：明史研究小组，1996 年；朱倩如：《明人的居家生活》，《明史研究丛刊》，宜兰：明史研究小组，2003 年；张嘉昕：《明人的旅游生活》，《明史研究丛刊》，宜兰：明史研究小组，2004 年；詹怡娜：《明代的旅馆事业》，《明史研究丛刊》，宜兰：明史研究小组，2004 年；林利隆：《明人的舟游生活》，《明史研究丛刊》，宜兰：明史研究小组，2005 年。

⑤ 王尔敏：《明清时代庶民文化生活》，台湾“中研院”近代史研究所，1996 年；又可参考衣若兰的书评，载《明代研究通讯》1998 年第 1 期。

文化”与“日常生活”集体研究风气。1999年9月，熊秉真催生了“物质文化、日常生活与中国”读书会，2001年1月，正式开始执行王汎森与李孝悌主持的三年期台湾“中研院”主题研究计划——“明清的社会与生活”。该计划陆续举办“中国的城市生活——十四至二十世纪”“中国日常生活的论述与实践”“过眼繁华——明清江南的生活与文化”三次国际研讨会，2005年，出版一部专书《中国的城市生活》（收录13篇论文），以及《“中央研究院”近代史研究所集刊》第50期的“明清社会与生活”专号（收录5篇论文）。2006年1月，李孝悌主持新的三年期台湾“中研院”主题计划——“明清城市文化与生活”，九个子计划内容包括明清江南城市中的“时尚、豪宅、情色、节庆、寺院、感官之娱、城市文学”及城市居民的“认同政治”与“工作习惯”变迁；同年十月，举办“由帝制晚期到近代初期——江南的城市生活”国际研讨会；2007年12月，举办“进入中国城市：社会史与文化史的视野”国际学术研讨会。由王汎森、李孝悌先后主持的上述两项计划，一定程度上受到新文化史、日常生活史的启发。[①]关于物质文化与日常生活两项研究的关系，邱彭生主张发挥二者的“辩证”效果，即“一方面讨论各项物件及其相关社会现象的物质文化演变内容，藉以增进对日常生活结构演变与意义建构的理解；另一方面则同时努力‘发挥同理心’并带着批判性的现实关怀去探究日常生活的古今之变，进而凸显物质世界变动背后所黏着贴附的‘新的生活方式与社会秩序’”[②]。具有综合性的代表性的研究成果有两种，一是胡晓真、王鸿泰主编的《日常生活的论述与实践》，该书以生活为主题，包含天子至庶民、生活与规范、生活与知识、生活与文化四个子题，代表四个不同层次或面向的生活史探索。其中明代部分的论文有《点名与签到——明代京官朝参、公座文化的探索》（邱仲麟）、《有资用世或福祚子孙——晚明有关法律知识的两种价值观》（邱澎生）、《万发俱齐：网巾与明代社会文化的几个面向》（林丽月）、《中国夜未眠——明清时期的元宵、夜禁与狂欢》（陈熙远）、《生活、知识与文化产品——晚明福建版“日用类书”与其书画门》（王正华）、《日常生活世界的形成与建构——〈金瓶梅词话〉与日用类书》（商伟）、《文人雅趣与商业书坊——十竹斋与胡正言的出版事业》（马孟晶）、《日

① 李孝悌：《明清的社会生活与城市文化》，《史学月刊》2006年第5期。

② 邱澎生：《物质文化与日常生活的辩证》，《新史学》2006年第17卷第4期。

常生活中的书法——以傅山为例》（白谦慎）等。[①]中国台湾地区的明代日常生活史研究，主要表现在城市生活史、消费文化、旅游活动等方面。二是邱仲麟主编的《中国史新论·生活与文化分册》，书中明清部分的论文有《明清的士人生活与文人文化》（王鸿泰）、《明清的城市空间与城市化研究》（费丝言）、《明清的广告文化与城市消费风尚》（巫仁恕）、《晚明以来的西洋镜与视觉感官的开发》（邱仲麟）。[②]代表性的研究专著，以巫仁恕对于江南消费社会的探讨引人注目。巫仁恕的《品味奢华——晚明的消费社会与士大夫》提出明代江南消费社会说，还就研究消费文化的方法、女性的消费文化进行了探讨。[③]需要指出的是，台湾地区研究明代生活史的重要学者如王鸿泰、巫仁恕、邱仲麟等系出台湾大学，受到提倡明代社会风气研究[④]、城市史研究的明史专家徐泓教授的深远影响。

在欧美学界，关注物质文化与日常生活的关系，从文化消费进入是其重要的研究手法。英国学者柯律格（Craig Clunas）是研究物质文化消费的重要学者，他关于探讨明代士大夫艺术品趣味、时尚与“雅”“俗”社会阶层区隔意义的探讨，为人们探讨日常生活与物质文化的关系树立了楷模。[⑤]他也研究明代的图像与视觉性，认为“要认真对待‘视觉文化’这一还在发展完善中的理论范式，研究该视觉文化的一部分，即明代社会生活中各类图像的总合，同时也研究明代社会中的‘观看’及其视觉文化”[⑥]。柯律格还借鉴人类学的礼物交换理论，探讨书画的礼物性质与社会交往，就文徵明的社交艺术深入研究，对于讨论文人的生存方式与艺术品的社会意义、生活意义，提供了一个研究范式。他注意

---

① 胡晓真、王鸿泰主编：《日常生活的论述与实践》，台北：允晨文化实业股份有限公司，2011 年。

② 邱仲麟主编：《中国史新论·生活与文化分册》，台北：联经出版事业股份有限公司，2013 年。

③ 巫仁恕：《明清消费文化研究的新取径与新问题》，《新史学》2006 年第 17 卷第 4 期；巫仁恕：《奢侈的女人：明清时期江南妇女的消费文化》，台北：三民书局股份有限公司，2005 年。学术界对此研究的评论有：汪荣祖：《晚明消费革命之迷：巫仁恕〈品味奢华——晚明的消费社会与士大夫〉》，载台湾“中研院”近代史研究所集刊编辑委员会编辑：《“中央研究院”近代史研究所集刊》2007 年第 58 期；王雨濛：《晚明消费文化研究之新思路——评巫仁恕著〈品味奢华〉》，载常建华主编：《中国社会历史评论》第 13 卷，天津：天津古籍出版社，2012 年。

④ 关于社会风气研究与社会史研究的关系，请参看常建华：《旧领域与新视野：从风俗论看明清社会史研究》，载常建华主编：《中国社会历史评论》第 12 卷，天津：天津古籍出版社，2011 年。

⑤〔英〕柯律格：《长物：早期现代中国的物质文化与社会状况》，高昕丹、陈恒译，北京：生活•读书•新知三联书店，2015 年。

⑥〔英〕柯律格：《明代的图像与视觉性》，黄晓鹏译，北京：北京大学出版社，2011 年，第 11 页。

书画作品制作时机与场合，在送礼的活动中找到之所以产生的根源。认为“日常生活中早已存在着一整套言语与姿态的陈规，以界定种种收受的时机与场合。……艺术作品视为需要解释的物品，而社交网络则成为至少可以提供部分解释的脉络及背景”①。美国学者高居翰对画家生计的探讨，也使人们进入艺术家的生活领域。②从书画艺术的社会史研究进入文人的生活史，是欧美学者为明代社会生活史、日常生活史研究的一大贡献。

从社会性别研究进入生育医疗、婚姻家庭、消费领域、社会交往的生活史，则是欧美明代日常生活史研究的另一大贡献。社会性别研究观照下的日常生活史研究，还涉及科技社会史、医疗社会史、身体史等学术领域。香港旅美学者高彦颐的《闺塾师——明末清初江南的才女文化》一书旨在考察社会性别问题，但是日常生活史的色彩浓厚，作者考察中国妇女的生活，总和了理想化理念、生活实践、女性视角。作者从生活实践看到明末清初的妇女：“在日常的生活中，她们大多数都于名义上遵从这些格言（按：指三从四德），在法律和社会习俗的管束下，过着以家庭为中心的生活。尽管妇女不能改写框定她们生活的这些原则，但在占统治地位的社会性别体系内，她们却极有创造地开辟了一个生存空间，这是给予她们意义、安慰和尊严的空间。”③就具体讨论的问题而言，如女性的“家内宗教”表现出仪式和宗教情怀，“它们嵌入了闺阁的日常生活中，并构成了女性世界观和自我认识的重要组成部分。这些妇女在家内对虔诚的追求和每日生活的绝不懈怠，都是晚明中国世俗佛教运动发达的组成部分”④。高彦颐还撰文论述了妇女的生活空间。⑤

美国学者白馥兰（Francesa Bray）极富原创性的《技术与性别——晚期帝制

①〔英〕柯律格：《雅债：文徵明的社交性艺术》，刘宇珍等译，北京：生活·读书·新知三联书店，2012年，第Ⅹ、ⅩⅤⅡ页。

②〔美〕高居翰：《画家生涯：传统中国画家的生活与工作》，杨宗贤、马琳、邓伟权译，北京：生活·读书·新知三联书店，2012年。

③〔美〕高彦颐：《闺塾师——明末清初江南的才女文化》，李志生译，南京：江苏人民出版社，2005年，第9页。

④〔美〕高彦颐：《闺塾师——明末清初江南的才女文化》，李志生译，南京：江苏人民出版社，2005年，第211页。

⑤〔美〕高彦颐：《“空间”与“家”——论明末清初妇女的生活空间》，《近代中国妇女史研究》1995年第3期。

中国的权力经纬》一书“导言”的副标题是“日常生活的结构：科技、妇女和文化史”，可见作者决心将科技、妇女和文化史在日常生活中打通，开门见山就引用杰克·西门斯（Jack Simmons）《科技史》所说：“我认为这是相当明确的：要理解不同于我们时代的人们的生活和日常行为，对于为其服务的科技的考量是不可或缺的，因为它们本身在很多方面形塑了生活的真正结构。”[①]在作者看来，传统社会的日常物品这些有关过去时代的象征符号，破解的关键是身体性的，“身体的感受将把我们带回到它们所属于的那个世界——构成普通民众生活的劳作、制造和消费的日常生活世界”[②]。该书具体探讨了建筑、妇女的工作、母亲身份的意义等问题。在对母亲身份的意义的研究中，采取了从生育科技与生育医学考察的路径。

美国学者费侠莉的《繁盛之阴——中国医学史中的性（960—1665）》则是专门从医学妇科入手探讨女性生活的著作，作者认为：“医学也揭示出它本身作为一种社会实践，并不受医学精英的支配，疾病的治疗也可以是一种家庭技能，也可以是文人的业余学问，甚至可以是一种低贱的手艺或者是一种仪式化的宗教活动。……在明代后期精英文化的特殊历史背景下，中医学体现在渗透权力的社会关系所形成的宇宙观和日常生活中，应用于人体内部功能主要通过符号和语言为公众所知的社会里。”在日常生活中把握医学，所以作者认为：“历史学家必须相信他们分析的文本只是过去生活不完整的痕迹。”“疾病病原学的解释——无论治病环境的‘气’、行为举止、情绪，还是体力劳动的消耗——都是关注日常生活。”[③]

明代生活的显著变化与商品经济的发展有着密切关系。旅美学者张春树、骆雪伦注意到晚明随着以商业经济发达为特征的经济巨变，社会文化也发生了巨变，产生了一种新的生活方式，显示出“现代性”[④]；加拿大学者卜正民（Timothy

① 〔美〕白馥兰：《技术与性别——晚期帝制中国的权力经纬》，江湄、邓京力译，南京：江苏人民出版社，2006年，第1页。

② 〔美〕白馥兰：《技术与性别——晚期帝制中国的权力经纬》，江湄、邓京力译，南京：江苏人民出版社，2006年，第1页。

③ 〔美〕费侠莉：《繁盛之阴——中国医学史中的性（960—1665）》，甄橙主译，南京：江苏人民出版社，2006年，第3、12、275页。

④ 张春树、骆雪伦：《明清时代之社会经济巨变与新文化——李渔时代的社会与文化及其现代性》，王湘云译，上海：上海古籍出版社，2008年。又，该书英文版初刊于1992年。

Brook）《纵乐的困惑：明代的商业与文化》[①]中文化概念不仅具有知识特性，还有行为性，即也关注生活本身，哪怕是连姓名都无从考证的平常人的日常生活，讨论的焦点则是社会的日益商业化对士绅产生的影响。[②]

美国学者韩书瑞的《北京：寺庙与城市生活（1400—1900）》别开生面，该书第一部分探讨明清北京宗教机构的运作情况，把捐赠者、寺庙联系起来的机制及寺庙在城市、居民生活中所扮演的角色；第二部分探讨明代北京的帝都、社团、景观等问题，通过观察宗教活动留下的痕迹，了解在总体上构成城市生活的组织、团体及社区，不同类型的人们创立了一系列组织，这种社会融合体借助寺庙团体圣会、朝圣者而扩散，特别是与寺庙发展相关的名胜古迹，在游客与北京居民之间建立了一个共识的文化背景。[③]

二、明代日常生活史研究的主要领域

明代生活史作为社会史的一部分，关注不同社会群体的生活状态及群体之间的关系。明代士人的研究积累了众多成果，特别是对晚明士人的研究，主要探讨了晚明士人的组织形式及政治态度、价值观念、士人心态与士风、社会生活及生存状态、士人与地方社会等方面，研究趋势从重政治和思想层面向重社会生活层面转变，有关晚明士人社会生活状况的研究，比较一致的观点是士人的贫困化，贫困化和商业的高利润使得士人转变观念，从而改变了原有的生活方式。[④]赵园较早关注明遗民的生计问题；刘晓东将明代士人的生计与世风联系

① 〔加〕卜正民：《纵乐的困惑：明代的商业与文化》，方骏等译，北京：生活·读书·新知三联书店，2004年。又，该书英文版初刊于1998年。

② 罗艳春撰有书评，载常建华主编：《中国社会历史评论》第7卷，天津：天津古籍出版社，2006年，第431—436页。

③ 〔美〕韩书瑞原著：《北京：寺庙与城市生活（1400—1900）》（上），朱修春译，新北：稻乡出版社，2014年，第165、207、242页。

④ 李竟艳：《20世纪以来晚明士人群体研究综述》，《史学月刊》2011年第2期；李竟艳：《晚明士人生活来源问题浅论》，《商丘师范学院学报》2012年第8期。

起来；陈平原使用文人的概念论述生计问题。[①]刘晓东、赵毅的多种著作中研究了明代士人的生存、生计与生活，如刘晓东的《明代士人生存状态研究》论述了明代中下层士人群体的生存状态、治生方式，以士人人格精神的消解和生存观念的世俗化转向为归宿；赵毅、刘晓东的《晚明基层士人社会生活谫论》深入研究了晚明基层士人群体的形成、出路、心态、风气、社会地位与角色等；刘晓东新著《明代的塾师与基层社会》展示了塾师的社会网络与生计。[②]徐兆安注意到儒师的学术活动与生活的关系。[③]陈宝良的《明代儒学生员与地方社会》专节讨论到士人与社会生活，具体论述士人的衣食住行与社交礼仪。[④]他认为明代士大夫基于生活的富足、安逸，“偷闲”观念开始风行起来，借助于竹木、花草、动物，士大夫托物寄志，最终确立了以闲情逸致为基调的生活模式，世俗与雅致并存于明代士大夫的生活中。[⑤]张艺曦通过分析明代的学术官僚、一般士人、理学家、文人这四类人的生活作息，了解其睡眠时间与观念的转变。作者特别提醒说，明代一批为科举的士人熬夜苦读，他们的价值观、生活方式，以及思想的世界，很值得研究。[⑥]有人认为，明代吴人读书，只图生活和精神的快事，读书为生活服务。我行我素的生活方式和生活态度，使士人勇于摆脱传统生活方式的束缚，直击世俗的市井生活，寻求日常的世俗欢乐。[⑦]徐林的《明代中晚期江南士人社会交往研究》以社会关系研究的社会史取向，实际上探讨了士人的日常交往，进入士人的日常生活状态。[⑧]何淑宜的《香火：江南士人与元

① 赵园：《明清之际士大夫研究》，北京：北京大学出版社，1999 年，第 330—345 页；刘晓东：《晚明士人生计与士风》，《东北师大学报（哲学社会科学版）》2001 年第 1 期；陈平原：《文人的生计与幽韵——陈继儒的为人与为文》，《文史知识》2002 年第 1、2 期；刘晓东：《论明代士人的“异业治生”》，《史学月刊》2007 年第 8 期。

② 刘晓东：《明代士人生存状态研究》，长春：吉林文史出版社，2002 年；赵毅、刘晓东：《晚明基层士人社会生活谫论》，长春：吉林人民出版社，2006 年；刘晓东：《明代的塾师与基层社会》，北京：商务印书馆，2010 年。

③ 徐兆安：《明初泰和儒师杨士奇早年的学术与生活》，载田澍、王玉祥、杜常顺主编：《第十一届明史国际学术讨论会论文集》，天津：天津古籍出版社，2007 年。

④ 陈宝良：《明代儒学生员与地方社会》，北京：中国社会科学出版社，2005 年，第 432—449 页。

⑤ 陈宝良：《雅俗兼备：明代士大夫的生活观念》，《社会科学辑刊》2013 年第 2 期。

⑥ 张艺曦：《明代士人的睡眠时间与睡眠观念——关于睡眠史的初步研究》，《明代研究通讯》2002 年第 5 期。

⑦ 李双华：《论明中叶吴中士人的生活态度》，《北方论丛》2005 年第 6 期。

⑧ 徐林：《明代中晚期江南士人社会交往研究》，上海：上海古籍出版社，2006 年。

明时期祭祖传统的建构》则阐明了儒家礼制与人们日常生活规范及实践之间的关系。①

有的学者更喜欢使用“文人”一词探讨明代的知识分子的生活形态。陈万益、李明宗较早注意明代文人生活。②晚明文人的生活与行事确实引人注目，陈秀芬的《养生与修身——晚明文人的身体书写与摄生技术》借助文人编撰的养身专书和日用类书，对明代养生“文人化”“商业化”“物质化”“世俗化”“通俗化”等现象进行了深入的探讨，其中第二章探讨了文人养生与日常生活。③周榆华的《晚明文人以文治生研究》探讨了文人如何撰写各种文体的文章以谋生的问题，将著文落实到日常生活层面理解，使人们对士人的生计方式有了更深入的认识。④刘明杉通过考察瓷器使用的普及情况，论述了晚明文人士大夫的精致生活。⑤

明代文人不仅“以文治生”，其中也蕴含了审美生活。王鸿泰认为，文人文化的形成与发展是明清文化的重要特色，而文人文化和士人的生活经营密切相关，他探讨了明清文人生活中的赏玩活动，由士人的“闲隐”理念入手，考察其如何开展出“雅”的生活形式，进而探究文雅生活的实质内涵。发现娴雅生活的营造，除各种玩物陈列在生活范围内，还需有人的感官作用其间，以进行物之赏玩。在物的赏玩中，文人赋予物特定的质感，对其具有特定的情感想象，被“性情化”的物因此成为人的交感对象，以为个人生命之寄托。对于文人来

① 何淑宜：《香火：江南士人与元明时期祭祖传统的建构》，新北：稻乡出版社，2009年。

② 陈万益：《晚明小品与明季文人生活》，台北：大安出版社，1988年；李明宗：《晚明文人的休闲生活及其反映的时代意义》，《台湾师大体育研究（复刊号）》1997年4月。又，晚明小品引人注目，吴承学：《晚明小品研究》（南京：江苏古籍出版社，1999年）论述了晚明心态与晚明习气。

③ 陈秀芬：《养生与修身——晚明文人的身体书写与摄生技术》，新北：稻乡出版社，2009年。又，书评有张瑞：《文人化与世俗化之间：陈秀芬笔下的晚明养生文化——读〈养生与修身——晚明文人的身体书写与摄生技术〉》，载常建华主编：《中国社会历史评论》第14卷，天津：天津古籍出版社，2013年。

④ 周榆华：《晚明文人以文治生研究》（第2版），广州：广东高等教育出版社，2011年。又，书评有刘佳：《“伤哉贫也”——读〈晚明文人以文治生研究〉》，载常建华主编：《中国社会历史评论》第14卷，天津：天津古籍出版社，2013年。

⑤ 刘明杉：《明代官窑制度与实际应用——兼谈嘉万以降文人的精致生活》，《明史研究》第13辑，合肥：黄山书社，2013年。

说，生活经营不可或缺，包括城市园林的美感空间。[①]他认为，赏玩文化自明代中叶出现走出艺术“世族门第”，由此清高境界转入世俗世界，在士商相杂的社会格局下，别具意义地重新展开雅俗的辩证。[②]他还认为，情色文化是明清文人文化的重要内涵，也是明清社会文化的重要特色。另外，还探讨了明清文人的女色品赏与情艺生活。[③]王鸿泰进一步思考明代社会风气变迁内在的意涵，讨论“商品化”机制如何与人的欲望相呼应，以致推动社会生活层面的具体变化。他指出：“在个人的感官之好与市场商品相联结的同时，市场商品也与整体社会生活发生联系。因为市场除了作为商品经济的聚集场域外，它同时也是个人生活领域与公众生活的中介。”[④]江南文人的闲居生活与鉴藏关系密切，具有“闲赏”的特性，属于赏玩文化或认为是艺术化生活，自放生活。江南文人收藏和鉴赏古书、字画、玉器、铜器、瓷器等各类文物的风气极为兴盛，他们注重古代器物的艺术特色和文化内涵，崇尚古朴典雅、自然含蓄的审美趣味，与同道好友共赏秘藏，吟诗作跋，成为其精神生活的重要组成部分。[⑤]

士人的赏玩文化与商人赞助艺术、商人的儒化有关。明代中后期，商人势力逐渐膨胀并影响了社会风气，徽商的生活情态发生了变化。[⑥]许敏关注江南区域商人与文人关系，认为明代后期江南产生了商贾及其子弟的文人化现象[⑦]；

---

① 王鸿泰：《美感空间的经营——明、清间的城市园林与文人文化》，《东亚近代思想与社会——李永炽教授六秩华诞祝寿论文集》，台北：月旦出版社，1999 年；王鸿泰：《闲情雅致——明清间文人的生活经营与品赏文化》，《故宫学术季刊》2004 年第 22 卷第 1 期；王鸿泰：《明清士人的闲隐理念与生活情境的经营》，《故宫学术季刊》2007 年第 24 卷第 3 期。

② 王鸿泰：《雅俗的辩证——明代赏玩文化的流行与士商关系的交错》，《新史学》2006 年第 17 卷第 4 期。

③ 王鸿泰：《明清文人的女色品赏与美人意象的塑造》，《中国史学》2006 年第 16 期；王鸿泰：《美人相伴——明清文人的美色品赏与情艺生活的经营》，《新史学》2013 年第 24 卷第 2 期。

④ 王鸿泰：《明清感官世界的开发与欲望的商品化》，《明代研究》总第 18 期，2012 年 6 月。

⑤ 万木春：《味水轩里的闲居者：万历末年嘉兴的书画世界》，杭州：中国美术学院出版社，2008 年；苏状：《“闲赏”范畴与明清文人的审美生活》，《北方论丛》2007 年第 5 期；吴功正：《明代赏玩及其文化、美学批判》，《南京大学学报（哲学·人文科学·社会科学）》2008 年第 3 期；金萍：《明代绘画中文人的艺术化生活》，《东南文化》2012 年第 1 期；妥建清：《论晚明士人自放生活的颓废审美风格》，《甘肃社会科学》2012 年第 5 期；陈江：《明代江南文人的文物鉴藏及其审美趣味》，《华东师范大学学报（哲学社会科学版）》2012 年第 2 期。

⑥ 陈大康：《明代商贾与世风》，上海：上海文艺出版社，1996 年；章尚正：《徽商的生活情态与价值观念——从明清小说看徽商存在》，《安徽大学学报（哲学社会科学版）》1997 年第 3 期。

⑦ 许敏：《试析明代后期江南商贾及其子弟的文人化现象——从方用彬谈起》，《中国史研究》2005 年第 3 期。

张长虹系统地研究了明末清初徽商的艺术赞助活动、艺术品收藏活动等问题[①]；范金民认为通过收藏图书鼎彝，徽商的文化追求和艺术素养大有提高，收藏书画鼎彝，既是徽商提高自身文化素养的有效途径，也是徽商提高社会认同的切近之路[②]。

明代女性日常生活方面，李伯重关于明清江南农家妇女劳动问题的探讨具有新意，陈宝良也论述了明代妇女的劳动与家庭生活。[③]赵世瑜、林丽月、常建华、赵崔莉先后对女性的闲暇、节日等多方面的生活有所探讨。[④]另外，还有人利用《金瓶梅》探讨女性日常生活。[⑤]冯贤亮认为，明清涌现出了大量情色小说或言情文学，有十分丰富的关于当时城乡民众的家庭日常生活与私密行为的描述，反映了时人在两性交往和生活中的开放程度。透过文人的若干记忆，可以略窥当时日常生活中青楼、闲房、内闱这三大重要的空间及其代表的生活环境，粗略地展示以文人、风尘女子为主的人生情怀及其心灵世界。[⑥]衣若兰的《三姑六婆——明代妇女与社会的探索》是有特色的明代妇女史著作，关系到明人的日常生活。[⑦]契约文书中留下一些妇女的身影。[⑧]王雪萍《16—18世纪婢女生存状态研究》有助于了解婢女阶层的生活。目前最大的明代妇女史著作是陈宝良的《中国妇女通史·明代卷》，67万字的篇幅，论述到社会各阶层妇女、礼俗

---

① 张长虹：《品鉴与经营——明末清初徽商艺术赞助研究》，北京：北京大学出版社，2010年。又，书评有张雨：《明清徽商研究的深化与细化——读〈品鉴与经营：明末清初徽商艺术赞助研究〉》，载常建华主编：《中国社会历史评论》第15卷，天津：天津古籍出版社，2014年。

② 范金民：《斌斌风雅——明后期徽州商人的书画收藏》，《中国社会经济史研究》2013年第1期。

③ 李伯重：《从"夫妇并作"到"男耕女织"——明清江南农家妇女劳动问题探讨之一》，《中国经济史研究》1996年第3期；李伯重：《"男耕女织"与"妇女半边天"角色的形成——明清江南农家妇女劳动问题探讨之二》，《中国经济史研究》1997年第3期；陈宝良：《明代妇女的社会经济活动及其转向》，《中州学刊》2011年第1期。

④ 赵世瑜：《明清以来妇女的宗教活动、闲暇生活与女性亚文化》，《狂欢与日常：明清以来的庙会与民间社会》，北京：生活·读书·新知三联书店，2002年；林丽月：《从〈杜骗新书〉看晚明妇女生活的侧面》，《近代中国妇女史研究》1995年第3期；常建华：《明代方志所见岁时节日中的女性活动》，《中国史研究》（韩国）第20辑（中国女性史特辑号），2002年10月；赵崔莉：《明代女性的休闲生活》，《中国社会经济史研究》2009年第1期。

⑤ 朱星瑶：《〈金瓶梅〉对女性日常生活的描写及其意义》，《学习与探索》2008年第3期。

⑥ 冯贤亮：《明清中国：青楼女子、两性交往及社会变迁》，《学术月刊》2006年第9期。

⑦ 衣若兰：《三姑六婆——明代妇女与社会的探索》，新北：稻乡出版社，2002年。

⑧ 陈瑛珣：《明清契约文书中的妇女经济活动》，台北：台明文化事业有限公司，2001年。

与妇女生活、妇女的社会活动等问题。[①]性别史离不开生育婚姻家庭的讨论，常建华论述了明代的溺婴问题[②]，另外，还有学者对明代家庭生活有一定的研究[③]。

也有学者关心社会下层的生活，如奴仆、疍民等。[④]还有利用墓志涉略明代吉安庶民的老年生活类型与遗言问题的探讨。[⑤]

衣食住行消费是日常生活史的基本内容。常建华使用“生活性消费”的概念，认为明代衣食住行用消费风俗的变化，实质上反映的是生活方式的变迁，这一变迁具有追逐时髦，竞相奢侈和违礼逾制三个特点。[⑥]这种情形在江南表现比较突出，也有通论性的著作。[⑦]明代服饰风尚的研究活跃[⑧]，林丽月指出，晚明风尚讲究服饰装扮，不断追求“时兴新样”，消费心态迥异于明代前期，而知识阶层感时忧道的“服妖说”亦相应而起[⑨]。巫仁恕指出，明代中期以后士大夫更积极地自创新风格、新形式的服饰衣冠，以重新塑造自己的身份与地位。江南妇女的消费文化也很突出。[⑩]邱仲麟探讨了明清时期流行穿皮衣的时尚。[⑪]张

---

① 王雪萍：《16—18世纪婢女生存状态研究》，哈尔滨：黑龙江大学出版社，2008年；陈宝良：《中国妇女通史·明代卷》，杭州：杭州出版社，2010年。又，书评有高寿仙：《明代妇女的生活及其转向》，《博览群书》2011年第10期。

② 常建华：《明代溺婴问题初探》，载张国刚主编：《中国社会历史评论》第4卷，北京：商务印书馆，2002年。

③ 范喜茹：《近三十年明代家庭史研究述评》，《青海民族研究》2013年第2期。

④ 吴振汉：《明代奴仆之生活概况——几个重要问题的探讨》，《史原》1982年第12期；叶显恩：《明清广东“蛋”民的生活习俗与地缘关系》，《中国社会经济史研究》1991年第1期；胡中生：《明清徽州下层社会的非常态婚姻及其特点》，《安徽史学》2001年第3期；胡中生：《明清徽州的人口买卖与婚配》，《安徽史学》2003年第2期。

⑤ 杨扬、王建亮：《浅析出土墓志所记明代吉安老年庶民的遗言》，《黑龙江史志》2013年第15期；杨扬、朱一华：《浅析明代吉安庶民的老年生活类型——基于24篇出土墓志的分析》，《老区建设》2013年第22期。

⑥ 常建华：《论明代社会生活性消费风俗的变迁》，《南开学报》1994年第4期。

⑦ 朱绍华、王翔：《“僭礼逾制”：明清江南市民生活的潜流》，《浙江社会科学》2006年第4期；伊永文：《明代衣食住行》（插图珍藏本），北京：中华书局，2012年。

⑧ 王熹：《明代服饰研究简述》，《明史研究》第11辑，合肥：黄山书社，2010年，第265—288页。

⑨ 林丽月：《衣裳与风教——晚明的服饰风尚与“服妖”议论》，《新史学》1999年第10卷第3期；林丽月：《明代中后期的服饰文化及其消费心态》，载刘翠溶、石守谦主编：《经济史、都市文化与物质文化》，台北：台湾“中研院”历史语言研究所，2002年。

⑩ 巫仁恕：《明代平民服饰的流行风尚与士大夫的反应》，《新史学》1999第10卷第3期；巫仁恕：《奢侈的女人：明清时期江南妇女的消费文化》，台北：三民书局股份有限公司，2005年。

⑪ 邱仲麟：《保暖、炫耀与权势——明代珍贵毛皮的文化史》，载台湾“中研院”历史语言研究所集刊编辑委员会：《“中央研究院”历史语言研究所集刊》第八十本第四分，2009年。

志云的《明代服饰文化研究》论述了物欲释放与消费革命、服饰消费时尚运动等问题。[①]饮食方面，刘志琴认为晚明文化精英大都以贴近民众、关切民生、崇尚真情为主旨，以人为主体的饮食思想表现出新的人生情趣。士大夫以品尝美食、撰写饮食论著为盛事，宣扬“真乐”人生。饮食理论从“养生”发展到“尊生”。饮食风气由俭而奢，越礼逾制。以吃联谊，增强了士大夫的凝聚力，促进了文人结社的发展。有识之士在追求人与自然的和谐中满足口腹之欲，反对虐生，产生朦胧的生态意识。“食、色性也”的生命伦理在明代得到充分的发挥。[②]许敏认为，明中叶以后，遍布全国城乡的饮食店铺，在大众消费需求和行业竞争的双重刺激下，大小饮食店铺均有意或无意地以传统文化为底蕴，在店铺的形态、环境乃至产品包装等方面，营造出一种适合自己特色的文化氛围。市民消费也有了很大变化，与商品经济和市民生活息息相关的饮食店铺也呈现了新的时代特征，在人们社会生活和经济活动中占据了重要的一席之地。[③]徐林指出晚明士人乐于宴饮既是不甘寂寞的表现又是内心苦闷、事功心态弱化的产物。[④]邱仲麟探讨了明清北京天然冰与官员上班、百姓日常生活关系，揭示了冰如何通过政治体制、商业机制与北京的日常生活（如办公、出外、居家、饮食等）发生联系，涉及冰与国家、民生的问题。他还论述了江浙冰藏与海鲜消费的问题。[⑤]朱力认为明代居室生活有艺术化倾向。[⑥]邱仲麟研究了明代文人的鲜花陈设赏玩。[⑦]巫仁恕认为明代中叶以后城市化与奢侈风气的盛行，造成对家俱的大量需求，也带动家俱业的发展与家俱的商品化。而不同的社会阶层对家俱的需求也会不

① 张志云：《明代服饰文化研究》，武汉：湖北人民出版社，2009 年。

② 刘志琴：《明代的饮食思想与文化思潮》，《史学集刊》1999 年第 4 期。

③ 许敏：《明清饮食店铺文化略论——着重对明中叶至清中叶的考察》，《炎黄文化》（增刊）1999 年第 6 期；许敏：《明清饮食店铺与大众社会生活——着重对明中叶至清中叶的考察》，载《庆祝杨向奎先生教研六十年论文集》编委会编：《庆祝杨向奎先生教研六十年论文集》，石家庄：河北教育出版社，1998 年。

④ 徐林：《宴饮与明中后期江南士人社会交往生活》，《社会科学战线》2005 年第 2 期。

⑤ 邱仲麟：《天然冰与明清北京的社会生活》，载台湾“中研院”近代史研究所集刊编辑委员会编辑：《“中央研究院”近代史研究所集刊》2005 年第 50 期；邱仲麟：《冰窖、冰船与冰鲜：明代以降江浙的冰鲜渔业与海鲜消费》，《中国饮食文化》2005 年第 2 期。

⑥ 朱力：《中国明代住宅室内设计思想研究》，北京：中国建筑工业出版社，2008 年。

⑦ 邱仲麟：《花园子与花树店——明清江南的花卉种植与园艺市场》，载台湾“中研院”历史语言研究所集刊编辑委员会：《“中央研究院”历史语言研究所集刊》第七十八本第三分，2007 年；邱仲麟：《明清江浙文人的看花局与访花活动》，《淡江史学》2007 年第 18 期；邱仲麟：《宜目宜鼻——明清文人对于盆景与瓶花之赏玩》，《九州学林》2007 年第 5 卷第 4 期。

同，士人与文人就塑造完全不同于高官富人的家俱品味，成为其身份认同的标志，尤其对于支撑他们文化支配权的重要象征——书房特别重视，他们尝试在书房家俱上铭刻，将之特殊化与神圣化，来抵抗家俱商品化的潮流。[①]明代居用方面青花瓷普及，肖丰认为物质文化生活上出现器用的瓷质化方面。[②]巫仁恕以明代的乘轿风气为例，揭示轿子在政治权力、社会身份、政治文化三方面所具有的象征意义。[③]吴智和认为，明人喜好山水之游。[④]于宝航认为，晚明时期乘舆制度“崇节俭、辨等威”的制度精神遭到消解，而占有大量资源的权贵集团及其衍生群体是这一变化的根源和主体。[⑤]

明代出行方面最大的变化，则是在江南等地旅游成为生活的一部分。明代的旅游问题较早引人注目[⑥]，巫仁恕讨论了晚明江南兴盛的旅游活动，利用日记论述了明清士大夫日常生活中的旅游实践[⑦]。周振鹤认为晚明社会风气的巨大变化使旅游成为一件正经事，大批文人热衷于游览名山大川观察社会风情，并蔚为时尚。许多人写下描写自然环境与人文景观的文章，其中突出者遂成为著名的旅游家，个别超群者则成为杰出的地理学家。[⑧]陈建勤、魏向东分别撰写专著，探讨江南地区的旅游活动与旅游地理。[⑨]李娜通过对晚明杭州西湖旅游指南书籍

① 巫仁恕：《晚明文士的消费文化——以家俱为个案的考察》，《浙江学刊》2005 年第 6 期。

② 肖丰：《器型、纹饰与晚明社会生活——以景德镇瓷器为中心的考察》，武汉：华中师范大学出版社，2010 年。又，书评有孙雅頔：《〈器形、纹饰与晚明社会生活——以景德镇瓷器为中心的考察〉读后》，载常建华主编：《中国社会历史评论》第 15 卷，天津：天津古籍出版社，2014 年。

③ 巫仁恕：《明代士大夫与轿子文化》，载台湾“中研院”近代史研究所集刊编辑委员会编辑：《“中央研究院”近代史研究所集刊》2002 年第 38 期。

④ 吴智和：《明人山水休闲生活》，《汉学研究》2002 年第 20 卷第 1 期（总第 40 期）。

⑤ 于宝航：《晚明世风变迁的观察角度与解释模式——以乘舆制度为研究中心》，《大连大学学报》2007 年第 1 期。

⑥ 郑祖安：《徐霞客旅行方法研究》，《史林》1988 年第 2 期；陈宝良：《明代旅游文化初识》，《东南文化》1992 年第 2 期；夏咸淳：《明人山水趣尚》，《学术月刊》1997 年第 4 期；滕新才：《明朝中后期旅游热初探》，《北方论丛》1997 年第 3 期。又，明代旅游的研究状况，可参考孟顺方：《近二十年明代旅游研究综述》，《西北工业大学学报（社会科学版）》2010 年第 2 期。

⑦ 巫仁恕：《晚明的旅游活动与消费文化——以江南为讨论中心》，载台湾“中研院”近代史研究所集刊编辑委员会编辑：《“中央研究院”近代史研究所集刊》2003 年第 41 期；巫仁恕、狄雅斯：《游道——明清旅游文化》第五章《明清士大夫日常生活中的旅游实践》，台北：三民书局股份有限公司，2010 年。

⑧ 周振鹤：《从明人文集看晚明旅游风气及其与地理学的关系》，《复旦学报（社会科学版）》2005 年第 1 期。

⑨ 陈建勤：《明清旅游活动研究：以长江三角洲为中心》，北京：中国社会科学出版社，2008 年；魏向东：《晚明旅游地理研究（1567—1644）——以江南地区为中心》，天津：天津古籍出版社，2011 年。

《湖山胜概》的分析，讨论了晚明西湖的旅游与文人艺术趣味。[①]

娱乐史的研究不太多，一般散见于戏曲史、曲艺史、体育史等相关研究领域之中，刘水云的《明清家乐研究》论述了民间戏乐的关系及家乐的形式、活动内容等。[②]刘召明的《晚明苏州剧坛研究》介绍了苏州职业戏班、家乐戏班、民俗演剧的兴盛。[③]晚明文人观剧盛行。[④]刘天振的《明清江南城市商业出版与文化传播》探讨了阅读这种新型娱乐方式构建。[⑤]

传统中国是农业社会，乡村生活是最为普遍的日常生活。日本学者滨岛敦俊从社会与聚落角度认识乡村民间信仰与日常生活。[⑥]村落社区史反映社群生活，有学者探讨江西抚州地区乐安县流坑村五代以来的历史、风俗民情，徽州村落史已经着眼于民众的日常生活。[⑦]陈剩勇叙述了14—17世纪江南地区乡村社会的特征，描述了当时乡村地区乡民的四时农事、日常生活、岁时节日和乡民的娱乐活动，探讨了明代社会教化和乡村自治的特点。[⑧]冯贤亮讨论了明清江南乡村民众的生活与地区差异。[⑨]周绍泉通过对徽州文书中一户胡姓农民家族从成化到崇祯150年间的36张契约文书的分析，阐明这个农民家族世系的递嬗、家族的演变及生活状况。[⑩]

城市生活史的研究活跃。商品经济的发展与市民生活的关系、文学与城市生活形态、城市社会与市民文学、娱乐文化与市民文学的关系较早受到重视[⑪]，

---

① 李娜：《〈湖山胜概〉与晚明文人艺术趣味研究》，杭州：中国美术学院出版社，2013年。

② 刘水云：《明清家乐研究》，上海：上海古籍出版社，2005年。

③ 刘召明：《晚明苏州剧坛研究》，济南：齐鲁书社，2007年。

④ 董雁：《晚明文人园林观演剧活动及其戏曲史意义》，《西北大学学报（哲学社会科学版）》2010年第3期。

⑤ 刘天振：《明清江南城市商业出版与文化传播》，北京：中国社会科学出版社，2011年。

⑥〔日〕滨岛敦俊：《明清江南农村社会与民间信仰》，朱海滨译，厦门：厦门大学出版社，2008年。

⑦ 周銮书主编：《千古一村——流坑历史文化的考察》，南昌：江西人民出版社，1997年；王振忠：《明清以来徽州村落社会史研究：以新发现的民间珍稀文献为中心》，上海：上海人民出版社，2011年。

⑧ 陈剩勇：《明代浙江：乡村社会、农家生活和社会教化》，《浙江社会科学》2000年第1期。

⑨ 冯贤亮：《明清江南乡村民众的生活与地区差异》，《中国历史地理论丛》2003年第4期；冯贤亮：《近世浙西的环境、水利与社会》，北京：中国社会科学出版社，2010年。

⑩ 周绍泉撰：《明后期祁门胡姓农民家族生活状况剖析》，《东方学报》第67册，1995年。

⑪ 王翔：《明清商品经济与江南市民生活》，《苏州大学学报（哲学社会科学版）》1993年第3期；孟彭兴：《明代商品经济的繁荣与市民社会生活的嬗变》，《上海社会科学院学术季刊》1994年第2期；郑利华：《明代中期文学演进与城市形态》，上海：复旦大学出版社，1995年；方志远：《明代城市与市民文学》，北京：中华书局，2004年；戴健：《明代后期吴越城市娱乐文化与市民文学》，北京：社会科学文献出版社，2012年。

综合性的研究有陈宝良的《飘摇的传统——明代城市生活长卷》，该书探讨了城市的衣食住行、礼仪生活、休闲娱乐、众生百态。[①]2009 年 3 月，复旦大学举行了专门的“城市生活”研讨会，并出版了论文集，收录有关明代的论文 7 篇。[②]地区性和个别城市研究方面，北京社会科学院历史所吴建雍、王岗、姜纬堂等的《北京城市生活史》涉及明代北京城区居民生活，内容包括北京城区社会结构、人口、民族、家庭、居民的物质与精神生活。[③]张勃阐释了晚明的北京居民是如何通过过节，即对节日文化的实践作用于北京城市活动空间的发展的。[④]牛建强指出，明代中后期，开封在经历城市经济复苏之后进入了繁盛阶段，在诸如元夕、打春等传统的节日庆典上面得到了集中展示：规模趋大，欢闹热烈。[⑤]

台湾地区的明代城市生活研究受到文化史研究的影响较大，着意于城市空间与日常生活的关联，重要的成果有王鸿泰的《流动与互动——由明清间城市生活的特性探测公众场域的开展》、李孝悌的《中国的城市生活》、李孝悌的《昨日到城市：近世中国的逸乐与宗教》。[⑥]王正华以 16 世纪晚期大量出现的城市图为中心，考察了城市观及不同阶层对于城市图像这种文化商品的流行消费。[⑦]值得注意的是巫仁恕的新书《优游坊厢：明清江南城市的休闲消费与空间变迁》，作者尝试将“空间”的观念带入到消费研究领域，探讨明清城市内休闲消费活动如何改变了空间结构，进而分析现象背后所反映的社会关系与权力纠结。该书分成三篇：上篇从休闲与购物两方面来探讨明清城市的消费性格与消费的动力；中篇以城市休闲消费所反映的社会空间为主题，分别以苏州的园林与旅游为例；下篇是关于两性购物消费的议题。作者指出“消费”就是城市性格的重

① 陈宝良：《飘摇的传统——明代城市生活长卷》，长沙：湖南出版社，1996 年。

② 复旦大学文史研究院编：《都市繁华：一千五百年来的东亚城市生活史》，北京：中华书局，2010 年。

③ 吴建雍、王岗、姜纬堂，等：《北京城市生活史》，北京：开明出版社，1997 年。

④ 张勃：《晚明北京居民的节日生活与城市空间的发展》，载常建华主编：《中国社会历史评论》第 11 卷，天津：天津古籍出版社，2010 年。

⑤ 牛建强：《明代开封城市生活的若干侧面——源自诗意的构拟》，《中州学刊》2004 年第 6 期。

⑥ 王鸿泰：《流动与互动——由明清间城市生活的特性探测公众场域的开展》，台湾大学历史学研究所，1998 年；李孝悌编：《中国的城市生活》，台北：联经出版事业股份有限公司，2005 年；李孝悌：《昨日到城市：近世中国的逸乐与宗教》，台北：联经出版事业股份有限公司，2008 年。

⑦ 王正华：《过眼繁华——晚明城市图、城市观与文化消费的研究》，载李孝悌编：《中国的城市生活》，北京：新星出版社，2006 年。

要特征，同时也以休闲消费的吸引力来解释明清乡绅逐渐城居化的原因。[①]城市民变构成晚明城市的另一道景观，也是城市生活变动的反映，巫仁恕深入研究了明清城市民变。[②]邱仲麟较早从事北京城市生活的研究。[③]

王鸿泰以城市生活的活跃群体士人为媒介，透过城市生活现象深入分析了城市社会，特别关注城市的社交问题。他认为城市作为一个生活场域，别具意义的地方在于个人私生活之外，另提供一个广阔且充满变量的公众生活领域。这个公众领域可能发展出新的社会关系、社会活动，乃至构成独特的社会形态，进而演化出别具意义的社会文化。他探讨士人如何在城市中展开社交活动，从而形成特定的社交网络与社会文化，以至另辟士人仕途之外的人生蹊径。明中期以后，繁荣的城市已成士人重要的社交场域，个人不断地跨越血缘与地缘关系，进行人际关系的经营，以至建构成跨越地域性的社交网络，甚而凝结出非血缘的社会团体——社盟。[④]他还考察明清部分读书人习诗与人生路径，认为诗其实具有很强的“社交性”，透过诗歌的写作、流通、传阅，在作者与读者之间引发共鸣，进而发展出极为繁复的社交活动，营结出密实的人际网络，凝聚对文艺写作有兴趣的文人，开展相关的文艺活动，由此在现实社会中营造出一个独特的“文艺社会”。[⑤]他又指出，明清商业城市的发达，推动士人交游活动的盛行，士人交游活动的盛行又鼓动尚侠之风的兴起，尚侠之风的兴盛又再激发“侠”之意涵的扩充。城市的发展是士人交游文化的基石，而士人的交游文化则是“侠”之概念的新士。[⑥]此外，王鸿泰还探讨了城市中寺庙空间与公众生活的关系及消费空间问题。[⑦]

民间信仰是日常生活的重要组成部分，将信仰与日常生活联系起来的研究

① 巫仁恕：《优游坊厢：明清江南城市的休闲消费与空间变迁》，《“中央研究院”近代史研究所专刊》96，台北：台湾“中研院”近代史研究所，2013年。

② 巫仁恕：《激变良民——传统中国城市群众集体行动之分析》，北京：北京大学出版社，2011年。

③ 邱仲麟：《明代北京都市生活与治安的转变》，《九州学刊》（香港）1992年第5卷第2期。

④ 王鸿泰：《浮游群落——明清间士人的城市交游活动与文艺社交圈》，《中华文史论丛》（上海）总96辑，2009年第4期。

⑤ 王鸿泰：《迷路的诗— 明代士人的习诗情缘与人生选择》，载台湾“中研院”近代史研究所集刊编辑委员会编辑：《“中央研究院”近代史研究所集刊》2005年第50期。

⑥ 王鸿泰：《侠少之游——明清士人的城市交游与尚侠风气》，载李孝悌编：《中国的城市生活》，台北：联经出版事业股份有限公司，2005年。

⑦ 王鸿泰：《从消费的空间到空间的消费——明清城市中的酒楼与茶馆》，《新史学》2000年第11卷第3期；王鸿泰：《世俗空间与大众广场：明清城市中的寺庙空间与公众生活》，《明代研究》2007年第10期。

在增加。赵世瑜对于华北庙会体现的民间信仰活动的日常与非日常性进行了探讨。[①]江南的民间信仰方面，日本学者滨岛敦俊深入考察明清江南三角洲地域农村居民产生社会共同性的契机即共同祭祀问题，认为16世纪中期以来江南三角洲的经济变革，使农民的生活空间逐渐扩大到市镇。三角洲的商业化深刻影响了信仰的内容与祭祀结构。[②]王健探讨了明清苏松地区民间信仰活动，专章论述民间信仰与日常活动。[③]福建的民间信仰比较多样，明清时期是发展时期。[④]陈玉女的《明代的佛教与社会》讨论了明代佛教与民众的日常生活，论文《明代瑜伽教僧的专职化及其经忏活动》，对于理解明代佛教的世俗化及民众日常生活中的佛教，具有重要意义；《明代堕胎、产亡、溺婴的社会因应问题》，从四幅佛教堕胎产亡水陆画加以探讨；《明代妇女信佛的社会禁制与自主空间》，探讨明太祖妇女奉佛不得入寺烧香、不得与僧尼往来政策何以导致事与愿违历史现象产生的因素；还从明代佛教医学与僧尼疾病、明代妇女的疾病治疗与佛教依赖两个视角研究了佛教医学与民众的关系。[⑤]明清徽州民间最为重要的进香旅程是前往九华山和齐云山，王振忠利用田野调查收集到的一批民间文献，结合口碑资料，研究此种朝山习俗及与之相关的民间信仰和日常生活。认为从民众的信仰生活、僧俗关系及村落会组织的运作来看，“华云进香”习俗为我们探讨地方社会与民众日常生活提供了一个独特的观察视角。[⑥]小说也可提供有关佛道信仰与生活史关系的资料。[⑦]

日常生活史往往采取个体生命史研究的形式。美国著名史学家史景迁认为明朝是中国史上文化最繁华的时期，明人的生活值得玩味，他借助明清之际张岱《陶庵梦忆》思索明人的生活与美学，由于张岱是著名文人，“目前大部分归结出来的晚明日常生活，于他定皆平淡无奇”[⑧]。冯贤亮对陈龙正在晚明社会生

① 赵世瑜：《狂欢与日常：明清以来的庙会与民间社会》，北京：生活·读书·新知三联书店，2002年。

②〔日〕滨岛敦俊：《明清江南农村社会与民间信仰》，朱海滨译，厦门：厦门大学出版社，2008年。

③ 王健：《利害相关：明清以来江南苏松地区民间信仰研究》，上海：上海人民出版社，2010年；王健：《明清江南民间信仰活动的展开与日常生活：以苏松为例》，《社会科学》2010年第2期。

④ 徐晓望：《福建民间信仰源流》，福州：福建教育出版社，1993年；林国平、彭文宇：《福建民间信仰》，福州：福建人民出版社，1993年。

⑤ 陈玉女：《明代的佛教与社会》，北京：北京大学出版社，2011年。

⑥ 王振忠：《华云进香：民间信仰、朝山习俗与明清以来徽州的日常生活》，《地方文化研究》2013年第2期。

⑦ 姜良存：《从三言二拍看佛道对世俗社会生活的影响》，《齐鲁学刊》2009年第2期。

⑧〔美〕史景迁：《前朝梦忆：张岱的浮华与苍凉》，温洽溢译，桂林：广西师范大学出版社，2010年，第3页。

活的剖析，探讨了当时变动社会情势下士绅阶层的动向。[①]晚明绍兴人祁彪佳的日记流传下来，保留其生活内容众多，朱冬芝利用《祁彪佳日记》探讨明末官员及乡绅的各种交际活动，从中寻找这些交际活动与个人身份及社会时代的转变关系，认为作为乡绅的祁彪佳，“拥有更多机会与时间营造集会活动，并加深在地士绅间的关系，对于乡里的影响力及建设性似乎远大于作为官员的角色。从这个角度来审视乡绅及地方社会的崛起，或许提供了另一个思考的方向”[②]。蒋竹山探讨了祁氏家族的医疗活动。[③]王振忠利用绩溪民间文献《应星日记》，以粮食供应和民间信仰为主，从一些侧面描述了此一时段民众的日常生活。[④]谢肇淛的生活史也受到注意。[⑤]

明代是日用类书流行的时代，通过日用类书研究明人日常生活自然是一个很好的视角。日用类书这类文献日本学者较早关注，从文献学的角度已有深入研究。[⑥]近年来，中国台湾学者吴蕙芳受到社会文化史的影响，更从阅读史、生活史的角度探讨明清时期的民间日常生活。[⑦]中国大陆学者王振忠则关注流传民间的日用类书。[⑧]日用类书呈现的生活世界丰富多彩，王正华从生活与知识的角度，探讨晚明福建地区出版的日用类书中关于书法和绘画的章节与晚明出版文化、艺术相关活动的关系；强调艺术史、社会史、文化史、人类学与“视觉文

① 冯贤亮：《陈龙正：晚明士绅社会生活的一个侧面》，《浙江学刊》2001 年第 6 期。

② 朱冬芝：《晚明士绅的人际缩影：祁彪佳日记中的社交活动及其转变》，《明代研究》2006 年第 9 期，第 99 页。

③ 蒋竹山：《晚明江南祁彪佳家族的日常生活史——以医病关系为例的探讨》，载孙逊、杨剑龙主编：《都市、帝国与先知》，上海：上海三联书店，2006 年。又，明人的医疗问题，可参看邱仲麟：《医生与病人——明代的医病关系与医疗风习》，载李建民主编：《从医疗看中国史》，台北：联经出版事业股份有限公司，2008 年。

④ 王振忠：《从〈应星日记〉看晚明清初的徽州乡土社会》，《社会科学》2006 年第 12 期。

⑤ 范莉莉：《晚明宦游士人的生活世界——兼论谢肇淛〈五杂组〉的生活史研究价值》，载常建华主编：《中国社会历史评论》第 13 卷，天津：天津古籍出版社，2012 年。

⑥ 参见酒井忠夫：《中國日用類書史の研究》，東京：國書刊行會，2011 年。

⑦ 吴蕙芳：《〈中国日用类书集成〉及其史料价值》，载台湾“中研院”近代史研究所、近代中国史研究通讯编辑委员会编：《近代中国史研究通讯》，台北：台湾“中研院”近代史研究所，2000 年；吴蕙芳：《万宝全书：明清时期的民间生活实录》，台北：台湾政治大学历史学系，2001 年；吴蕙芳：《明清以来民间生活知识的建构与传递》，台北：台湾学生书局，2007 年。

⑧ 王振忠：《清代前期徽州民间的日常生活——以婺源民间日用类书〈目录十六条〉为例》，《明清以来徽州村落社会史研究：以新发现的民间珍稀文献为中心》，上海：上海人民出版社，2011 年。

化”息息相关。[①]尤陈俊关注日用类书涉及的民间诉讼问题，认为以传授词状撰写之道为主要内容的讼学知识在明清民间的流传颇为广泛，当时的普通百姓若想获得诉讼文书范本亦非难事，晚明时期更是如此。[②]此外，顾月琴探讨了明清时期生活所用杂字在民间盛行的原因、杂字与其他蒙学教材相比的不同特点，以及杂字在国内外的流播情况。[③]

明人生活确实丰富多彩，具有多样性与时代特征。陈宝良指出，晚明出现许多新名词，反映了飞速发展与变化的社会生活。这种新生活可以概括为谈谐（即说笑话）、听曲、旅游、博弈、狎妓、收藏（包括书籍、古董、时玩）、花鸟鱼虫，生活享乐化与艺术化。他还指出明代中期以后商业化的浪潮对当时的礼教形成了很大的冲击，并导致人们的生活观念发生了很大的转向，随之而来的则是生活的商业化与世俗化，甚至出现了生活的流行时尚。[④]文化理论中有“日常生活批判”的研究，有学者将其运用到明代领域，探讨明代日常生活。认为描述生活，批判生活，从日常生活中挖掘深层内涵，借助于批判日常生活来探索理想境界，这正是文学的基本功能之一。明清时期，以《金瓶梅》、“三言”、“二拍”等为代表，兴起了一股世情小说的潮流，它们直接面对广大的市民群众，描摹和揭示了当时人们的生活实际，对中国人的日常生活做了充分的批判。也有学者借助小说讨论家庭与人格问题。[⑤]意大利学者史华罗利用文学资料探讨中

---

① 王正华：《生活、知识与文化商品：晚明福建版“日用类书”与其书画门》，载台湾“中研院”近代史研究所集刊编辑委员会编辑：《“中央研究院”近代史研究所集刊》2003年第41期；王正华：《艺术史与文化史的交界：关于视觉文化研究》，载台湾“中研院”近代史研究所、近代中国史研究通讯编辑委员会编：《近代中国史研究通讯》，台北：台湾“中研院”近代史研究所，2001年。

② 尤陈俊：《明清日常生活中的讼学传播——以讼师秘本与日用类书为中心的考察》，《法学》2007年第3期；尤陈俊：《明清法律知识的另类空间：透过日用类书的展示》，载中国法律史学会编：《法史学刊》（第一卷），北京：社会科学文献出版社，2007年；尤陈俊：《明清日用类书中的法律知识变迁》，载苏力主编：《法律和社会科学》（第二卷），北京：法律出版社，2007年；尤陈俊：《法律知识的文字传播：明清日用类书与社会日常生活》，上海：上海人民出版社，2013年。

③ 顾月琴：《日常生活变迁中的教育：明清时期杂字研究》，北京：光明日报出版社，2013年。

④ 陈宝良：《晚明社会生活的新动向》，《福建论坛（人文社会科学版）》2004年第9期；陈宝良：《新名词与新生活——晚明社会生活的“活力”与“多样性”》，《中国文化研究》2004年第1期。

⑤ 吴建国：《从明清小说看文人的家庭生活与人格危机》，《华东师范大学学报（哲学社会科学版）》1992年第2期；金民卿：《文学对日常生活的批判——明清世情小说的文化透视》，《求是学刊》1996年第3期。

国文化中“清”与“浊”的概念与融入日常生活的关系。①

三、明代日常生活史研究的前瞻

明代生活领域的重大变化与商品经济的繁荣有密切关系，而明代商品经济的繁荣与外贸又有何关系呢？当代西方著名学者弗兰克的《白银资本：重视经济全球化中的东方》论述了16世纪以来世界各地之间的经济联系，他把中国置于亚洲的中心，把亚洲置于全球经济的中心，认为中国需求白银，欧洲需求中国商品，二者的结合导致了全世界的商业扩张，中国在工业革命前的经济史中占据着极其重要的地位。②这种全球视野将明代与世界建立起经济联系，事实上也把明朝人的生活与外国人的生活联系在一起。中国学者万明对于明朝与全球化的关系非常重视，她认为明代青花瓷崛起有着白银货币化的大背景，明代白银货币化是社会变迁的重要标志之一。以成化、弘治年间为界，白银从官方非法货币向事实上的合法货币过渡，白银货币化在整个社会全面铺开。随着白银货币化步伐的加快，白银渗透到社会的每一个角落，深入人们的日常生活中，市场前所未有地活跃起来。这一时期，商品经济的繁荣、商帮的形成、市镇的兴起，都可以从这里找到根据，并由此带来一系列制度的变迁，同时也引发社会整体的变迁。发展到嘉靖初年，这一货币化过程基本完成，白银成为流通领域主币，整个社会产生了巨大的白银需求，促使中国私人海上贸易蓬勃发展，与来到中国东南沿海的葡萄牙人一拍即合，吸收了大量外银流入，并直接或间接引发了亚洲的日本与美洲白银的大开发。由此海上贸易的规模与范围前所未有地扩大，中国迅速与世界连接了起来。万历时期风尚奢华蔚为大观，白银货币化对社会经济结构变迁影响重大，将社会各阶层卷入市场之中，使新的经济

①〔意〕史华罗：《什么是明清时代日常生活中的“清”与“浊”？》（上），载耿幼壮、杨慧林主编：《世界汉学》第8卷，北京：中国人民大学出版社，2011年；〔意〕史华罗：《什么是明清时代日常生活中的“清”与“浊”？》（下），载耿幼壮、杨慧林主编：《世界汉学》第9卷，北京：中国人民大学出版社，2012年。

②〔德〕弗兰克：《白银资本：重视经济全球化中的东方》（第2版），刘北成译，北京：中央编译出版社，2008年。

成分增长，社会各阶层的商业性行为显著。明代青花瓷的历史是一部中外文明交融的历史，也是一部贸易改变了传统工艺品发展走向的历史，更是一部市场引领了时尚的历史。作为中国瓷器代表的青花瓷传播到世界各地，引领了全球时尚潮流，构成了新的技术与知识融通过程，展现了新的世界性文化景观。[①]

白银改变了明人的生活了吗？明人是如何受到全球化影响的？明人又怎样影响了世界其他国度与民族的生活？以研究明代士绅社会、商业与文化闻名的加拿大学者卜正民在《维梅尔的帽子——从一幅画看全球化贸易的兴起》一书中揭示，维梅尔绘画中军官戴的时髦帽子是用海狸毛皮制成的，欧洲探险家从土著美洲人那里用武器换取海狸毛皮，贩卖海狸毛皮的收益则为水手寻找前往中国的新航线之旅提供了资金支持。在中国，欧洲人用秘鲁银矿出产的银子购买了数以千计的瓷器，瓷器成了这段时期荷兰画作中最亲切的“常客”。正是全球化经济的发展，让海狸毛皮、土耳其地毯和中国瓷碗同时出现在台夫特的客厅里。而大量白银流入中国，“催生出奢靡之风”[②]。西方耶稣会士的东来，向明朝传播了西方文化；烟草在明末进入广东、福建、东北等地，风靡全国。正是全球化的时代，明朝人既输出了文化，自身的生活也受到了外来贸易、文化的影响。随后，美国学者彭慕兰2007年提出，探讨全球史（世界史）要借助社会史，而社会史可以分成日常生活史（劳动、饮食、育儿、恋爱、退职、残疾等）、大规模社会组织史（如国家社会关系、阶级构成、种族关系）、社会运动史（或认为推动社会变化的历史）三个部分。彭慕兰认为法国年鉴学派“即对于‘总体史’——在相当程度上是一种日常生活社会史——的追求”。他强调：“早在大众消费市场——更不用说全球传播媒介了——形成前，那些惯常认为地方气息很浓的私人生活史，包括那些没有远距离旅行的人们的日常生活，都有着重要的世界史维度。”[③]日常生活史与全球史有如此重要的联系，而明代恰恰

① 万明：《明代白银货币化：中国与世界连接的新视角》，《河北学刊》2004年第3期；万明：《明代白银货币化与社会变迁》，载张国刚主编：《中国社会历史评论》第5卷，北京：商务印书馆，2007年；万明：《明代青花瓷崛起的轨迹——从文明交融走向社会时尚》，《故宫博物院院刊》2008年第6期；万明：《明代青花瓷的展开：以时空为视点》，《历史研究》2012年第5期。

② 〔加〕卜正民：《维梅尔的帽子——从一幅画看全球化贸易的兴起》，刘彬译，上海：文汇出版社，2010年，第165页。

③ 〔美〕彭慕兰撰：《社会史与世界史：从日常生活到变化模式》，夏继果译，载夏继果、〔美〕杰里·H. 本特利主编：《全球史读本》，北京：北京大学出版社，2010年，第268、274页。

是全球化正式展开的时代，从全球视野看明人日常生活应是需要深入研究的视角。

明代日常生活的研究视角，还应当借鉴并整合新文化史、历史人类学及社会史的理论与方法。比较传统的社会生活史研究，多为生活内容、样式的考察，重视经验与实体，好在扎实、具体，缺陷则是难以明了所述事物的意义。文化与社会的人类学强调的是揭示日常生活背后的逻辑与意义；新文化史受到人类学的深刻影响，重点研究的是社会的文化史，在日常生活层面谈文化。这样的日常生活史，与性别史、身体史、阅读史、旅游史、感觉史等新的研究领域有密切关联，建构并呈现生活样态及与历史变化的关系。在明代生活史与新文化史结合方面，王鸿泰先生的研究特色鲜明，他指出："台湾这一二十年来的史学发展，从社会经济史转向社会生活史，从外在性地研究社会风气的变迁到内在性地探究社会生活的内容与意涵……我的研究可以说是偏属于文化史的研究取径，不过，也可以包含在生活史层面……我希望试着在建构出一个生活史的图像后，进一步去推究背后的形成逻辑，去思考它的社会文化意义。"[①]他也谈到物质文化消费与大众文化特别是生活关系的研究方法："从细节上去看，具体地观察各种不同的'物'，到底在什么范围内流传？经历了什么样的流通过程？如何进入个人的生活领域？对个人生活产生什么影响？再考察有哪些人？什么样的人？参与这个物的世界？同时，推论人与物的互动，可能构成什么样的社会文化与人际网络？"[②]文化史研究，也应包括科技文化、医疗文化、物质文化、生态文化等，借鉴多学科方法对于日常生活史研究非常有必要。

明代日常生活史研究弥补薄弱环节也是努力的方向，大致可以在群体、空间、时间三大方面着力。从群体来看，已有的研究集中在士大夫、文人方面。一方面是资料众多容易获取、生活变化较大、历史作用显著使然；另一方面也是观念上与方法上对普通民众探索不够。研究农民应当围绕劳动进行，劳动是工作也是生活，理解了劳动才能把握农民、农村与农业这"三农"。普通民众为生存而活，生计的研究很重要，这是进入生活的门径，归结起来就是民生问题。

① 王鸿泰：《从社会经济史转向社会文化史——台湾二十年来新史学的发展》，载唐力行主编：《江南社会历史评论》第4期，北京：商务印书馆，2012年，第344页。

② 王鸿泰：《从社会经济史转向社会文化史——台湾二十年来新史学的发展》，载唐力行主编：《江南社会历史评论》第4期，北京：商务印书馆，2012年，第352页。

邱仲麟先生写了一些关于北京民生问题的文章，如燃料、用水、环境卫生等，以此落实到生活层面。[①]由上可知，日常生活与民生问题的联系性是研究生活史的重要思路之一。从空间来看，已有的研究集中在江南地区，其他地区的研究较之薄弱很多，亟须弥补，无疑开展分区研究是重要的方法。特别是将日常生活史与地方社会结合起来研究，才能使生活有立体感，因而落实到实处。就城市与农村的研究比较而言，这些年城市生活的研究如火如荼，而传统的农村生活研究则成绩平平，区分不同生态条件，以村落为单位、以劳动为中心的研究或许可以改变这种研究状况。从时间看，现在的研究集中于晚明或明清之际，明中期因连带于晚期、后期有所研究，而明初、明前期的生活史研究薄弱，影响了人们对于有明一代生活史的认识。

① 邱仲麟：《繁华的侧面——明清北京的民生问题与环境卫生》，载唐力行主编：《江南社会历史评论》第4期，北京：商务印书馆，2012年，第324、332页。

清代日常生活史研究述评*

余新忠　郝晓丽

生老病死、衣食住行、娱乐交往等，构成了人们日常生活的基本内容。尽管对于每一个人来说，这一切都不可或缺，但在追求意义、崇尚科学与理性的现代历史学中，却往往失去了踪影；即使偶尔涉及，也是为了阐释一个时代的社会经济发展水平而呈现的脱离具象生命、抽象而一般的状况。如果我们将对物质进步和整体社会经济发展的追求与重视凌驾于对人自身发展和个体生命幸福的关注之上，或将人自身发展和个体生命幸福化约为物质进步和整体社会经济的发展，这一切自然也就没有了立足之地。然而，历史并不会脱离具体的日常生活世界而抽象地演进。这些日常生活中的点点滴滴，虽然看似重复琐碎，但其实无时无刻不处在与整体社会制度、体系与观念的互动之中，缺乏对它们的关注，不仅会让历史大厦变得没有人居住，而且也不利于我们全面地理解和把握时代的特征及其变迁，难以从历史维度去认识人自身的全面发展问题。所以，若回到日常生活的逻辑和场景中，在具体的日常生活细节中发现历史，则不仅会让历史变得丰富，而且还可能发现别样的旨趣与议题。故此，本文将以我们比较熟悉的清代为例，通过对相关研究的梳理，对日常生活史的可能、意义及议题等问题作一探究。

---

* 本文为教育部人文社会科学重点研究基地重大项目“清人日常生活”的阶段性研究成果。感谢两位匿名审稿人提出的诸多中肯而有建设性的意见和建议。

一、日常生活史：内涵及发展脉络

日常生活是一个大家都耳熟能详的词汇，不过作为学术概念的确定内涵，却可能不为大多数人所了解。日常生活的概念受到20世纪以来西方哲学界生活世界理论和日常生活批判理论的极大影响。自胡塞尔始，许多西方哲学家开始倡导哲学研究中生活世界的回归，维特根斯坦、海德格尔、列斐伏尔、科西克、赫勒等都曾从不同的角度探讨了日常生活世界的本质及其特性。①匈牙利哲学家赫勒在《日常生活》一书中系统、完整地阐述了日常生活的性质和特征，将其界定为使社会再生产成为可能的“个体再生产要素的集合”，是一个“自在的类本质对象化的领域，是重复性思维和重复性实践占主导地位的领域”。②中国学者衣俊卿则进一步对日常生活与非日常生活做了区分，认为日常生活“总是同个体生命的延续，即个体生存直接相关，它是旨在维持个体生存和再生的各种活动的总称”，非日常生活“总是同社会整体或人的类存在相关，它是旨在维持社会再生产或类的再生产的各种活动的总称”。③这些论述中包括两个要点：一是日常生活研究关注的是具体的人，而非整体化的人类或社会；二是日常生活关涉的主要是具象的人的日用常行、生活空间及其日常观念和行为的运作机制等比较具体的内容，而非整体、抽象的社会思想、体系和制度等。日常生活之所以成为哲学上一个重要的分析概念，主要是因为它与人类社会的发展有着不易察觉却极为密切的关联，而人类对于这种日用常行的不自觉及在有意或无意中形成的某些不适当的观念、制度等，则往往可能导致人自身的发展出现严重的异化现象。故而，研究者希望通过日常生活批判，推动“日常生活人道化”，让日常生活中的人从自为的状态向符合人性的方向发展。④

① 参见张贞：《“日常生活”与中国大众文化研究》，武汉：华中师范大学出版社，2008年，第9—42页。

②〔匈〕阿格妮丝·赫勒：《日常生活》，衣俊卿译，重庆：重庆出版社，1990年，第11—13页。

③ 衣俊卿：《现代化与日常生活批判——人自身现代化的文化透视》，北京：人民出版社，2005年，第12—13页。

④ 参见李霞：《个性化的日常生活如何可能——赫勒日常生活理论研究》，北京：人民出版社，2011年，第8—100页；张贞：《“日常生活”与中国大众文化研究》，武汉：华中师范大学出版社，2008年，第9—42页。

西方史学界对日常生活的关注亦由来已久。年鉴学派创始人之一吕西安·费弗尔曾将其所著《法兰西百科全书》中的一卷命名为《日常生活》（La Civilisationquotidienne）。[①]自 1938 年起，法国哈齐特（Hachette）出版集团就陆续出版了一系列不同地区与时代的日常生活史书籍，名之为《日常生活》（La Vie Quotidienne）。[②]年鉴学派第二代代表人物费尔南·布罗代尔将其巨著《十五至十八世纪的物质文明、经济和资本主义》的第 1 卷题为《日常生活的结构：可能和不可能》，把日常生活划分为人口、粮食、食品与饮料、居住与衣着等不同层面加以描述。[③]不过，于此日常生活还只是年鉴学派的学者研究经济史和社会史的一种视角，其重在探究日常生活的结构及其再生产，日常生活史似乎还说不上是一个独立的学派。而到 20 世纪 70 年代中期，德国史学界在微观史研究潮流之中发展出"日常生活史"（Alltagsgeschichte），日常生活才真正作为一个史学流派引起广泛关注。与此同时，源起于意大利的"微观史学"（Microstoria）亦发展得如火如荼。德国的"日常生活史"、意大利的"微观史学"及法国年鉴学派之"文化史"，均将关注点放在为以往历史研究所忽略的边缘人物的生活、信仰及实践等方面。[④]刘新成认为，由于意大利的"微观史学"与德国的"日常生活史"的主旨无异，故而一般也归入日常生活史学派。[⑤]由此形成的日常生活史与早期法国传统的关注点主要在于日常生活结构及其再生产明显不同，其重在重构个体的日常生活体验。可以说，日常生活史学派大致源于这两个学术传统。尽管二者在史学视角的转变上非常一致，但在具体研究方法与目的方面仍带有本国的史学研究传统的鲜明特色。[⑥]

整体而言，西方日常生活史研究兴起于 20 世纪 70 年代，80 年代中期渐成

① 转引自〔英〕彼得·伯克：《法国史学革命：年鉴学派，1929—1989》，刘永华译，北京：北京大学出版社，2006 年，第 41 页。

② Andreas Eckert, Adam Jones, Historical Writing about Everyday Life, *Journal of African Cultural Studies*, 2002,15(1): 6.

③〔法〕费尔南·布罗代尔：《十五至十八世纪的物质文明、经济和资本主义》第 1 卷《日常生活的结构：可能和不可能》，顾良、施康强译，北京：生活·读书·新知三联书店，1992 年。

④ John Brewer, Microhistory and the Histories of Everyday Life，*Cultural and Social History*, 2010, 7(1): 87-109.

⑤ 刘新成：《日常生活史与西欧中世纪日常生活》，《史学理论研究》2004 年第 1 期，第 35 页。

⑥ Brad S. Gregory, Is Small Beautiful? Microhistory and the History of Everyday Life, *History and Theory*, 1999, 38(1): 100-110.

热潮，到90年代，不仅著名史学家伊格尔斯的《二十世纪的历史学：从科学的客观性到后现代的挑战》[①]设专章介绍日常生活史，而且在德国和意大利还有了日常生活史的专业刊物。时至今日，日常生活史已经成为西方史学界重要的研究领域之一。回顾其发展历程可以发现，其与新文化史在西方的发展历程在时间上正相吻合。尽管研究对象和范围有所不同，但两者都致力于微观研究，力求以小见大，注重人的心智与观念，在研究方法、研究理念等方面均有着相当的一致性。在这两种学术潮流的共同作用下，西方史学界涌现了卡罗·金兹伯格的《奶酪与蛆虫：一个16世纪磨坊主的宇宙观》、勒高夫的《中世纪的时间、工作与文化》、乔凡尼·列维的《继承权力：一个魔法师的故事》和汉斯-维尔纳·格茨的《欧洲中世纪生活》等一批颇具影响的日常生活史佳作。

可见，西方史学界的日常生活史往往与微观史、新文化史等研究交织在一起，成为20世纪后半叶以来新史学的重要组成部分。它的兴起无疑与哲学界、思想界和文学界对日常生活的研究密切相关，但更为重要的，应该还是源于史学界内部的自我省思与转向：除了与传统的社会史研究不无关联外，还颇受文化和历史人类学研究方法的影响，同时更与新文化史研究日渐兴盛及历史叙事方式转变有关。[②]整体上说，史学界的研究较少从日常生活批评意识出发去探究历史上日常生活中人的异化等问题，而主要关注点大体有二：一是努力将具象的个人拉回到历史中来，希望借此书写出以个体的人为中心的历史；二是希望打破只关注社会精英和整体的传统，由上而下，将注意力放到普通人身上，通过观察和思考普通人的日常生活或“私生活”来把握时代的特色与社会文化变迁。德国著名的日常生活史家格茨曾指出：

> 根据史料的内容给日常生活史下结论要非常慎重，要还以本来的目的，要对史料进行批判性解释。日常生活就是以这样的角度为我们开启了有关过去的新的领域，这就是普通人的“私生活”，这些普通人远离所谓的大

① 〔美〕伊格尔斯：《二十世纪的历史学：从科学的客观性到后现代的挑战》，何兆武译，济南：山东大学出版社，2006年，第105—122页。

② 参见刘新成：《日常生活史与西欧中世纪日常生活》，《史学理论研究》2004年第1期；〔美〕伊格尔斯：《二十世纪的历史学：从科学的客观性到后现代的挑战》，何兆武译，济南：山东大学出版社，2006年，第105—122页。

事件，远离历史的大舞台，远离上层的政治。日常生活史当然不可能取代传统的历史科学，但是从历史“人性化”的意义上来说，它是一个重要的补充。[①]

21世纪以来，日常生活史研究也逐渐引起国内史学界的关注，出现一些引介和理论方法的文章。刘新成的《日常生活史与西欧中世纪日常生活》颇为清晰地梳理了日常生活史研究在西方兴起和发展的脉络，堪称了解日常生活史研究的必读之作。[②]常建华率先从学科及中外比较等角度探究了中国日常生活史研究的理论、方法及值得注意的问题等内容。其《日常生活与社会文化史——“新文化史”观照下的中国社会文化史研究》一文从梳理西方新文化史和历史人类学的发展脉络入手，论述了日常生活史与这两种研究的密切关系，认为“日常生活应当成为文化史、社会史、历史人类学研究的基础，也就是日常生活应当成为社会文化史研究的基础”，“将文化作为能动的因素，把个人作为历史的主体，探讨他们在日常生活或长时段里对历史进程的影响”。[③]在进一步强调日常生活史对以往历史研究“见物不见人”的反拨和以人为中心的特性的基础上，常建华在另一篇论文中提出，如今的日常生活史研究已与物质文化、社会性别、科技、医疗、身体、艺术诸史相融合，采用多种视角，成为跨学科的学问。面对海外日常生活史研究产生的一批优秀学术成果，后期的中国日常生活史应将中外日常生活史的比较研究作为自觉的行为。[④]连玲玲对“日常生活”在中国近代史研究中的应用做了探讨，认为应该将日常生活的内容当作一种帮助我们提问的分析工具，而非佐证观点的材料，如此才能提出新问题，反省既有的研究架构；在史料应用上，应该尽量挖掘研究对象自己生产的史料（日记、自传等），并且注意剖析史料生产的历史情境。[⑤]胡悦晗、谢永栋将中国日常生活史的研究

① 王亚平整理：《德国日常生活史研究——格茨教授访谈》，载侯建新主编：《经济—社会史评论》第2辑，北京：生活·读书·新知三联书店，2006年，第166页。

② 刘新成：《日常生活史与西欧中世纪日常生活》，《史学理论研究》2004年第1期。

③ 常建华：《日常生活与社会文化史——“新文化史”观照下的中国社会文化史研究》，《史学理论研究》2012年第1期，第79页。

④ 常建华：《他山之石：国外和台湾地区日常生活史研究的启示》，《安徽大学学报（哲学社会科学版）》2015年第1期。

⑤ 连玲玲：《典范抑或危机？“日常生活”在中国近代史研究的应用及其问题》，《新史学》2006年第17卷第4期。

分为民族风俗志描述、经济—社会史研究、新经济—社会史研究及当前在新文化史交叉学科影响下走向独立化与多元化研究四个发展阶段。[①]常建华和李金铮则颇为细致地回顾和展望了明代和民国时期的日常生活史研究。[②]此外，黄正建、常利兵、雷颐等亦从各自的角度对日常生活史有所介绍和讨论。[③]

不仅如此，近些年来，中国史学界还经常召开日常生活史会议，推动了相关研究的展开。2008 年 12 月于中山大学召开的第 12 届中国社会史年会，主题为“政治变动与日常生活”。此次年会在打通政治史与社会史的理念下，倡导开展对日常生活史的研究，主张将之放进地域社会的历史时空中，进行整体全面的研究。[④]南开大学中国社会史研究中心更是从 2011 年开始，连续 5 年召开学术研讨会，试图从日常生活密切相关的不同主题，逐步推进中国日常生活史研究的不断深入。[⑤]另外，西方学界也积极开展相关学术交流活动。2012 年 5 月，澳大利亚昆士兰大学主办了“明清与近代中国的日常生活史”国际会议（International Conference of the History of Everyday Life in Late Imperial and Modern China），意在探讨影响中国民众日常生活方式的社会、文化与经济各个层面，揭示其中复杂多元的面貌。[⑥]

---

① 胡悦晗、谢永栋：《中国日常生活史研究述评》，《史林》2010 年第 5 期。

② 常建华：《明代日常生活史研究的回顾与展望》，《史学集刊》2014 年第 3 期；李金铮：《众生相：民国日常生活史研究》，《安徽史学》2015 年第 3 期。

③ 黄正建：《唐代日常生活史研究现状断想》，载孙家洲、刘后滨主编：《汉唐盛世的历史解读：汉唐盛世学术研讨会论文集》，北京：中国人民大学出版社，2009 年，第 398—404 页；常利兵：《日常生活研究的理论与方法——对一种社会史研究的再思考》，《山西大学学报（哲学社会科学版）》2009 年第 2 期；雷颐：《“日常生活”与历史研究》，《史学理论研究》2000 年第 3 期。

④ 详细内容可参见罗艳春：《中国社会史学会第十二届年会综述》，载常建华主编：《中国社会历史评论》第 11 卷，天津：天津古籍出版社，2010 年，第 401—415 页。

⑤ 有关会议综述，可参见张传勇：《从习以为常发现历史：“中国日常生活史的多样性”国际学术研讨会综述》，《民俗研究》2012 年第 2 期；许三春：《“日常生活史视野下中国的生命与健康”国际学术研讨会纪要》，《中华医史杂志》2012 年第 5 期；张瑞：《日常生活史视野下中国的生命与健康国际学术研讨会综述》，《中国史研究动态》2013 年第 2 期；张传勇：《置日常生活于社会空间——“中国史上的日常生活与地方社会”学术研讨会综述》，载常建华主编：《中国社会历史评论》第 15 卷，天津：天津古籍出版社，2014 年；王静：《深入日常生活研究推动学术共同体形成——“中国史上的日常生活与民生问题”会议述评》，《城市史研究》2015 年第 1 期；郭瑞鹏：《架起民生与日常生活的桥梁——“中国史上的日常生活与民生问题”学术研讨会综述》，载常建华主编：《中国社会历史评论》第 16 卷下，天津：天津古籍出版社，2015 年；张陆卅：《“中国史上的日常生活与物质文化”学术研讨会综述》，《东岳论坛》2016 年第 1 期。

⑥ 相关内容见 http://www.uq.edu.au/events/event_view.php?event_id=8294。

综上所述，日常生活史作为一种学术理念和一个研究领域，国内史学界的关注和探究还刚刚开始，具有理论自觉意识展开的日常生活史实证性研究还颇为少见。不过由于日常生活所涵盖的内容与社会生活史、社会文化史和历史人类学多有关涉，加之一些海外学者在这方面已先行一步，相关成果并不在少数。清代作为中国历史上最后一个王朝，时代较近，资料较多，又处于传统向近代的转型时期，相关研究也相对较多。故此，我们将以问题为主导，对清代日常生活史研究作一回顾和展望，力图从诸多具体而问题意识各异的研究中梳理出一个大的趋向，而无意追求成果概述的完整和全面。

二、清代日常生活史研究概况

（一）社会生活史：基础与异同

社会生活史是社会史内部的一个分支，属于通史性质的专门史，其研究范围十分广泛，既包括人们衣、食、住、行、娱等方面的日常生活，也包括政治、经济、文化生活。①中国史学界对生活史的探讨早在 20 世纪早期就已展开，出现了《中国风俗史》（张亮采）、《中国妇女生活史》（陈东原）、《历代社会风俗事物考》（尚秉和）等著作②，不过整体上研究成果较少。

20 世纪 80 年代中期以降，随着中国社会史研究的兴起，社会生活史的研究日益受到关注，成果不断涌现。社会生活史不仅被视为社会史的重要内容，甚

① 参见梁景和：《社会生活：社会文化史研究中的一个重要概念》，《河北学刊》2009 年第 3 期；项义华：《社会生活史研究的学术传统与学科定位》，《浙江学刊》2011 年第 6 期；杨卫民：《新时期社会生活史研究述略——以中国近代社会生活史为中心》，《焦作师范高等专科学校学报》2012 年第 1 期。

② 张亮采编纂：《中国风俗史》，上海：商务印书馆，1911 年（该书被视为中国社会生活史研究的开端，参见彭卫：《近五十年中国古代社会生活史研究述评》，《汉代社会风尚研究》，西安：三秦出版社，1998 年，第 188 页）；陈东原：《中国妇女生活史》，上海：商务印书馆，1937 年；尚秉和：《历代社会风俗事物考》，上海：商务印书馆，1938 年。

至有研究者认为社会史就是社会生活史。这一阶段最早也是最为重要的倡导者是业师冯尔康，他和常建华合著了《清人社会生活》。[①]该书可以视为冯尔康对其倡导的社会史研究的具体实践，对清代社会生活的各方面做了具体、细致的呈现，同时还列有专章介绍少数民族社会生活。尽管该书的问题意识今天看来颇有局限，每一部分的论述也未必能真正围绕“人”来展开；但就论述的全面系统、资料的丰富程度，整体上至今仍无出其右者。

此后，中国社会科学院历史研究所在李学勤的主持下，开始分工撰写中国历代社会生活史论著，从 20 世纪 90 年代中期开始由中国社会科学出版社陆续出版，至今已经出版《夏商社会生活史》《明代社会生活史》等 6 种，遗憾清代卷尚未见刊行。从已出版的几种来看，无论在内容的丰富全面、资料的梳理，还是各个时代社会生活特色的呈现与总结等方面，这套丛书无疑均较以往有了较大的推进。不过在总体写法上，仍未能真正做到围绕人来撰写，仍不时出现只见物件、规定和习俗却看不到具体的个人是如何在日常生活中与这些发生关联的。有些部分甚至类似专题断代史，如各个时代基本都设专章论述医疗保健，但或许是因为这方面的研究还过于薄弱，就其内容来看，很多与该时期医疗卫生史的论述并无明显不同。差不多同时，湖南人民出版社还出版了一套“历代城市生活长卷丛书”，其中清代卷《腐朽与神奇——清代城市生活长卷》由赵世瑜撰写。[②]该书算不上是严格的学术著作，但写法颇有新意，往往围绕着人来展现城市的日常生活，不是按社会生活的各方面而是描述在城市中生活的不同阶层的人，以努力呈现“总体的历史”。

除了断代的社会生活史论著外，还有一些区域社会生活史研究，也颇值得关注。其中较具代表性的当属熊月之主编的“上海城市社会生活史丛书”，该丛书从 2007 年起，由上海辞书出版社陆续出版，2011 年 25 种全部刊齐。该丛书对主题和体例并无统一规划，每一种基本都是有关上海城市社会生活的独立专著，研究深度和问题意识亦各异其趣，但总体来看，都从不同方面丰富和深化了近代上海城市生活史的内容。

① 冯尔康、常建华：《清人社会生活》，天津：天津人民出版社，1990 年。
② 赵世瑜：《腐朽与神奇——清代城市生活长卷》，长沙：湖南人民出版社，2006 年。

新时期社会生活史的研究成果极为丰富，此处仅简要述及其荦荦大者。[①]常建华认为，当前我国生活史的研究重点仍在于社会生活，日常生活虽有所涉及，但数量偏少。[②]他进一步指出，生活史的研究应当从“社会生活”向“日常生活”转变，把“日常生活史”作为“社会生活史”内部发展的一个转向。[③]“日常生活史”与“社会生活史”虽然在研究对象和内容上有很大交集，实质上却有重要差异。

首先，在研究内容上。日常生活史关注的是一定时空中具体的个人，是对个体生活的全面呈现，不仅包括社会生活，也包括情爱、私人消闲、家庭生活等私人生活。其次，在研究方法和理念上。虽然两者都通过将研究与整体或时代关联而避免陷入零散、琐碎的窠臼，但与社会生活史认同的“整体史”（total history）路径（即通过将自己叙述的具体细碎的生活放在整体的历史框架中来呈现）不同，日常生活史追求的则是“全面史”（integral history）研究路径，即其叙述围绕着个人而展开，通过对个人生活方方面面的呈现，来分析概括出一个时代和地区中人们生活的“常识”，并从“常识”来透视一个国家和地区时代风貌和特性。再次，日常生活史的论述尽可能围绕具体的人来展开，力求避免以往社会生活史论著中常见的“见物不见人”的问题。而且，正如新文化史的兴起，乃是对以往社会史研究过于浓厚的“结构主义”色彩及以追求普遍规律和科学解释为最终目标的反动，与社会生活史相比，日常生活史也更在意一定时空中个人的生活体验和感受，以及这些体验和感受的差异性和独特性。最后，作为后现代思潮中兴起的一个史学流派，日常生活史对现代社会强烈的批判倾向不容忽视。与社会生活史研究中常见的以现代或西方为标准、对传统社会生活方式及中国社会的所谓惰性展开批判的做法不同，日常生活史研究则希望进入历史的情境，凭借扎实、细致的资料梳理来呈现历史上人们的日常生活经验，并通过与现代生活方式的关照来省思“现代性”及人类文明的走向。

---

① 具体研究成果可参见冯尔康等编著：《中国社会史研究概述》，天津：天津教育出版社，1988 年；常建华等编著：《新时期中国社会史研究概述》，天津：天津古籍出版社，2009 年；常建华主编：《社会史研究通讯》（内部刊物），中国社会史学会主办。

② 常建华：《从社会生活到日常生活——中国社会史研究再出发》，《人民日报》2011 年 3 月 31 日，第 7 版。

③ 常建华：《日常生活与社会文化史——“新文化史”观照下的中国社会文化史研究》，《史学理论研究》2012 年第 1 期。

（二）承继与超越：清代日常生活史研究述论

如前所述，目前中国日常生活史研究还刚刚起步，具有自觉意识的实证性研究尚不多见，不过近年来在新文化史、历史人类学、医疗史等新史学思潮的影响下出现的一些研究成果，很多虽然没有直接使用日常生活史的名义，但实际上已颇具日常生活史的意蕴。以下主要以清代研究为例，对这类研究按类作一归纳和述评。

1. 生活场景与环境

人的日常生活必然发生在具体的空间和环境中。对于历史空间和环境，虽然以往的历史地理学和近年来日渐兴起的环境史研究已多有关注，不过大多集中在比较宏大而长时段的主题上，具体生活空间中比较细致的生活场景和环境状况则较少受到关注。近年来，随着新史学的不断发展，这类颇具新意和意趣的研究越来越多。

邱仲麟近年来一直致力于探讨明清时期北京城的日常生活环境问题。一座城市的风尘、街壤、气味与人们的五大感官均相牵涉，邱仲麟以嗅觉作为考察重点，探讨了北京这座城市在明清时期给予人们的感官印象。明清北上的南方士人对北京的身体触感与嗅觉体验是天气干燥，大风扬尘，街道“尘车粪马”，荡斥着臭恶的气味。恶劣的环境让他们往往发出“真不像长安”的感叹。如此不堪的回忆不仅仅是因为京城的环境不够理想，还在于其记忆里的南北地理文化差异。[①]邱仲麟还具体讨论了民众日常生活必需的燃料、用水及天然冰的使用等问题。[②]他擅于将这些细琐之物放在宏阔的历史背景下来考察，挖掘出附着于

① 邱仲麟：《风尘、街壤与气味——明清北京的生活环境与士人的帝都印象》，载刘永华主编：《中国社会文化史读本》，北京：北京大学出版社，2011 年，第 431—464 页。

② 邱仲麟：《天然冰与明清北京的社会生活》，载台湾“中研院”近代史研究所集刊编辑委员会编辑：《“中央研究院”近代史研究所集刊》2005 年第 50 期，第 55—113 页；邱仲麟：《水窝子——北京的供水业者与民生用水（1368—1937）》，载李孝悌编：《中国的城市生活》，北京：新星出版社，2006 年，第 203—252 页；邱仲麟：《清代北京用煤与环境生态问题》，载复旦大学文史研究院编：《都市繁华：一千五百年来的东亚城市生活史》，北京：中华书局，2010 年，第 328—362 页。

其上的制度、生态、文化背景，使原本单调乏味的事物，因为人的活动的参与，变得富有生气起来。①

此外，关于水环境，虽然现有研究不少，但对真正关系人们日常生活的水质问题探讨不多，近年来一些研究开始立足于具体的生活场景。余新忠从清代城市日常生活中的水环境着眼，探讨了水质与环境卫生的关联，认为清代城市水环境的污染作为一个问题确实早已存在，而且随着城市人口的不断增加，呈现日趋加重之势；但这应该是局部、间断出现的问题，而非是全面、一贯的，也并不像将具体记录的字面含义所描述的那样严重。②胡英泽探究了明清到近代，特别是清代北方乡村的水质问题。他考察了北方水质问题产生的环境因素、北方地区的水质状况及其带来的用水困难、地方病和社会问题等，进而论述了日常生活实践中水质所引起的视觉、味觉、心理感受及身体实践等方面的问题。③

目前，生态环境史研究不断发展，其中的社会—文化取向与维度日渐受到重视。④这一发展有利于更好地了解历史上人的日常生活场景，但要真正做到这一点，还需要更加强调从日常生活中人们习以为常的琐事入手，将其作为建构“全面史”中的一环，使其与日常生活中的其他方面一起，共同构筑民众的日常生活史。

2. 个人与群体的日常生活史

在具体生活场景中生活的是各式各样的人与群体，日常生活自然也就无法脱离具象的人而存在。以往的社会生活史研究往往见物不见人，使生活失去了灵性而变得无趣。近年来，随着日记、笔记、家书、回忆录和年谱等诸多私人

① 李孝悌还认为，煤炭、用水与冰，看起来和娴雅的士大夫耽溺其中的书、画、茗、香、琴、石一样，都是琐细之物，但所具有的意义却大不相同，与日常生活的紧密相连使其承载了更加严肃的使命。参见李孝悌：《明清文化史研究的一些新课题》，载李孝悌编：《中国的城市生活·序》，北京：新星出版社，2006 年，第 14 页。

② 余新忠：《清代城市水环境问题探析：兼论相关史料的解读与运用》，《历史研究》2013 年第 6 期。

③ 胡英泽：《水井与北方乡村社会——基于山西、陕西、河南省部分地区乡村水井的田野考察》，《近代史研究》2006 年第 1 期；胡英泽：《凿池而饮:明清时期北方地区的民生用水》，《中国历史地理论丛》2007 年第 2 期；胡英泽：《古代北方的水质与民生》，《中国历史地理论丛》2009 年第 2 期。

④ 参见王先明：《环境史研究的社会史取向——关于“社会环境史”的思考》，《历史研究》2010 年第 1 期；余新忠：《浅议生态史研究中的文化维度——基于疾病与健康议题的思考》，《史学理论研究》2014 年第 2 期。

化记录的广泛发掘利用，以及微观史研究的兴起，具有日常生活史旨趣的研究日渐增多。受史料和研究理念等方面的影响，士人和女性这两个群体的研究较为突出。

关于士人，沈艾娣的《梦醒子——一位华北乡居者的人生》一书是最具代表性的成果。该书以19、20世纪之交山西绅士刘大鹏的日记为核心资料，描绘了其作为儒者、孝子、商人、议政者、农民等不同身份下的日常生活状态，进而探讨了下层知识分子在中国社会转型期所面临的生活困难、身份认同的焦虑，以及相应的精神折磨与坚守，揭示了时代变迁过程中民众生活与观念的流变。该书非常突出的一点是始终将个人放在具体的日常生活场景中来理解和呈现，从其逐步展开的人生图景中，我们能颇为真切地感受到个人具体的日常生活细节与时代大势之间的互动关联。①

李孝悌长期从事社会文化史研究，尤其对18世纪中国的士人和社会有独到见解。他以袁枚和郑燮的生活史为个案，丰富了我们对18世纪士大夫的知识，并为我们提供了一个观察18世纪的新鲜视野。他认为，立足礼学家或理学家的著述，我们可能高估了18世纪思想、道德的压制性，而对这个时代的复杂性和殊异性则估计不足。个人细琐、浮泛的生活史面貌虽然往往为思想史家所忽视，但对重新建构盛清之世的中国社会有着不可轻忽的重要价值。②这类以单篇论文方式出现的研究还不少。比如，蒋竹山以《有泰驻藏日记》为例，先围绕城市环境、宗教信仰、商业贸易、人际交往等方面呈现有泰在拉萨的日常生活体验，进而探究日记史料对于日常生活史研究的意义和价值；并结合有泰的身份及其日记特点，颇具新意地提出日常生活史研究不能一味倡导“眼光向下”，还应“眼光向上”，关注士绅群体的生活体验。③与有泰类似，张廷济作为清中叶的一位江南文士，其身份也介于高与低之间。王健以《张廷济日记》为基础，初步探讨了张氏日常生活中的交游与信仰活动。④李长莉对清末士大夫恽毓鼎的研究亦

① 〔英〕沈艾娣：《梦醒子——一位华北乡居者的人生》，赵妍杰译，北京：北京大学出版社，2013年。

② 李孝悌：《袁枚与18世纪中国传统中的自由》《在城市中彷徨——郑板桥的盛世浮生》，《恋恋红尘：中国的城市、欲望和生活》，上海：上海人民出版社，2007年，第166—193、253—272页。

③ 蒋竹山：《从日记看日常生活史研究——以〈有泰驻藏日记〉为例》，《当代史学研究的趋势、方法与实践：从新文化史到全球史》，台北：五南图书出版股份有限公司，2012年，第137—169页。

④ 王健：《清代中期一位江南文士的日常生活：以〈张廷济日记〉为中心的讨论》，载常建华主编：《中国社会历史评论》第13卷，天津：天津古籍出版社，2012年，第95—106页。

是从其日记出发，比照其中所反映出的思想世界和文化生活世界，展开对过渡时代文化人性格的分析。①

近年来，随着性别史研究不断兴起，女性的生活和角色日渐受到重视。特别是海外学者的研究，虽然多以性别史为主要标识，但受整体史学新思潮的影响，其中也不乏日常生活史的意蕴和视角。曼素恩（Susan Mann）早期对清中期女性的日常教育即有所关注②，在《缀珍录：十八世纪及其前后的中国妇女》（*Precious Records: Women in China's Long Eighteenth Century*）一书中，她更是将女性置于盛清时代的历史语境之中，将其放在历史分析的中心地位，依据女性自己的作品来修正其在男性视野中固有的偏差。作者从人生历程、写作、娱乐工作、虔信等几个方面展开，探析女性在女儿、妻子、母亲、儿媳等多重角色下的生活常态。③她的另一本著作《张门才女》延续了这一独特的研究视角与风格，进一步将视线聚焦于常州张氏家族，努力还原该家族三代女性的家庭关系、社交网络、人生经历甚至情感生活。④该书让我们看到了处于精英阶层边缘的男女的真实生活。⑤高彦颐十分善于进行反向思考，向既有的规范性解释框架提出挑战，对明清之际江南才女文化的研究即建立在对“五四传统”的解构之上。⑥她认为，“五四”妇女史观不过是“五四”新文化运动、共产主义革命和西方女权主义学说合流的结果，是一种政治和意识形态的建构。封建父权下受压迫和剥削的女性形象，不过是一项非历史的发明，并非从女性自身的视角来考察其所处的世界。高彦颐对缠足的研究则进一步说明，传统中国社会的女性并非完全是一副受害者的形象，而是具有能动性的个体。此外，其《缠足：“金莲崇拜”盛极而衰的演变》是通过图像或其他物质材料来解读女性生命故事

① 李长莉：《开放的时代与保守的个人：一个清末士大夫思想与生活的两重世界》，《学术研究》2007 年第 11 期。

② Susan Mann,"The Education of Daughters in the Mid-Ch'ing Period", in Benjamin A. Elman and Alexander Woodside, eds., *Education and Society in Late Imperial China, 1600-1900*, Berkeley: University of California Press, 1994, pp.19-49.

③〔美〕曼素恩：《缀珍录：十八世纪及其前后的中国妇女》，定宜庄、颜宜葳译，南京：江苏人民出版社，2005 年。

④〔美〕曼素恩：《张门才女》，罗晓翔译，北京：北京大学出版社，2015 年。

⑤ 罗晓翔：《曼素恩著〈张家才女〉》，《历史研究》2008 年第 4 期。

⑥〔美〕高彦颐：《闺塾师——明末清初江南的才女文化》，李志生译，南京：江苏人民出版社，2005 年。

的一个例证。①

白馥兰从“技术与性别”这一独特视角，考察了女性在中国传统社会中的地位与角色。②魏爱莲则致力于中国文学中的性别研究，关注女性作者/读者在文学创作过程中发挥的影响力。③贺萧用“声音考古”的方法在纷繁芜杂的各类档案和文本之中挖掘20世纪中国上海娼妓的历史，通过考察建构在底层群体之上的话语叙事和文化想象，讨论了其中所反映出的权力结构关系和社会变迁实况。④方秀洁（Grace S. Fong）则独出心裁，从性别史和物质文化史的视角探讨了刺绣作为一个知识领域在闺阁日常生活中的地位及其意义。⑤

从研究方法和书写方式上来看，曼素恩和高彦颐的部分研究似更具有日常生活史的意味。尤其是曼素恩，她很努力地从清代女性的诗词传记中倾听其声音，试图恢复盛清时期妇女生活的原貌。妇女史研究的一大难题在于资料的来源。现有资料多出自男性之手，女性自己所生产的史料也基本是经男性之手才得以刊刻、流传。不过，相比前代，清代女性自己创作的文献——大量的闺秀诗词相对丰富。闺秀诗词所反映出的女性的主体性亦得到了学者的认可，史料价值得到了肯定。不过，一般而言，只有上层女性才能够掌握书写权利，因此我们的研究不可避免地会有阶层的局限。如何扩大文本类型、寻找下层女性的声音，是今后努力的方向之一。

对个人日常生活世界的体认，有助于我们看到其思想、行为、性格形成的内在机理及其精神与情感世界的丰富内涵。日记作为主要资料，使我们能够顺着个人的生命脉络展开叙述，从而展现其在特定历史情境下的“生活实貌”。一个人的生活遭遇，往往可以折射出一个时代的影子。日常生活史研究不仅是为了“复原”生活图景，更是为了我们能够以之为基底，更好地把握一个时代的脉搏。

---

①〔美〕高彦颐：《缠足：“金莲崇拜”盛极而衰的演变》，苗延威译，南京：江苏人民出版社，2009年。

②〔美〕白馥兰：《技术与性别——晚期帝制中国的权力经纬》，江湄、邓京力译，南京：江苏人民出版社，2006年。

③ Ellen Widmer, *The Beauty and the Book:Women and Fiction in Nineteenth-Century China*, Cambridge : Harvard University Asia Center,2006.

④〔美〕贺萧：《危险的愉悦：20世纪上海的娼妓问题与现代性》，韩敏中、盛宁译，南京：江苏人民出版社，2003年。

⑤ Grace S. Fong, Female Hands, Embroidery as A Knowledge Field in Women's Everyday Life in Late Imperial and Early Republican China, *Late Imperial China,* 2004,25(1): 1-58.

3. 医疗与健康生活

“医学要比已经知道的更多，尤其是更多地揭露了历史中关于‘人’的故事。”[①]疾病、医疗和卫生等是日常生活中无法或缺的内容，故而医疗与健康亦自当为医疗史研究的题中之意。[②]近十余年来，医疗史研究在视野与方法上出现了从社会文化史到日常生活史的转变。日常生活视野下的医疗史研究更加关注具体“人”的生活经验与体验，如人们对身体的日常养护、病患对疾病的体验与应对、延医的方式与医患关系、不同环境状态下的身体感觉等。

张笑川利用清末民初士人姚永概的日记，探讨当时士人的日常生活世界，重点分析了日常生活中心情调护与身体健康维护等内容。他认为，在晚清桐城世家中，理学修养功夫依然得以传衍，并被奉为静心之道，在日常生活中发挥着维护心理健康的作用。[③]晚清日记记录了大量病患的自身体验及与医者交流互动，张瑞即从《翁同龢日记》《翁心存日记》《缘督庐日记》等多种晚清日记中挖掘出病患自己的声音，探讨当时的士人群体在日常生活中应对疾病的方式。比之现代医学，病患个人的叙事在传统中医知识体系中受到更多的重视，这就赋予了病患更多的主体性，病患会利用自身对疾病的体验和知识与治疗者互动，干预医疗活动。[④]

台湾地区史学界一向强调“物质文化”与“日常生活”两项议题的结合，并从疾病医疗、消费文化、城市生活等方面探讨历史中的日常生活世界。蒋竹山认为，在医疗史研究中，从以“物质文化”与“文化相遇”这两个课题最可能具有日常生活史视角研究的特色。[⑤]以药的物质文化史为例，有张哲嘉（大黄）、刘士永（仁丹）、雷祥麟（常山）、吕绍理（肥皂）、蒋竹山（人参）等写过类似文章。[⑥]张哲嘉对大黄的研究很具典型性，他意在剖析被后人视作荒谬的“大黄禁运”事件在当时的历史环境下所内具的逻辑性与合理性，从大黄出发，“由物论人”，将大黄和与其相关的人（使用者）勾连起来，揭示了大黄在不同文化情

① 李建民：《旅行者的史学：中国医学史的旅行》，台北：允晨文化实业股份有限公司，2009 年，第 535 页。

② 余新忠：《回到人间聚焦健康——新世纪中国医疗史研究刍议》，《历史教学》2012 年第 22 期。

③ 张笑川：《〈慎宜轩日记〉所见清末民初士人的心性修养与健康维护》，《历史教学》2012 年第 22 期。

④ 张瑞：《晚清日记中的病患体验与医患互动——以病患为中心的研究》，《历史教学》2012 年第 22 期。

⑤ 蒋竹山：《日常生活史视野下的中国医疗史研究再探》，载余新忠主编：《唐宋以来日常生活中的健康与生命》，太原：山西人民出版社，2018 年。

⑥ 蒋竹山：《新文化史视野下的中国医疗史研究》，《当代史学研究的趋势、方法与实践：从新文化史到全球史》，台北：五南图书出版股份有限公司，2012 年，第 109—136 页。

境中的所代表的意涵，进而彰显出了在鸦片战争前中西方对大黄的不同认识。[①]“物质文化”与“日常生活”之间存在一种辩证关系。如何跳出“描述琐碎之物”的圈子，阐释其中的历史意义；如何做到“由物论人”，联结并诠释物品与人之间的关系；如何透过人与物的互动，揭示出附着于物之上的人的所思所感，都是当前物质文化研究中极具挑战性的问题。[②]正如林圣智所言，物品本身仅是一个研究的起点，关键还在于借由探讨物品的制造过程与使用方式，进而彰显出使用者对于物品的认识与心态。[③]

从医疗史研究视野的衍变可以看出，无论是倡导社会文化史、新文化史，抑或是日常生活史，都反映出了紧跟国际史学潮流的努力，同时亦反映了新时期史学研究的精深化取向。

4. 城市与乡村生活

城市生活是近年来文化史研究的潮流之一，尤其是对晚近以来城市空间与消费文化所彰显的现代性的分析与批判，更是学者普遍关注的问题。[④]与之相对，对乡村的研究较少。不过，近年来学者对乡村的关注程度亦呈增长趋势。总体来看，相关研究虽然对民众的日常生活多有描述，但多为个案，不够全面系统。下面简要介绍一些与清代相关、较具代表性的研究成果，其中的问题意识、研究方法和叙述方式颇值得学习。

巫仁恕对明清城市文化的研究甚有成绩。他的新著《优游坊厢：明清江南城市的休闲消费与空间变迁》尝试将“空间”观念带入消费研究领域，探讨了明清城市内休闲消费活动是如何改变了空间结构的，进而分析了现象背后所反映的社会关系与权力纠结。[⑤]安东篱的《太平天国运动前夕扬州城的日常生活》

---

① 张哲嘉：《“大黄迷思”——清代制裁西洋禁运大黄的策略思维与文化意涵》，载台湾“中研院”近代史研究所集刊编辑委员会编辑：《“中央研究院”近代史研究所集刊》2005年第47期，第43—98页。

② 邱澎生：《物质文化与日常生活的辩证》，《新史学》2006年第17卷第4期。

③ 林圣智：《John Kieschnick（柯嘉豪），The Impact of Buddhism on Chinese Material Culture》，《新史学》2006年第4期。

④ 除下文将介绍的之外，主要研究成果尚有王笛著译：《茶馆——成都的公共生活和微观世界，1900—1950》，北京：社会科学文献出版社，2010年；巫仁恕：《品味奢华——晚明的消费社会与士大夫》，北京：中华书局，2008年；李孝悌：《恋恋红尘：中国的城市、欲望和生活》，上海：上海人民出版社，2007年；李孝悌编：《中国的城市生活》，北京：新星出版社，2006年。

⑤ 巫仁恕：《优游坊厢：明清江南城市的休闲消费与空间变迁》，《“中央研究院”近代史研究所专刊》96，台北：台湾“中研院”近代史研究所，2013年。

将自己的研究置于国际日常生活史研究的脉络中来展开，且具有理论的自觉。文章主要利用周生的《扬州梦》一书，细腻地呈现19世纪中叶一位青年士人对扬州日常城市文化的独特而微妙的体验和感受。[①]梅尔清（Tobie Meyer-Fong）从日常生活史的角度来研究太平天国战争期间的日常生活，凸显了个人、社区、情感、体验、身体、记忆、意义等一系列与日常生活紧密关联的主题。[②]韩书瑞关于北京寺庙的研究将日常生活作为一种背景或框架，书中围绕着寺庙颇为细腻地呈现了北京诸多方面的城市生活。[③]

另外，刘铮云利用刑科题本、上谕档、军机处文件等档案，讨论了清代小商贩的日常生活。[④]王笛对成都街头小商小贩等小市民的描述，由于利用了清末的通俗报刊，图文并茂，更加细致生动。[⑤]他进而主张使用微观史和新文化史的方法，深入城市的内部，细腻而深入地展现城市下层社会的日常生态和生命体验。[⑥]卢汉超对20世纪初上海的人力车夫、小商人、小手工业者等小市民的研究，反映了他对边缘人物的日常生活抱有极大兴趣。[⑦]王振忠从现存的琉球官话课本中爬梳有关清代福州城市社会生活的描述，涉及商业、医疗、饮食、娱乐、风俗等诸多方面，生动反映了清代城市民众的日常生活。[⑧]

对于乡村的研究，一般以刑科题本、民间日用类书、日记、账簿及游记等为基本资料，如常建华根据118件嘉庆朝刑科题本，探讨了清中叶山西的日常

① 〔澳〕安东篱：《太平天国运动前夕扬州城的日常生活》，载复旦大学文史研究院编：《都市繁华：一千五百年来的东亚城市生活史》，北京：中华书局，2010年，第392—408页。

② Tobie Meyer-Fong, *What Remains: Coming to Terms with Civil War in 19th Century China*, Stanford, California: Stanford University Press, 2013.中文书评可参见张笑川：《日常生活史视野下的太平天国战争研究——评梅尔清〈浩劫之后：太平天国战争与19世纪中国〉》，《清史研究》2014年第1期。

③ 〔美〕韩书瑞原著：《北京：寺庙与城市生活（1400—1900）》，朱修春译，新北：稻乡出版社，2014年。

④ 刘铮云：《城乡的过客——档案中所见的清代商贩》，载李孝悌编：《中国的城市生活》，北京：新星出版社，2006年，第371—400页。

⑤ 王笛：《街头文化——成都公共空间、下层民众与地方政治，1870—1930年》，李德英、谢继华、邓丽译，北京：中国人民大学出版社，2006年。

⑥ 王笛：《走进中国城市内部：从社会的最底层看历史》，北京：清华大学出版社，2013年。

⑦ 卢汉超：《霓虹灯外——20世纪初日常生活中的上海》，段炼、吴敏、子羽译，上海：上海古籍出版社，2004年。

⑧ 王振忠：《清代琉球人眼中福州城市的社会生活——以现存的琉球官话课本为中心》，《中华文史论丛》2009年第4期。

生活[①]；王振忠利用日用类书、账簿等，勾勒了清代徽州乡村的日常生活[②]。档案口供、报刊、账簿等资料更贴近当时人的生活现实，我们可以从中看到其他材料无法提供的细节，从而深切地体会到中国社会的复杂性可能远远超出我们的想象。这也正是日常生活史研究的魅力所在。

三、结语：特色与可能

以上对清代日常生活史研究概述显然是挂一漏万的，我们的目的在于：通过对在新的学术理念和问题意识指引下涌现的且具有比较自觉的日常生活史研究意识的代表性成果进行评介，来展现这一研究的意义与趋向。虽然目前有自觉理论意识的日常生活史研究才刚刚展开，但一些优秀成果已经充分展示了这一研究的活力和前景。从中可以看到以下特色。

第一，日常生活史研究与新史学关系密切。20 世纪后半期兴起的日常生活史本来就被视为现代新史学的一分子，在理念、方法及研究对象上，往往与新兴社会文化史、微观史、物质文化史、性别史和历史人类学等存在密切关联。正因为如此，我们看到，具有日常生活史研究特点的成果，往往首先出现在与微观史、医疗史、性别史和环境史等与日常生活史密切交集的领域中。这些研究未必一定会被称为日常生活史，但通过具体研究展现了日常生活的某一方面或某一个时间和空间的面相。

第二，日常生活史研究很好地推进了史料范围的拓展。一大批私人性的记录得到挖掘和利用。其中以日记最为显著。日记“接近自传的性质，对于了解作者的人生极具参考价值”[③]。依据此类资料可以详细考察作者的个人生活史，

---

① 常建华：《清中叶山西的日常生活——以 118 件嘉庆朝刑科题本为基本资料》，《史学集刊》2016 年第 4 期。

② 王振忠：《排日账所见清末徽州农村的日常生活——以婺源〈龙源欧阳起瑛家用账簿〉抄本为中心》，载常建华主编：《中国社会历史评论》第 13 卷，天津：天津古籍出版社，2012 年，第 107—127 页；王振忠：《清代前期徽州民间的日常生活——以婺源民间日用类书〈目录十六条〉为例》，载陈锋主编：《明清以来长江流域社会发展史论》，武汉：武汉大学出版社，2006 年，第 675—726 页。

③ 常建华：《盛清吴中士人生活的写照——清人笔记龚炜〈巢林笔谈〉的生活史料价值》，载常建华主编：《中国社会历史评论》第 11 卷，天津：天津古籍出版社，2010 年，第 129—148 页。

了解其政治立场、人生经历、生活态度、家庭生活及家族关系，看到他的性情爱好、文化品位、治学情况等。但历史生活实景应是由不同材料组成的一支“协奏曲”，探究日常生活利用单一的资料远远不够，目前的研究除日记以外，笔记、小说、日用类书、地方志、文集、回忆录、民间契约、碑刻、报纸杂志、小说、诗歌、画报等实物和档案都逐渐被纳入研究者的视野中。但在具体的研究中，利用相对单一资料的现象还比较严重。

纵观当今国际史学发展的趋势，我们认为包括清代在内的中国日常生活史研究未来前景可期。当然，要实现这一目标，还有待广大的研究者特别是青年研究者能够及时更新学术理念和方法，积极地从日常生活理论和相关国际新史学思潮中汲取思想和观念的资源与养分，并深入挖掘和细致考察各种史料，才能真正呈现出别开生面、妙趣横生而又意味深长的日常生活史。为此，我们认为以下几点特别值得关注。

第一，应时时刻刻将具象的“人”作为探究的中心，努力以“人”为中心展开论述。历史是由人创造的，生活亦是人的生活。大制度、大框架并不能向我们展示一个鲜活的历史面相，那个我们习以为常、复杂多元、需要细细体味的才是更加丰富、真实的过去。日常生活史的目的是要展现复杂丰润的历史图景，从中捕捉出社会和个人的面貌。日常生活需要用真情实感去体味（移情、以昔日之眼观照昔日），而不能拘泥于文本描述。在一定程度上，需要把熟悉的过往“陌生化”，从各个不同的层面发掘生活中的日常性。不论从何种角度切入，都要尽量做到由之推及具体的人。例如，物质文化史并不仅仅是对“物”的说明，而是以“物”为起点，“由物及人”，将“物”放置到“人”的活动中。再如，思想史探讨个人思想在大潮流中的跃动，不能仅着眼于个人的思想文本世界，也必然要回到个人的日常生活世界中去，从中发掘思想形成的内在机理，如此方能获得更加完整的认识。此外，我们在史学写作模式上也可以做出相应的改变，追求更加情节化的写作策略。

第二，有必要努力倡导和贯彻“总体史”（general history）的理念。前面探讨，与社会史对“整体史”的追求不同，日常生活史研究追求“总体史”或“全面史”的研究路径，倡导视角与方法的多样与综合。所谓总体或全面，就是指将诸如政治、经济、社会和文化等各个环节和因素有机地结合起来，围绕着人来展开对相关历史的探讨，在探究中，将地方、事件和个人视为整体社会网络中一个个点，每个点都既是信息发射中心又是聚焦点，通过对网络，即日常生活舞台和背景具体深入的探究，来分析概括出一个时代和地区中生活的“常识”，并从“常识”来透视和捕捉一个区域乃至国家的时代风貌和特性。“总体史”目的在于展现一个历史的纵切面，囊括政治、经济、社会、文化、物质等因素，再现众生百态。当然，对“总体史”的追求并不意味着就此抛弃“整体史”的视角，两者并非截然对立，只是侧重点不同。有一些研究虽然名之为“日常生活”，但若还秉持着“整体史”的追求，显然就无法展现出日常生活史的意趣。[①]

第三，应尽可能处理好“目光向上”与“目光向下”的关系。连玲玲认为，如果日常生活史研究只专注于描写中下阶层的生活细节，殊难超越原有的研究架构，形成新的典范，而且它会使研究者的目光狭窄，令史学研究走上“琐碎化”的路子。[②]胡悦晗、谢永栋提出“眼光向上”的日常生活史，将日常生活史的研究对象从中下层群体拓展至知识分子等其他社会群体，以示纠正。[③]常利兵则指出，日常活动的主体——人，既可以是帝王将相，也可以是农民、手工业者、平民、商人及小知识分子等。他并不苟同那些仅将日常生活的研究内容锁定在“下层民众”身上的做法，认为“自下而上”的研究方法并非要彻底替代“自上而下”的传统路数，而应将两者置于一个较为合理的、平衡的分析框架中来“解构”历史，否则就是摆脱了一个极端又不自觉地走向了另一个极端。[④]其实，每个人的生活都有其日常性，都存在着其日用而不知的内容。因此，“目光向上”与“目光向下”这两种研究路径都是必需的，日常生活史的研究主体范围应该囊括所有的人。对于学者普遍担心的史学“碎片化”问题，或许可从以

① 比如宋立中的《闲雅与浮华：明清江南日常生活与消费文化》（北京：中国社会科学出版社，2010 年）和尤陈俊的《法律知识的文字传播：明清日用类书与社会日常生活》（上海：上海人民出版社，2013 年），虽然都是非常优秀的研究，但因为缺乏日常生活史研究的理论自觉，其实不过是名之为日常生活史的社会生活史研究。目前虽然学界对“日常生活”研究的呼声很高，但许多人在研究理念与方法上仍是遵循以往社会生活史研究的套路，没有清晰意识到“日常生活史”与“社会生活史”两者的区别。

② 连玲玲：《典范抑或危机？“日常生活”在中国近代史研究的应用及其问题》，《新史学》2006 年第 17 卷第 4 期。

③ 胡悦晗、谢永栋：《中国日常生活史研究述评》，《史林》2010 年第 5 期。

④ 常利兵：《日常生活研究的理论与方法——对一种社会史研究的再思考》，《山西大学学报（哲学社会科学版）》2009 年第 2 期。

下两种途径来避免：一是将小人物、小事件放在大的历史背景之下去阐释，发掘其中的联系；二是或可借鉴杨念群所倡导的史学“中层理论”[①]，选取一些介于宏观与微观之间的人物或事件作为研究对象。

第四，除了要拓宽史料范围外，更重要的还要用新的视角和理念来解读史料。日常生活研究旨在打破人们“大结构、大过程、大比较”的分析框架，将小事件和边缘人物纳入历史阐释范畴。然而，边缘人物具有主体性吗？如果有，是自己还是他者赋予的？日常生活史的研究者除了更多地挖掘小人物自己所生产的史料，还要思考这些材料是在怎样的情境下生产出来的。即便是日记，也未必是日常生活的如实反映。史料生产的过程、目的与意义何在，其背后的权力关系是什么，这是我们在解读材料时首先要思考的问题。

第五，身体史作为研究日常生活史的一个颇佳的视角值得关注。蒋竹山对《有泰驻藏日记》的研究与邱仲麟对明清北京生活环境的研究之间，存在着一个共通点，即都有意识地从个人的“身体感觉”出发来诠释历史。“感觉的历史”应该属于“身体史”的一部分。尽管对于身体史，学界已积累了数量相当可观的研究成果[②]，但论述大多较为宽泛，往往将身体置于国家民族认同、政治文化隐喻、现代性等比较宏大的范畴，未能真正将身体还原回日常生活之中，细致入微地去考察身体的历史状态。不同的人，面对同样的事物，也有不同的身体经验与感觉，其中蕴含个人在身份、地位、知识、教养等方面的差异，带有深刻的政治、社会、文化的烙印。我们所要做的，是去揭示这种差异所彰显的时代性、社会性、文化性。感觉的历史，为我们提供了新颖的视角的同时，亦有助于我们更为深入地解读旧有的历史议题。正如余舜德在《体物入微：物与身体感的研究》一书的序言中所言，对身体感的研究，“说明日常生活中，尚有一套过去甚少受到注意，但与人类学及史学强调之宇宙观或象征体系同样重要之文化身体感的网络……发展出一套研究文化身体感的理论典范，让我们从身体感知的方面，重新解读历史与文化”[③]。

① 参见杨念群：《中层理论——东西方思想会通下的中国史研究》，南昌：江西教育出版社，2001年。

② 具体研究现状可参苏全有、王海波：《对近代中国身体史研究的回顾与反思》，《洛阳理工学院学报（社会科学版）》2011年第5期；程郁华：《发现身体：西方理论影响下的中国身体史研究》，《历史教学问题》2013年第3期。

③ 余舜德主编：《体物入微：物与身体感的研究・序》，新竹：台湾清华大学出版社，2008年，第35页。

总之，日常生活史的研究范围极为广大，几乎无所不包。每个人都在生活，都可以透过各个层面展现出其中的“日常性”。我们要做的，就是尽量围绕着具体的个人，从个体经验与体验出发，从具体的历史语境出发，去细细体味“日常”中的复杂、多元面貌。

当然，日常生活史只是众多史学流派和理念中的一种，肯定不是万能的，而且其自身也存在着如何实现理念上对现代性的批评和真正体现对生命的关怀之间、历史书写中分析与叙述之间的平衡问题，但从上面的论述，我们已经可以很清楚地看到这一研究对当下中国史研究的意义，笔者相信，假以时日，这一研究一定会成为推动当代中国历史研究不断向前发展的重要力量。

晚清日常生活研究

侯　杰　常春波

近年来，“日常生活”逐渐成为历史研究中的一个常用概念，但是关于“日常生活”的具体含义，日常生活史的研究内容及其与社会生活史之间的关系，学界仍然存在分歧。胡悦晗、谢永栋认为，日常生活史与社会生活史研究有混同之处：“历史学层面的‘日常生活’一直以来缺乏清晰的界定，多被视作衣食住行及工作、休闲娱乐等延续个体与社会再生产的活动总和，故其一直等同于‘社会生活’而作为社会史研究的一个分支。”[①]李金铮认为，日常生活史的研究对象与社会生活史基本相同，但二者观察的视角不同：“要想在研究内容上寻求日常生活史与社会生活史的区别与独特性是徒劳的，其根本的不同在于，它是站在日常生活经历与体验的立场上观察历史、叙述历史。”[②]而李长莉等则认为日常生活史和社会生活史之间的差异在于，日常生活史的研究对象主要是人们的衣食住行等日常生活，有时可延伸到日常休闲、娱乐、消费、风俗习惯等；社会生活史的研究内容更为宽泛，除了包括日常生活史的内容，还兼纳社会交往、家庭宗族、婚丧嫁娶、社会风俗、民众信仰、社会观念、社会关系等内容。[③]

① 胡悦晗、谢永栋：《中国日常生活史研究述评》，《史林》2010年第5期。

② 李金铮：《众生相：民国日常生活史研究》，《安徽史学》2015年第3期。

③ 参见李长莉等：《中国近代社会生活史·引言》，北京：中国社会科学出版社，2015年，第1页。

本文认为，对于“日常生活”这样一个从西方借鉴过来的史学范畴，要考虑如何把握其理论内容和研究方法，并使之与中国历史研究相结合，必须追溯西方日常生活史流派最初产生的社会和思想背景，并通过比较中西史学的不同发展路径，反思日常生活史给中国历史研究带来的启示和价值。因为脱离“日常生活”所诞生的历史语境，对“日常生活”的研究问题进行望文生义、模棱两可的主观定性，并不能帮助学者理解西方日常生活史的研究特色及判断其是否适用于中国史学的学术实践。只有从西方史学发展的整体脉络中考察“日常生活”话语，并将其置于20世纪六七十年代的社会图景中，才能抓住日常生活史研究的核心，解决当前中国学者对“日常生活”概念无法形成共识的问题，并进一步思索如何在中国历史研究中批判性地借鉴西方日常生活史研究的经验和方法。

连玲玲、刘新成、常建华、余新忠、郝晓丽等学者已经就西方日常生活史的发展过程、研究理论和方法、代表性著作等做了专文介绍，并结合各自的研究领域讨论了如何汲取西方日常生活史研究的经验①，本文不再作重复论述，而是着重从学术史的视域切入，对日常生活史产生的时代背景、社会思潮及该流派与20世纪后半叶西方史学转型之间的关系作进一步阐释，对近年来与晚清时期日常生活相关的研究成果展开分析，并提出一些关于中国日常生活史研究的思考。

一、中西史学中的“日常生活”

在“日常生活”一词的翻译上，已经有学者指出，虽然英语的everyday life和daily life皆可被译为“日常生活”，实则两者使用的语境和针对的对象有所不

① 参见连玲玲：《典范抑或危机？“日常生活”在中国近代史研究的应用及其问题》，《新史学》2006年第17卷第4期；刘新成：《日常生活史与西欧中世纪日常生活》，《史学理论研究》2004年第1期；常建华：《他山之石：国外和台湾地区日常生活史研究的启示》，《安徽大学学报（哲学社会科学版）》2015年第1期；余新忠、郝晓丽：《在具象而个性的日常生活中发现历史——清代日常生活史研究述评》，《中国社会科学评价》2017年第2期。

同。蒲慕州认为西方研究生活史的方法有两种。第一种是作为 history of daily life 的日常生活史，即“截取历史上一段时间，一个地区，然后逐步描述所定范围中人们的生活形态”，“基本上是一种静态的画面”。这种研究方法从 19 世纪后半期开始出现一直延续至今。第二种方法诞生在第二次世界大战以后，“是以人们生活中某一特定的问题为中心，设法从这一问题在一段时间中的发展，来研讨文化性格的常与变”。[①]沈松侨则指出：“everyday life 截然有别于前近代由农业经济所形塑出的 daily life”，“乃是近代西方随着工业资本主义的出现与扩张，社会历经急遽变迁，对时间与空间的认知也发生本质性的变化后，人类实际生活的特殊经验”。[②]

蒲慕州所说的第二种西方生活史研究和沈松侨对 everyday life 议题诞生的社会背景的阐述，与西方学界对日常生活史流派的认知比较接近。关于日常生活史研究产生的时间和地点，西方学者已经达成共识，即日常生活史（History of Everyday Life，Alltagsgeschichte）或者微观史学（Microhistory，Microstoria）作为一股史学流派开始出现[③]，是在 20 世纪 70 年代以后的德国、意大利、法国等地，且这股潮流的出现与当时西方国家的资本主义危机和后现代主义思潮对现代化理论（Modernization Theory）的批判有直接关系。

并非与“日常生活”相关的历史研究都可以被归为日常生活史研究。在日常生活史出现以前，西方人文领域和文化批判界对“日常生活”的关注可以追溯至更早的源头。西方关于日常生活的学术写作一直有两种脉络。一种是从古物研究和民族志的角度对日常生活进行研究，其学术谱系至少可追溯至 17 世纪，主要关注点是物质文化、社会实践、民俗、民间信仰、家庭等。另一种则是 20 世纪早期以来对日常生活的文化批判，与马克思主义和左派思想家的批判传统

① 蒲慕州：《西方近年来的生活史研究》，《新史学》1992 年第 3 卷第 4 期。

② 沈松侨：《中国的一日，一日的中国——1930 年代的日常生活叙事与国族想象》，《新史学》2009 年第 20 卷第 1 期。

③ 学者一般将“日常生活史”和“微观史学”一起归入日常生活史学派（刘新成：《日常生活史与西欧中世纪日常生活》，《史学理论研究》2004 年第 1 期）。但是二者之间也存在着细微的差别，在方法和聚焦点上有所不同，如日常生活史喜欢捕捉处于具体社会关系网络中的普通男女的生活经验，大多数学者研究的时段是 20 世纪，经常利用口述访谈、照片等资料；而微观史学研究的首要目标是重构人的社会网络，以此作为解释历史变迁的基础，且由于关注的时段多在早期现代欧洲，因此在史料来源上有所限制［Brad S. Gregory, Is Small Beautiful? Microhistory and the History of Everyday Life, *History and Theory*, 1999, 38(1): 104］。

有很大关系。这种趋势也有一条清晰的脉络可寻，从卢卡茨（Georg Lukàcs）开始，经过超现实主义者（the Surrealists）瓦尔特·本雅明（Walter Benjamin）、米哈伊尔·巴赫金（Mikhail Bakhtin）、昂利·列斐伏尔（Henri Lefebvre）和以居伊·德波（Guy Debord）为代表的情境国际主义（Situationist International），一直到米歇尔·德·塞尔托（Michel de Certeau）等。[①]

日常生活史流派的真正出现是西方后现代主义思潮的产物。20 世纪五六十年代，美国主导的现代化理论风行一时。它设定了一系列完整的标准和一个单线发展的模式来检测所有类型社会的现代化程度，而参照的标准就是西方。现代化理论对史学研究的影响主要体现在宏观历史的观念、“科学化”的研究方法和线性发展观。[②]无论是年鉴学派（Annaliste）、计量史学家还是马克思主义史学家，都试图通过对社会宏观结构的考察寻找历史发展规律：“从兰克到马克思和韦伯以及他们以后朝着社会科学定向的美国历史学家，都是通过由过去到未来的单一维度的时间运动在观察历史的。”[③]到了 20 世纪 60 年代末期，资本主义国家经济发展速度的放缓、越南战争、环境污染等问题交织在一起，使西方知识分子对现代性持质疑和悲观态度，表现之一就是当时欧美国家爆发的学生运动。知识分子逐渐意识到通过资本主义自身的发展来解放边缘群体的希望越来越渺茫。政治、经济、技术、媒介等各种力量的相互作用给受压迫群体的解放造成了阻力。史学家开始质疑，如果这个长时段（long-term）、大范围（large-scale）的发展进程带来的是更多的桎梏而非社会的解放，那么社会史（Social History）研究的现实意义又何在。当时许多左派社会史学家——无论是新马克思主义（Neo-Marxist）还是第三代年鉴学派——都有转换研究视角、重新阐释历史的愿望。而通过收缩考察对象的范围，日常生活史学者对现代化进程的必然性提出了质疑。他们试图通过多样的、细致深入的研究，证明诸如工业化之类的发展过程也许是偶发的、不平衡的。日常生活史一反当时社会科学化的历史研究，注重宏大叙事的风气，采取自下而上的视角，关注那些长期以

---

① John Brewer，Microhistory and the Histories of Everyday Life, *Cultural and Social History*, 2010,7(1): 91-92.

②〔美〕伊格尔斯：《二十世纪的历史学——从科学的客观性到后现代的挑战》，何兆武译，沈阳：辽宁教育出版社，2003 年，第 117 页。

③〔美〕伊格尔斯：《二十世纪的历史学——从科学的客观性到后现代的挑战》，何兆武译，沈阳：辽宁教育出版社，2003 年，第 53 页。

来在历史中缺席的普通人的生活和斗争，并认为宏大的历史进程是由无数普通人的动态实践推动的，而非诸如“国家”“市场”这样抽象的力量或概念。[①]但是此时的日常生活史研究与之前西方人文领域关注日常生活的学术写作不同，前者研究的对象“绝大部分都是并未得利的人和被剥削的人”，强调斗争和冲突；而后者对民间社会则停留在田园牧歌式的想象。[②]

不仅德国、意大利、法国出现了日常生活史研究，当时其他西方国家的史学研究也面临着新的挑战。美国加州理工学院的约翰·布鲁尔（John Brewer）指出，20 世纪 60 年代的西方史学家不再追求从历史中总结过去的经验教训，而是思考如何规避当下的不确定性，但传统的史学研究模式在内容和方法上都不具备解决新课题的能力。面对这种困境，当时的西方史学界产生了三种对应方式：一种主要出现在英国、德国及美国，他们借鉴马克思主义史学家爱德华·帕尔默·汤普森（Edward Palmer Thompson）阐释工人阶级的日常生活和政治斗争的“经验”（experience）方法。第二种主要是美国的文化人类学，以及由克利福德·格尔茨（Clifford Geertz）“厚描”（thick description）充分发展起来的诠释方法。第三种就是意大利、德国、法国的微观历史分析趋势。这三种趋势的发展并不是彼此截然孤立的，而是存在着共通之处，即排斥宏观论述、厌恶任何反人道主义的立场。1979 年，英国史学家劳伦斯·斯通（Lawrence Stone）在历史刊物《过去与现在》上发表了著名文章《叙述史的复兴：对新的旧历史的反思》，成为西方史学转型的标志之一。文章认为，之前几十年以社会科学为指导的历史研究往往注意社会的结构性变化，而忽视个体的行为，尤其是日常、细小的生活细节；社会科学化的历史研究已经成为被人摒弃的“新的旧历史”，历史写作要回归叙述传统。[③]在此后的几十年间，这种认识论和方法论的转型带动了历史研究主体和处理史料方式的转变。随着研究对象转向普通人，加之各

① Brad S. Gregory, Is Small Beautiful? Microhistory and the History of Everyday Life, *History and Theory*, 1999, 38(1): 100-101;〔法〕克里斯蒂昂·德拉克鲁瓦、弗朗索瓦·多斯、帕特里克·加西亚：《19—20 世纪法国史学思潮》，顾杭、吕一民、高毅译，北京：商务印书馆，2016 年，第 336—339 页。

②〔美〕伊格尔斯：《二十世纪的历史学——从科学的客观性到后现代的挑战》，何兆武译，沈阳：辽宁教育出版社，2003 年，第 118 页。

③ 参见王晴佳、古伟瀛：《后现代与历史学——中西比较》，济南：山东大学出版社，2003 年，第 119 页；〔美〕伊格尔斯：《二十世纪的历史学——从科学的客观性到后现代的挑战》，何兆武译，沈阳：辽宁教育出版社，2003 年，第 111 页。

种社会运动的高涨，历史主体的范围大大扩大了，儿童、妇女、同性恋、有色人种等各种群体进入了学者的视野。历史学家在利用国家、政府、教会档案时，不再关注权力本身，而是再现和重构曾经被视为客体的大多数普通人的体验。[①]布鲁尔认为，西方学界近四十年来的大多数历史书写都围绕着“日常生活”，即普通人的经验、行为、习惯等。无论是新社会史（New Social History）、德国的日常生活史（Alltagsgeschichte）、意大利的微观史学（Microstoria）、法国的后年鉴学派文化史（Post-Annales Cultural History），还是近年来受性别、种族社会运动影响的历史写作，都有一个共同点，即关注在以往历史研究中湮没无闻、被忽视了的那部分人的生活、信仰、实践。尽管这股史学潮流内部各个派系之间有着迥然不同的学术传统和研究方法，但均萌芽于 20 世纪 60 年代晚期，在 20 世纪 80 年代达到高峰，并持续到今天。这股史学潮流赋予研究对象一定的能动性和主体性，在某种程度上都是对以往将人视为研究客体的传统史学的背离。[②]美国史学家格奥尔格·伊格尔斯认为，“如果说社会科学取向的历史学曾经力图以对社会的研究取代对政治的研究的话，那么新的历史学就转向研究被人理解为是日常生活与日常经验的条件的文化”[③]。

尽管日常生活史最早由德国、意大利、法国史学家提出，但是经过几十年的发展已发生了许多变化，因此并没有形成统一的范式。美国康涅狄格大学的理查德·布朗（Richard D. Brown）认为，即便是最先倡导这种研究方法的学者，其内部也有很大的分歧。例如，有些微观史学者已经开始尝试从一段较长的时间范围内详细考察某一区域，关注家族、财产、政治等结构性问题，这种方法后来也被称为“新社会史”（New Social History）和“社区研究”（Community Studies）。[④]

综上可知，西方学界主流观点认为日常生活史的主要特色是在某一限定的时间段、区域内对某一议题进行微观研究，关注普通人的生命体验，反对宏大叙事，批判现代化理论等。尽管日常生活史流派在 20 世纪 70 年代出现，但其

① John Brewer, Microhistory and the Histories of Everyday Life, *Cultural and Social History*, 2010, 7(1): 99-100.

② John Brewer, Microhistory and the Histories of Everyday Life, *Cultural and Social History*, 2010, 7(1): 90.

③〔美〕伊格尔斯：《二十世纪的历史学——从科学的客观性到后现代的挑战》，何兆武译，沈阳：辽宁教育出版社，2003 年，第 9 页。

④ Richard D. Brown, Microhistory and the Post-Modern Challenge, *Journal of the Early Republic*, 2003, 23(1): 10-11.

学术传统可以追溯到几百年前，后来的发展也未遵循一个固定的模式，而是与其他学科交叉重叠。历史学的发展并不是孤立的，各种社会、思潮的波动难免在一程度上对历史学家建构历史的方式产生影响。日常生活史的出现是20世纪后半叶西方社会转型与后现代主义思潮的反映，所以“日常生活”诞生的语境和批判的对象自与西方史学的脉络和现实的处境相关联。

然而世界范围内不同国家史学的发展有着不同的具体情况。当我们将视线转向与西方发展路径不同的中国史学及中国社会时，会发现自下而上、有意识地还原大多数民众在历史中应有的地位，绝非欧美史学界的独创，对于中国学者来说也不是耳目一新的事。因而仅仅就此层面而言，西方日常生活史给中国史研究所带来的启示是有限的。

同样地，中国现代史学理论和实践的发展也无法脱离一定的政治、思想背景。20世纪初，伴随着现代“国家”和“国民”意识的觉醒，中国一些知识分子出于救亡图存的现实目的，开始重新审视传统史学，并掀起了一场关于中国“无史”还是“有史”的争论。而“无史”说的主要立论依据是传统史学并未包括大多数国民的历史。[①]1902年，梁启超在《新史学》中批判传统史学有“知有朝廷而不知有国家”，“知有个人不知有群体”，“知有陈迹而不知有今务”，“知有事实而不知有理想”四大弊病，更断论“二十四史非史也，二十四姓之家谱而已”。[②]其后他还在《中国历史研究法》中指出：“一社会一时代之共同心理，共同习惯，不能确指其为何时何人所造，而匹夫匹妇日用饮食之活动皆与有力焉。”[③]提及20世纪初梁启超的史学主张，并非为摆脱西方中心观、证明“日常生活史在中国早已有之”这种论断而牵强附会，况且当时中国史学界受西方及日本思想因素影响颇深，其关怀亦别有所指，而是想说明中国史学界对“日常生活”的关注在学脉上并非全然无迹可寻。

这种主张由梁氏发轫，后又有响应者进一步推进。1902年、1904年，邓实先后在《政艺通报》中提出撰写“民史”的主张。他认为历史的进程是在群体的活动中体现的，“夫世界之日进文明也，非一二人之进，而一群之进也；非一

① 参见王汎森：《中国近代思想与学术的系谱》，长春：吉林出版集团有限责任公司，2011年，第197—222页。

② 梁启超：《新史学》，《新民丛报》1902年第1、3期。

③ 梁启超：《中国历史研究法》，上海：商务印书馆，1922年，第4页。

小群之进，而一大群之进也”，“舍人群不能成历史”。[①]陈黻宸于1902年在《新世界学报》中发表的《独史》一文亦主张“无史”。与之针锋相对的是马叙伦等的“有史”说。王汎森认为“尽管有人出面坚持中国‘有史’，但整体而言，‘无史’论的一派仍然占上风”[②]。这场论争的意义不在于两派之间的胜负，而在于激发了中国史学界对何为历史的思考，并促使其重视大多数民众在历史中的地位。1928年，顾颉刚在《〈民俗〉发刊辞》中提出要重新发现历史中的民众，可见这场论争影响的深远。他批评经史百家书写的都是“皇帝、士大夫、贞节妇女、僧道——这些圣贤们的故事和礼法”，看不到占大多数人口的“农夫、工匠、商贩、兵卒、妇女、游侠、优伶、娼妓、仆婢、堕民、罪犯、小孩”。因此他疾呼：“要站在民众的立场上来认识民众！我们要探检各种民众的生活，民众的欲求，来认识整个的社会！我们自己就是民众，应该各各体验自己的生活！我们要把几千年埋没着的民众艺术，民众信仰，民众习惯，一层一层地发掘出来！我们要打破以圣贤为中心的历史，建设全民众的历史！”[③]

在具体实践上，民俗领域与日常生活的关系尤为密切。1911年，张亮采《中国风俗史》[④]一书出版，有学者甚至将其视为“中国学者研究日常生活的开端”[⑤]。其后，胡朴安的《中华全国风俗志》[⑥]、顾颉刚的《〈民俗〉发刊辞》对孟姜女故事流变的考察[⑦]及1925年《京报副刊》开设“妙峰山进香专号”，以李景汉等为代表的一批学者和学术机构所进行的社会调查等，无不体现学界对普通民众生活、观念的关注。其他涉及食物[⑧]、服装[⑨]、石炭[⑩]、

① 邓实：《史学通论》，《政艺通报》1902年第12期。

② 王汎森：《中国近代思想与学术的系谱》，长春：吉林出版集团有限责任公司，2011年，第220页。

③ 顾颉刚：《〈民俗〉发刊辞》，《民俗》1928年第1期。

④ 张亮采编纂：《中国风俗史》，上海：商务印书馆，1911年。

⑤ 胡悦晗、谢永栋：《中国日常生活史研究述评》，《史林》2010年第5期。

⑥ 胡朴安：《中华全国风俗志》，上海：广益书局，1923年。

⑦ 顾颉刚：《孟姜女故事的转变》，《歌谣周刊》1924年第69、73期。

⑧ 一良：《中国古代社会中的酒》，《食货》1935年第2卷第7期。

⑨ 沈维钟：《服物考》，《国粹学报》1907年第3卷第6、8、9期。

⑩ 田北湖：《石炭考》，《国粹学报》1908年第4卷第6期。

戏剧[①]、舞蹈[②]、音乐[③]、物价[④]、婚丧嫁娶礼俗[⑤]、医疗[⑥]等方面的文章和专著，也蔚为大观。

随着近代妇女解放运动的开展，史学界对妇女和性别关系的关注也逐渐形成了一股研究潮流，讨论的议题涵盖女性文学史[⑦]、古代婚姻制度与观念[⑧]、生活[⑨]、心理[⑩]、缠足[⑪]、法律地位[⑫]、妇女解放运动[⑬]等。此外，对于其他边缘群体和边缘地区的研究，也有成果出现。如潘光旦的《中国伶人血缘之研究》[⑭]、周一良的《乞活考——西晋东晋间流民史之一页》[⑮]、王书奴的

① 王国维：《戏曲考原》，《国粹学报》1908年第4卷第11期；王国维：《戏曲考原》，《国粹学报》1909年第5卷第1、6期；王国维：《宋元戏曲史》，上海：商务印书馆，1915年；吴梅：《中国戏曲概论》，上海：大东书局，1926年；周明泰述：《都门纪略中之戏曲史料》，北京：光明印刷局，1932年；卢前：《明清戏曲史》，南京：钟山书局，1933年；徐梦麟：《云南农村戏曲史》，昆明：国立云南大学西南文化研究室，1943年；徐慕云编著：《中国戏剧史》，上海：世界书局，1938年。

② 陈文波：《中国古代跳舞史》，《清华学报（自然科学版）》1925年第2卷第1期。

③ 叶伯和：《中国音乐史》，成都：昌福公司，1922年；王光祈编：《中国音乐史》，上海：中华书局，1934年；缪天瑞：《中国音乐史话》，上海：良友图书印刷公司，1933年。

④ 瞿兑之：《西汉物价考》，《燕京学报》1929年第5期；柳诒徵：《江苏各地千六百年间之米价》，《史学杂志》1930年第2卷第3、4期；全汉昇：《唐代物价的变动》，《国立中央研究院历史语言研究所集刊》第十一本，1947年。

⑤ 杨树达：《汉代丧葬制度考》，《清华学报（自然科学版）》1932年第8卷第1期；杨树达：《汉代婚丧礼俗考》，上海：商务印书馆，1933年。

⑥ 束世徵：《中国古代医药卫生考》，《中国文化研究汇刊》1945年第5卷。

⑦ 谢无量：《中国妇女文学史》，上海：中华书局，1916年；梁乙真：《中国妇女文学史纲》，上海：开明书店，1932年；梁乙真：《清代妇女文学史》，上海：中华书局，1932年。

⑧ 陈顾远：《中国古代婚姻史》，上海：商务印书馆，1925年；吕思勉：《中国婚姻制度小史》，上海：中山书局，1929年；吴景超：《两汉多妻的家庭》，《金陵学报》1931年第1卷第1期；陶希圣：《婚姻与家族》，上海：商务印书馆，1934年；陶希圣：《十一至十四世纪的各种婚姻制度（上）：读宋辽金元史之余》，《食货》1935年第1卷第12期；陶希圣：《十一至十四世纪的各种婚姻制度（下）：读宋辽金元史之余》，《食货》1935年第2卷第3期。

⑨ 陈东原：《中国妇女生活史》，上海：商务印书馆，1937年；丁道谦：《诗经中的妇女社会观》，《食货》1936年第4卷第7期；刘开荣：《唐人诗中所见当时妇女生活》，商务印书馆（出版地不详），1943年。

⑩ 潘光旦：《小青之分析》，上海：新月书店，1927年。

⑪ 贾逸君：《中华妇女缠足考》，北平：北平文化学社，1929年。

⑫ 赵凤喈：《中国妇女在法律上之地位》，上海：商务印书馆，1928年。

⑬ 樊仲云：《妇女解放史》，上海：新生命书局，1929年；谈社英编著：《中国妇女运动通史》，南京：妇女共鸣社，1936年。

⑭ 潘光旦：《中国伶人血缘之研究》，北京：商务印书馆，1941年。

⑮ 周一良：《乞活考——西晋东晋间流民史之一页》，《燕京学报》1949年第37期。

《中国娼妓史》①、夏光南的《云南文化史》②，以及徐嘉瑞的《大理古代文化史》③等。

因此，尽管作为一个明确概念的“日常生活史”是由西方历史学者提出的，但是中国历史学者对“日常生活”和普通民众的关注，也有自己学脉上的渊源，不应被忽视。不过也必须承认，20 世纪上半叶中国史学界的一些社会调查、资料整理工作和学术探讨虽然涉及日常生活的诸多方面和边缘群体的生活经验，但使用的研究方法还是传统的考据学或是民族志的描述方式。虽然梁启超及其后的一批史学家在一系列著述中努力尝试此种关注普通民众与社会的研究与书写，但这股史学风气并未对中国的治史方式产生强有力的冲击与改变，重要历史事件和上层人物是史学研究的主要对象。甚至可以说，在整个 20 世纪上半叶，政治、经济、军事等研究仍然牢固占据史学研究的崇高地位。1949 年以后，马克思主义成为一切学术研究的指导思想，虽然有少数学者对生活史表示关注，但整体上而言，当时的历史研究主要集中在社会性质、社会关系和民众斗争等方面，也就是所谓的“五朵金花”问题。直到 20 世纪 80 年代后，伴随中国社会又一次转型历程的开启，史学界才又重新开始思索并开启包括生活史在内的社会史研究。冯尔康认为：“总体上说，社会史研究的出现是在改革开放的大背景下，人们对三十年的史学研究做深刻反思，希望史学研究开辟出新的路子，就想到了社会史。”④这一史学转型及其之后的发展，构成如今中国社会生活史研究的基本格局与面向未来的挑战。

因此，社会生活史与日常生活史是中西史学不同发展路径的产物。两者之间的区别关键在于其各自诞生的社会、思想背景不同，而不在于研究对象范围孰大孰小的问题。近年来，随着国外史学理念的大量涌入，西方学者于 20 世纪六七十年代提出的日常生活史研究被中国学者重新加以关注，难免与中国史学中已经发展几十年的社会生活史产生混淆，令人质疑其带来的启发和价值。实际上，两者的确存在一些相似之处，均是对各自业已形成的史学研究模式的反叛，研究对象均是人的日常生活方式，且均关注普通民众，因

① 王书奴：《中国娼妓史》，上海：生活书店，1934 年。

② 夏光南：《云南文化史》，昆明：崇文印书馆，1923 年。

③ 徐嘉瑞撰著：《大理古代文化史》，昆明：云南大学西南文化研究室，1949 年。

④ 刁培俊、张德安：《历史学的传承与启新——冯尔康先生访谈录》，《史学月刊》2005 年第 1 期。

此难免令人将日常生活史等同于社会生活史。但是在研究方法上，日常生活史侧重个案研究，而中国社会生活史既有整体宏观的论述，亦有对细小领域的专题研究。

以“日常生活”命名的、对中国社会进行观察和描述的史学著作，在西方学界很早就已经出现。自1959年法国谢和耐（Jacques Gernet）的《蒙元入侵前夜的中国日常生活》出版之后，关注其他朝代的日常生活著作也相继出现，如英国鲁惟一的《汉帝国的日常生活：公元前202年至公元220年》、美国查尔斯·本（Charles D. Benn）的《中国的黄金时代：唐朝的日常生活》、韩森（Valerie Hansen）的《传统中国日常生活中的协商：中古契约研究》等。但是安东篱（Antonia Finnane）认为这些著作只是表示对日常生活的一种兴趣，或是“把日常生活作为一种背景或框架来开展一些更为具体的研究”①。这些写作虽然对日常生活表示关注，但并非西方主流学界所认为的在德国、意大利等地盛行的日常生活史在中国历史研究领域中的移植。

的确，既然日常生活史首先由西方学者提出并已经形成某种共识。为了避免概念的混乱，我们不应将这一术语扩大化和复杂化，尤其是将中国现代史学早期对日常生活的研究划作日常生活史的范畴。如胡悦晗和谢永栋认为，自20世纪初以来，中国日常生活史研究的发展经历了四个阶段，即初创时期的民族风俗志式描述阶段，经济—社会史研究阶段，20世纪八九十年代的新经济—社会史研究阶段，以及在当前多学科交叉趋势下走向独立化与多元化的阶段。②此种论述方式对廓清日常生活史与社会生活史的概念似乎并无太大益处，反而忽视了西方日常生活史的特殊性及其蕴含的批判价值。

二、近年来晚清日常生活研究的状况及其分析

近年来，中国史学界对日常生活的研究虽然较前人的研究更为细化，更加

① 〔澳〕安东篱：《太平天国运动前夕扬州城的日常生活》，载复旦大学文史研究室编：《都市繁华：一千五百年来的东亚城市生活史》，北京：中华书局，2010年，第393页。

② 胡悦晗、谢永栋：《中国日常生活史研究述评》，《史林》2010年第5期。

注重人的经验和感受，但仅有一部分是直接从西方日常生活史中汲取经验方法，尤其是大陆学者的研究，很多是社会生活史研究趋势的产物，还有一些明显是受到新文化史的影响。在内容上，这些研究均对日常生活表示关注；在方法上，时有交叉，因而，下文中评述的文章和著作，既包括受西方日常生活史影响的研究，也包括泛化的与日常生活相关的成果。20 世纪 80 年代以后，一些研究晚清民众日常生活方式的整体性论著陆续出版。严昌洪的《中国近代社会风俗史》，从传承与变异的角度对晚清时期至 1949 年前社会风俗演变的轨迹进行了考察。[①]其另一部专著《20 世纪中国社会生活变迁史》则利用文字和照片资料，以专题分类的形式，对整个 20 世纪中国民众的衣食住行、婚丧嫁娶、岁时年节、生老病死、娱乐休闲、社会保障及上层政治的改良运动进行了叙述。[②]孙燕京的《晚清社会风尚研究》考察了晚清社会风尚变迁的整体趋势和基本特点，并对地域间、群体间的差异进行了探析。[③]李长莉在《中国人的生活方式：从传统到近代》一书中考察了晚清至民国初期中国人衣食住行、娱乐休闲方式的变迁。[④]其另一部专著《中国近代社会生活史》则展现了中国民众在 1840—1949 年这百余年间的社会生活，方法是依据上层社会的政治转折将这一百年的历史分成六个小时段，并对每个时段内的生活变迁有所侧重地进行叙述。[⑤]与这些成果研究领域和方法相似的还有耿光连的《社会习俗变迁与近代中国》[⑥]，苏生文、赵爽的《西风东渐——衣食住行的近代变迁》[⑦]等。另外，关注某一群体、区域日常生活的专著也很多，如熊月之主编的“上海城市社会生活史丛书”聚焦于上海一地物质生活的变迁及各群体的生活体验。近年来与日常生活相关的硕士、博士论文也越来越多。下面，笔者按照研究主题和史料类型对近年来海内外晚清时期日常生活的专题性研究进行分类并予以评介。其中一些成果所跨时段较长，但因涉及晚清部分，亦加以收入，以期增进对中国晚清时期日常生活史研究的完整思考和讨论。

① 严昌洪：《中国近代社会风俗史》，杭州：浙江人民出版社，1992 年。

② 严昌洪：《20 世纪中国社会生活变迁史》，北京：人民出版社，2007 年。

③ 孙燕京：《晚清社会风尚研究》，北京：中国人民大学出版社，2002 年。

④ 李长莉：《中国人的生活方式：从传统到近代》，成都：四川人民出版社，2008 年。

⑤ 李长莉等：《中国近代社会生活史》，北京：中国社会科学出版社，2015 年。

⑥ 耿光连主编：《社会习俗变迁与近代中国》，济南：济南出版社，2009 年。

⑦ 苏生文、赵爽：《西风东渐——衣食住行的近代变迁》，北京：中华书局，2010 年。

（一）物质文化与日常生活

物质文化（material culture）是日常生活史研究的一个重要面向。由物质文化研究衍生出的中西交流、消费文化、现代性、身份认同等议题，是中西学术界近年来讨论的热点，而西方学者起步较早。①

荷兰史学家冯客（Frank Dikötter）在《洋货：摩登玩意与中国日常生活》（*Exotic Commodities: Modern Objects and Everyday Life in China*）②一书中考察了19世纪中期至1949年外国事物在中国的消费与传播。作者按照衣食住行的分类，叙述了在素来被认为有敌视外来事物传统的中国，洋货是怎样被中国民众认可、接受、仿造、传播的。由于中国“以外国模式来制造产品是有长期的传统，个别工人对零件组合成复杂物品的生产，小企业在16世纪市场扩大前便已流传，人口快速成长下廉价劳力的容易取得”③等因素，外来事物能够以较低的成本被仿制，也轻易地进入了普通民众的消费范围内。而这些数量广大的普通民众在改变中国的物质文化方面发挥了最大的作用。因此，进口的外国货受到各层民众的热烈欢迎，并迅速融入中国人的日常生活中。在中国参与全球化的过程中，“洋货虽带有现代进步象征，却也有着对抗帝国主义的矛盾心理”④。柯伶蓁认为该书也存在着一些问题，如“西方社会科学理论运用至中国情境的适切性，仍是值得深思之处”；讨论集中于沿海接触西方事物较早的城市，对内地农村地区的关注不多；叙述内容的繁杂零碎干扰了历史脉络的纵深性和延展

① 参见潘玮琳：《海外中国研究的“物质文化转向”》，载潘世伟、黄仁伟、乔兆红编：《中国学》第6辑，上海：上海人民出版社，2015年；邱澎生：《物质文化与日常生活的辩证》，《新史学》2006年第17卷第4期。

② Frank Dikötter, *Exotic Commodities: Modern Objects and Everyday Life in China*, New York: Columbia University Press, 2007.

③ 柯伶蓁：《评冯客 Exotic Commodities: Modern Objects and Everyday Life in China》，《台湾师范大学历史学报》2011年第45期。

④ 柯伶蓁：《评冯客 Exotic Commodities: Modern Objects and Everyday Life in China》，《台湾师范大学历史学报》2011年第45期。

性；忽视了政治权力在日常生活中的作用，等等。[①]

刘志琴在《衣冠之治的解体和民族意识》一文中对清末至当代中国人的服装变迁进行了梳理。作者认为，衣冠的伦理政治化是中国传统文化结构性的特征，它塑造了中国人的外形，也制约了中国人的心灵。自清末放足、剪发易服开始，经历了民国时期的中西合璧、自由选择，服装的伦理政治逐渐消解，个性解放日益张扬。然而在随后的极左思潮中，服装的意识形态化严重，年龄、性别的差异被消弭。改革开放后的经济发展和时装潮为青年人再次追求个性解放提供了机遇，却也留下了一些过度张扬后的迷思。文章凸出了百余年服装形式变迁随政治、社会大潮跌宕起伏的轨迹，揭示了近代中国人日常生活与政治权力密不可分的关系。[②]张敏对上海开埠后的服饰风尚变化进行了勾勒，并以此观察社会制度、观念的变迁。[③]黄薇运用来华传教士的书信、日记、口述及教会报刊等资料，对近代来华传教士群体、教会学校学生的日常着装及其对中国人生活方式的影响进行了描述。[④]

周春燕对20世纪上半叶中国哺乳观念、方式的转变进行了考察。自清末“儿童本位”思想传入，加之社会思潮、政府号召和商业力量的不断推动，儿童的地位及其养育问题受到了空前的关注，哺乳也从私人生活领域中跳脱出来成为公共话题。一直以来都是最主要的哺乳方式的母乳此时被披上了科学的外衣，被具有西医背景的医生大力推崇。而随着妇女解放的进一步发展，一些母亲或因自身无法产乳，或需要外出工作，或因追求时髦、保持身材，而无法兼顾儿童的哺育，加之合适的奶妈和干净的鲜奶难求，遂促进了奶粉的引进和推广。然而此种变化也仅止于中上阶层，普通市民和农民自然无力消费。[⑤]卢淑樱的《母乳与牛奶：近代中国母亲角色的重塑（1895—1937）》一书同样对近代中国女性哺育方式的变迁进行了考察。该书侧重女性史的视角，通过具体事例，探讨了

---

① 柯伶蓁：《评冯客 Exotic Commodities: Modern Objects and Everyday Life in China》，《台湾师范大学历史学报》2011年第45期。

② 刘志琴：《衣冠之治的解体和民族意识》，《二十一世纪》（香港）1993年总第15期。

③ 张敏：《试论晚清上海服饰风尚与社会变迁》，《史林》1999年第1期。

④ 黄薇：《时尚、衣着与社会变迁：基督教与近代都市日常着装》，载复旦大学历史系、复旦大学中外现代化进程研究中心编：《近代中国的物质文化》，上海：上海古籍出版社，2015年。

⑤ 周春燕：《胸哺与瓶哺——近代中国哺乳观念的变迁（1900—1949）》，《近代中国妇女史研究》2010年第18期。

近代新女性在接受教育、外出工作和国家、知识分子对母亲角色的期望这对矛盾面前，如何平衡家庭与工作的问题。[①]王凤展和余新忠对近代牛奶业的发展进行了系统的考察，着重探讨了在西方卫生观念和生活方式以及中国民族主义话语的交互影响下，牛奶如何被塑造成国人观念中营养和卫生的食品、时尚文明生活的象征、强国保种的利器。[②]

张宁探讨了清末民初中国鸡蛋业的兴起及其对中英两国民众饮食结构的影响，用以阐明科技进步对日常生活的作用。明清时期，鸭蛋因孵化、加工技术的发展，成为中国人日常饮食的重要商品。清末民初，外商来华大规模采购、加工鸡蛋，以供给对鸡蛋有巨大需求的欧美国家，因而带动了中国鸡蛋业的发展和国人饮食习惯的变化，鸡蛋取代鸭蛋成为日常蛋类消费的主要选择。而依托于海上交通和冷藏技术的发展，物美价廉的中国鸡蛋也推动了英国餐饮业的平民化。[③]陈元朋从食材的特性、食用者的感受、食用者的社会阶层、“窝窝头”的社会形象、“窝窝头”承载的社会记忆等五个方面考察了“窝窝头”这种平民食物何以成为当今中国人触发历史记忆的媒介。[④]许哲娜通过对清末以来花茶文化建构过程的解析，展示近代中国社会的变迁。[⑤]蒋竹山从生产、温补文化、流通、交易等几个方面系统论述了人参消费在清代的发展情况。[⑥]

曹南屏考察了清末民初玻璃的普及过程，展示了这一时期中国民众的物质生活变迁。由于晚清卫生观念和文明话语的传入及来华西方人的示范效应等，使用玻璃制品成为晚清沿海社会上层和妓女流行的生活方式之一。玻璃被广泛用于建筑、交通工具、照明用具、装饰物、眼镜、器皿等的制作上。随着玻璃进口量的不断增加及中国本土玻璃制作技工成熟和销售商的出现，生活在内陆地区的普通人亦可少量获取和使用玻璃。玻璃的广泛使用，不仅改变了清末民

---

① 卢淑樱：《母乳与牛奶：近代中国母亲角色的重塑（1895—1937）》，香港：中华书局，2018 年。

② 王凤展、余新忠：《牛奶的近代性：以营养和卫生为中心的思考》，载常建华主编：《中国社会历史评论》第 16 卷下，天津：天津古籍出版社，2015 年。

③ 张宁：《技术、组织创新与国际饮食变化——清末民初中国蛋业之发展》，《新史学》2003 年第 14 卷第 1 期。

④ 陈元朋：《窝窝头的社会文化史》，载廖大伟主编：《近代人物研究：社会网络与日常生活》，上海：上海人民出版社，2012 年。

⑤ 许哲娜：《缔造“花茶时代”——清末以来花茶生产与消费初探》，载常建华主编：《中国社会历史评论》第 15 卷，天津：天津古籍出版社，2014 年。

⑥ 蒋竹山：《人参帝国：清代人参的生产、消费与医疗》，杭州：浙江大学出版社，2015 年。

初中国人的居住环境，也改变了城乡的整体景观。①

贾钦涵从性别史的角度解析了麻将在近代女性日常生活中的意义，认为女性沉迷麻将是因为能够认可、容纳新女性的社会空间并未随着女性解放运动的开展而同步建立起来。因此，麻将与其说是新女性摆脱家庭束缚的象征，不如说是男权社会牢牢束缚女性的工具。②

此外，关于照明工具③、汽车④、自行车⑤、西洋乐队⑥、唱片⑦、照相⑧、鸦片⑨等日常事物的研究，也十分丰富。在晚清物质文化的讨论中，大多数研究者都意识到了新兴事物在传播过程中所体现出来的区域、阶层、性别差异。值得注意的是，对日常衣食住行、休闲娱乐的研究，若只是停留在对表面形式、技术发展和制度变迁的考察，则与技术史、经济史、交通史、建筑史研究等无异，不能体现出日常生活史研究的旨趣。日常生活史强调以人为主体，注重人的生活体验。解析“物”除了实用属性外所附加的种种文化意义，是物质文化研究的独特之处。

（二）身体与医疗卫生

晚清以来，随着民族危机的加剧，国人的身体也成为知识分子和政府眼中

① 曹南屏：《玻璃与清末民初的日常生活》，载台湾“中研院”近代史研究所集刊编辑委员会编辑：《“中央研究院”近代史研究所集刊》2012年第76期。

② 贾钦涵：《玩物丧志？——麻将与近代中国女性的娱乐》，《学术月刊》2011年第1期。

③ 熊月之：《灯烛之情：从油灯、蜡烛到电灯》，载熊秉真编：《睹物思人》，台北：麦田出版社，2003年。

④ 江文君：《交通的现代性：汽车与近代上海的物质进步》，《历史教学问题》2013年第4期。

⑤ 徐涛：《自行车与近代中国》，上海：上海人民出版社，2015年。

⑥ 罗苏文：《西洋乐队在近代上海的印迹》，载上海市档案馆编：《上海档案史料研究》第2辑，上海：上海三联书店，2007年。

⑦ 葛涛：《唱片与近代上海社会生活》，上海：上海辞书出版社，2009年。

⑧ 葛涛、石冬旭：《具像的历史——照相与清末民初上海社会生活》，上海：上海辞书出版社，2011年；葛涛：《照相与确立自我对象化之间的社会关联——以近代中国个人照与集体照为中心》，《学术月刊》2013年第6期。

⑨ Yangwen Zheng，The Social Life of Opium in China, 1483-1999，*Modern Asian Studies*, 2003,37(1): 1-39；刘志琴：《从药品、食品到毒品——鸦片的社会学研究》，《社会科学论坛》2010年第19期。

亟待改造的对象之一，被打下了政治的烙印。黄金麟在《历史、身体、国家：近代中国的身体形成（1895—1937）》一书中从身体的国家化、法权化、时间化、空间化四个维度来阐述政治、军事、教育和资本的力量如何塑造近代中国人的身体。作者在各种为学者熟知的传统议题中钩沉索隐，重新挖掘长期以来被忽视的身体，将其在近代的遭遇呈现在了读者面前。[①]在专题研究方面，女性废缠足运动是晚清身体史研究的热点之一，成果较为显著。[②]也有一些学者聚焦于太平天国长发、清末民初剪发易服潮及清末以来女子发式的变迁。[③]许哲娜则通过对近代致意礼仪变迁的考察，揭示国家权力、西方文化霸权对国人身体和传统礼仪的规训和改造。[④]整体来看，目前学界对晚清身体史的研究受米歇尔·福柯（Michel Foucault）规训理论启发较多，侧重探讨历史变革时期各种权力关系对身体的塑造。还有一些学者主张身体史研究应该从身体本身转向对身体经验和感知的研究。余舜德以家具为例，说明身体的舒适度也是有历时性的演进的。感觉是身体、物和社会文化相互影响的结果。因此借由对感觉的研究，可以“了解文化和社会的脉动”，也能够呈现出日常生活更多的面向。[⑤]

张仲民围绕着晚清报刊中的医药广告，对身体、消费文化、近代民族主义等问题进行了一系列探讨。其《晚清中国身体的商业建构——以艾罗补脑汁为中心》一文探讨了医药广告中的商业宣传语如何影响了近代消费文化和国人身体观的建构。[⑥]文章认为一些医药广告或是由药商专门雇佣文人炮制而成，或是

① 黄金麟：《历史、身体、国家：近代中国的身体形成（1895—1937）》，北京：新星出版社，2006年。

② 参见〔美〕高彦颐：《缠足：“金莲崇拜”盛极而衰的演变》，苗延威译，南京：江苏人民出版社，2009年；杨兴梅：《身体之争：近代中国反缠足的历程》，北京：社会科学文献出版社，2012年；邓如冰：《晚清女性服饰改革：女性身体与国家、细节和时尚——从废缠足谈起》，《妇女研究论丛》2006年第5期。

③ 参见侯杰、胡伟：《剃发·蓄发·剪发——清代辫发的身体政治史研究》，《学术月刊》2005年第10期；张德安：《身体的争夺与展示——近世中国发式变迁中的权力斗争》，载常建华主编：《中国社会历史评论》第7卷，天津：天津古籍出版社，2006年；〔澳〕黎志刚：《辛亥革命前后的辫发风潮》，载李长莉、左玉河主编：《近代中国社会与民间文化》，北京：社会科学文献出版社，2007年；张德安：《透过头发看历史——中国近世发式变迁研究述评》，《湖北大学学报（哲学社会科学版）》2013年第3期；姚霏：《近代中国女子剪发运动初探（1903—1927）——以“身体”为视角的分析》，《史林》2009年第2期。

④ 许哲娜：《全球化视野下的礼仪、身体与日常生活——以近代致意礼变迁为中心的考察》，载常建华主编：《中国社会历史评论》第17卷下，天津：天津古籍出版社，2016年。

⑤ 余舜德：《物与身体感的历史：一个研究取向之探索》，《思与言》（台北）2006年第44卷第1期。

⑥ 张仲民：《晚清中国身体的商业建构——以艾罗补脑汁为中心》，载杨念群主编：《新史学》（第五卷），北京：中华书局，2011年。

假借社会名流和普通使用者之名夸大疗效。与其说这些广告反映了当时的医疗状况，毋宁说它们折射出了社会的一种集体诉求。因为广告通过文字和图像渲染，勾画出一种理想的生活状态，使民众通过“消费”这种行为构建对身体和生活方式的认同。①张仲民在《卫生、种族与晚清的消费文化——以报刊广告为中心的讨论》一文中借分析商业广告中的“强国强种”话语探讨了消费文化、卫生观念是如何与政治文化勾连的。“消费成为塑造民族认同的方式，它甚至可以淡化或忽略商品的使用价值，通过赋予或强调其‘国籍’‘民族主义’的性质，来获得销售的合法性，并借此激发消费者的消费需求与消费认同。”而这种现象所体现的更为宏大的时代背景是，自晚清以来，媒体的发展、交通的通达使个体的政治参与度逐渐提高、人民与国家联系更加紧密、日常生活泛政治化的趋势日益扩大。②另外，张仲民《近代中国“东亚病夫”形象的商业建构与再现政治——以医药广告为中心》探析了医药广告如何将知识精英关于“东亚病夫”的表述加以挪用、改编、具象化，以谋取商业利益。而这种知识再生产也导致“东亚病夫”这一政治叙述和集体想象“迅速通俗化、物质化和日常生活化”，是“东亚病夫”这个民族主义符号传播过程中的重要一环。③

王日根根据晚清来华外国人的记述资料，叙述了厦门地区民众日常生活的卫生情况及西方医疗事业的发展。④张瑞考察了清人沐浴观念的变迁。作者指出，在传统社会，沐浴更多地与清洁、道德、享乐、礼仪、民俗等意义相勾连，与健康问题关系甚微，因此沐浴在清人的日常生活中也是一件无关紧要的事。晚清以降，受西人生活习惯和卫生观念的影响，中国人开始认识到沐浴之于身体健康的重要性，甚至将其与文明和政治话语相联系。⑤刘家峰从信仰、医疗和主权意识等角度考察了近代麻风救治的历史，肯定了基督教在中国麻风救治中的

① 张仲民:《晚清上海药商的广告造假现象探析》，载台湾“中研院”近代史研究所集刊编辑委员会编辑:《“中央研究院”近代史研究所集刊》2014 年第 85 期。

② 张仲民:《卫生、种族与晚清的消费文化——以报刊广告为中心的讨论》，《学术月刊》2008 年第 4 期。

③ 张仲民:《近代中国“东亚病夫”形象的商业建构与再现政治——以医药广告为中心》，《史林》2015 年第 4 期。

④ 王日根:《从西人记述看晚清厦门的日常卫生与医疗》，《社会科学》2012 年第 9 期。

⑤ 张瑞:《沐浴与卫生——清人对沐浴认识的发展和转变》，载余新忠主编:《清以来的疾病、医疗和卫生:以社会文化史为视角的探索》，北京:生活·读书·新知三联书店，2009 年。

贡献。[1]路彩霞以清末的京津地区为例，从医药、卫生、防疫三个方面揭示了近代公共卫生制度和观念转型过程中，各方力量的矛盾与调适。[2]皮国立在《"气"与"细菌"的近代中国医疗史——外感热病的知识转型与日常生活》中专辟章节，从日常生活史角度检视了中医防疫策略与西医卫生理论在实际操作层面的融合。[3]胡成《医疗、卫生与世界之中国（1820—1937）》通过专题讨论的方式，围绕医疗传教、西医东渐、医疗救援、卫生检疫、防疫、娼妓等一系列议题，描述近代中国在与世界接轨过程中普通民众的经验和作用，并展示医疗卫生事业转型过程中所体现的外来与本土、国家与社会、精英与民众、性别等方面的矛盾与冲突。[4]赵婧对近代分娩观念、方式、制度的转变进行了考察。[5]余新忠在《清代卫生防疫机制及其近代演变》一书中通过考证"卫生"概念的流变、清人卫生观念的转变、卫生防疫行政管理制度的引入和实践，以及其对国人观念、身体的形塑，以凸显"卫生"背后隐含的现代性及权力关系。作者希望通过卫生防疫机制这样一个窗口，以"揭示中国社会变迁中自有的'现代性'"并反思现代化进程给中国各阶层民众生活带来的利弊。[6]

（三）时间与空间坐标中的日常生活

晚清以来，中国社会的时间轴出现了本土与西方等多重轨道的交叉。李侑儒考证了以钟表为代表的西式计时方式在中国的传播过程。他指出，中国人在19世纪中叶以前就已经掌握了钟表制造技术，但是钟表的生产、消费并未大范

---

① 刘家峰：《福音、医学与政治：近代中国的麻风救治》，载刘天路编：《身体·灵魂·自然：中国基督教与医疗、社会事业研究》，上海：上海人民出版社，2010年。

② 路彩霞：《清末京津公共卫生机制演进研究（1900—1911）》，武汉：湖北人民出版社，2010年。

③ 皮国立：《"气"与"细菌"的近代中国医疗史——外感热病的知识转型与日常生活》，台北：台湾中国医药研究所，2012年。

④ 胡成：《医疗、卫生与世界之中国（1820—1937）》，北京：科学出版社，2013年。

⑤ 赵婧：《近代上海的分娩卫生与医疗化》，载常建华主编：《中国社会历史评论》第14卷，天津：天津古籍出版社，2013年；赵婧：《西式催生药与近代中国分娩行为转变的初探》，载复旦大学历史系、复旦大学中外现代化进程研究中心编：《近代中国的物质文化》，上海：上海古籍出版社，2015年。

⑥ 余新忠：《清代卫生防疫机制及其近代演变》，北京：北京师范大学出版社，2016年。

围地推广，其实用价值未得到重视，只是沦为上层社会时尚的装饰和地位的象征。晚清以来，西式钟楼在教堂、教会学校、新式学堂、企业工厂、行政机构及各大城市中逐渐增多，将城市居民亦纳入了西式计时体系之中；铁路交通的推广，更加深了世界标准时间对民众日常生活的影响。不过，在广大农村地区的农民，依然遵守着传统的生活作息时间。[①]王加华的《被结构的时间：农事节律与传统中国乡村民众年度时间生活——以江南地区为中心的研究》补充和丰富了前者的研究。他认为，对农业生产的极度重视使中国传统社会形成了以农为本的时间结构。尽管不同时代、地域的自然节奏有所不同，但人们日常生活的时间安排基本都要配合农业生产的需要。这种时间结构导致中国人养成了忽略精确，循环往复，重视个人、轻视群体的时间观念，并进一步影响了民族性格的塑造，部分地解释了中国社会和文化的惯性问题。[②]湛晓白的《时间的社会文化史——近代中国时间制度与观念变迁研究》系统考察了西方时间制度引入中国的过程。[③]孙邦金对晚清温州地区煤油灯的进口及普及状况进行了考察，并探讨了照明工具的变革对中国传统昼夜时间结构和观念的影响。[④]

在城市空间的研究方面，程为坤借助档案、报刊、游记、回忆录、社会调查等资料，呈现了20世纪初北京普通女性在城市空间中的日常生活和生命体验。作者认为，20世纪初的北京城市正在经历着急剧的转型，公共空间有所扩大，女性也冲破了传统礼教性别区隔的束缚，更多地参与到了公共空间中，谋取生存、休闲娱乐、进行社交。面对这种改变，男性和政府的态度是不尽相同的。职业不同的女性受到的评价不同，在家里制作手工品的工作是受到认可的，而女佣、人力车夫、乞丐、妓女、三姑六婆等职业则受到歧视。针对女性的性犯罪、以警察为代表的政府管制、保守男性的批评等都向普通女性在公共空间中的活动施加了压力。在女性群体内部，精英女性的理论主张和普通女性的生活

① 李侑儒：《钟表、钟楼与标准时间——西式计时仪器及其与中国社会的互动（1582—1949）》，台北：台湾政治大学历史系，2012年。

② 王加华：《被结构的时间：农事节律与传统中国乡村民众年度时间生活——以江南地区为中心的研究》，上海：上海古籍出版社，2015年。

③ 湛晓白：《时间的社会文化史——近代中国时间制度与观念变迁研究》，北京：社会科学文献出版社，2013年。

④ 孙邦金：《照明方式的变革与中国传统昼夜时间生活的近代转型——以晚清温州煤油灯的普及为例》，《民俗研究》2016年第3期。

方式也是脱离的。[①]

陈元朋借助皮埃尔·布迪厄（Pierre Bourdieu）等西方学者的理论，从用餐人群、进食空间、餐桌礼仪等角度深入挖掘了清末民初上海西餐馆所蕴含的价值判断和文化内涵。作者认为，精英人士通过吃西餐这种行为方式建构了自己的文化和身份认同，使自己区别于其他阶级。作者还对小说中大量吃西餐时“失礼”的情节重新进行了审视，认为其虽然有所夸大、真实性存疑，但也在一定程度上反映出时人面对西方文化强势入侵时的焦虑。值得一提的是，文章除了笔记、小说、报刊、日记等文字资料外，还利用了大量画报、照片、地图等图像资料。[②]

曾品沧透过酒楼业的发展展示了清末至日据初期中国台湾地区的政治变迁。台湾传统士绅的待客、宴饮之所是园林中的花厅，具有强烈的私人性和封闭性。日本占领台湾后，政权的更迭及日本人推行的“绅章制度”使台湾社会阶层重新洗牌。新贵阶层积极通过公共空间展示自己的身份地位、积累社会资本，并试图在酒楼中缓和与日本殖民者的隔阂；一些以“遗老”自居的台湾士绅由于政局的动荡和日本的高压统治，也在酒楼的宴饮娱乐中遁逃避世、寻求慰藉；加上日本人的消费增加，台湾酒楼数量剧增，取代花厅成为上层社会交游享乐的中心。在特殊的政治背景下，酒楼这个公共空间除了具备饮食、娱乐、社交等功能外，更寄托着台湾本土上层社会在日殖时期的野心与无奈。[③]

连玲玲的《打造消费天堂——百货公司与近代上海城市文化》探讨了近代上海百货公司如何参与城市景观的塑造，并传播现代的消费观念。全书主要分为两部分，第一部分按照由远及近、由大到小的空间变化介绍上海百货公司的地理位置、内部空间布局、商业和文化活动。第二部分对广告、报刊、图像等进行文本分析，讨论百货公司如何引导消费者及塑造性别角色与性别关系。该书认为，作为近代上海城市空间的一部分，百货公司不仅是消费空间，亦承载

---

① 〔美〕程为坤：《劳作的女人：20世纪初北京的城市空间和底层女性的日常生活》，杨可译，北京：生活·读书·新知三联书店，2015年。

② 陈元朋：《清末民初的上海西餐馆——以“区分”、“认同”、“空间”及“失礼”为主的初步讨论》，《东华人文学报》（花莲）2009年第15期。

③ 曾品沧：《从花厅到酒楼：清末至日治初期台湾公共空间的形成与扩展（1895—1911）》，《中国饮食文化》2011年第7卷第1期。

着各种权力关系的运行。阶级、国族、性别等各种关系呈现出“城市文化的歧义性”和“现代性的张力”。百货公司呈现出的现代性主要有三个特性，即“被中介的现代性”“承载着各种不一致的概念和不协调的实践”“对消费文化高度分歧的想象、期待及诠释”。①

在农村空间方面，日本学者稻田清一利用太平天国时期江南乡村地主柳兆薰留下的日记，通过检索地名和分类统计，呈现其日常活动的空间范围②；洪璞通过比较分析《颐贞楼日记》和《柳兆薰日记》，勾勒出了近代地主在由乡居转向镇居的过程中生活空间的变化轨迹。③刘永华通过分析晚清婺源一个农户的“排日账”，重构了这家人的活动空间，认为传统乡民的活动空间范围较大，流动性较高。④小田对近代江南地区农村妇女生计和信仰活动的半径进行了考察，并对其日常空间内的互动关系进行了分析。⑤

此外，戏园⑥、公园⑦、电影院⑧、公墓⑨等公共空间内的权力关系，也是近年来学者关注的热点。总体来看，对公共空间的讨论较为成熟，但是私人空间

---

① 连玲玲：《打造消费天堂——百货公司与近代上海城市文化》，北京：社会科学文献出版社，2018 年，第 383—391 页。

② 〔日〕稻田清一：《清末江南一乡村地主生活空间的范围与结构》，张桦译，《中国历史地理论丛》1996 年第 2 辑。

③ 洪璞：《乡居·镇居·城居——清末民国江南地主日常活动社会和空间范围的变迁》，《中国历史地理论丛》2002 年第 4 辑。

④ 刘永华：《从“排日账”看晚清徽州乡民的活动空间》，《历史研究》2014 年第 5 期。

⑤ 小田：《近代江南村妇的日常空间》，《清华大学学报（哲学社会科学版）》2013 年第 2 期。

⑥ 许敏：《晚清上海的戏园与娱乐生活》，《史林》1998 年第 3 期；方平：《戏园与清末上海公共空间的拓展》，《华东师范大学学报（哲学社会科学版）》2006 年第 6 期；葛以嘉：《从茶园到剧场：作为社会文本的 20 世纪早期中国戏园》，载董玥主编：《走出区域研究：西方中国近代史论集粹》，北京：社会科学文献出版社，2013 年；张忠：《戏院还是戏园——清末民初北京传统娱乐空间的更新》，载常建华主编：《中国社会历史评论》第 16 卷上，天津：天津古籍出版社，2015 年。

⑦ 陈蕴茜：《日常生活中殖民主义与民族主义的冲突——以中国近代公园为中心的考察》，《南京大学学报（哲学·人文科学·社会科学）》2005 年第 5 期；叶中强：《游走于城市空间：晚清民初上海文人的公共交往》，《史林》2006 年第 4 期；王炜：《近代北京公园开放与公共空间的拓展》，《北京社会科学》2008 年第 2 期；苏智良、江文君：《法国文化空间与上海现代性：以法国公园为例》，《史林》2010 年第 4 期；戴一峰：《多元视角与多重解读：中国近代城市公共空间——以近代城市公园为中心》，《社会科学》2011 年第 6 期；熊月之：《近代上海公园与社会生活》，《社会科学》2015 年第 5 期，等等。

⑧ 李微：《近代上海电影院与城市公共空间（1908-1937）》，《档案与史学》2004 年第 3 期。

⑨ 王先明、王琳：《亡灵“公共空间”的制度建构——近代天津公墓的历史考察》，《史林》2013 年第 3 期。

的成果甚少；对城市空间的关注较多，对农村空间的关注不足。

（四）日常生活视角中的国家与社会

第二次世界大战以后，现代化理论风行一时，但是这种决定论的模式将所有文化的历史发展都看作一个抽象的、同质的、不可逆转的进程，并忽视了历史中个体的主观能动性和感受。而日常生活史的研究者则希望通过转变研究的视角和范围，尤其是通过微观的研究，发现历史的多样性和复杂性，“强调一个开放的历史进程，里面充满了矛盾、协商，也会呈现出各种不一样的结局”[①]。尽管日常生活史排斥宏大叙事和结构主义，但并不否认诸如现代化、工业化、商品化、城市化等宏大历史进程的存在，而且希望通过从日常生活的角度更好地看待、理解和诠释这些过程以及参与其中的大多数人的体验。因此一些学者追求“见微知著”，希望通过选取合适的个案来管窥整个社会体系的运转。

能够在一定程度上体现这个研究思路的作品是王笛探讨成都街头文化和茶馆的两部专著：《街头文化——成都公共空间、下层民众与地方政治，1870—1930》和《茶馆——成都的公共生活和微观世界，1900—1950》。其中，《街头文化——成都公共空间、下层民众与地方政治，1870—1930》一书描述了在近代城市转型过程中，成都街头普通民众日常生活的变化。他认为“从大历史的角度来观察近代中国政治和社会的演变固然十分重要，但这样的角度往往会使研究者忽视演变的具体条件、过程，以及不同历史阶段和不同地区的特点。对于成都街头的研究，使我们能把视线集中在一个特定城市的特定领域，犹如在显微镜下把观察的对象放大，集中剖析社会、文化和政治的某一方面，从而得到宏观史学难以企及的对社会的细微理解和精确把握”[②]。作为公共空间的街头，承载着普通民众、当地精英、国家政治三者之间错综复杂的关系。近代国家权力对民众日常生活的介入及民众相应的反抗在成都街头的个案研究中得到了呈

① John Brewer, Microhistory and the Histories of Everyday Life, *Cultural and Social History*, 2010, 7(1): 96.

② 王笛：《街头文化——成都公共空间、下层民众与地方政治，1870—1930》，李德英、谢继华、邓丽译，北京：商务印书馆，2013年，第364页。

现。在之后的《茶馆——成都的公共生活和微观世界，1900—1950》中，他进一步探讨了国家与社会、权力与日常生活的关系。他也明确承认选择茶馆这样一个小的研究单位是受到了微观史学的影响，尽管成都茶馆并不具备典型性和普遍性，但还是希望借助个案研究以丰富对中国城市现代化进程的认识。[①]

徐鹤涛认为王笛等的研究虽然“已把视野从宏观历史拉到基层社会，看到了被历史进步神话遮蔽了的东西，但他们仍然只把国家社会关系视作一种大的结构化存在”，因此他选择尝试“把关注点从对国家、社会关系进行总体性分析，转移到日常生活中国家权力的具体运作方式进行深入观察，从微观的治理实践中重新审视国家，以期对现代国家建设有一个更全面的认识”。[②]他通过描述晚清民国时期北京小贩的日常生活，以呈现新引进的城市管理制度在实际运转中的灵活和弹性：晚清以后，国家对街头小贩的管制较之前大大加强；虽然两者之间难免有所碰撞，但未出现过于激烈和持久的冲突，大体上维持了一种比较和睦的关系。警察与小贩之间相互容忍、理解的灰色地带，是国家与社会、现代制度与传统人情的融合。

李怀印在《华北村治：晚清和民国时期的国家与乡村》中利用河北省鹿泉市档案，对国家权力在乡村基层的运行情况、村落治理的方式及农民的日常生活进行了讨论。他认为尽管全国各地农村的实际情况千差万别，但是自晚清以来都面临着国家政权建设逐渐加强、农民负担逐渐加重的总体趋势，因此通过个案研究也可能得出一些普遍性的结论:“要从总体上得出一幅中国乡村行政治理的可靠画面，首先须扎扎实实地理解乡村基层的实践和不同地域间的差别。”[③]

此外，杜丽红在《制度与日常生活：近代北京的公共卫生》中，从日常生活的角度切入，以考察宏观机制的实际运行效果。该书分为上、下两编，上编论述北京公共卫生制度的变迁，下编专门从环境卫生、疾病防治、妇婴保健三

① 王笛著译：《茶馆——成都的公共生活和微观世界，1900—1950・序言》，北京：社会科学文献出版社，2015年。

② 徐鹤涛：《日常中的国家——晚清民国的北京小贩与城市管理》，载台湾“中研院”近代史研究所集刊编辑委员会编辑：《“中央研究院”近代史研究所集刊》2015年第87期，第87页。

③〔美〕李怀印：《华北村治：晚清和民国时期的国家与乡村》，岁有生、王士皓译，北京：中华书局，2008年，第295页。

个方面讨论上述制度的具体实施情况及其对个体日常生活的影响。作者指出“日常生活是我们考察公共卫生制度运作的最佳场域”①。贺跃夫讨论了晚清广州街坊组织的结构、功能及其变迁轨迹。②邱捷以晚清广州居民的集庙议事为例，探讨居民自治组织在城市管理中的作用。③李俊领通过论述近代华北泰山信仰的变迁和困境以反映近代中国社会现代化的不同侧面。④

近代中国社会的各方面变革将无数普通民众卷入了变化的历史进程中，国家权力对日常生活的渗入和干预较之前大大增强。因此，深入挖掘并还原此过程中普通民众的经验，再现他们适应、妥协或抵抗的策略，并予之以同情和理解，是晚清日常生活史研究的一个思路。体现这一思路的研究大多围绕着当下较为热门的“国家/社会”“市民社会”等议题，也往往与区域史、城市史、乡村史研究有交叠之处。

（五）文字、文人与日常生活史

文人具备自我表达和书面叙述的能力和意识，小说、诗词、日记、笔记、书信、回忆录、族谱、年谱、地方志、账本、碑刻等资料便成为学者研究这一群体内心思想和行动轨迹的重要依据。又由于传统文人在行旅、宦游之余素有体察感怀的习惯，因此这些史料对于各地风土人情、民生俚俗的记述也十分详尽。除此之外，报刊等新兴文字媒介也是学者研究晚清社会问题、思想观念的重要史料。王振忠利用《朱峙三日记》对晚清武昌县的民俗状况及变迁进行了总结。⑤温文芳对《申报》中的个案进行分析，探讨了晚清孀妇再醮问题。⑥安

① 杜丽红：《制度与日常生活：近代北京的公共卫生》，北京：中国社会科学出版社，2015年，第7页。
② 贺跃夫：《近代广州街坊组织的演变》，《二十一世纪》（香港）1996年第35期。
③ 邱捷：《清末广州居民的集庙议事》，《近代史研究》2003年第2期。
④ 李俊领：《天变与日常：近代社会转型中的华北泰山信仰》，北京：社会科学文献出版社，2017年。
⑤ 王振忠：《〈朱峙三日记〉所见晚清武昌县民俗及其变迁》，《民俗研究》2001年第1期。
⑥ 温文芳：《晚清孀妇再醮婚姻状况的研究与思考——〈申报〉（1899—1909年）孀妇典型案例的研究》，《江苏社会科学》2007年第5期。

东篱通过周生的《扬州梦》，再现了太平天国运动前夕扬州城的面貌。①李文杰利用总理衙门章京杨宜治的《惩斋日记》，参照档案、笔记、方志等资料，借考察杨宜治的办公状态、业余生活、经济状况、仕途轨迹等，探讨总理衙门的具体运作机制，还原总理衙门章京这一官僚群体的生存状态，弥补了传统制度史研究在此方面的不足。②邵雍、黄海昶通过《那桐日记》，呈现了一个沉迷享乐、不与国事的清朝上层官僚形象，并认为清朝的覆灭与以那桐为代表的此类官员不无关系。③王双梅利用有泰留下的近四十万字的《有泰驻藏日记》，通过考察有泰在驻藏期间的活动轨迹和内心世界，认为其一生“政治上毫无建树，文化生活上却值得一提”，补正了传统史学界对其驻藏政绩的评价。④蒋竹山则利用有泰的日记，透过其在拉萨的日常活动，以窥晚清边陲地带的社会状况。⑤李学如通过族谱、方志、文集等资料，对近代苏南义庄在基层社会中的控制功能进行了分析。⑥姜建国利用光绪年间顺天府武清县河西驿驿幕沈侨如的《驿事纪略》，还原了清代驿幕的生活环境、日常工作和社会交往等情况。⑦林秋云对清中晚期北京的梨园花谱热现象进行了分析。由于清朝政府禁止官员、生监挟妓，男伶便取代女妓成为士人交游享乐的主要消遣对象。加之此时戏曲演出的商业化导致了“重色轻艺”的现象，男伶便成为士人品鉴的对象，由此产生的文本是为梨园花谱。作者认为：“撰写花谱，也是士人力图以其品位重建阶层差异，掌握士优交往话语权，扭转以金钱为取乐的都市娱乐的一种尝试。”不过，文章未对士优之间的性别角色和权力关系进行深入的挖掘。⑧此外，杨词

① 〔澳〕安东篱：《太平天国运动前夕扬州城的日常生活》，载复旦大学文史研究室编：《都市繁华：一千五百年来的东亚城市生活史》，北京：中华书局，2010年。

② 李文杰：《总理衙门章京的日常生活与仕宦生涯——〈惩斋日记〉与杨宜治其人》，载台湾“中研院”近代史研究所集刊编辑委员会编辑：《“中央研究院”近代史研究所集刊》2010年第70期。

③ 邵雍、黄海昶：《晚清满族权贵那桐的私人生活——以〈那桐日记〉为中心》，载廖大伟主编：《近代人物研究：社会网络与日常生活》，上海：上海人民出版社，2012年。

④ 王双梅：《浅议清末驻藏大臣有泰——以驻藏期间日常生活为中心》，《内蒙古民族大学学报（社会科学版）》2014年第5期。

⑤ 蒋竹山：《高原上的纵乐：一位晚清驻藏大臣有泰的感官世界》，载廖大伟主编：《近代人物研究：社会网络与日常生活》，上海：上海人民出版社，2012年。

⑥ 李学如：《近代苏南义庄与基层社会控制》，载常建华主编：《中国社会历史评论》第16卷下，天津：天津古籍出版社，2015年。

⑦ 姜建国：《清代驿幕的日常生活——以〈驿事纪略〉为例》，《地方文化研究》2017年第4期。

⑧ 林秋云：《交游、品鉴与重塑——试论清代中后期北京的梨园花谱热》，《史林》2016年第4期。

萍、贾慧民对李伯元《游戏报》中的花榜活动运作机制及大众对妓女的娱乐消费也进行了探析。[①]

科举制的废除与近代知识分子群体的转型一直是学界研究的焦点之一，也有很多学者尝试从日常生活的角度切入相关研究。叶凯蒂（Catherine Vance Yeh）将关注点放在了王韬、陈季同、曾朴、金松岑四人身上。作为较早接触城市生活及西方文化的晚清文人，他们不像后面几代受新式教育的知识分子那样能够从容地融入城市生活。作者通过描述四人在上海的际遇，展示这一代文人如何在城市生活中寻找机遇，参与、引领城市文化空间的塑造，并在根深蒂固的传统价值观与西方文化的冲击之间努力维持平衡。[②]徐鹏在《叶贞甫先生家训》的基础上，结合其他史料，对叶尔安身为一名小官吏的政治生涯和身为家庭男主人的日常生活进行了考察，借此还原晚清时代小官吏群体的生存状态。作者还对叶氏几代子孙的人生轨迹进行了跟踪比较，展现了一个传统书香大家族在新式教育取代近代科举制时期的转型之路。[③]叶中强利用王韬的《王韬日记》《弢园尺牍》和包天笑的《钏影楼回忆录》等资料，分析清末五十余年间，以王韬、包天笑为代表的两代文人，在初次接触城市时情感体验和生活境况的差异，以展现传统文人向现代知识分子转型的过程。[④]程再凤在《晚清绅士家庭的孩子们（1880—1910）》中利用回忆录、自传及照片等资料，以晚清时期知识阶层家庭的儿童为观察对象，研究晚清时代政治变动对绅士家庭教育方式的影响，以及童年经历在个体人格塑造和近代知识分子群体代际差异形成中的作用。[⑤]叶舟通过蒋维乔的日记，对其在上海的衣食住行、休闲娱乐、人际交往、家庭生活等进行了叙述。[⑥]

---

① 杨词萍：《消遣与消费——〈游戏报〉中的花榜与“妓女”报导》，《有凤初鸣年刊》（台北）2009 年第 5 期；贾慧民：《〈游戏报〉中的花榜活动探析》，上海交通大学硕士学位论文，2011 年。

② Catherine Vance Yeh, The Life-Style of Four Wenren in Late Qing Shanghai, *Harvard Journal of Asiatic Studies*, 1997, 57(2): 419-470.

③ 徐鹏：《清季一个中下层地方官员的工作和家庭生活——叶尔安家书（1873—1876）解读》，华东师范大学硕士学位论文，2010 年。

④ 叶中强：《晚清民初上海文人的经济生活与身份转型——以王韬、包天笑为例》，《上海财经大学学报》2007 年第 6 期。

⑤ 程再凤：《晚清绅士家庭的孩子们（1880—1910）》，华东师范大学硕士学位论文，2011 年。

⑥ 叶舟：《“过渡时代”知识分子的日常生活：蒋维乔在上海（1903——1911）》，《史林》2015 年第 1 期。

与这些研究相对应的是，行龙利用刘大鹏的《退想斋日记》，勾勒了一个内地士绅科场失意、辛苦谋生的一生。[①]与前述文章的观照点不同，行龙揭示出在潮流变幻中，还有很多被忽视的小人物出于种种原因无法顺势而为、成功蜕变，而被迫进行无奈、无力的挣扎。沈艾娣（Harrison Henrietta）将微观史和生命史相结合，在《梦醒子——一位华北乡居者的人生》中还原了刘大鹏的一生。[②]同样是以《退想斋日记》为研究对象，卞冬磊比较分析了日记不同时期对"国家"的表述，探讨晚清内地的读书人怎样通过阅读报刊这一日常实践、扩展自己的眼界，突破自己原来强烈的地方意识和对"国家"空泛的、道德意义上的有限认知，形成现代政治意义上的"国家"观念。[③]

（六）图像中的日常生活

因图像相较于文字具有具象、直观的特点，不少研究者将图像看作对文字的一种补充，以弥补文字史料对晚清日常生活，尤其是普通民众生活细节记述的不足。很多研究采用图文互证、互释、互补的方式，如本文前面所提到的不少研究就运用到了照片、画报、地图等资料，此处不再重复论述。也有一些学者以图像为中心，围绕画面内容展开分析，探究图像所呈现的生活场景、社会观念和集体心态。在画报研究方面，叶晓青从《点石斋画报》出发，将视线放在了上海开埠后租界内的平民文化[④]；陈平原通过对比分析清末北京、上海二十余种画报中对北京的描绘，以了解当时人对于"帝京"的想象[⑤]；俞政选取《点石斋画报》中的一些案例，对比清朝法律，对晚清的民间法观念进行了探讨[⑥]；

① 行龙：《怀才不遇：内地乡绅刘大鹏的生活轨迹》，《清史研究》2005 年第 2 期。

②〔英〕沈艾娣：《梦醒子——一位华北乡居者的人生》，赵妍杰译，北京：北京大学出版社，2013 年。

③ 卞冬磊：《报纸阅读与晚清读书人"国家"意识的形成》，《二十一世纪》（香港）2013 年第 138 期。

④ 叶晓青：《〈点石斋画报〉中的上海平民文化》，《二十一世纪》（香港）1990 年第 1 期。

⑤ 陈平原：《城阙、街景与风情——晚清画报中的帝京想象》，《北京社会科学》2007 年第 2 期。

⑥ 俞政：《晚清民间法观念初探——以〈点石斋画报〉为例》，《苏州大学学报（哲学社会科学版）》2008 年第 1 期。

谢毓洁分析了《点石斋画报》中的儿童形象及晚清社会的儿童观①；张美玲借《点石斋画报》展示了晚清女性生活的变迁②；杨小军则通过对《点石斋画报》中室内场景画面的分析考察了晚清上海各阶层的室内陈设③；李道和对《点石斋画报》中的求雨风俗进行了考辨④；康保成以《时事画报》《赏奇画报》为中心，介绍了晚清广东地区戏剧演出的种种情况⑤。在其他形式的图像研究方面，黄挺对晚清至民国初期潮汕地区祠堂里的图像进行了内容分析，以了解当时庶民的日常生活和价值观⑥；段炼分析了上海小校场年画中的民间信仰⑦。

将图像史料作为文字史料的补充和有意识地运用视觉分析的方法进行文本解构是两种截然不同的路径。除了表面形象外，图像中的结构安排、焦点设置，创作者的意图及其背后隐藏的权力关系也值得进一步挖掘。赵家琦通过分析《点石斋画报》《申报》等图文资料中对晚清上海"水龙会"的描绘，探讨画面中"看"与"被看"的关系，以了解西方权力和科技文明如何以视觉性方式传达和建构。"水龙会以西方政要人物/人物像巡观展演、工业军舰与船坚炮利的阵容，在看/被看的关系中，建立了东方/西方在权力上的施受结构。"作者并未将报刊和图像简单地看作再现历史事件的载体，而是分析其背后创作者的立场、意图，其产生的意义如何与读者呼应。⑧此外，姚霏以吴友如的画作为中心，对晚清上海女性在城市空间中的日常活动与限制因素及画面背后的性别政治进行了解析。⑨侯杰、王凤聚焦于近代杨柳青年画中的女性形象，认为其"病态美"气质，不仅反映出男性创作者的审美观和市场的需求，更体现出整个男权社会对女性的

① 参见谢毓洁：《〈点石斋画报〉中的儿童与儿童观思考》，《宁夏社会科学》2009 年第 4 期。

② 张美玲：《〈点石斋画报〉视野下晚清女性生活形态探究》，福建师范大学硕士学位论文，2011 年。

③ 杨小军：《晚清（1884—1898）上海室内陈设——以〈点石斋画报〉中的室内场景画面为中心》，首都师范大学硕士学位论文，2011 年。

④ 李道和：《〈点石斋画报〉求雨风俗考论》，《止善》（台中）2015 年第 19 期。

⑤ 康保成：《清末广府戏剧演出图像说略——以〈时事画报〉、〈赏奇画报〉为对象》，《学术研究》2011 年第 2 期。

⑥ 黄挺：《祠堂里的图像：晚清到民国初年之间潮汕地区的庶民生活和价值观》，《民俗曲艺》（台北）2010 年，第 170 期。

⑦ 段炼：《年画中的民间信仰——以上海小校场年画为例》，《中国宗教》2011 年第 9 期。

⑧ 赵家琦：《海上・奇观——论晚清上海"水龙会"对城市文化的视觉性建构》，《"中央"大学人文学报》（桃园）2011 年，第 48 期。

⑨ 姚霏：《从图像看晚清上海女性与城市空间——兼论图像学在历史研究中的运用》，《上海师范大学学报（哲学社会科学版）》2012 年第 4 期。

身体和道德规训。[①]

总体来说，图像史研究在中国史学领域刚刚萌芽，成果不多。多数研究者采用的策略是将图像视为对文字的补充说明，或者止于对内容的复述、审美性的鉴赏，而没有更多地借鉴视觉分析的方法。应该注意的是，文字分析和图像分析是两种不同的史学研究路径，如何从解读文字史料的思维传统中跳脱出来，对于历史学者来说是一项新的课题。

三、晚清日常生活研究的几点思考

西方思想家对“日常生活”的批判及在后现代史学浪潮中诞生的日常生活史究竟能够在多大程度上应用于前现代及转型中的中国社会的研究之中呢？对此中国学者早已提出疑问并进行讨论。一些学者因日常生活史与后现代主义的密切关系而保持审慎态度。例如，沈松侨认为：“‘日常生活’的地理场景，当然也局限于商品消费最为活跃的都会型大都市，而与农村地区无关”，“我们讨论资本主义现代化高度滞后的近代中国，或许应该对此一概念的局限与不足，审慎地抱持着警惕与批判的态度”。[②]连玲玲也提出：“如果我们坚持日常生活史是一种以城市为基础的研究，则大部分的中国农民便落在日常生活史的范畴之外；如果日常生活史可以打破城乡界限，则不一定与现代性相关联。换言之，日常生活史学所能贡献于中国史学的，在于问题意识的提出，更甚于逻辑性的解答。”[③]尽管如此，学者在研究中还是没有轻易放弃使用“日常生活”这一新兴词语，沈松侨在自己的文章中对“日常生活”的概念进行了泛化，即“笼统地指称当时社会大众一般的生活样貌，亦即其食衣住行诸层面的生活经验中，

① 侯杰、王凤：《从传统到近代：民间年画与中国女性生活——以杨柳青年画为中心的考察》，《妇女研究论丛》2016 年第 5 期。

② 沈松侨：《中国的一日，一日的中国——1930 年代的日常生活叙事与国族想象》，《新史学》2009 年第 20 卷第 1 期。

③ 连玲玲：《典范抑或危机？“日常生活”在中国近代史研究的应用及其问题》，《新史学》2006 年第 17 卷第 4 期。

那些例行性、重复性、平淡无奇、琐碎细微，缺乏重大意义，难以有系统地全面掌握的行为与活动”[①]。这种应变策略也被大多数研究日常生活的学者采用。

实际上，尽管西方日常生活理论对现代性持批判态度，但日常生活史学家并未将研究对象的地理空间只局限在能够凸显现代性的城市而忽视农村地区，也并未否认诸如现代化等宏大历史进程的存在：“我们已经看到意大利和德国的微观历史学家们尽管是专注于地区史，却从未丧失更广阔的历史与政治语境的眼光……无论微观史学家们是怎样顽强地向马克思主义的、韦伯的或罗斯托的有关近代世界转化的概念进行挑战，他们却未能摆脱现代化的观念……微观历史学研究的主题，事实上始终都是国家、经济和教会在现代化初始时对乡村的冲击。”[②]

因此，就后现代主义对现代性的质疑和批判这一点而论，并不足以阻碍我们将日常生活史引入到中国各时期社会的研究中，我们亦不必将考察的范围局限在现代化程度较高的地区。日常生活史的研究视角和方法是具有借鉴意义的，尤其是它对西方中心观的反思，消解了以往研究中笼统性的、模式化的论述。但日常生活史不是追求事无巨细的碎片化叙述、回避对宏观历史背景和重大问题的关注，而是借还原某一特定个体或群体的生活体验，打破先入为主的分析框架，在研究中赋予人以主体性，从更多元、更细微的角度观察并阐释社会发展的历程。

本文中提到的很多与晚清日常生活相关的研究都紧扣“转型”这一主题，探求西方事物及其蕴含的文化价值观在中国传播的过程及其给中国社会带来的影响和变化。但这一思路的局限在于，将西化等于现代化，晚清社会转型的过程就是西化的过程，陷入了西方中心观和线性历史观的窠臼之中；对现代性元素的过于关注，造成了那些转型不剧烈、现代化不明显的内陆地区、农村地区、少数民族地区的普通民众的失语，形成了研究中新的边缘地带，不仅丧失了“日常生活”的批判性，而且使其沦为碎片化的分析场域；对现代化现象的偏重人为地造成了 1840 年之前与之后中国社会的割裂和对立，忽视了晚清社会与传统

---

① 沈松侨：《中国的一日，一日的中国——1930 年代的日常生活叙事与国族想象》，《新史学》2009 年第 20 卷第 1 期。

②〔美〕伊格尔斯：《二十世纪的历史学——从科学的客观性到后现代的挑战》，何兆武译，沈阳：辽宁教育出版社，2003 年，第 160 页。

中国社会相似或者说传承的部分。实际上，这种研究思路还是受现代化理论的影响，而与诞生于后现代主义浪潮中的日常生活史没有太大关联。“虽然在 20 世纪五六十年代根源于美国主导着社会科学的现代化理论已经失去了它的号召力，并遭到各种各样的批评，但亚洲国家总体而言依然热情地将现代化接纳为发展语言。”[①]无论是社会建设还是学术研究，中国也许正如魏斐德所说的“仍处于第二世界现代化的高潮当中”[②]。

但是，现代性仍然是值得讨论的议题。后现代主义作为特定历史时期的产物，本身也是一种理论模式，具有一定的价值，也存在某些局限性。21 世纪以后，西方学界开始对后现代主义进行反思，重提现代性，但与 20 世纪五六十年代的经典现代化范式不同，此时学者代之以“多元现代性”的概念，彻底摆脱了西方中心观，认为现代性是多样的，世界各种类型的文化和社会皆蕴含现代性元素。“多元现代性的核心在于，它假定存在着由不同的文化传统和社会政治状况所塑造的不同文化形式的现代性。这些不同形式的现代性在价值体系、各种制度及其他方面将来也依然会存在着差异。”研究多元现代性的学者认为“理解当代世界和现代性的历史的最佳方法，就是将它视为多元变化的、常常相互竞争相互对抗的现代性不断发展形成、不断构建和重建的过程”。[③]

因此，问题的关键在于如何定义现代性。从历史的角度看，中国社会所蕴含的现代性是什么，有何特殊性？如果对现代性作重新定义的话，中国现代化进程开启的时间和范围也需要重新界定。在此方面，研究人口、性别、经济、政治和中外关系的学者，起步较早，讨论较多。夏明方认为，这种以“中国中心观”为导向、在中国本土寻找现代性的“泛现代化”研究又落入了新的教条

① 金耀基：《另类现代性在东亚的兴起》，载〔德〕多明尼克·萨赫森迈尔、〔德〕任斯·理德尔、〔以〕S. N. 艾森斯塔德编著：《多元现代性的反思：欧洲、中国及其他的阐释》，郭少棠、王为理译，北京：商务印书馆，2017 年，第 183—184 页。

②〔美〕魏斐德：《中国的现代性》，载〔德〕多明尼克·萨赫森迈尔、〔德〕任斯·理德尔、〔以〕S. N. 艾森斯塔德编著：《多元现代性的反思：欧洲、中国及其他的阐释》，郭少棠、王为理译，北京：商务印书馆，2017 年，第 153 页。

③〔德〕多明尼克·萨赫森迈尔、〔德〕任斯·理德尔、〔以〕S. N. 艾森斯塔德编著：《多元现代性的反思：欧洲、中国及其他的阐释·多元现代性范式的背景》，郭少棠、王为理译，北京：商务印书馆，2017 年，第 10—11 页。

主义之中。[①]但不得不承认，这些研究也在一定程度上突破了前人研究模式的框架，推动了史学研究的发展。至于究竟应该如何定义现代性，抑或是干脆抛弃对现代性的追寻，就留待学界进一步探讨了。遗憾的是，在晚清日常生活研究方面，除了连玲玲在《打造消费天堂——百货公司与近代上海城市文化》中对上海百货公司的现代性进行了总结以外，许多研究止步于描述近代民众日常生活变化的过程，并笼统地冠之以"由传统到现代的转型"，而没有进一步从日常生活和普通民众的视角提出关于现代性的具体见解，几乎不言而喻地将传统等同于中国本土，将现代化等同于西化。即便对近代中国民众日常生活影响较大的现代性元素主要源于西方，也应对"西方"概念加以区分，因为西方社会内部不同国家和地区的发展模式也存在着很大差异。

日常生活史的主要特色之一是个案研究，因此如何选取合适的研究对象也是一个值得注意的问题。必须承认，在史料来源和学者主观意识的局限下，无差别、去中心地追求对历史上存在过的每个个体生活细节的全部还原，是无力的也是无意义的。日常生活史从诞生之初在个案选择的代表性和典型性问题上就一直受到质疑。[②]20 世纪 80 年代，德国社会科学历史学的支持者和日常生活史学家发生了一场激烈的辩论。前者批评后者，如果在不清楚问题的前提下去盲目观察，便无法深刻理解某一现实；脱离更广阔的语境、只关注历史的"琐碎"方面，会导致历史学的碎片化。[③]这些批判对于今天中国的日常生活史研究仍具有警惕性。在目前晚清日常生活的研究中，一些学者虽然对某一群体、某一方面日常生活的考察极尽详细，却不能提出新的问题，亦无法为一些已有问题提供新的解释，流于史料的堆砌，那么这些研究的学术价值就有待商榷。在如何借鉴西方日常生活史的研究经验这个问题上，我们不应拘泥于对"日常生活"四字表面意义的探询，而应侧重对其理论和方法的吸收。日常生活史提供的不仅仅是新的研究对象，还有新的视角和方法。从日常生活的角度出发，不

① 夏明方：《十八世纪中国的"现代性建构"——"中国中心观"主导下的清史研究反思》，《史林》2006 年第 6 期。

② Brad S. Gregory, Is Small Beautiful? Microhistory and the History of Everyday Life, *History and Theory*, 1999, 38(1): 108.

③〔美〕伊格尔斯：《二十世纪的历史学——从科学的客观性到后现代的挑战》，何兆武译，沈阳：辽宁教育出版社，2003 年，第 120—121 页。

仅使之前不受重视的“零碎”事物和边缘群体受到了重视、开拓出了新的研究领域，也能对传统政治史、军事史、经济史、思想史、宗教史等方面的研究有所补益。但是，已有的一些日常生活史研究流于对现象的描述，将宏观的历史进程当作背景或是理所当然的结论，避免对重大问题做出回应或者大胆提出质疑，这才是日常生活史研究碎片化的根源所在。

就目前晚清日常生活史研究成果而言，在群体和地域分布上，对知识分子、城市居民的关注要多于普通民众或农村民众，其主要原因还是史料的限制。在史料运用上，大多数研究还是停留在对文字史料的梳理，对图画、影像、实物等资料则利用不足。晚清中国大多数民众的识字和书写能力有限，尤其是女性和儿童，因此在传统史料上留下的痕迹十分模糊。所幸照相技术、摄影技术的发明和传入为现代学者留下了许多珍贵的影像。此时一些来华外国人的游记、书信、专著、回忆录，虽然可能背后有不同的关怀和目的，但也记录下了对于中国社会方方面面的观察。民间故事、歌谣等亦在一定程度上折射出晚清民众的集体观念。除利用前人遗留下来的资料外，学者更应主动利用田野调查等手段及时挖掘、利用历史当事人留存的记忆，不仅可补正书面文献的不足，亦能通过当事者的自我言说凸显人在历史中的主体性。

相较于其他朝代，晚清时代去今不远。从日常生活的角度对当下人习以为常、习而不察的现象进行历史性剖析，细微地诠释中国社会在晚清时期的变化中有哪些新出现的因素、又有哪些事物逐渐消逝，对已有的研究范式提出创见乃至修正，是一项艰巨而又有意义的工作。

民国日常生活史研究

李金铮

摘要：日常生活是人类尤其是普通民众惯常的经历和感受。日常生活史在研究内容上与社会生活史有类似之处，但它主要强调站在日常生活经历与体验的立场上观察历史、叙述历史。民国时期是中国历史上承前启后的一个重要历史阶段，日常生活既是民国历史的影子，也影响了民国历史的走向。与民国日常生活史相关的研究，多发表于20世纪90年代中期以后。这些研究大致涵盖了日常生活史的各个主要方面，一定程度上改变了民国史研究中日常生活史的失语状态。但就总体来看，自觉地以日常生活的视野进行研究者较少，尤其缺乏个人经历、心灵体验及对生活表象背后的意义的挖掘。

一、引　论

日常生活是人类社会的客观存在，“人类有一半以上的时间都泡在日常生活中”[①]。尽管如此，“它们没有被考察和被发现，而只是存在于那里，被当作存

① 〔法〕布罗代尔：《资本主义论丛》，顾良、张慧君译，北京：中央编译出版社，1997年，第66页。

货，当作已知世界的组成部分而加以接受”①。只有少数学者对日常生活的概念、研究对象、学术意义做过理论化的思考和研究。但由于问题本身的复杂性，学界对于日常生活的理解迄今仍是见仁见智，莫衷一是。结合学者的探讨和笔者自己的理解，似可得到这样的认识：日常生活是人类尤其是普通民众惯常的经历和感受。人类的生存和发展无不隐藏于日常生活之中，日常生活不全是被动的，也有其能动性。人的活动是日常生活的中心，没有人就谈不到日常生活。人几乎都有相似的生命历程，都要经历生老病死、婚姻与性爱，都有时空、家庭、社会归属，都要为谋生而参加劳动，都离不开衣食住行、闲暇活动、人际交往和意识信仰，只是不同人、不同人群的具体生活有所差异而已。笔者以为，日常生活史应该是基于以上理解所进行的研究。当然，以上范畴并非日常生活史研究的专属，它们也曾作为经济史、社会史、文化史、民俗史、政治史直接或间接的研究对象，与社会生活史的研究对象更是基本相同。因此，要想在研究内容上寻求日常生活史与社会生活史的区别与独特性是徒劳的，其根本的不同在于，它是站在日常生活经历与体验的立场上观察历史、叙述历史。如果此说大体成立的话，即可按此检视以往历史学研究中与“日常生活”有关论著及其问题。

民国时期是中国历史上承前启后的一个重要历史阶段，中国社会在延续、重复传统的同时，也发生了前所未有的现代化趋势。日常生活既是民国历史的影子，也影响了民国历史的走向，甚至影响着今天的中国。中华人民共和国成立后，民国社会史、日常生活史的研究基本上走过了与其他历史时期研究大致相似的历程，不再赘述。②简言之，西欧学界 20 世纪 70 年代开始兴起专门的日常生活史研究，中国台湾地区在 20 世纪 80 年代也有了对日常生活史的研究成果，而中国大陆学者则是在 20 世纪 80 年代中国社会史复兴之后才对日常生活史有较多关注，进入 21 世纪才有了严格意义上的日常生活史研究。与此前各个时代相比，民国日常生活的研究过程有自己的特点：其一，在民国时期就有一批掌握了现代学术方法的学者，从社会学、人类学、经济学等角度，对当时的

① 衣俊卿：《现代化进程中的日常生活批判》，《天津社会科学》1991 年第 3 期，第 35 页。

② 参见胡悦晗、谢永栋：《中国日常生活史研究述评》，《史林》2010 年第 5 期；常建华：《中国社会生活史上生活的意义》，《历史教学》2012 年第 2 期；常建华：《明代日常生活史研究的回顾与展望》，《史学集刊》2014 年第 3 期。

社会状况做了大量的调查和研究，其中有不少反映了人们的日常生活。[①]到今天，这些成果已成为历史研究的重要史料，其学术水准和今天的一些论著相比，其实是毫不逊色，甚至令当今学者汗颜的。其二，1949 年中华人民共和国的成立标志着“民国”的结束，民国史研究逐步开展起来。但受意识形态的束缚，真正意义上的学术研究是在改革开放之后了。至于与民国日常生活史有关的研究，则与 20 世纪 80 年代中国社会史的复兴是一致的。所以，民国日常生活史的研究时间较短。其三，民国史是中国近代史的一个阶段。如果说学界对政治史的研究经常体现为晚清时期和民国时期，而对社会史及与日常生活有关的社会史研究，则往往是合二为一的“近代”，这就给我们梳理民国日常生活史研究带来了难度。

由于有意识地从“日常生活”视角对民国日常生活进行研究的时间很短，严格意义上的日常生活史成果并不多，所以基本上还谈不到学术史脉络的演变。在梳理相关成果时，也难免陷于“日常与非日常”之间的紧张、纠结与困难，这是在做其他领域学术史回顾中所不曾有过的经验。本文所拣选的，主要是笔者认为与日常生活史比较密切、有较高价值的论著，为有兴趣者提供参考。

二、与日常生活史有关的整体性研究

日常生活处于社会整体之中，一些研究民国时期社会生活史、城乡社会史的综合性论著对民众的日常生活有所涉猎。

社会生活史著作比较详细地呈现了民众的生活事象，以严昌洪、李长莉的研究最有影响。严昌洪的《20 世纪中国社会生活变迁史》全面展示了 20 世纪中国服饰潮流、饮食文化、居住条件、交通设施、婚姻礼俗、两性观念、慈幼养老、丧祭制度、岁时节日、娱乐活动、社会保障、社会风俗等方面的变迁。[②]李长莉的《中国人的生活方式：从传统到近代》是研究近代中国人生活方式变迁

① 管见所及，相关著作 60 余部，论文 200 余篇，广及民众日常生活的多个方面。

② 严昌洪：《20 世纪中国社会生活变迁史》，北京：人民出版社，2007 年。

的专著。作者虽以社会文化史视角理解生活方式，但又指出，生活方式是具有一定稳定性、普遍性和典型性的日常生活及闲暇方式，应该从民众立场出发，回到历史现场，还原生活实态，因而具有了一定的日常生活意味。该书认为，到民国时期，人们的生活方式和社会面貌形成了城乡二元化的生活方式结构，人们特别是生活在大中城市里的市民，衣食住行和休闲娱乐等日常生活越来越多地融入市场化、社会化、大众化的“公共生活领域”，而广大乡村社会生态变化不大甚至很少变化，传统生活方式长期居于主导地位。①

农村地域广阔、农民人口比例大，农村社会研究遂较多受到关注。相关著作一般是以区域为研究范围，魏宏运的《二十世纪三四十年代冀东农村社会调查与研究》、乔志强的《近代华北农村社会变迁》、赵新平的《1912—1928 山西乡村生活研究》等，都涉及民国时期不同地域的农民生活。②相比而言，小田的《江南场景：社会史的跨学科对话》，具有较多日常生活史的格调。作者认为，在农业社会，日常生活居于社会的主导地位，社会史既然对于农业中国的普通民众格外关切，自然应当进入日常生活世界。他详细描述了江南区域的民间艺术、庙会、知识人的精神世界与社会呈现、乡里人的心态与经济负担、村妇的婚姻俗例与职业结构、儿童的生活等。③

除此以外，郑起东等学者的论文对全国和华北、江南农民生活消费的状况及其变化做了比较细致的描述和分析。④

近代以来尤其是民国时期，城市经济与社会生活的变化最为剧烈。近些年，学界对城市社会的关注日益升温。陆汉文的《现代性与生活世界的变迁——20世纪二三十年代中国城市居民日常生活的社会学研究》是少有的以“日常生活”为题的城市社会生活史著作，该书对 20 世纪二三十年代中国普通市民的日常生

① 李长莉：《中国人的生活方式：从传统到近代》，成都：四川人民出版社，2008 年。

② 魏宏运主编：《二十世纪三四十年代冀东农村社会调查与研究》，天津：天津人民出版社，1996 年；乔志强主编：《近代华北农村社会变迁》，北京：人民出版社，1998 年；赵新平：《1912—1928 山西乡村生活研究》，北京：中华工商联合出版社，2007 年。

③ 小田：《江南场景：社会史的跨学科对话》，上海：上海人民出版社，2007 年。

④ 郑起东：《近代华北的农业发展和农民生活》，《中国经济史研究》2000 年第 1 期；李学昌、董建波：《1940 年代后期常熟农家收入水平及其相关因素》，《史林》2006 年第 5 期。

活与现代性进行了轮廓式的考察。[①]对具体城市的研究，以上海最为突出。较早问世的著作有忻平的《从上海发现历史——现代化进程中的上海人及其社会生活（1927—1937）》，该书涉及1927—1937年上海社会生活的主要方面。[②]熊月之主编的“上海城市社会生活史丛书”（上海辞书出版社，2007—2011年出版）颇引人注目，已出版二十余种，广及近代及民国时期上海的文人、报人、律师、职员、学生、工人、女性、游民、照相、住房、饭店、菜场、舞厅等方面的社会生活。相比而言，美国华裔学者的研究较有影响。卢汉超的《霓虹灯外——20世纪初日常生活中的上海》被学界称为一幅描绘近现代上海市井生活的“清明上河图”。作者注重呈现弄堂内小人物的日常生活，也就是占城市主体的小市民、棚户区居民、知识分子、工人、人力车夫、乞丐、暴徒、妓女、卖艺者、小摊贩、冒险家等。尽管“变”是上海日常生活最明显的部分，但是“小市民”的日常生活仍然保持了很多旧的生活方式。[③]

除上海以外，非通商口岸尤其是内陆城市也引起了美国华裔学者的关注。董玥的《民国北京城：历史与怀旧》研究1912—1937年北京城市空间的争夺和转换、城市居民的物质生活和消费模式，以及城市文化的不同表述，揭示了物质文化和文化认同感之间的动态联系、北京居民应对当时政治、社会和文化巨变的方式。[④]王笛研究成都的两部著作更具影响，一部是《街头文化——成都公共空间、下层民众与地方政治，1870—1930年》，该书以街头为中心阐述了成都普通民众的日常生活。街头出现的各种文化现象，从城市外观、民间艺人的表演到民众谋生的方法及对街头的争夺等，反映了下层民众与公共空间、社会改良者以及地方政治三者之间的复杂关系。另一部是《茶馆：成都的公共生活和微观世界，1900—1950》，作者认为茶馆是民众、精英与国家和社会之间在社会、文化、政治各方面冲突的一个舞台，探讨了在日常生活中人们以什么方式使用茶馆这个公共空间，茶馆在城市经济中的角色，以及茶馆在何种程度上成为政

① 陆汉文：《现代性与生活世界的变迁——20世纪二三十年代中国城市居民日常生活的社会学研究》，北京：社会科学文献出版社，2005年。

② 忻平：《从上海发现历史——现代化进程中的上海人及其社会生活（1927—1937）》，上海：上海人民出版社，1996年。

③ 卢汉超：《霓虹灯外——20世纪初日常生活中的上海》，段炼、吴敏、子羽译，上海：上海古籍出版社，2004年。

④ 董玥：《民国北京城：历史与怀旧》，北京：生活·读书·新知三联书店，2014年。

治斗争的舞台。①

除了专著之外，孔祥宇等学者的论文反映了民国时期北京、上海、重庆等城市的民众生活。重庆市民在抗战时期的日常生活颇具特色，躲避日机轰炸、跑警报成为市民日常生活的重要组成部分。②

清末民国时期，民众日常生活开始受到政权和精英的理想化改造，日常生活史也由此具有了事件性。其中，以国民政府开展的新生活运动最为突出。温波《重建合法性——南昌市新生活运动研究（1934—1935）》是以南昌市为中心对此进行研究的专著。作者认为，新生活运动虽与“剿匪”有很大关系，但主要目的是对民众的“教养卫”,“礼义廉耻”是新生活运动的主要内容，并体现于“衣食住行”的实际生活。不过，由于新生活运动所推行的事项并不符合民众的需要，民众不仅不予认同，反而认为干涉了他们的生活自由，因此其成效是有限的。③

三、日常生活中的时间与空间

时间与空间既是塑造人们日常生活的基本载体，反过来，日常生活也对人们的时空意识产生着影响。离开时空的生活是不存在的。但这个最基本的生活要素，却很少引起学界的注意。

湛晓白的《时间的社会文化史——近代中国时间制度与观念变迁研究》是研究近代中国时间问题的专著。作者认为，在晚清民国普通人的日常生活中，新的具有现代性的时间制度和观念已经产生。时间制度增添了阳历、公元纪年、

---

① 王笛：《街头文化——成都公共空间、下层民众与地方政治，1870—1930年》，李德英、谢继华、邓丽译，北京：中国人民大学出版社，2006年；王笛著译：《茶馆——成都的公共生活和微观世界，1900—1950》，北京：社会科学文献出版社，2010年。

② 孔祥宇：《“西化”影响下的北京家庭物质生活变迁（1912—1937）》，《社会科学辑刊》2009年第1期；陈旸：《1930年代上海的家庭生活图景——以《新家庭》杂志广告为中心》，《史学月刊》2011年第4期；谭刚：《抗战时期重庆市民的日常生活》，《重庆社会科学》2010年第5期。

③ 温波：《重建合法性——南昌市新生活运动研究（1934—1935）》，北京：学苑出版社，2006年。

纪念日、星期制、标准时，开始影响着人们的生活和观念。计时器的演变，新式交通、通信的发展，学校、工厂等现代纪律组织的兴起，不仅是现代性时间制度和时间观念的直接表现，也对人们时间意识和观念的近代变革起了至关重要的推动作用，传统的时间感受、时间管理方式和时间价值认知发生了剧烈变化，尤其是工厂和学校，作为受严格时间制度控制的现代社会组织，最能代表工业化时代时间被精确计算和管控的特点。该书还以上海为例，描摹日常生活中近代时间形态的社会化面貌，包括都市生活中的时间价值、一个中产者的标准时间表和上海与内地的时间落差等。民国时期的上海已经是快节奏生活和商业文化的结合体。①

与湛晓白的全面研究不同，有的论文从一个侧面对“时间”问题做了探讨。譬如，时钟对白领阶层工作、生活产生了极大影响。美籍华裔学者叶文心的《时钟与院落：上海中国银行的权威结构分析》指出，在上海，外商及外资工厂云集，资本主义式的组织及经营方式也普遍为华资所运用，因此到处可见欧式时钟及各种各样的时间表及日程表，守时成了日常生活里必要的考虑。工商行号工厂机关的钟，已经不是摆设，而是切割时间操纵作息的基本工具。钟表与新兴的白领阶层在日常生活中发生了密切的关系，中国的智识阶层有史以来第一次经历了工厂式的团体纪律。②

时间计量和时间观念的变化与新式交通有着密切的关系。丁贤勇的《新式交通与生活中的时间：以近代江南为例》指出，新式交通班船、班车的出现，使人们知道了时间的准确性与科学性，从而改变了传统的日常生活秩序。由象征国家的管理部门制定运行客货车次、停靠站点及其等级，使人们自愿或不自愿地接受了新的时间观念与价值观念，“赶火车”“赶轮船”“赶汽车”等话语背后的行为，成为人们日常生活的重要内容。由于机械力交通逐步取代了自然力交通，人们从墨守乡土到走出家门，扩大了活动半径，但由于生活节奏加快，人们开始变得不那么自在和自由了。③

① 湛晓白：《时间的社会文化史——近代中国时间制度与观念变迁研究》，北京：社会科学文献出版社，2013年。

② 叶文心：《时钟与院落：上海中国银行的权威结构分析》，载董玥主编：《走出区域研究：西方中国近代史论集粹》，北京：社会科学文献出版社，2013年。

③ 丁贤勇：《新式交通与生活中的时间：以近代江南为例》，《史林》2005年第4期。

“公共时间”的产生是城市民众生活的新现象。李长莉的《清末民初城市的“公共休闲”与“公共时间”》认为，晚清至民国初年，在通商城市，以夜生活、星期休息制度及作息定时习惯为主要标志，形成了市民参与公共活动的“公共时间”。夜生活使白天劳作、夜晚外出娱乐的方式日益流行，成了一些市民的日常作息方式。星期休息制度使人们的休息娱乐时间得到保证，促进了社会交往与公共活动。工作定时制度，使人们开始产生对于个人休息时间的权利意识。至此，中国人的作息习惯和作息观念发生了根本性的改变。[①]

政府的“时间”策略对民众生活产生了重要影响。左玉河的《评民初历法上的“二元社会”》认为，民初政府推行阳历，上层社会——政府机关、学校、民众团体、报馆等，基本上采用了阳历。但由于阴历的岁时节令是数千年中国的传统习惯，与一般民众的婚丧嫁娶、修房祭礼等日常生活密切相关，民众大多并未使用阳历。结果，政府只好采取折中办法，采用阳历而不废阴历。[②]陈蕴茜的《时间、仪式维度中的“总理纪念周”》叙述了国民党及其政府构建的总理纪念周对日常生活的渗入，认为“总理纪念周”是当时规模最大、频度最高、影响最大的时间符号，它已经成为民国时期人们生活记忆的重要组成部分。孙中山的话语在日常生活中通过纪念周时间控制及仪式操演而不断“习得”。这不仅对于宣传孙中山崇拜起到了巨大的推助作用，也使国民党初步实现了对日常生活中人们思想意识的控制。[③]

也有学者研究了传统乡村社会的时间。王加华的《传统中国乡村民众时间生活的主体分层及其结构关系——以近代江南为中心的研究》主要利用20世纪30年代的资料，描述了江南民众生活中的时间。他认为，乡村民众的年度时间分为生活必需时间、家务时间、工作时间与自由支配时间四个类别，其中农事时间在整个乡村年度时间生活中占据主导地位。除生活必需时间及家务时间外，其他社会活动时间安排均以农事时间为核心展开，表现出非连续性、相对集中性、稳定性及循环往复性等特点。[④]

---

① 李长莉：《清末民初城市的“公共休闲”与“公共时间”》，《史学月刊》2007年第11期。

② 左玉河：《评民初历法上的“二元社会”》，《近代史研究》2002年第3期。

③ 陈蕴茜：《时间、仪式维度中的“总理纪念周”》，《开放时代》2005年第4期。

④ 王加华：《传统中国乡村民众时间生活的主体分层及其结构关系——以近代江南为中心的研究》，载常建华主编：《中国社会历史评论》第15卷，天津：天津古籍出版社，2014年。

关于日常生活空间的专门论著极少。

村落空间、村落生活受到生态环境的制约。秦燕、董娟的《清末民初陕北黄土高原上的村庄与自然环境》认为，陕北黄土高原自然环境对村庄的生存有着多方面的影响，村庄的地理分布为树枝型结构，即主沟谷（川道）与支沟交汇处往往有村庄形成，好像树枝生长的“结”。大多数村庄居住环境十分逼仄，一般保持在十几户或几十户的规模。黄土高原大部分地方土地贫瘠，可养活的人口十分有限，村庄生存处于极度困难的状态。为了应对自然环境的压力，村庄内部形成多种互济互助的传统习俗，增强了村庄的内聚力。

地域认同是生活空间的重要内容。王东杰的《国中的“异乡”：二十世纪二三十年代旅外川人认知中的全国与四川》阐述了旅外川人对本土四川的认识。四川在全国舆论中处在较为边缘的位置，多被时人视为负面的国中“异乡”。这一形象既与四川混乱的政局及相对闭塞的文化环境有关，也包含了想象的成分。20 年代末 30 年代初，全国虽已取得名义上的统一，但四川的“独立”状态却是有增无减。旅外川人为了改变外省人对四川的恶劣印象，强烈呼吁打破四川的混乱和独立状态，努力向人说明四川是一处“不异的异乡”，以使他们共同感知和建设一个完整的中国。①

四、不同人群的日常生活

人既是个体，又分属不同的人群，从而形成复杂的社会关系和生活关系。

知识分子是社会精英，其日常生活也带有精英特点。陈廷湘的《政局动荡时期中国学人的生存样态：从李思纯〈金陵日记〉〈吴宓日记〉〈胡适日记〉中窥见》反映了 1946 年春至 1947 年底留欧学人的个人生活及社会生活。这一时段的中国学人大多数尚看不清未来走向，其心态和生活样态既有一定变型，又保留着基本形态。他们对政治关怀而不深切，注意政治往往是出于自身或亲人

① 秦燕、董娟：《清末民初陕北黄土高原上的村庄与自然环境》，《甘肃社会科学》2008 年第 5 期；王东杰：《国中的“异乡”：二十世纪二三十年代旅外川人认知中的全国与四川》，《历史研究》2002 年第 3 期。

命运关系的考虑，而参与政治则多为一种与教书相类的谋生方式。学人的心理习惯和生活样式与古代文人并无多少差异，喜好交游是当时学人的一种风气，交游方式主要有郊游观光、聚谈、互宴、茗坐、互访、讲学等。友人间互赠诗词、此唱彼和或游历时即兴作诗，也是大多学人的生活方式。①

上海是知识分子集中的城市。胡悦晗的《朋友、同事与家人：家庭生活与社会关系网络的建构——以民国时期上海知识分子为例（1927—1937）》呈现了社会关系网络中知识分子的家庭生活样式。书信往来，既涉及与朋友、同事之“公事”，又有与家庭成员之“私情”。沙龙聚餐，用于构建朋友、同事之类外向拓展型社会关系网络。私密时光用于维持并巩固以家庭成员为对象的内向凝聚型社会关系网络。比较而言，知识分子将多数时光用于构建外向型社会关系网络，其原因既有迫于生计不得已之故，也有对文学、艺术的迷恋与追求，更有对秘密政治与革命理想的极度狂热。②

慈鸿飞等学者的论文，也反映了民国时期知识分子的待遇、生活状况。③

买办是服务于外资和沟通中外的重要媒介。马学强、张秀莉的《出入于中西之间：近代上海买办社会生活》考察了买办的收入来源与财富积累、家庭结构与婚姻状况、物质生活与消遣生活，以及团体活动、文化教育、宗教信仰等方面的生活世界。④

职员是企业经营的中坚力量。叶舟的《一个上海打工青年的日常生活（1947—1948）》叙述了一个常州青年在上海打工的日常生活。此人在一家同乡经营的纺织厂做类似于现代公司业务员的工作，主要是跑银行和商号。他收入虽然不高，但工作时间相对自由，业余时间经常看报纸杂志，或去戏院看电影，或去公园听知识分子的演讲。他平时交往的朋友基本上是同乡，并没有真正融入

① 陈廷湘：《政局动荡时期中国学人的生存样态：从李思纯〈金陵日记〉〈吴宓日记〉〈胡适日记〉中窥见》，《社会科学研究》2008 年第 4 期。

② 胡悦晗：《朋友、同事与家人：家庭生活与社会关系网络的建构——以民国时期上海知识分子为例（1927—1937）》，《开放时代》2012 年第 11 期。

③ 慈鸿飞：《二三十年代教师、公务员工资及生活状况考》，《近代史研究》1994 年第 3 期；陈育红：《二十世纪二三十年代小学教师的薪水及其生活状况》，《民国档案》2004 年第 4 期；吕文浩：《日军空袭威胁下的西南联大日常生活》，《抗日战争研究》2002 年第 4 期；刘克敌：《困窘的潇洒：民国文人的日常生活》，桂林：广西师范大学出版社，2013 年。

④ 马学强、张秀莉：《出入于中西之间：近代上海买办社会生活》，上海：上海辞书出版社，2009 年。

上海，仍是都市的边缘人。他充满了年轻人的幻想和期望，但希望总被现实所熄灭，这种冲突让他平日心情抑郁，更让他焦虑的是前途的不确定性和改变自己命运的可能性。①

店职员是百货公司人员的重要构成。连玲玲的《日常生活的权力场域：以民国上海百货公司店职员为例》探讨了店职员的日常生活及背后的文化逻辑和权力斗争，也即百货公司业主、报纸文人、共产党人与店职员的利益关系及型塑店职员日常生活的支配力量。公司业主重视店职员的日常生活，对工作时间、工作内容乃至业余生活都有明确的规定，如利用考勤卡和打铃等器具加强店职员的时间观念。而上海报界对市井小民生活百态的兴趣，不仅为了扩展阅报大众，也在树立某种生活典范，提倡“合理社会制度”。至于共产党对店职员生活的关注，主要是利用店职员的业余活动进行政治动员，壮大在上海的群众基础。面对以上控制、议论和渗透，店职员的日常生活充满了限制、机会与矛盾。在共产党的动员之下，店职员生活政治化，愈來愈多地被卷入政治冲突之中，但有政治抱负的店职员毕竟是少数，其罢工行动也多半是为了改善生活待遇，大部分时候，店职员仍过着日复一日的职业与娱乐生活。②

女佣是以往学界较少关注的群体。陆德阳、王乃宁的《社会的又一层面——中国近代女佣》是研究中国近代女佣问题的专著。该书系统地阐述了从奴婢到女佣的嬗变历史、近代女佣的类型、女佣的日常生活、女佣的出路、东家与女佣、女佣与社会名流、女佣与洋人、女佣与公案、文人笔下的女佣等。③

土匪也有日常生活吗？英国学者贝思飞的《民国时期的土匪》不仅对民国土匪的群体特征、土匪群体与外部世界的关系进行了阐述，还专设《“四海之内有兄弟”：土匪的生活和期望》一章，展现土匪的日常生活，如土匪的所作所为、外貌举止、兴趣所在、喜怒哀乐，对自己和同伙的看法，对未来的设想，以及在严酷的现实紧紧地压迫他们的时候怎么办等。对多数人说，盗匪活动就意味着一种东奔西跑的生活。④

① 叶舟：《一个上海打工青年的日常生活（1947—1948）》，《史林》2012年第5期。

② 连玲玲：《日常生活的权力场域：以民国上海百货公司店职员为例》，载台湾“中研院”近代史研究所集刊编辑委员会编辑：《“中央研究院”近代史研究所集刊》2007年第55期。

③ 陆德阳、王乃宁：《社会的又一层面——中国近代女佣》，上海：学林出版社，2004年。

④〔英〕贝思飞：《民国时期的土匪》，徐有威等译，上海：上海人民出版社，1992年。

还有一些学者对工人、人力车夫、公务员、女性、妓女、秘密社会等人群的生活做了不同程度的研究。[①]

五、日常的家庭与婚姻生活

家庭是日常生活赖以存在的最基本的社会单元，婚姻是家庭得以成立和延续的纽带。

有两部著作反映了民国时期整体性家庭生活。一部是张国刚主编五卷本《中国家庭史》，其中第五卷较为系统地阐述了民国时期的家庭规模与结构、婚姻与家庭问题、家庭关系、分家与财产继承、家庭生计与日常生活及家庭转型与社会变迁等。家庭关系主要反映了夫妻关系、亲子关系、婆媳关系、其他成员之间的关系，以及妇女地位变迁、家庭平等化、家庭民主化等新趋向。家庭生计与日常生活反映了家庭的治生之道、生活状况、生活方式等。[②]

另一部是傅建成的《社会的缩影——民国时期华北农村家庭研究》，该书从社会史角度探讨了农村家庭的成立、家庭关系、家庭功能、家庭物质生活、家庭文化模式等方面，具体地呈现了择偶方式、婚姻规则、婚龄、家庭规模、家庭类型、亲子关系、夫妻关系、家庭生产、生育、教育、赡养、家庭收入与支出、生活费用分配结构，以及家庭礼仪、宗教信仰、娱乐活动等。[③]

家庭功能与家庭制度在民国时期都发生了变化。刘志强、姚玉萍的《对北

① 张忠民：《近代上海工人阶层的工资与生活——以 20 世纪 30 年代调查为中心的分析》，《中国经济史研究》2011 年第 2 期；郑忠、王洋：《城市边缘人：民国南京人力车夫群体探析》，《南京师大学报（社会科学版）》2012 年第 3 期；〔日〕岩间一弘：《1940 年前后上海职员阶层的生活情况》，甘慧杰译，《史林》2003 年第 4 期；罗苏文：《女性与近代中国社会》，上海：上海人民出版社，1996 年；杨剑利：《女性与近代中国社会》，北京：中国社会出版社，2007 年；〔美〕贺萧：《危险的愉悦：20 世纪上海的娼妓问题与现代性》，韩敏中、盛宁译，南京：江苏人民出版社，2003 年；〔法〕安克强：《上海妓女——19—20 世纪中国的卖淫与性》，袁燮铭、夏俊霞译，上海：上海古籍出版社，2004 年；苏智良、陈丽菲：《近代上海黑社会研究》，杭州：浙江人民出版社，1991 年。

② 郑全红：《中国家庭史》第 5 卷《民国时期》，广州：广东人民出版社，2007 年。

③ 傅建成：《社会的缩影——民国时期华北农村家庭研究》，西安：西北大学出版社，1993 年。

洋政府时期下层人民家庭功能及革命动因的考察》指出，北洋政府时期工人、农民和贫民中有60%以上的家庭处于“入不敷出”状况，缺少正常的生存条件和营养条件，他们所耗去的体力和精力无法从所获得的物质生活和精神生活条件中得以恢复。下层人民家庭适龄儿童入学率极低，无力实现其培育劳动力的功能。陈蕴茜的《论民国时期城市家庭制度的变迁》认为城市家庭随着社会政治经济的变革而开始了自身的革命。人们的观念有所更新，开始痛绝旧式家庭制度，大家庭丧失了存在的合理性。家庭人口减少和家庭规模的小型化，促使家庭成员构成、年龄结构和权力结构相应改变。家庭功能也开始转化，传统家庭所承担的生产、生育、教化等综合社会功能逐渐分解，被新的具有单一功能的社会组织逐渐取代。当然，家庭变革仍不彻底，家族制并没有消亡。①

与家庭生活相比，关于婚姻生活的专门研究较多，而且以女性婚姻生活为主。②

早婚现象古已有之，民国时期也是如此。傅建成的《论民国时期华北农村的早婚现象》指出早婚现象在农村家庭生活中很突出，早婚对夫妻年龄差有很大的影响，一般丈夫年龄幼于妻子，不仅夫妻在心理、习惯、志趣等方面形成障碍，在生理上也会产生不协调的缺陷。王跃生等学者的论文对民国时期的早婚现象也有所论述。③

婚姻的变化在城市最为显著。陈蕴茜、叶青的《论民国时期城市婚姻的变迁》指出，民国新法律明确规定一夫一妻制、男女平等、离婚自由，加速了传统婚姻制度的解体。随着对旧家庭制度批判的深入，越来越多的人追求平等的、正常的爱情生活。婚礼习俗也随之变化，青年反对旧式婚俗，追求西式“集团结婚”的新式婚礼。不少城市市民尤其是知识分子不再视离婚为异端，不再勉强维持感情破裂的婚姻关系，离婚率出现上升趋势。但要看到，在实际生活中，劳动阶层的大多数人则仍然遵循旧的婚姻方式。④

① 刘志强、姚玉萍：《对北洋政府时期下层人民家庭功能及革命动因的考察》，《近代史研究》1991年第5期；陈蕴茜：《论民国时期城市家庭制度的变迁》，《近代史研究》1997年第2期。

② 王跃生：《民国时期婚姻行为研究——以“五普”长表数据库为基础的分析》，《近代史研究》2006年第2期；李金铮：《二三十年代冀中农村性比例失衡的实证分析——以定县为例》，《社会学研究》1998年第5期。

③ 傅建成：《论民国时期华北农村的早婚现象》，《社会学研究》1994年第4期。

④ 陈蕴茜、叶青：《论民国时期城市婚姻的变迁》，《近代史研究》1998年第6期。

城市婚姻的变化更多体现在妇女身上。余华林的《女性的“重塑”——民国城市妇女婚姻问题研究》认为新式的婚姻现象和婚姻生活是近代以来妇女解放运动的重要内容，它既包括恋爱自由、婚姻自由、离婚自由等为人熟知的现象，也包括非婚同居、恋爱悲剧、旧式妻子被新式丈夫离弃、性解放观念等很少被人关注的内容。该书重点考察了新式婚姻观念与社会现实之间的互动关系，由此揭示出婚姻观念与婚姻行为变化背后的文化、价值冲突。①

婚姻程序出现了新动向。行龙的《清末民初婚姻生活中的新潮》指出家长独断的主婚权利受到冲击，自由恋爱代替媒妁之言成为一种时代风尚，追求情爱日益成为择偶的重要标准，士、农、工、商各阶层间的联姻日趋频繁，离婚再嫁增多，婚姻礼俗删繁就简，文明婚礼勃然兴起。当然，以上新动向主要局限于城镇的青年知识分子及士绅阶层。陈振江等学者的论文对民国新式婚姻也有所考察。②

女性逃婚是婚姻生活中的一个特别现象。雷家琼的《艰难的抗争：五四后十年间逃婚女性的生存困境》指出，逃婚现象成为妇女争取婚姻自主权、追求幸福的一种普遍策略。不过，逃婚女性大多陷入困厄境地。男女双方家庭一般都会对逃婚女性及其偕逃恋人实施惩罚，社会舆论对逃婚女性也不予同情。女方家庭更多是强迫女儿嫁给原婚约对象，男方家庭或提出解除婚约，或向女方家庭施加压力索要逃婚女子，甚至强行抢亲。③

财产继承在已婚妇女的生活中也有变化。美国学者白凯的《中国的妇女与财产：960—1949》研究了近千年间中国妇女的财产继承权的变化。民国初年是一个过渡时期，清律对继承的规定依然有效，但同时给予寡妇在择嗣上的绝对自由。到国民党统治时期，立法者则要推翻旧继承制度，摧毁承祧而代之以个人财产和男女平等的原则，使妇女得到和男子一样的平等权利。但由于只是在财产所有者逝世时才会产生效果，所以只要在生前分掉自己的财产，妇女就不

① 余华林：《女性的“重塑”——民国城市妇女婚姻问题研究》，北京：商务印书馆，2009 年。

② 行龙：《清末民初婚姻生活中的新潮》，《近代史研究》1991 年第 3 期；陈振江：《清末民初婚姻家庭变革运动的趋向》，《南开学报》1997 年第 4 期；谷秀青：《集团结婚与国家在场——以民国时期上海的“集团结婚”为中心》，《江苏社会科学》2007 年第 2 期。

③ 雷家琼：《艰难的抗争：五四后十年间逃婚女性的生存困境》，《社会科学战线》2011 年第 12 期。

能得到继承权。[①]

六、日常的衣食住行

衣食住行是人们维系和延续生命的基本要素，在日常生活中具有基础性地位。

衣着附着于人的身体，不仅起遮蔽之用，也经常与政治、文化发生互动关系，具有文化乃至政治符号的意义。

学界以探讨女性服饰的论著居多。吴昊的《中国妇女服饰与身体革命（1911—1935）》是系统研究民国妇女服饰演变的专著。作者阐述了辛亥革命与服饰革命、五四运动酝酿妇女服饰的剧变、北伐前后妇女解放与服饰变化及旗袍的复兴等。在此过程中，妇女配合其社会活动，不断改进服饰，由截发、放乳、穿高跟鞋、暴露身体、改革旗袍，显出创造自我的精神和对美的人生追求。[②]

郑永福、吕美颐的《论民国时期影响女性服饰演变的诸因素》也对女性服饰的变化做了阐述，指出民国时期的女性服饰以中西交融、满汉交融为特色，突显了人性化、个性化和近代化的时代特征。旗袍的流行是女性服装的一次大革命，其已成为中国女性的"国服"。西式连衣裙充分显示了女性的柔美和线条，成为女性服装的时尚。不过，时尚的女子装束每每受到社会舆论的指责甚至政府的干预。[③]

陈蕴茜的《身体政治：国家权力与民国中山装的流行》对中山装的流行进行了深入研究。中山装是一种既区别于中国传统服装又区别于西服的新式服装，体现着作为国民革命领袖和民主共和制度化身的孙中山在人们心目中的地位，具有强烈的革命寓意与国家色彩。它的流行与国民政府的推广密切相关，国民党向民众传输中山装是革命的、进步的、时尚的服装观念，从而实现对人们身

① 〔美〕白凯：《中国的妇女与财产：960—1949》，上海：上海书店出版社，2007 年。

② 吴昊：《中国妇女服饰与身体革命（1911—1935）》，上海：东方出版中心，2008 年。

③ 郑永福、吕美颐：《论民国时期影响女性服饰演变的诸因素》，《中州学刊》2007 年第 5 期。

体的规训。随着蒋介石倡导新生活运动，集团结婚在全国各地广泛开展，而中山装作为政府规定的婚礼礼服，在社会上影响日益增强。①

金炳亮等的论文也反映了民国服饰的变迁。②

饮食是物质生活的核心，尤其在物质匮乏的状态下，最为民众所看重。

有的论文从总体上探讨了中国劳工的食品消费水平。张东刚的《食品结构和营养结构：20 世纪二三十年代一个中国国民社会生活的实证分析》指出，随着经济增长和商品化程度的加深，国民的消费能力和水平显著提高，各业别劳工家庭食品结构中米面类消费支出比例呈下降趋势，副食支出比例则不断上升。各类别劳动者热量摄取程度除苦力之外，尚无严重不足现象，但蛋白质和钙质吸取量偏低，维生素 A 和维生素 D 皆感不足。③

水不仅在日常饮食中有着重要作用，也能反映出社会整体的日常生活。胡英泽的《水井与北方乡村社会——基于山西、陕西、河南省部分地区乡村水井的田野考察》探讨了明清尤其是 20 世纪上半期北方乡村的相关问题。作者指出，为了获得基本需要的生活用水，形成了一套相对严密的井汲规约并内化为乡村社会的秩序。水井在建构社区空间、管理社区人口、营造公共空间、影响村际关系等方面，发挥了重要作用。在神灵空间层面，井神掌控着一个社区水井的水量、水质、安全及社区内部成员的生命及其健康水平，从而具有了公共形象。井房是村民经常利用的公共空间，水井成为维系乡情的纽结。④

刘海岩探讨了城市民生用水的变迁。其《20 世纪前期天津水供给与城市生活的变迁》指出，19 世纪末 20 世纪初，自来水首先出现在英租界，然后扩展至老城区。由于生活的需求和商业利益，自来水被送到城市的不同街区，由此改变了城市的空间结构，促进了生活方式的演变。不过，老城区并没有像租界那样建起直接连接住宅的管道网络，而是形成了水铺、水夫与自来水

① 陈蕴茜：《身体政治：国家权力与民国中山装的流行》，《学术月刊》2007 年第 9 期。

② 金炳亮：《民初女子服饰改革述论》，《史学月刊》1994 年第 6 期；饶明奇：《论近代华北农村服饰的变迁》，《郑州大学学报（哲学社会科学版）》1997 年第 5 期；〔日〕山内智惠美：《五四时期汉族服装变革的趋势和原因》，《西北大学学报（哲学社会科学版）》1996 年第 3 期。

③ 张东刚：《食品结构和营养结构：20 世纪二三十年代一个中国国民社会生活的实证分析》，《中国经济史研究》2007 年第 4 期。

④ 胡英泽：《水井与北方乡村社会——基于山西、陕西、河南省部分地区乡村水井的田野考察》，《近代史研究》2006 年第 1 期。

公司相结合的供水系统。老城区市民固守着祖辈的生活方式，缺乏卫生观念和公共意识。①

惠富平等的论文也对民国时期的饮食进行了研究。②

居住与穿着一样，具有丰富的生活和符号内涵。

关于农民的住房情况，饶明奇的《论近代华北农村的居住状况》指出，近代尤其是民国以后，农民居住仍保留着浓厚的传统特色，但平顶房增加，草房减少，砖、瓦，以及炉渣、石灰等也越来越多地用作百姓建房的材料。在经济较为发达的地方，多砖瓦房或平房，在较落后的地方则多茅草屋或窑洞。富者多用砖瓦盖房，而且布局、样式讲究，房屋间数较多。③

关于城市住宅的变迁，陈蕴茜的《国家权力、城市住宅与社会分层——以民国南京住宅建设为中心》指出，现代国家政权建立后，城市住宅建设逐步被纳入国家权力控制的范围。南京成为国民政府的首都之后，国家权力在城市规划中的作用更加突出。新建住宅分为高官居住的独立式住宅、里弄式住宅、公寓、廉租的平民住宅、棚户等五类。住宅空间的布局由传统的以自然化分区为主向以社会分层化为主的空间布局转型，拥有良好社会背景的富裕群体居住在繁华的中心区，低收入家庭居住在城市的边缘甚至简陋、肮脏的棚户区。④

有的学者对住房内玻璃的应用做了研究，这是以往极少有人问津的题目。曹南屏的《玻璃与清末民初的日常生活》指出，随着西方传教士的介绍和“卫生”知识的日渐普及，玻璃从一种西学知识逐渐进入中国人的日常生活。玻璃的广泛使用，在内意味着居室环境的明朗化、卫生化，甚至文明化、时尚化，在外则带来了由建筑作为基本构成物的城乡景观的巨大变化。当然，因为传统的积习难改和自产玻璃有限，制约了玻璃在中国民众日常生活中进一步的普及化。⑤

① 刘海岩：《20世纪前期天津水供给与城市生活的变迁》，《近代史研究》2008年第1期。

② 惠富平、阚国坤：《民国时期华北小麦生产与农民生活考察》，《中国农史》2009年第2期；饶明奇、祝军：《论近现代华北农村饮食的变迁》，《信阳师范学院学报（哲学社会科学版）》1999年第4期。

③ 饶明奇：《论近代华北农村的居住状况》，《史学月刊》1997年第4期。

④ 陈蕴茜：《国家权力、城市住宅与社会分层——以民国南京住宅建设为中心》，《江苏社会科学》2011年第6期。

⑤ 曹南屏：《玻璃与清末民初的日常生活》，载台湾“中研院”近代史研究所集刊编辑委员会编辑：《“中央研究院”近代史研究所集刊》2012年第76期。

林永匡及唐博的论著也反映了民国时期的住宅变迁。①

交通与出行，在民国时期的城市也发生了明显变化。

有的学者对人力车与城市公共交通的关系进行了研究。邱国盛的《人力车与近代城市公共交通的演变》指出，人力车最先被引入上海，到20世纪初，逐渐传入中国沿海和内地其他城市。但人力车很快受到更为先进的电车、公共汽车的挤压，双方的冲突一直没有间断。由于人力车在距离、路线、路面等方面仍有无法取代的优势，所以并未被电车、汽车所完全取代。只是人力车以人剥削人的不人道性，成为野蛮、落后的重要象征。②

有的学者对电车在城市公交生活中的作用做了研究。刘海岩的《电车、公共交通与近代天津城市发展》指出，20世纪初，一个以电车为中心的公共交通系统在天津形成。电车的铺设受到了来自老城区商界、脚行和人力车夫的反对，但由于便捷和票价低廉，逐渐得到人们的认可。到20世纪二三十年代，电车已经是中下层日常生活不可或缺的“公交车”。电车提高了市民的举止文明，促进了城市空间的重构和功能分区的形成。③

有的学者对路的命名与日常生活的关系做了研究。陈蕴茜的《民国中山路与意识形态日常化》指出，国家在全国范围内统一命名地名兴起于现代民族国家建立后，随着国民党宣传孙中山崇拜的推广，许多城镇的主干道被命名为“中山路”，希冀达到永久纪念孙中山的目的。中山路几乎都位于城市的中心，它不仅仅是一条纪念孙中山的路，也是一条谋求独立与平等的自由之路。国民党还将“三民主义”这一名词贯穿于城镇道路中，形成以中山路为核心、辅以三民主义名称化的道路系统。人们日常出行随处感受到孙中山与三民主义的存在，国家与国民日常生活空间之间的距离拉近了。④

① 林永匡：《民国居住文化通史》，重庆：重庆出版社，2006年；唐博：《民国时期的平民住宅及其制度创建——以北平为中心的研究》，《近代史研究》2010年第4期。

② 邱国盛：《人力车与近代城市公共交通的演变》，《中国社会经济史研究》2004年第4期。

③ 刘海岩：《电车、公共交通与近代天津城市发展》，《史林》2006年第3期。

④ 陈蕴茜：《民国中山路与意识形态日常化》，《史学月刊》2007年第12期。

七、生老病死与医疗卫生

生老病死是人的生命历程的必经之路，而医疗卫生与生老病死又有紧密的联系，二者都是日常生活的重要组成部分。

关于生育，有的学者研究了民国乡村妇女的生育状况。杨剑利的《观念传承与生育阵痛：民国乡土妇女生育探微》指出，早婚、早育、多育是乡土妇女的普遍现象，生育被当成女性“内”的事情。农民的普遍赤贫化，使生育条件极为简陋，没有安全保障。孕妇仍需从事生产劳作，得不到照顾。生产时，产妇得不到应有的尊重与关怀。因生育致死的女性，数量非常惊人。[①]

溺杀女婴是妇女生育相关问题研究中的一个重点内容。徐永志的《近代溺女之风盛行探析》一文指出，近代以来溺女之风仍盛行于南北各地。盛行的原因，主要是人口过剩、生产力停滞、人民生活普遍恶化及“重男轻女”思想和厚嫁之俗的影响。溺女之风导致男女性比例失衡，助长了民间收养童养媳、早婚、买卖婚姻及其他婚姻陋习的流行，影响了家庭与社会秩序的稳定。[②]

关于丧葬，有的学者研究了丧葬礼俗的变化。严昌洪的《民国时期丧葬礼俗的改革与演变》一文指出，民国历届政府和民间团体对丧葬礼俗的改革做出了一定的努力，对危害严重的弊端加以禁革，如取缔停柩、设立公墓、禁止丧礼沿用含有封建色彩或迷信性质的仪仗、反对厚葬久丧等。以上措施对部分民众产生了一定的约束力，但总体来看，并未有效地刹住丧礼中的恶风陋俗。[③]

有的学者对公墓制的建立进行了探讨。艾萍的《双轨制下民国公墓制的创建——以上海为个案》指出，为适应现代城市发展的需要，上海市政府对殡葬方式进行改革，禁止冢舍，建立西方式的公墓制。但丧葬改革并没有迅速取得成效，主要在于：一是政府没有充足的财力建设公墓；二是公墓制将不同血

① 杨剑利：《观念传承与生育阵痛：民国乡土妇女生育探微》，《江汉论坛》2010年第6期。

② 徐永志：《近代溺女之风盛行探析》，《近代史研究》1992年第5期。

③ 严昌洪：《民国时期丧葬礼俗的改革与演变》，《近代史研究》1998年第5期。

缘、地缘的人葬于一处，模糊了人的先赋性的角色和身份，这是注重等级分层、宗族血缘的传统心理所不能接受的。①

卫生与医疗史在近些年备受学界青睐，成绩显著。

民国时期卫生医疗史的专著有三部。张大庆的《中国近代疾病社会史（1912—1937）》一文从疾病的构成与特性、疾病观念的变化、现代西医学建制、医疗卫生体系的建构、卫生知识的普及和传播、城乡医疗卫生实践，以及疾病模式转换中的医患关系等方面，考察了1912—1937年中国疾病社会史的变迁。张泰山的《民国时期的传染病与社会：以传染病防治与公共卫生建设为中心》从传染病流行、救疗方法、预防传染病的措施、传染病与公共卫生建设等方面，阐述了民国时期传染病与社会的关系。龙伟的《民国医事纠纷研究（1927—1949）》探讨了学界较少关注的医事纠纷现象，包括医事纠纷的类型、成因、处理方式、社会团体的参与以及职业伦理的确立等。②

还有两部著作也部分地反映了民国卫生医疗状况。美国学者罗芙芸的《卫生的现代性：中国通商口岸卫生与疾病的含义》在学界反响较大。作者探讨了近代通商口岸天津的卫生及在日常生活中的意义，认为一个由管道、下水道、水槽和坡道构成的地下城市，使垃圾和水变得无影无踪。卫生的现代性，导致可能出现的病人不能在街上出现，排泄和倒垃圾等污染行为只能在墙内或容器内进行。这种卫生现代性，中国知识精英不仅认同，而且将此作为"唤醒"中华民族及实现身体现代性的中心议题。彭善民的《公共卫生与上海都市文明（1898—1949）》探讨了西医东渐、公共卫生制度的萌芽、传染病的预防和治疗、卫生观念的变迁、慈善与时疫救治等。③

相关论文就更多了。有的学者探讨了饮水卫生，如杜丽红的《知识、权力与日常生活——近代北京饮水卫生制度与观念嬗变》指出，卫生知识的传入改变了人们对国家权力的认识，认为政府应当承担起保护人民生命安全的责任和

① 艾萍：《双轨制下民国公墓制的创建——以上海为个案》，《华中师范大学学报（人文社会科学版）》2012年第3期。

② 张大庆：《中国近代疾病社会史（1912—1937）》，济南：山东教育出版社，2006年；张泰山：《民国时期的传染病与社会：以传染病防治与公共卫生建设为中心》，北京：社会科学文献出版社，2008年；龙伟：《民国医事纠纷研究（1927—1949）》，北京：人民出版社，2011年。

③〔美〕罗芙芸：《卫生的现代性：中国通商口岸卫生与疾病的含义》，向磊译，南京：江苏人民出版社，2007年；彭善民：《公共卫生与上海都市文明（1898—1949）》，上海：上海人民出版社，2007年。

义务。一系列有关饮水卫生的科学知识经逐步形成，并上升为指导人们日常生活的“真理”。卫生行政机构通过消毒制造洁净的饮水，改变着人们的日常生活。李玉尚的《清末以来江南城市的生活用水与霍乱》认为，清末至民国初年，在大城市，大量土井和外来人口的存在，使饮用和使用不洁水源的现象仍然存在，霍乱感染人数相当多。在中小城市，由于饮用和使用江河和井水的缘故，也有比较高的感染率。①

有的学者研究了城市粪秽处理与日常生活的关系。潘淑华的《民国时期广州的粪秽处理与城市生活》指出，政府利用现代卫生概念，把粪溺与厕所纳入公共卫生管理范畴，建立先进的水厕及女厕，新的卫生观念进入普通民众的日常生活。但由于人粪可以作为交换的商品，加之缺乏完善的排水系统，水厕并没有大量兴建。女厕数量更少，对女性的日常生活并未带来深刻的影响。②

有的学者研究了医疗社会生活。黄克武的《从申报医药广告看民初上海的医疗文化与社会生活（1912—1926）》指出，对疾病成因的看法，中西医都围绕着性、脑和血三种病因进行讨论，尤其是与性有关的因素甚至被描绘为百病之源。对医疗方式的看法，一般在患病初期多采取自我治疗，既由于医院与诊所的收费较高，也因为购买医药十分方便，还与服药可能是“有病治病，无病强身”的观念有关。西方文化的影响逐渐深入人们的日常生活，都市的人们生病时，开始接受注射、开刀等西医的治疗。③

雷祥麟的《习惯成四维：新生活运动与肺结核防治中的伦理、家庭与身体》探讨了国民党新生活运动中肺结核防治的问题。20世纪30年代的肺结核防治运动，并没有将肺结核问题归结为像欧美与日本一样是源自现代化的发展所造成的社会性疾病，而是认为直接肇因于华人文化中种种不卫生的恶习，强调日常生活起居要养成卫生习惯。传统的炕和多人用的水杯子这两件日常用品，被卷

① 杜丽红：《知识、权力与日常生活——近代北京饮水卫生制度与观念嬗变》，《华中师范大学学报（人文社会科学版）》2010年第4期；李玉尚：《清末以来江南城市的生活用水与霍乱》，《社会科学》2010年第1期。

② 潘淑华：《民国时期广州的粪秽处理与城市生活》，载台湾“中研院”近代史研究所集刊编辑委员会编辑：《“中央研究院”近代史研究所集刊》2008年第59期。

③ 黄克武：《从申报医药广告看民初上海的医疗文化与社会生活（1912—1926）》，载台湾“中研院”近代史研究所集刊编辑委员会编辑：《“中央研究院”近代史研究所集刊》1988年第17期。

入是否会造成肺结核传染的争议之中。[①]

还有一些论文也反映了民国时期的卫生与医疗生活。[②]

八、闲暇娱乐与日常交往

闲暇娱乐是人们在工作或劳动之余所参与的休闲活动，由此可得到身心愉悦的感受，提升生命的质量。就此而言，闲暇娱乐是人类社会进步的重要标志。日常交往也多是在闲暇之中进行的，与闲暇娱乐有着密切的联系。

关于闲暇娱乐，学者的研究既涉及乡村，更深入到城市。

有的研究了农事活动与闲暇娱乐之间的关系。王加华的《社会节奏与自然节律的契合——近代江南地区的农事活动与乡村娱乐》指出，农业生产活动具有周期性间歇，在相对空闲的时期，人们用来获取精神上的放松与快乐。近代江南乡村的娱乐活动主要有庙会举办、戏剧演出、节日庆祝及亲朋好友间的礼尚往来、赌博等。乡村社会生活与农事活动是一种社会节奏和自然节律之间的关系，也就是把乡村社会节奏纳入自然节律之中。[③]

有的从存在形式入手探讨农民的文化生活。彭南生的《20世纪二三十年代中国农民的文化生活形态》指出，农村文化生活有三种类型：日常性文化生活，主要由祭祖、敬神、拜佛、念经等宗教礼仪及乡土性娱乐构成；节令性文化生活，是农民逢年过节时的一种文化创造、文化娱乐与消遣，往往点缀着敬神、祭祖与崇拜之类的宗教仪式；应事性文化生活，是农民应对天灾人祸时的一种

① 雷祥麟：《习惯成四维：新生活运动与肺结核防治中的伦理、家庭与身体》，载台湾“中研院”近代史研究所集刊编辑委员会编辑：《“中央研究院”近代史研究所集刊》2011年第74期。

② 杜丽红：《1930年代的北平城市污物管理改革》，《近代史研究》2005年第5期；〔韩〕辛圭焕：《20世纪30年代北平市政府的粪业官办构想与环境卫生的改革》，载常建华主编：《中国社会历史评论》第8卷，天津：天津古籍出版社，2007年；苏智良、彭善民：《公厕变迁与都市文明——以近代上海为例》，《史林》2006年第3期；杨念群：《“兰安生模式”与民国初年北京生死控制空间的转换》，《社会学研究》1999年第4期。

③ 王加华：《社会节奏与自然节律的契合——近代江南地区的农事活动与乡村娱乐》，《史学月刊》2006年第3期。

文化仪式，往往与迷信、巫术联系在一起，以满足祈雨、消灾、祛病等应急性需求。随着农村经济的凋敝，农民文化生活渐趋衰退。[①]

相比而言，城市闲暇娱乐的研究较多。

楼嘉军的《上海城市娱乐研究（1930—1939）》阐述了20世纪30年代上海市娱乐的现代性，如高度成熟的城市娱乐体系、娱乐设施结构的现代性趋势、大众化的娱乐市场、娱乐文化的品牌和形象，呈现了戏院、电影院、游乐场、舞厅、公园、茶馆、酒吧和咖啡馆、赌博场所、色情场所等处的市民生活。[②]

陈蕴茜的两篇论文研究了城市公园与日常生活的关系。一篇是《论清末民国旅游娱乐空间的变化——以公园为中心的考察》。作者指出，西方人将其旅游文化移植到中国，其中对中国影响最大、政府投入最多的是公园。到民国时期，公园已成为城市比较普及的旅游娱乐场所。许多过去普通百姓无法接近的皇宫陵寝、皇家园林、官署衙门、私家花园被直接改造为公园，供民众游览。随着传统国家向现代民族国家转型，国家日益加强了日常生活中对人们精神的潜在控制，许多公园既是民众旅游休憩的场所，又潜移默化地发挥着教育大众的作用。另一篇是《日常生活中殖民主义与民族主义的冲突——以中国近代公园为中心的考察》。作者指出，租界公园作为日常生活中的休闲娱乐空间，伴随着西方殖民主义的渗透而成为政治空间。公园建造代表其文化意象和殖民侵略象征的建筑物，炫耀其武力、种族及文明的优越感，而华人不能入园问题，更成为歧视华人的象征符号，构成对华人精神的严重戕害。中华民国成立特别是南京国民政府成立后，政府建立的公园转化为传输民族主义精神的政治空间，塑造着新型国民，中山公园成为民族主义精神象征空间并深入人们的日常生活之中。[③]

美国学者葛以嘉的《从茶园到剧场：作为社会文本的20世纪早期中国戏园》研究了戏园舞台之外社会角色的表演及演员与群众之间的关系。传统茶园的观众和舞台是相互渗透的，演员经常直接向观众表达和交流。到20世纪20年代，

① 彭南生：《20世纪二三十年代中国农民的文化生活形态》，《华中师范大学学报（人文社会科学版）》2008年第3期。

② 楼嘉军：《上海城市娱乐研究（1930—1939）》，上海：文汇出版社，2008年。

③ 陈蕴茜：《论清末民国旅游娱乐空间的变化——以公园为中心的考察》，《史林》2004年第5期；陈蕴茜：《日常生活中殖民主义与民族主义的冲突——以中国近代公园为中心的考察》，《南京大学学报（哲学·人文科学·社会科学）》2005年第5期。

观众和舞台的严格区分成为城市戏园的准则，不同观众的社会等级不再以社会地位或者阶级作为标准，而是以距离舞台的远近作为原则，这个原则是通过戏院的票价高低来实现的。①

李德英等的论文也部分地反映了民国时期民众的闲暇娱乐生活。②

关于日常交往的论著，相对较少。

有的探讨了地主的交往空间和交往生活。洪璞的《乡居、镇居、城居——清末民国江南地主日常活动社会和空间范围的变迁》指出，从乡居到镇居再到城居的转变中，地主日常活动的交往对象，亲戚比例逐渐缩小，人际范围逐渐扩大。日常交往事项，人员众多、热闹非凡的场面性交往越来越不合时宜，范围限定的仪式性交往形式渐遭淘汰。日常交往的空间范围，从以本村为中心半径的数里范围，扩大到镇和城市。外出交往的目的，乡村地主主要是处理人事，镇上和城里地主主要是获取信息。③

有的研究了城市家庭的日常交往。赵世瑜的《民国初年一个京城旗人家庭的礼仪生活——一本佚名日记的读后感》指出，该户的生活空间是相对稳定的，节庆和平素的交往大多在亲缘关系和信仰的圈子里进行。日常生活中充斥着对信仰和礼俗的重视，但只是家庭成员与特定寺庙的神职人员的往来，看不到知识精英在这个特定区域的宗教活动中所扮演的角色。人们与寺庙的关系更多地表现了一种日常生活的节奏和松弛的关系，这可能与时局动荡和居民的宗教生活已开始淡化有关。④

马钊的《诱拐的命运：20世纪40年代北京的男女交际、传统礼教和法律原则》通过一起男女“通奸私逃”案，呈现了城市生活为男女提供的多种交往渠道。绝大多数男女的交际都起源于最简单的邻里往来，甚至有时候在一处串门

---

① 葛以嘉：《从茶园到剧场：作为社会文本的20世纪早期中国戏园》，载董玥主编：《走出区域研究：西方中国近代史论集粹》，北京：社会科学文献出版社，2013年。

② 李德英：《城市公共空间与社会生活——以近代城市公园为例》，载刘海岩主编：《城市史研究》第19—20辑，天津：天津社会科学院出版社，2000年；刘丰祥：《民国时期上海人的休闲生活——以1927—1937年〈申报〉广告为中心的考察》，《齐鲁学刊》2007年第3期。

③ 洪璞：《乡居、镇居、城居——清末民国江南地主日常活动社会和空间范围的变迁》，《中国历史地理论丛》2002年第4期。

④ 赵世瑜：《民国初年一个京城旗人家庭的礼仪生活——一本佚名日记的读后感》，《华中师范大学学报（人文社会科学版）》2009年第5期。

可以遇见朋友的朋友，亲戚的亲戚。许多普通家庭已经把收听无线电广播作为一种简便、廉价的娱乐方式，由此丰富了邻里间串门活动的内容，并发生了男女恋情。公园、电影院和旅馆等现代娱乐场所也对市民日常生活产生了影响，引发了新一轮的男女交际模式的变化。[①]

叶中强等的论著也部分地反映了民国时期的日常交往生活。[②]

九、民间信仰与日常意识

在日常生活中，民众的精神世界除了闲暇娱乐，就是民间信仰和日常意识了。

王守恩的《诸神与众生：清代、民国山西太谷的民间信仰与乡村社会》是探讨地方民间信仰与乡村社会关系的专著。作者阐述了清代民国时期山西太谷各个方面的神灵及其特性，民间信仰与佛教道教、官方意识的复杂关系，民间信仰对家族、村社管理、村际之间的影响，以及民间信仰在民众的人生历程、物质生活、精神世界中所扮演的角色等。[③]

有的学者通过民间信仰研究了民众、政府以及地方各势力之间的互动关系。沈洁的《反迷信与社区信仰空间的现代历程——以1934年苏州的求雨仪式为例》认为，在进行现代化建制的社区场景中，农民虽然也懂得“文明世界打破迷信”的道理，但在面临大旱的危境时，他们宁愿相信神明可以解救其危机。不过，中国人的信仰心态是实用主义的，在求雨过程中，就出现过乡民因为久祈不雨而将土地神的偶像抬到田间曝晒的事情。地方政府虽然没有在求雨仪式之始就采取严厉禁止的态度，但终究将其视为陈旧落后的生活方式而予以

① 马钊：《诱拐的命运：20世纪40年代北京的男女交际、传统礼教和法律原则》，载杨念群主编：《新史学》（第一卷），北京：中华书局，2007年。

② 叶中强：《游走于城市空间：晚清民初上海文人的公共交往》，《史林》2006年第4期；梁景和：《论五四时期的“男女社交公开”思潮》，《史学月刊》1998年第1期。

③ 王守恩：《诸神与众生：清代、民国山西太谷的民间信仰与乡村社会》，北京：中国社会科学出版社，2009年。

批判与追剿。[①]

沙青青的《信仰与权争：1931 年高邮"打城隍"风潮之研究》探讨了"打城隍"事件中国民党党部、政府和民众信仰之间的关系。在各级国民党组织的策划和推动下，一场"封庙"的破除迷信运动在江苏等地展开。苏北各地包括高邮县党部的做法是"打城隍"，目的是争取更多的社会经济资源，增强党部实力。但这不仅招致民间保守势力的反对，也引发了与县政府之间的冲突，来自信众及其他地方势力的阻力越来越大，甚至引发了大规模的民众暴动。在整场风潮中，城隍庙成了各种意识形态与现实利益的交集所在。[②]

傅建成等学者的论文也反映了民国时期不同地区的民间信仰生活。[③]

关于民众的日常意识，专门研究很少，个别论著涉及这一问题。

有的学者探讨了近代以来农民社会心理的变化。周晓虹的《传统与变迁：江浙农民的社会心理及其近代以来的嬗变》指出，到 20 世纪上半叶，不仅农民的安土重迁观念发生了明显的变化，其职业取向、交往方式、男女关系、组织行为甚至政治意识在内的社会心理和社会行为也都开始有了种种变动的迹象。风起云涌的各种政治革命和社会变革对江浙农民的政治意识也产生了影响，普通农民在不同程度上去除了政治麻木感和疏离感，开始意识到自己的权利和利益，甚至对千百年来的"规矩"和"命运"安排提出挑战，对地主压迫农民天经地义、佃户缴租理所当然等传统观念产生了怀疑。[④]

有的学者考察了民初社会生活意识的变迁。王跃的《北洋军阀统治时期社会意识变迁的趋势》认为，洋货在日常生活中所体现出来的优越性及报刊对西方生活中科学技术和物质文明的介绍，促使人们向往先进的生活方式，旧的衣食住行观念受到了极大的冲击，一定程度上开始摈弃旧习俗中的封建迷信。[⑤]

有的探讨了民众的国族意识与日常生活的复杂关系。沈松侨的《中国的一

① 沈洁：《反迷信与社区信仰空间的现代历程——以 1934 年苏州的求雨仪式为例》，《史林》2007 年第 2 期。

② 沙青青：《信仰与权争：1931 年高邮"打城隍"风潮之研究》，《近代史研究》2010 年第 1 期。

③ 傅建成：《论民国时期华北农村农家庭的宗教信仰》，《历史教学》1995 年第 2 期；赵新平：《民初崞县乡村家庭的宗教信仰》，《晋阳学刊》2006 年第 5 期；刘俊凤、李云峰：《20 世纪三四十年代西北地区宗教生活的变迁》，《西北大学学报（哲学社会科学版）》2006 年第 5 期。

④ 周晓虹：《传统与变迁：江浙农民的社会心理及其近代以来的嬗变》，北京：生活·读书·新知三联书店，1998 年。

⑤ 王跃：《北洋军阀统治时期社会意识变迁的趋势》，《近代史研究》1987 年第 3 期。

日，一日的中国——1930 年代的日常生活叙事与国族想象》认为，20 世纪 30 年代，中国处于一个内忧外患、大众生活濒临绝境的危机时代，国族主义的情绪极度高涨并渗透大众日常生活的衣食住行之中。中国各个权力集团相率提出各类不同叙事，来解释大众日常生活中所遭遇的苦难，并指示未来出路及奋斗方向。南京国民党政权所发动的“新生活运动”，便是一场企图以国家力量介入民众日常生活，来型塑特定国族认同的高度政治化的社会运动。而政治立场倾向社会主义的左派知识分子在同一战场上，也要提出一套有别于官方论述的叙事形式，来竞争对大众日常生活的解释霸权。于是，编辑完成了反映中下阶层大众日常生活的《中国的一日，一日的中国——1930 年代的日常生活叙事与国族想象》一文。作者认为，大众日常生活中的贫困与痛苦都是日本帝国主义的侵略和国内官僚、资本家等邪恶势力造成的，因此唯有联合劳苦大众，发动大规模民族解放斗争，才能挽救国族的危机，也才能将中国社会大众的日常生活导入正轨。①

孙彩霞、王续添、王杉等学者的论文也多少涉及民国时期民众的日常意识。②

十、余　　论

通过对民国日常生活史及相关研究的清理，我们不难看出，这些研究多发表于 20 世纪 90 年代中期以后。其中，虽有综合研究，但更多的是专题研究，研究主题广及日常生活的时间与空间、不同人群的日常生活、家庭与婚姻、衣食住行、生老病死与医疗卫生、闲暇娱乐与日常交往、民间信仰与日常意识等，大致涵盖了日常生活史的各个主要方面。诸此论著在一定程度上反映了历史学

① 沈松侨：《中国的一日，一日的中国——1930 年代的日常生活叙事与国族想象》，《新史学》2009 年第 20 卷 1 期。

② 孙彩霞：《从民意测验看二十年代初北京市民的社会意识》，《北京档案史料》1990 年第 4 期；王续添：《民国时期的地方心理观念论析》，《史学月刊》1999 年第 4 期；王杉：《民初东北移民社会心态管窥》，《社会科学辑刊》1998 年第 5 期。

包括社会史领域中的新动向，改变了以往日常生活史的失语状态。尤其值得注意的是，陈蕴茜、卢汉超、王笛、小田、连玲玲、黄克武、湛晓白、曹南屏等学者的论著都是视角独特、叙事丰富、闪耀着智慧之作，已是或接近严格意义上的日常生活史了。对于以上研究，我们应该给予足够的尊重，并以此为起点开展民国日常生活史研究。

就像博物馆的陈列一样，笔者所介绍的是比较突出的作品。实际上，就总体来看，无意识地涉及日常生活史的研究较多，自觉地以日常生活的视野进行研究者较少。如果以本文引论中日常生活史的标准来衡量，尚有相当大的差距。

从研究主题和研究内容上看，仍有一些未曾引起学者的关注。例如，劳动既是生活资料之源，也是民众日常生活的重要组成部分，但罕有学者给予重视。儿童、老年问题也缺乏专门的研究。在婚姻生活中，一般都是从女性角度进行论述，而缺乏男性视角的研究，对男女性生活则几乎没有看到具有学术意义的成果。精英人物、精英群体同样有日常生活，日常生活史作为一种研究视角，也应该给予考察，但相关成果也极少。我们期望看到的是全面的民国日常生活史研究。

与此相比，更突出的缺陷是，对日常生活的表面描述居多，缺乏个人的生活经历和心灵体验，由此也就弱化了日常生活的能动作用。人类历史的根本特征是人创造的历史，没有人，没有占绝大多数的普通人，还谈什么人类历史？但恰恰就在这最基本的历史内核上，作为“人”的历史学者，却忽略了人自身的经历，以至于在历史研究中很少见到人。当然，类似问题在许多学科都存在，即便是社会学也是如此，费孝通先生就曾自责：“回顾我这十年的研究成果总起来看，还是没有摆脱‘见社会不见人’的特点。我着眼于发展模式，但没有充分注意具体的人在发展中怎样思想，怎样感觉，怎样打算。”[①]看来，见史不见人、见社会不见人犯的是一样的毛病。日常生活史向来重视人的经历和感受，并以此来标示与其他历史领域的区别，因此就更应该搜集和利用人的心态与行为的资料，实现见史见人的目标。不仅如此，我们还应尽量以历史人所处的时代来考量他们的所思所想和需要解决的问题，而非完全以当代人的想象来判断

① 费孝通：《个人·群体·社会——一生学术历程的自我思考》，《北京大学学报（哲学社会科学版）》1994年第1期。

哪些是最重要的，我们认为重要的，他们不一定觉得重要。民国日常生活史，当然也是如此。

还有一个不足，即不少相关成果没有挖掘出日常生活表象背后的意义。日常生活史呈现的是千姿百态的事项，容易导致为人所诟病的“碎片化”，也就是“研究题目琐碎、微观，杂乱无章；缺乏整体史关怀，缺乏全面联系和贯通；疏离宏大叙事，轻视理论思考，缺乏共识。它导致以小概全，偏离了历史发展的主流轨道，丧失了对人类命运关怀的精神境界……对历史现象不能做出深刻的分析和把握”①。笔者以为，过往的历史无论宏观、微观虽然都有其研究价值，但的确要注意，微观研究除了描述具体现象之外，还要突破碎片本身，将小问题与大脉络、大意识联系起来，尽量寻求现象背后的重要意义，也即从日常生活史中发现和理解时代社会的变迁。就民国日常生活史而言，一个特别重要的诉求，就是从中梳理出传统与现代、国家与社会，以及政治、经济、文化等方面的理论意义。

以上不足，其根本原因或许与缺乏日常生活史的理论自觉有关。在中国历史上，与日常生活史相关的著述虽然可以追到近代乃至古代，但日常生活史研究的理论、方法及最有影响的著作却来自欧美等外国学界。不仅如此，西方涌现的新文化史、新社会史乃至新政治史都与日常生活史有密切关系。对此，我们都应该批判地予以吸收、借鉴和应用。还可以进一步说，只有将中国日常生活史的研究纳入国际视野，与欧美日常生活史研究进行对话，才能做出理论贡献，发出中国学者的声音。

① 李金铮：《整体史：历史研究的“三位一体”》，《近代史研究》2012年第5期。

现当代中国日常生活史研究的回顾与展望

张 思

近二三十年来，现当代中国日常生活史的研究受到学界的广泛关注，涌现了一批内容丰富、质量上乘的研究成果。就管见所及，已有相当多的学者开始对日常生活史研究中的相关成果进行了细致的梳理。不过可以看到，目前的学术梳理多集中在世界史研究和中国古代史研究领域①，学术界对中国现当代日常生活史的学术梳理尚不充分，尤其对近十多年来大量涌现的最新成果缺乏专题性且具有新鲜视野的全面把握，这与现当代日常生活史所取得的成绩显然不相协调，亦不利于该研究领域的未来发展。为此，本文拟在以往学术梳理的基础上，从对现当代中国日常生活史的整体研究、日常生活视野下的现当代乡村史研究与现当代城市日常生活史研究等几个方面对现当代中国日常生活史的研究进行梳理，其中的侧重点则是介绍、分析截至2018年的近十多年来的研究成果。最后力求尝试对现当代中国日常生活史的研究提出一些前瞻性看法。

① 例如，从以下较有代表性的综述类研究中可见一斑：刘新成：《日常生活史与西欧中世纪日常生活》，《史学理论研究》2004年第1期；胡悦晗、谢永栋：《中国日常生活史研究述评》，《史林》2010年第5期；常建华：《历史人类学应从日常生活史出发》，《青海民族研究》2013年第4期；常建华：《明代日常生活史研究的回顾与展望》，《史学集刊》2014年第3期。

一、对现当代中国日常生活史的整体研究

在对现当代中国日常生活史的整体研究方面，目前尚未见到直接相关的研究专著面世，但还是可以从部分学者的社会史与社会变迁研究中看到其中所涵盖的社会生活的内容，值得注意的有以下数种。

王义祥的《当代中国社会变迁》探讨了1978年以来中国社会整体结构及其组成要素的运动变化和发展改变过程，概述了人们的婚姻变迁、社会消费、休闲娱乐、风俗、医疗、贫困等社会生活方面的变迁。作者认为改革开放以来，中国从封闭、贫困、落后、愚昧走向开放、繁荣、进步、理性，传统、现代、后现代的观念价值互相冲突又难舍难分地纠缠在一起。[①]其后，社会学学者李友梅（现任中国社会学学会会长）也从“经济、制度、社会变迁与社会生活”角度对1978年以来中国社会生活的变迁进行了研究，内容涉及大众消费、就业、保险、医疗、福利等制度变迁与民众的流动、消费娱乐、时尚等社会生活的辩证关系。[②]

严昌洪的《20世纪中国社会生活变迁史》[③]受到学界的广泛关注并获得很高的评价。笔者认为，其理由之一是该书应该称得上是中国社会史研究出身的学者对现代日常生活史的最早的历史长卷式的描画。该书全面研究了20世纪中国社会生活发生的重大变化，如衣食住行、婚姻礼俗、两性观念、养老观念、岁时节令、娱乐活动、社会保障等，涉及内容较为丰富。该书虽然探讨的是整个20世纪中国社会生活的变迁，并不专门针对现当代时期，但仍有相当多的篇幅描绘了共和国时期社会生活方面的变迁，为此后的相关研究奠定了基础。

由张静如主编的《中国当代社会史》[④]是第一部关于当代社会史研究的通论

① 王义祥：《当代中国社会变迁》，上海：华东师范大学出版社，2006年。

② 李友梅：《中国社会生活变迁：自1978年以来=The Transition Of Social Life In China:Since 1978：英文》，北京：中国大百科全书出版社，2012年。

③ 严昌洪：《20世纪中国社会生活变迁史》，北京：人民出版社，2007年。

④ 张静如主编：《中国当代社会史》，长沙：湖南人民出版社，2011年。

性著作。全书共五卷本，所论及的时间从1949年到2008年，大约60年。具体分卷为：第一卷（1949—1956），第二卷（1956—1966），第三卷（1966—1978），第四卷（1978—1992），第五卷（1992—2008）。其中每卷中都有专章对社会生活进行研究，既关注物质生活方式的内容，也注重精神生活方式的研究，涉及衣食住行、婚丧嫁娶、岁时节令、休闲娱乐、卫生教育、思想观念等诸多方面，涵盖了中国现当代社会生活史的内容。值得特别说明的是，该成果没有回避"文化大革命"这个"特殊年代"的社会变迁和社会生活。

近期研究成果中值得关注的是李文主编的《中华人民共和国社会史（1949—2012)》[①]，这是编者与当代中国史研究所同人历经数年艰辛努力而取得的成果，同时也可以看作继张静如《中国当代社会史》之后的又一部关于现当代中国社会史的研究专著。虽然该书定位为新中国六十余年的社会发展与社会建设史，但里面的主线为基本民生，民众的社会生活包含其中，这无疑也是为现当代中国日常生活史研究添砖加瓦。

周伟主编的《变迁：101年中国社会生活全印象》[②]透过新闻报刊来描画跨越整个20世纪101年的社会变迁。书中从百年中国的五个断面——穷途末路的晚晴末期（1901—1911）、痛苦挣扎中的民国时期（1912—1949）、生机勃勃的建国初期（1949—1965）、"文化大革命"时期（1966—1976）及春天的故事（1977—2001）——来观察这一百年中国社会生活时尚、家庭与礼俗、社会阶层与组织、教育文化、城乡社会生活、社会保障及社会问题等，以勾勒百年中国社会变迁。该书作者并非科班历史学家，却有老新闻工作者的视角，因而有人评价该书的描述方式是，或许没有大历史记录那样的气势恢宏、跌宕起伏，却能用翔实的图文资料让我们细致地把握中国社会生活的点点滴滴。而这些点点滴滴，恰是时代动荡在百姓生活中逐渐沉淀的结果。也有人这样评价该书：今天当我们安静地读历史的这些琐碎记忆时，依然能捕捉到记忆背后的风起云涌、沧海桑田。

与上书"印象"式写法志趣相近，白云涛主编的"百年中国社会图谱丛书"[③]分为十个专题，每个专题配有400余幅照片，以图片的形式直观地展现中

① 李文主编：《中华人民共和国社会史（1949—2012）》，北京：当代中国出版社，2016年。

② 周伟主编：《变迁：101年中国社会生活全印象》，北京：光明日报出版社，2003年。

③ 白云涛主编：《百年中国社会图谱》，成都：四川人民出版社，2003年。

国社会生活百年之变迁。该书有十卷本之巨，即《从老式车马舟桥到新式交通工具》《从旧民居到新社区》《从“东亚病夫”到体育强国》《从小脚女人到社会半边天》《从古老发明到高新科技》《从长袍马褂到西装革履》《从传统消遣到现代娱乐》《从旧婚丧嫁娶到新礼仪风俗》《从土秀才到洋博士》《从大刀长矛到现代武器》。

还有一些研究虽然不属于跨越半个世纪或长达百年的、整体性的现当代日常生活史研究，但由于选中某一特定时段或某个特定主题展开对日常生活史的研究，其成果很有可取之处，值得关注。如李立志的《变迁与重建：1949—1956年的中国社会》从社会结构、社会生活、社会心理三个层面对建国初期的社会重建与变迁做了系统研究，并从社会变迁的角度展现了建国初期这一段非同寻常时期社会生活演变方面的图景。[①]而笔者更看重该书对1949年到1956年这一中国历史发展的重要转折时期的时间设定，毕竟重构那个年代的中国社会生活是相当困难的，要克服很多资料上的挑战。张欢欢的硕士学位论文绝非稚嫩，该文致力于对“文化大革命”时期的社会生活状况进行研究，探寻这一时期社会生活的总体特征。“文化大革命”时期受政治运动与极左思潮的影响，人民群众的日常生活打上了深深的“文化大革命”印记，呈现出不同于以往任何历史时期的独特特征。该文认为“文化大革命”时期民众的社会生活具有人际关系斗争化，个体行为依附与趋同、毛泽东个人崇拜的普遍化与仪式化等特征。[②]唐魁玉的研究将时间段扩大到从1949—1978年改革开放前，指出该时期中国社会生活总体特征是存在着十分明显的“意识形态”化倾向。[③]

最近的新研究成果中，戴建兵、张志永的《个人生活史：当代中国史研究的重要增长点》具有理论反思色彩。文章认为许多学者忽视或忽略了中国的国家与社会之间关系的特殊性，教条式地套用西方“私人生活史”的概念来界定当代中国个人生活史，这种取向导致了削足适履的弊端。其实，与西方国家的政治空间与私人空间相对分离不同，中国具有典型的家国同构特点，其政治空间与私人空间是相互融合的。另外，戴建兵和张志永还认为，国家对社会的干

① 李立志：《变迁与重建：1949—1956年的中国社会》，南昌：江西人民出版社，2002年。

② 张欢欢：《“文革”时期的社会生活状况研究》，福建师范大学硕士学位论文，2010年。

③ 唐魁玉：《作为“意识形态”化的生活方式——1949年到1978年的中国社会生活史的总体特征》，《理论界》2008年第3期。

预非常广泛而有力，中国几乎没有西方意义上的私人空间；更有甚者，公共生活还极大地侵蚀了私人生活的领域，不仅使私人生活的神秘性大大消退，也为其增添了浓厚的政治色彩，使琐碎日常生活内容泛政治化、公共化。[①]有鉴于此，中国私人生活领域的研究应该选用内涵比较广泛的“个人生活史”更为合适。

户晓辉的《日常生活的苦难与希望：实践民俗学田野笔记》展现了全然不同的田野、故乡和乡愁。作者用相对通俗的哲学笔调写出了故乡人的生与死、爱与恨、善与恶、苦难与希望。[②]

二、日常生活史视野下的现当代乡村史研究

（一）文化人类学视野下的日常生活

现当代中国日常生活史的兴起与文化人类学的推动作用密切相关。20 世纪七八十年代，当中国近现代史研究的学者追随着“冲击—反应”模式或是依据现代化理论去探讨中国的现代化进程及其成败得失之时，早有一批从事文化人类学研究的学者深入中国的乡村田野去寻找新的解释与理论，而由此形成的一系列文化人类学的研究成果，其辐射所及当然会和现当代中国日常生活史的研究领域重叠，这就是为什么说文化人类学家对日常生活的兴趣会先于历史学家，其研究成果也较历史学家丰富的理由所在吧。

杨庆堃在其 1959 年发表的《早期共产主义变迁的一个中国村庄》中指出，其研究目的就在于分析前共产主义中国的乡村生活及其在共产主义下所经历的变迁过程。在其看来，所谓的“共产党革命暴力”的强制性深深影响了乡村的社会生活，当然，也促成了共产主义革命的最终成功。[③]在同时出版的另一

① 戴建兵、张志永：《个人生活史：当代中国史研究的重要增长点》，《河北学刊》2015 年第 1 期。

② 户晓辉：《日常生活的苦难与希望：实践民俗学田野笔记》，北京：中国社会科学出版社，2017 年。

③ C. K. Yang, *A Chinese Village in Early Communist Transition,* Cambridge, Mass.: The Technology Press, 1959.

本著作中，杨庆堃从家庭变迁的角度更为细致地分析了革命与生活变化之间的关系。[1]这两本书是目前所见最早的关于中国革命与乡村生活关系探讨的研究著作。

继《翻身——中国一个村庄的革命纪实》一书之后，威廉·韩丁在20世纪70年代又重访张庄村，他对张庄村在中华人民共和国成立后的发展进行了详细的记录，并写成了姐妹之作《深翻——中国一个村庄的继续革命纪实》。[2]在该书中，威廉·韩丁通过融入张庄普通群众的日常生活中，从人类学家的视角继续探讨国家政权与乡村社会的互动关系。当然，该书只是对张庄日常生活的记录，算不上真正意义上的日常生活史专著，但对后来的历史学者既提供了有益的启示，也留下了丰富的历史资料。

陈佩华、赵文词和安戈三位西方学者很早就对共产主义中国的乡村生活产生了浓厚兴趣。按照他们三人后来合著的《当代中国农村历沧桑：毛邓体制下的陈村》[3]导言中所述，他们研究的日的是要诉说一个华南农村近三十年的沧桑史，也就是从20世纪60年代初至1990年陈村村民的生活变迁。因此，从注重陈村生活方式和风俗习惯的演变的角度来说，该书既是一部关于华南某村的社会生活史，同时也称得上是西方学者撰写的第一本关于中国现代农村生活的史书。后来赵文词利用同一批资料继续深入对陈村村民生活变迁的研究，完成了《一个村庄的道德与权力》。[4]与前述杨庆堃的研究不同，三人的研究尤其是赵文词的研究对革命背景下乡村生活的刻画更为细腻，也生动了许多。当然，笔者站在21世纪的时点上想做如下提醒：目前的现当代中国日常生活史研究中那些常被搬弄的概念，以及在这个行当里被人们所热炒的许多理论解释多是从该书而来。此外，也应注意该书主要依据的是从逃港者口中得来的口述资料。今天，我们果真可以继续沿用这三位学者提供的那些思路去思考、理解现当代中国农村的日常生活吗？

---

① C. K. Yang, *The Chinese Family in the Communist Revolution,* Cambridge, Mass.: The Technology Press, 1959.

② 〔美〕威廉·韩丁：《深翻——中国一个村庄的继续革命纪实》，《深翻》译校组译，香港：中国国际文化出版社，2008年。

③ 陈佩华、赵文词、安戈：《当代中国农村历沧桑：毛邓体制下的陈村》，孙万国、杨敏如、韩建中译，香港：香港牛津大学出版社，1996年。其英文版的著作（*Chen Village, The Recent History of A Peasant Community in Mao's China*, Berkeley, Calif. : University of California Press. 1984.）只涉及1981年之前的时期。

④ Richard Madsen, *Morality and Power in A Chinese Village*, Berkeley, Calif.: University of California Press, 1984.

黄树民的《林村的故事：1949 年后的中国农村变革》对当时的中国学者来说也称得上很奇绝，该书的主线是讲述福建某村村支书在中华人民共和国成立后的生命历程，并由此去揭示国家、村庄、个人三者之间的复杂关系。[①]作者以记述人类学的手法与生活历程的描述双管齐下，尝试呈现并分析受访者的个人世界，诠释那个时代的人们在经历中国革命不同阶段时的境遇与改变。作者的如此笔法的确令那个时代正欲从事现当代中国日常生活史研究的人们感到耳目一新。

“随礼”是中国人日常生活的重要组成部分，也是人与人之间交往互动的重要机制。阎云翔通过在其家乡黑龙江下岬村的田野调查，对中华人民共和国成立后该地村民“礼物的流动”做了详尽分析。在他看来，尽管国家层面经历了农业集体化、家庭联产承包责任制等重要政策的改变，且这些改变对乡村的社会结构产生了深刻影响，但下岬村民对礼物交换的热衷从未中断过。[②]阎云翔的《私人生活的变革：一个中国村庄里的爱情、家庭与亲密关系（1949—1999）》[③]仍以下岬村为田野考察地点，如书名所示其重点是考察中华人民共和国成立后乡村私人生活所发生的变革。作者认为，中华人民共和国成立后私人生活领域最明显的改变就是个人主义的兴起，具体表现为家庭的日益私人化、青年自主性的增强、情感重要性的增加、公开表达的个人欲望及由此引发的消费要求的提高等。与此同时，作者也强调国家在塑造私人生活转型的重要作用。如国家依靠基层权力组织剥夺了宗族承担的社会功能，颁布《中华人民共和国婚姻法》提高乡村已婚妇女的家庭地位，计划生育政策的实施导致家庭规模急剧缩小等。在之后的著作中，阎云翔又将其研究时段集中于 20 世纪 90 年代，并将个体崛起的命题从私人领域的家庭扩展到整个中国社会。在书中，作者同样是从日常生活的视角，即他所谓的“从那些有血有肉的个体在他们的日常生活中应对变迁的视角和经历，通过利用田野调查资料（主要还是其家乡下岬村的资料），分

① 黄树民：《林村的故事：1949 年后的中国农村变革》，素兰、纳日碧力戈译，北京：生活·读书·新知三联书店，2002 年。

② 阎云翔：《礼物的流动：一个中国村庄中的互惠原则与社会网络》，李放春、刘瑜译，上海：上海人民出版社，2000 年。

③ 阎云翔：《私人生活的变革：一个中国村庄里的爱情、家庭与亲密关系（1949—1999）》，龚晓夏译，上海：上海书店出版社，2006 年。

别利用五条主线来强调个体崛起”，这五条主线为“解放个体的制度变迁、个体的能动性和自主性、强势国家的角色、中国个体化过程中个人主义的缺失，以及全球化尤其是全球消费主义的影响”。[①]笔者或谓，学界对现当代中国乡村日常生活的深入田野考察应该是从此时开始的，而同时，该研究领域中的概念先行、理论预设及对某些学说的顶礼膜拜之风也从此兴起。

加拿大学者朱爱岚的研究以三个村庄为例来探讨改革开放对日常生活中性别关系的影响。作者试图通过对日常生活中性别关系的研究来重新评估国家权力的性质等问题。韩敏关于皖北李村的研究同样设计了农村社会生活的重要内容。作者以李家楼村的李氏宗族为主线，展现了清末、民国、20世纪后半叶直至改革开放后的社会变迁。日常生活方面，作者特别探讨了乡村妇女地位变化和婚姻模式变化。冯珠娣从日常生活中的“食”与“色”两方面入手，审视了当代中国人“欲望”的变迁，挑战了“食色，性也”仅仅强调欲望自然属性的论断。她认为，作为日常生活重要组成部分的“食”与“色”和政治社会密切相关，而正是政治社会等具体历史条件影响了人们对“食”与“色”的认同。对于笔者而言，作者的如下研究视角与观点颇有创新且颇受启迪：首先，作者指出“人们可以宣称食和色是自然属性，但对特定时间和地点的食和色到底是什么却不能做出想当然的判断”。其次，作者研究日常生活从集体化时期的苦行主义到20世纪90年代之后的个人主义和消费主义的转变，并探讨这种价值观影响下的欲望认同对“食”与“色”的影响。最后，作者从人民对饥饿的记忆到经济发展时代的美食，从传统中药的香气到对古典文献的挖掘，从对集体身份的颂赞到对个人经历的关注诸方面展开研究，让我们领略了日常生活史的研究虽然平静如水，却能引起百家争鸣，能带来理论风暴。[②]

美国学者欧爱玲的《饮水思源：一个中国乡村的道德话语》以人类学的角度对广东梅州市梅县客家乡村进行田野调查。文章分为两部分，均从日常生活的角度描写日常行为中的道德话语。第一部分写传统道德要求下的日常生活；第二部分从妇女在家庭中的地位、亲戚邻里交往、金钱关系等来看传统道德体系在日常生活中的贯彻。作者认为传统的道德要求在改革开放之后并没有从这

① 阎云翔：《中国社会的个体化》，陆洋等译，上海：上海译文出版社，2012年。

②〔加〕朱爱岚：《中国北方村落的社会性别与权力》，胡玉坤译，南京：江苏人民出版社，2004年。

个小而保守的客家乡村消失，而是极富弹性地附着于血缘、乡土人情中，继续于日常生活中制约着人们的行为。①

上述文化人类学者的研究成果在当时无疑为中国国内的历史学、人类学与社会学学者从事日常生活史研究提供了有益的借鉴。例如，曹锦清等的《当代浙北乡村的社会文化变迁》是中国大陆学者中较早利用文化人类学的研究方法对共和国时期的乡村社会生活进行研究的著作，该书研究的范围包括乡村的生态环境、土地制度、人口与生育制度、农业生产的组织与分配、乡村企业的兴起与社会分层趋向、村民生活水平与消费结构、婚姻与家庭、教育与卫生、乡村市场、村落文化、乡村政府等方面，是一幅全景式的乡村社会文化变迁史。其中，《村民生活水平与消费结构》《婚姻与家庭》《乡村的教育与卫生》等章节与社会生活密切相关。②在该书的基础上，张乐天的《告别理想——人民公社制度研究》继续对浙北联民村人民公社时期的历史进行研究，并提炼出“外部力量—村社传统”的互动模式。作为国内第一部专门研究人民公社制度的著作，该书分专章对公社时期的社会生活进行探讨，论题包括家庭、生育模式、养育模式、婚姻、老年人的生活、宗族、村民的交往等，虽然较为简略，但应属于现当代中国乡村日常生活史研究的起点。③

同一时期，一些人类学与社会学学者为读者呈现了研究现当代乡村日常生活的新方法、新视角和新观点。例如，应星通过对柳坪村审判档案资料的分析，考察中国农村在 1949 年之后是如何在乡村社会塑造“社会主义新人”的。他认为，与城市不同，在农村，这种塑造之力更多是发散在日常生活中，与饮食男女、婚姻生育这些基本的本能缠绕在一起。作者试图展示社会主义新人的塑造史与生活史。④朱晓阳通过对云南昆明附近村庄的田野调查，探讨了村落的社会控制机制。他认为，村落的社会控制机制对村民的日常生活具有重要影响。他特别探讨了村落对越轨行为的惩罚机制，并总结了村落日常惩罚机制的重要特

① 〔美〕欧爱玲：《饮水思源：一个中国乡村的道德话语》，钟晋兰、曹嘉涵译，北京：社会科学文献出版社，2013 年。

② 曹锦清、张乐天、陈中亚：《当代浙北乡村的社会文化变迁》，上海：上海远东出版社，2001 年。

③ 张乐天：《告别理想——人民公社制度研究》，上海：东方出版中心，1998 年。

④ 应星：《村庄审判史中的道德与政治：1951—1976 年中国西南一个山村的故事》，北京：知识产权出版社，2009 年。

点。[①]方慧容提炼出“无事件境”的分析性概念去研究乡村民众日常生活中的记忆特点。所谓“无事件境”，是一种特殊的事件记忆心理，意指重复事件序列中的各种事件，不但高重复率导致事件记忆上难免的事件间各种细节的互涵和交叠，并且更重要的是生活在这种状况中的村民，在心理上也“无意”将这些众多的重复性事件理解为分立有界的事件，并认为这是传统农村社区中的村民与现代人的最大区别（笔者感觉，作者是否将这种区别看作一种隔绝并凝固化了，如若用史学家所爱用的“动态”“流动”，将会怎样呢）。她着力强调了事件的高重复性，如农业生产、家庭琐事与邻里关系、民间娱乐活动等，也探讨了与“无事件境”相对应的“似事件”概念。她指出，集体日常生活记忆的特点事实上也呈现出了权力的支配关系，即能说、会说的人向多数不善表达的民众的重复讲述。[②]

在现当代中国日常生活史这一研究领域，文化人类学者确实是先到先得，因此我们能看到他们对现当代中国日常生活的解释也是自信满满并享受着话语权。当然，现代中国日常生活史的兴起必须感谢文化人类学的推动作用。同时，他们的成果也有明显不足，那就是擅长横剖性的、截面式的，也即结构功能性的分析，下结论时一是对研究对象在历史发展变迁中的动态性、阶段性及连续性不够注意；二是对民众的日常生活样态所具有的区域性特征不够警觉。他们的另一短板是对自身的体验与观察十分依赖，却较少见到对丰富的以民间文献为代表的地方乡村档案资料的利用，更遑论对有关基础文献史料的考证。

（二）历史学视野下的乡村日常生活

在人类学家的影响下，历史学家也于 20 世纪 80 年代前后开始关注对现当代中国乡村社会的日常生活史研究。历史学家一方面注重搜集乡村的档案资料，另一方面也吸收了人类学家田野调查的技能，通过乡村档案分析和田野调查的

① 朱晓阳：《罪过与惩罚：小村故事（1931—1997）》，天津：天津古籍出版社，2003 年。

② 方慧容：《“无事件境”与生活世界中的“真实”——西村农民土地改革时期社会生活的记忆》，载杨念群主编：《空间·记忆·社会转型：“新社会史”研究论文精选集》，上海：上海人民出版社，2001 年。

结合来从事乡村社会的研究工作。这方面海外的历史学家着力较早，成果亦较为丰富。

高默波从微观史的视角对其家乡高家村在 1949 年后的日常生活进行研究，其时段包括 1949—1978 年的社会主义革命时期和从 20 世纪 70 年代到 90 年代中期的改革时期。作者通过高家村近半个世纪的考察，认为除了 1949 年共产主义革命带来的医疗和教育方面的改善外，高家村的发展在 20 世纪 90 年代以前一直都在原地打转。[①]作者对现当代中国农村的日常生活变迁的上述观点似嫌狭隘，但除了笔者之外，提出如此质疑者并未得见。

李怀印对其家乡秦村进行了类似的研究，通过田野考察，结合村庄的档案文书，他重点关注了影响农民日常行为的非正式因素。例如，村民在集体和社群中的身份认同；他们对于权威、声誉和合法性的共享观念；性别角色、家庭关系、血缘纽带和群体义务；经济、社会生活中的习俗和惯例；对背离团体、社群准则的社会制裁；以及他们在表达自身利益及关心时所采用的语言、象征和仪式等。[②]该研究力图避免以往仅仅从制度视角来考察乡村生活的片面性，尝试去揭示国家、村庄和民众的互动关系，这无疑深化了对现当代乡村生活的研究。

王跃生的《社会变革与婚姻家庭变动：20 世纪 30—90 年代的冀南农村》采用历史学与人口学方法，结合个案就 20 世纪 30—90 年代社会制度大变革与农民的婚育行为、家庭结构规模及生存条件变动的相互关系进行阐述，其中对婚姻年龄、婚姻行为等也有论述。[③]

革命与日常生活的研究主题近来也引起了一些学者的兴趣。以往革命史的研究中，重在对国家与政党的政策背景的陈述，而对革命政策在乡村社会产生的实际效果缺乏深入分析，有学者称之为“政策—效果”模式，并提出了“新

① 高默波：《高家村：共和国农村生活素描》，章少泉、喻锋平等译，香港：香港中文大学出版社，2013 年。英文版见 Gao. Mobo. C. F. , *Gao Village, A Portrait of Rural Life in Modern China,* Honolulu : University of Hawaii Press, 1999.

② 李怀印：《乡村中国纪事：集体化和改革的微观历程》，北京：法律出版社，2010 年。

③ 王跃生：《社会变革与婚姻家庭变动：20 世纪 30—90 年代的冀南农村》，北京：生活·读书·新知三联书店，2006 年。

革命史”的研究范式。[①]具体来说，“新革命史”的最大特点就是侧重中国共产党的政策与乡村社会实践效果博弈的动态过程。以满永的一系列研究为例，他将目光聚焦于革命政策与普通民众日常生活的互动关系，并将研究时段集中于中华人民共和国成立后的集体化时期。他认为，“由于集体化在其推行过程中带有着浓厚的政治色彩，最终导致了乡村社会的政治化。在此基础上，民众生活也日益体现出政治化的特征，以致革命成了生活中不可或缺的部分，内嵌入民众生活的日常世界”[②]。

满永在一系列的研究中，既注重全国性的重大运动对乡村民众日常生活的影响，如中华人民共和国成立初期的土地改革[③]、扫盲运动、反霸运动、镇反运动，也注重一些地方性运动对日常生活的影响，如生产救灾运动。同时也考察了一些常规活动对乡村民众观念的塑造。例如，干部训练班是干部工作的重要组成部分，满永通过对干部训练班的研究，探讨了国家是如何借助干部训练班形式贯彻国家意志。另外，满永还对中华人民共和国成立初期乡村复员军人的日常生活进行分析，他认为官方予以复员军人的优厚政策与政策的实践效果产生背离，这种背离的结果甚至导致军人自杀现象的发生。满永的这些研究提醒人们应该注意政治运动与国家意志对普通民众的日常生活及民众心理的影响。同时期的很多研究成果也都带有“革命、政治、运动加日常生活”的影子。葛玲的研究透过 1954 年皖西北水灾救济，呈现了革命政治经由灾荒渗入乡村生活的过程。[④]另外，葛玲还研究了 20 世纪 50 年代中期皖西北的打井与政治的关系，

① 李金铮：《向“新革命史”转型：中共革命史研究方法的反思与突破》，《中共党史研究》2010 年第 1 期。

② 满永：《生活中的革命日常化——1950 年代乡村集体化进程中的社会政治化研究》，《江苏社会科学》2008 年第 4 期。

③ 参见满永以下系列研究：《政治与生活：土地改革中的革命日常化——以皖西北临泉县为中心的考察》，《开放时代》2010 年第 3 期；《文本中的“社会主义新人”塑造——1950 年代乡村扫盲文献中的政治认同建构》，《安徽史学》2013 年第 4 期；《“背靠背”政治：反霸中的革命场景生成——以皖西北临泉县为中心的考察》，《开放时代》2011 年第 8 期；《政治社会的初现——“镇压反革命”与 1950 年代初的皖西北乡村》，《江苏社会科学》2010 年第 2 期；《革命形象的重塑——建国前后皖西北地区救灾过程解读》，《当代世界社会主义问题》2011 年第 1 期；《集体化进程中的乡村干部训练——建国后国家权力渗入乡村过程的微观研究》，《当代世界社会主义问题》2013 年第 4 期；《1950 年代乡村复员军人生活研究——以皖西北地区为中心》，《党史研究与教学》2013 年第 1 期。

④ 葛玲：《灾荒与生活——1954 年皖西北水灾中的救灾政治》，《党史研究与教学》2013 年第 1 期。

通过对20世纪50年代中期皖西北地区的打井兴起过程及打井运动的分析，展现了中华人民共和国成立初期农村农田水利建设走向政治运动化的过程。[①]李洁探讨了国家权力在日常生活中对乡村民众时空观念的塑造。她认为，随着集体化的劳动管理制度的确立，普通民众日常生活中的时空观念也随之改变。时间方面，国家权力用精确的"钟点时间"改造了模糊的"乡土时间"，空间方面，国家权力将"生产"从原本未经划分的农业生产——生活空间割裂出来，纳入国家监控的视野之下。作者认为，国家通过对农民时空观念的改造，进一步影响了农民的生活世界。农民对国家的依赖加深了，但二者之间的紧张和冲突却一刻也没有消失，并以隐蔽的方式不断积蓄。[②]应该说，这两位女性作者的研究创新点还是蛮多的。

高王凌在他的中国农民的日常行为研究中另辟蹊径，提出了"反行为"的概念[③]。他指出这种"反行为"不是斯科特所认为的日常的"反抗"，而是"不反之反"，是民众借以维护利益的一种手段。不得不说，"反行为"这一概念为我们研究现当代中国乡村的日常生活提供了崭新的观察视角。与学生在课堂上不懂、不谈"反行为"就感觉落伍不同，笔者所见大量乡村文献史料的确显示出与该概念的契合之处。

得益于对山西农村丰富的乡村档案资料的搜集与整理，山西大学在现当代乡村日常生活史的研究中也涌现出一批成果，而且起步也很早。行龙研究了劳动模范李顺达的个人生活史，他从互助组、合作社和人民公社三个历史时段叙述了李顺达在中国革命和生产建设中，由逃荒要饭的农民成为全国劳动模范的个人生命史，展现了个体、村庄与国家三者关系的生成过程，并由此考察李顺达在村庄与国家间所扮演的角色和具有的作用。[④]常利兵的一系列研究都瞄准20世纪50年代初山西农民日常生活的变化，凭此就值得点赞。他通过考察"三反"

---

① 葛玲：《打井与政治——20世纪50年代中期的皖西北打井运动》，《南京农业大学学报（社会科学版）》2012年第2期。

② 李洁：《对乡土时空观念的改造：集体化时期农业"现代化"改造的再思考》，《开放时代》2011年第7期。

③ 高王凌：《人民公社时期中国农民"反行为"调查》，北京：中共党史出版社，2006年。另见氏著：《中国农民反行为研究（1950—1980）》，香港：香港中文大学出版社，2013年。

④ 行龙：《在村庄与国家之间——劳动模范李顺达的个人生活史》，《山西大学学报（哲学社会科学版）》2007年第3期。

运动中的“张顺有事件”，探讨一位普通农民是如何将自己的利益诉求与国家的治理策略关联在一起的。[①]李伟、常利兵还以剃头匠这一群体为例，通过考察剃头匠在集体化时期的生存变化和政治遭遇，揭示集体化时期个体与国家间的复杂关系。1950年，《中华人民共和国婚姻法》的颁布对农民的婚姻生活产生了重大影响，常利兵通过考察《中华人民共和国婚姻法》对农民婚姻生活的塑造，试图揭示这一现象背后隐含的农民对国家的政治认同。常利兵通过土地、劳动与观念来透视1949—1957年山西农民生活的变化，他认为，随着土地由个体私有变为集体所有，农民的个体劳动为集体劳动所取代，这一根本性变化确保了劳动的计划性和组织性，通过集体劳动，农民的主观认识也不断发生变化，集体主义观念逐渐形成。[②]马维强的研究则紧紧抓住“乡村日常生活”这个牌子，作为他问题意识的落脚点。他利用双口村丰富的档案资料对集体化时期乡村普通人的人生经历和日常生活进行考察。其研究方法是以“身份”为切入点，以农民日常生活中的经历、情感体验、观念和行为方式为关注对象，通过展现作为政治身份、社会身份、自然身份的生命个体在日常生活中的各种活动面相，来叙述集体化时期生命个体的沉浮历程、不同命运，勾勒集体化时期乡村的日常生活面貌。[③]马维强、邓宏琴在《生计与生存：集体化时代的村庄经济与农民日常生活——以山西平遥双口村为考察中心》[④]中指出，在集体化时期，为保障农业集体经济体制的有效运转并实现工业化的战略目标，国家通过经济制度安排的约束、政治意识形态的引导及社会流动上的限制等手段使农民投身于农业生产，但劳动安排和工分管理的不足使集体生产产生困境。该文从“劳动工分”“自由职业者”“村庄盗窃行为”等方面展开，论述了在国家严格控制管理下的

① 常利兵：《“三反”运动中的张顺有事件研究》，《安徽史学》2011年第2期。

② 参见李伟、常利兵：《被改造的剃头匠——以山西临汾为民理发社为例》，《山西大学学报（哲学社会科学版）》2008年第3期；常利兵：《塑造婚姻与农民国家观念的形成——以贯彻1950年〈婚姻法〉为考察对象》，《晋阳学刊》2013年第3期；常利兵：《土地、劳动与观念——1949—1957年山西省农民生活变革研究》，《当代中国史研究》2012年第6期。

③ 马维强：《双口村：集体化时代的身份、地位与乡村日常生活》，山西大学博士学位论文，2009年；马维强：《双口村：集体化时代的身份、地位与乡村日常生活》，北京：中国社会科学出版社，2018年；马维强：《红与黑：集体化时代的政治身份与乡村日常生活——以平遥双口村为中心的考察》，《开放时代》2011年第8期。

④ 马维强、邓宏琴：《生计与生存：集体化时代的村庄经济与农民日常生活——以山西平遥双口村为考察中心》，《中国农业大学学报（社会科学版）》2016年第1期。

农民的生存策略。马维强在《集体化时代的乡村宗教信仰与教徒改造——以山西平遥路候村、双口村为考察中心》中指出，在集体化时期，宗教徒的日常生活及社会地位有了一定的变化。①

南开大学中国社会史研究中心的研究团队也十分注重集体化时期乡村日常生活的研究，并取得了丰富的系列成果。这些成果在研究选题与内容上涉及村庄政治进程与乡村社会生活、国家的历史与小人物的故事、国内外政治形势与村庄日常生活、副业及收益分配与生活水平、人口流动与乡村对外交往、关系与礼物、乡村的社会保障事业与医疗卫生事业、乡村教育、乡村女性发展的诸多方面（如经济地位、教育水平、政治参与、女性的日常生活等）、乡村的新式传播媒介（如报纸、杂志、书籍、广播与电影的进入等）、革命文化与新农民的塑造、乡村地权的变迁与农民的应对策略、中华人民共和国成立初期华北农村婚姻家庭的变迁、华北农村县域个案基础上的日常生活变迁、集体化时期的电影进村、一个农村会计的日常生活史、华北村落的空间及生态与日常生活、集体化时期的乡村流行语、人民公社时期华北农民生活质量等方面。②张思指出这些成果在研究方法上的特色与风格是历史学与人类学相融合、文献考证与田野调查相结合、历史与现实视野相结合。也即这些研究致力于挖掘、利用系统且丰富多彩的乡村档案文献史料，使研究首先立于对乡村档案史料的坚实的分析与考证之上，与此同时进行建立在对乡村档案文献史料的充分整理和研读基

① 马维强：《集体化时代的乡村宗教信仰与教徒改造——以山西平遥路候村、双口村为考察中心》，《山西师大学报（社会科学版）》2018 年第 1 期。

② 参见张思等：《侯家营：一个华北村庄的现代历程》，天津：天津古籍出版社，2010 年；董传岭：《新中国成立以来华北农村社会生活变迁——以山东省梁山县为个案》，北京：人民出版社，2016 年。相关研究论文在此从略，从以下张思指导的博士、硕士学位论文中亦可见一斑。董传岭：《建国 60 年华北农村社会生活变迁——以山东省梁山县为个案》，南开大学博士学位论文，2010 年；邓群刚：《集体化时代的山区建设与环境演变——以河北省邢台县西部山区为中心》，南开大学博士学位论文，2010 年；郭凯：《建国初期华北地区婚姻家庭变迁诸问题研究（1949—1957）》，南开大学博士学位论文，2011 年；吴家虎：《革命与教化：毛泽东时代乡村文化的一项微观研究》，南开大学博士学位论文，2012 年；李小东：《集体化时代河北电影进村研究——以秦皇岛市昌黎县农村为个案》，南开大学博士学位论文，2016 年；郑伟斌：《侯永禄：一个农村的日常生活史》，南开大学博士学位论文，2017 年；高思峰：《村落的空间、生态与日常生活——以山东台头村为例（1930s—2010s）》，南开大学博士学位论文，2018 年；王晓慧：《集体化时代的乡村流行语研究——基于村级档案和私人史料的考察》，南开大学硕士学位论文，2015 年；臧广元：《人民公社时期华北农民生活质量研究——以侯家营、沈家村为例》，南开大学硕士学位论文，2016 年。

础之上的田野调查，而扎实、严谨的田野调查又将反过来“激活”那些乡村档案史料，还有助于发现研究线索，使研究者进入村落农民的世界。其最终宗旨是请农民讲述，让农民发声，形成一部部由一个个极具个性的乡村农民作为“主角”的、用他们自己之手和自己之口来“编写”的、“活生生”的乡村社会史。①

另外值得注意的研究还有以下几种。杨建华主编的“经验中国——以浙江七个村为个案丛书”共分五套，分别以“村落的非农经济”“村落的政治”“村落的技术”“村落的宗族”“村落的生活世界”为主题。这大概是在现当代中国研究领域里最早明确提出要用“日常生活”的视角来探讨农村的社会变迁的丛书。正如作者在序言所宣称的那样，“从日常生活本身出发，正是我们这次对中国村落研究的视角”②。该研究的确在尝试通过对村民“日常生活世界”的直接观察来追踪村民日常生活的行为选择。对于初创者而言，无论其从日常生活视角考察社会变迁的目标是否实现，这无疑都是一次有益的尝试。李少兵与李永芳的研究涉及中华人民共和国成立以来乡村居民物质生活方式的变化，以及改革开放以来乡村居民居住方式的嬗变。在这一研究领域他们可谓比他人更早一步接触到现当代乡村的日常生活。③侯松涛研究了改革开放以来农村社会习俗的变迁，包括消费习俗、礼仪习俗和民间信仰的变化，并对这些变化的特点进行了分析。④张兆曙从农民日常生活的视角对城乡关系展开讨论。他认为，农民的日常生活一方面受制于城乡关系的总体力量所产生的支配性逻辑，但同时也包含体现农民自主性、能动性和创造性的行动者逻辑。⑤前引董传岭的研究，以山东省梁山县为个案，探讨了中华人民共和国成立后六十年来该地区社会生活的变迁，其内容涉及服饰、饮食、住房、交通、婚丧、信仰、节日、文娱等，相当全面地展示了该地乡村社会生活的变迁历程。作者也试图以梁山县为出发点

① 张思：《田野历史学与国史研究》，《当代中国史研究》2016 年第 3 期。

② 杨建华主编：《经验中国——以浙江七村为个案·序言》，北京：社会科学文献出版社，2006 年。

③ 李少兵：《建国以来乡村居民物质生活变迁问题研究》，《党史研究资料》2001 年第 9 期；李永芳：《我国乡村居民居住方式的历史变迁》，《当代中国史研究》2002 年第 4 期。

④ 侯松涛：《20 世纪 80 年代中国农村的社会习俗变迁》，《当代中国史研究》2002 年第 3 期。

⑤ 张兆曙：《农民日常生活视野中的城乡关系及其出路》，《福建论坛（人文社会科学版）》2009 年第 12 期。

来探讨整个华北农村社会生活的变迁。[①]

最近的最新研究成果还有李巧宁、陈海儒的《陕西农村妇女的日常生活（1949—1965）》，该书从婚姻、生育、生产劳动、家务、物质生活、文化学习等方面，对1949—1965年陕西农村妇女的日常生活进行全景式论述，展现“沉默的大多数”的群体的生存状态。[②]陈辉的《过日子：农民的生活伦理——关中黄炎村日常生活叙事》是从“过日子”的角度观察关中黄炎村农民的日常生活伦理。通过讲述近百年来，尤其是改革开放以来陕西关中黄炎村老中青三代人的日常生活。作者认为中国农民的生活逻辑其实很简单，就是为了“过日子”“过好日子”，这也是农民对生活最本质的理解。小而言之，“过日子”集中表达着当地人的生活伦理；大而言之，这是中国农民在漫长农耕文明中形成的一套生活伦理。[③]

徐秀丽的《革命年代的饮食儿女——读章瑞荣家信》一文体现了优美的文笔。作者指出，学界对当代社会生活史的研究主要关注的是单位、村庄、里弄等群体生活，而对集体化背景下的村庄和单位组织下的个体生活和家庭生活的论述则相对不足。为此，作者利用复旦大学发展研究院当代中国社会生活资料中心保存的跨越20世纪50—80年代的“章瑞荣信件”，以日常生活史的研究路径，通过对家庭成员生活日常、社会关系、家庭交往等方面的梳理和分析，向人们展现出集体化时期一个温情脉脉的家庭。[④]

三、现当代城市日常生活史研究

梳理现当代城市日常生活史研究成果好像比梳理民国时期要困难些，这可

① 董传岭：《建国60年华北农村社会生活变迁——以山东省梁山县为个案》，南开大学博士学位论文，2010年；董传岭：《新中国成立以来华北农村社会生活变迁——以山东省梁山县为个案》，北京：人民出版社，2016年。

② 李巧宁、陈海儒：《陕西农村妇女的日常生活（1949—1965）》，北京：中国社会科学出版社，2014年。

③ 陈辉：《过日子：农民的生活伦理——关中黄炎村日常生活叙事》，北京：社会科学文献出版社，2015年。

④ 徐秀丽：《革命年代的饮食儿女——读章瑞荣家信》，《史学月刊》2017年第4期。

能与对中华人民共和国成立以来的城市日常生活史研究还没有形成热点有关，也与这一领域和城市社会史甚至是城市社会学研究难以分清有关。本部分的处理方法是，考虑到城市日常生活史与城市社会生活史密不可分，相互交叉渗透，亦考虑到现当代城市日常生活史既蕴含于通论性社会（生活）史中，又隐藏于城市社会生活史论著中，因此应注意到城市日常生活史研究既承纳社会（生活）史研究的理路，又具有城市史研究的特点。为此，以下的研究梳理，宜将现当代社会生活史、城市社会生活史甚至城市社会学研究中与现当代城市日常生活相关的内容整合吸纳进来。

早在 R. 麦克法夸尔和费正清编的《剑桥中华人民共和国史——中国革命内部的革命（1966—1982）》下卷第十章中，国外学者就开始尝试对中国共产党统治下的城市变迁和生活状况进行研究。[①]此后，美国社会学家马丁 •怀特（Martin King Whyte）和白威廉（William L. Parish）合著《当代中国的城市生活》（*Urban Life in Contemporary China*），该书共分三部分：第一部分论及中国城市的政治与组织结构，主要论述工作单位与街道组织在城市生活中所发挥的作用，并就中国城市已经出现的就业、住房、服务、消费等问题进行评论。第二部分论述家庭与婚姻，重点论述计划生育及妇女地位的变化问题。第三部分论述中国城市生活的性质，通过对中国城市的政治生活、经济结构、家庭行为及现代城市生活各方面的剖析来看社会主义中国在消灭资本主义的城市弊病及社会问题方面的进展程度。[②]

范希春的《解放：新中国城市经济社会生活的变迁》一书出版时正值中华人民共和国成立六十周年。该书很正面地评价新中国城市发展的历史，认为中华人民共和国成立六十周年以来城市经济社会生活的变迁，正是中国从贫瘠走向繁盛、从羸弱走向富强的历史缩影。[③]相比之下，郑艳的《新中国初期城市居民的物质生活变迁（1949—1957）》时间跨度较短。文章立足于对城市居民的物质生活描述，以国家公务员、工商业者、知识分子、普通劳动者等几个阶层为

---

① 〔美〕R. 麦克法夸尔、费正清编：《剑桥中华人民共和国史——中国革命内部的革命（1966—1982）》，俞金尧等译，北京：中国社会科学出版社，1992 年。

② Whyte, Martin King , William L. Parish, *Urban Life in Contemporary China*. Chicago: The University of Chicago Press, 1984.

③ 范希春主编：《解放：新中国城市经济社会生活的变迁》，长沙：岳麓书社，2009 年。

视角，探讨中华人民共和国成立初期城市居民的服饰、饮食、居住、交通生活的变迁。①陈玉侠的《从服饰、电影、歌曲看中国城市社会生活的变迁（1966—1980年代）》主要研究“文化大革命”时期及20世纪70年代末至80年代初的服饰、电影、歌曲艺术，通过列表对比展现中国城市居民的物质生活在此期间发生了一系列的变迁。②总体来说，新中国初期城市居民的物质生活水平在经济恢复的同时逐年提高，但总体水平仍然较低。在政治力量的作用下，城市居民的物质生活方式的变迁逐渐纳入社会主义计划经济的轨道，普遍形成社会主义朴素节俭的生活方式。

在最新的研究中，还有满永的《生活深处的革命——“文革”时期城乡社会生活初探》。作者从物质生活、精神生活和社会关系三个方面讨论了“文化大革命”以革命重塑社会日常生活的努力，指出红卫兵运动中的“破四旧”、“大串联”及后来的“割资本主义尾巴”，均以限制物质生产与供应的方式，达到了革命目的。③

上述著作、论文或从宏观视角概述现当代中国城市生活状况，或从日常生活的某些方面展现城市日常生活图景。而此时期中国城市日常生活史与城市社会生活史研究也关注到一个个单体城市，并形成丰富的研究成果。以下将重点对上海、北京、成都、武汉等几座大城市进行爬梳。

（一）上　海

上海城市研究硕果累累，这应缘于国内学者孜孜不倦的努力及很多国外学者尤其是美国、日本学者的参与。2011年，上海辞书出版社出版了“上海城市社会史丛书”，共25本，其中论及现当代上海城市生活的有以下5本。

阮清华的《上海游民改造研究（1949—1958）》从上海游民收容改造的视角

① 郑艳：《新中国初期城市居民的物质生活变迁（1949—1957）》，四川大学博士学位论文，2005年。

② 陈玉侠：《从服饰、电影、歌曲看中国城市社会生活的变迁（1966—1980年代）》，安徽大学硕士学位论文，2010年。

③ 满永：《生活深处的革命——“文革”时期城乡社会生活初探》，《当代世界社会主义问题》2015年第3期。

考察了解放初期上海基层社会改革与改造运动，对近代上海的游民问题及其处理、中国共产党的游民政策与实践、上海游民改造经过、上海游民改造对象分析、游民反改造、游民改造与基层社会秩序等问题都有论述。[①]汤水清的《上海粮食计划供应与市民生活（1953—1956）》对供应机构的建立、私营米店的改造、计划供应的宣传动员、计划供应的实施等做了梳理，再现了计划供应制度建立过程中上海市民的生活图景。[②]金大陆的《非常与正常：上海“文革”时期的社会生活》以“上海1966—1976年”为时空坐标，以“社会生活”为核心内容，从史学、社会学、经济学等方面详尽地描述了“文化大革命”期间上海市人口状况、红卫兵大串联、“破四旧”、计划生育、婚姻状况、蔬菜生产和供应、粮食供应、水产品供应、群众报刊、毛泽东塑像、深挖洞等各方面的内容和发展情况，为读者提供了一幅特定时期上海社会生活各个方面的全景画面。该书的贡献在于在还原上海城市在“非常”时期的百姓“正常”的社会生活百态方面下了功夫，从而激活了人们对上海整个“文化大革命”时期日常生活的记忆。[③]马军的《舞厅·市政——上海百年娱乐生活的一页》以全景梳理的手法勾勒了上海百年来舞厅娱乐业的发展脉络，追溯了交际舞在西方的源流及其传入上海的脉络。该书纵览“两界三方”时期（1927—1943年）、日伪统治时期（1943—1945年）、国民党重返时期（1945—1949年）、中华人民共和国初期（1949 1954年）直至改革开放时期（1979—2009年）的百年娱乐生活及舞厅业，这在其他城市的日常生活史研究中是无法做到的。[④]陈映芳的《棚户区：记忆中的生活史》论述了上海市城市贫民区人们的生活状况。[⑤]

张伟然的《私情·经济·政治——计划经济时代一卷“生活错误”档案的解读》根据在书摊中偶然发现的档案资料，辅之以实地踏访，讲述了一段1967—1972年上海的两个普通工人的曲折漫长而又内涵丰富的私情故事。[⑥]笔者曾有幸在一次学术研讨会上分享过张伟然发现的这件“生活错误”档案并听他绘声绘色地

① 阮清华：《上海游民改造研究（1949—1958）》，上海：上海辞书出版社，2009年。

② 汤水清：《上海粮食计划供应与市民生活（1953—1956）》，上海：上海辞书出版社，2008年。

③ 金大陆：《非常与正常：上海“文革”时期的社会生活》，上海：上海辞书出版社，2011年。

④ 马军：《舞厅·市政——上海百年娱乐生活的一页》，上海：上海辞书出版社，2010年。

⑤ 陈映芳主编：《棚户区：记忆中的生活史》，上海：上海古籍出版社，2006年。

⑥ 张伟然：《私情·经济·政治——计划经济时代一卷“生活错误”档案的解读》，载王奇生主编：《新史学》（第七卷），北京：中华书局，2013年。

讲这段故事。该论文的有趣之处是通过故事中交替穿插的感情、经济、政治因素，去探索隐藏于其中的游戏规则，以及当时人在相关生活场景中的行为逻辑。一个研究外行也会意识到，虽然这卷“生活错误”档案涉及的当事人只是普通工人，但反映了从中华人民共和国成立后直到改革开放前整个计划经济时期的日常生活特点。

外国学者的研究中值得关注的有日本学者高桥孝助、古厩忠夫主编的《上海史——大都会的形成与市民的营生》，该书是一部颇有特色的研究上海城市形成与市民日常生活（即所谓营生）的学术专著。其中第七章讲述了从“解放”到“开放”，也即中华人民共和国历史时期的上海。①

（二）北　京

作为中国的政治中心、文化中心和国际交往中心，北京既深深烙上了历朝历代的政治色彩，其五彩缤纷的社会生活亦是别具一格，独有韵味。现有的现当代北京社会生活史研究成果主要有以下几种。

曹子西主编的《北京通史》第10卷为当代卷，涉及1949年以后北京社会生活的内容，对北京的日常生活有宏观勾勒。②袁熹的《北京近百年生活变迁（1840—1949）》分别从城市人口，城市经济生活，社会各阶层的兴衰变迁，城市物质生活的变迁，文教、卫生与精神生活，婚姻家庭与人际关系等六方面介绍了北京近百年生活的变迁。③

德国学者罗梅君的《北京的生育、婚姻和丧葬：19世纪至当代的民间文化和上层文化》系统地描述了从中国帝制晚期到20世纪80年代初的平民百姓和新旧上层人物在生育、婚姻和丧葬方面的实践。该书研究了“生育”“婚姻”“丧葬”三种行为。每种行为作者都提出了旧上层人士的解释和新上层人士的解释，

①〔日〕高桥孝助、古厩忠夫主编：《上海史——大都会的形成与市民的营生》，东京：东方书店，1995年。

② 曹子西主编：《北京通史》（第10卷），北京：北京燕山出版社，2012年。

③ 袁熹：《北京近百年生活变迁（1840—1949）》，北京：同心出版社，2007年。

并且指出其中的传承与断裂。[①]

周静的《新中国“十七年”北京大众的娱乐生活研究》对中华人民共和国成立后十七年北京大众的娱乐生活进行了全景式论述，指出该时期北京的大众娱乐生活反映出民众积极的精神面貌，娱乐具有革新性、延续性、现代化及相对繁荣等特征。[②]当代中国出版社出版了“当代北京社会生活史话丛书”，该丛书全面系统地记录了北京在中华人民共和国成立后，与人民生活密切相关的各方面的变化、发展和进步，尤其是改革开放以来取得的巨大成就。目前该系列丛书已出版21本，涉及公共交通、语言、收藏、菜篮子、书画、体育、戏剧、丧葬、说唱、婚恋、餐饮、奥运、歌谣、剧场影院、饮用水、阅读、公园、环境卫生、理财、音乐等。

另外，一些文史类作品虽并非严格意义上的史学研究，却能生动鲜活地反映现当代北京的日常生活。青年作家、北京晚报记者刘一达所著《皇都市井》《城根众生》及系列丛书《皇天后土》《凭市临风》《苍生凡境》等，对史学研究者来说也值得一览。

（三）成　　都

20世纪80年代初，美国哈佛大学社会学家怀默霆（Martin King Whyte，前译马丁·怀特）即开始关注中国城市生活，他以成都为研究对象，对中华人民共和国成立后中国婚姻家庭关系发生的重大变化和改革开放对家庭、婚姻等社会关系的影响进行了深入的研究。

提到成都，王笛已然成为史学界不可绕过去的学者。近年来，王笛围绕成都街头文化、茶馆展开了系列研究，考察了成都这座古老城市的公共生活和丰富文化，为城市史、社会生活史提供了独具特色的研究路径和观察视角，当之不愧为成都日常生活史研究之力作。他的《茶馆——成都的公共生活和微观世

① 〔德〕罗梅君：《北京的生育、婚姻和丧葬：19世纪至当代的民间文化和上层文化》，王燕生、杨立、胡春春译，北京：中华书局，2001年。

② 周静：《新中国“十七年”北京大众的娱乐生活研究》，首都师范大学硕士学位论文，2008年。

界，1900—1950》[①]被评为是新文化史和微观史取向在中国史研究上的一个实践。理解茶馆的社会、文化、政治角色，能够帮助我们不仅从微观角度了解成都，而且对认识20世纪中国城市、城市社会及与中国政治之关系都将有所裨益。微观历史研究取向可以引导我们进入城市的内部，茶馆提供了研究下层民众活动的一个重要空间，在那里我们可以仔细考察他们日常生活的细节，即使这些细节看起来是多么微不足道。陈立静、刘建国从茶馆文化与中国城市社会生活的视角对该书进行了评论。[②]

王笛的一系列成都日常生活史研究中还有《成都的茶馆与底层文化》[③]，该文研究了茶馆的社会、文化和政治角色以加深对整个城市社会的理解。作者在文中指出，茶馆恐怕是成都市民除街头外最重要的公共场所，是成都社会的缩影，集商业空间和日常生活空间为一体。茶馆、茶馆文化在中外声名远播，并成为其传统的一部分。王笛的《成都茶馆业的衰落——1950年代初期小商业和公共生活的变迁》则通过考察20世纪50年代成都茶馆的衰落过程，来分析新生政权对待茶馆这类公共空间的态度及人们日常生活的变迁。从中可以看到，政府怎样加强对小商业的控制，其政策怎样导致茶馆业走向衰落。王笛的研究显示，人们在20世纪50年代仍然能进行茶馆生活，不过终究由于政府对茶馆这种公共空间的密切介入，市民利用这种空间的机会日益缩小。与此同时，茶馆的逐步衰落与公共生活的缩小也是同步发生的。[④]

此外，王笛的《成都麻将讼案引起的思考——城市日常生活中个人权利与集体利益的冲突》透过2000年成都以打麻将为中心的一系列事件，考察了世纪之交日常生活和大众文化的演变趋势。[⑤]这些变化反映在政治、经济、社会、文化等各个方面，其中所涉个人权利和集体利益的冲突尤为明显。检视因打麻将而产生的种种问题，可见今日中国的市场经济体系正逐步与传统的生活方式结

① 王笛著译：《茶馆——成都的公共生活和微观世界，1900—1950》，北京：社会科学文献出版社，2010年。

② 陈立静、刘建国：《茶馆文化与中国城市社会生活——评〈茶馆——成都的公共生活和微观世界，1900～1950〉》，《国外社会科学》2010年第4期。

③ 王笛：《成都的茶馆与底层文化》，《金融博览》2013年第7期。

④ 王笛：《成都茶馆业的衰落——1950年代初期小商业和公共生活的变迁》，《史学月刊》2014年第4期。

⑤ 王笛：《成都麻将讼案引起的思考——城市日常生活中个人权利与集体利益的冲突》，《南京大学学报（哲学·人文科学·社会科学）》2014年第2期。

为一体，但现代化进程对于社会生活的影响，也令人们产生种种困惑，并在摸索中探讨现代社会生活的最恰当方式。

（四）武　汉

武汉这座古老的城市历经沧桑，有着走在近代化前列、曾被誉为“东方芝加哥”的辉煌，形成了丰厚而独特的文化底蕴和生活韵味。武汉触发了众多城市史学者的兴趣，也产生了极具影响力的成果，如罗威廉的《汉口：一个中国城市的冲突和社区（1796—1895）》。[①]皮明庥、涂文学、刘庆平致力于武汉城市研究[②]，取得了不菲成就。现当代城市生活史研究尤其是日常生活史方面的研究则相对薄弱，近年来城市通史类、史话类著作有所增加，而微观史和新文化史视角下的成果却很少。

蒋渊的《建国初期武汉蔬菜的产供销（1949—1961）》考察了1949—1961年在政府指导下武汉郊区蔬菜的生产、供应、销售状况，指出了城市蔬菜行业的社会主义改造和日常供应为城市的社会整合和日常生活起到了极大的作用。[③]

“武汉史话丛书”按照武汉市的13个区分为《江岸史话》《江汉史话》《硚口史话》《武昌史话》《洪山史话》《江夏史话》等13卷。每一卷不仅介绍了每个区独特的历史、人物等，而且还展示了各区的新貌和发展。在内容上，集政治史、经济史、社会史、生活史和文化史于一身；文风上，融真实性、趣味性、思想性于一体，理趣兼备，雅俗共赏。其下编尤展现风土人情、典故传说、历史人物、景观名胜、名厂名店、名优特产等，相信于城市生活史研究有所裨益。

① 〔美〕罗威廉：《汉口：一个中国城市的冲突和社区（1796—1895）》，鲁西奇、罗杜芳译，北京：中国人民大学出版社，2016年。

② 皮明庥主编：《武汉通史》，武汉：武汉出版社，2006年；涂文学、刘庆平主编：《图说武汉城市史》，武汉：武汉出版社，2010年。

③ 蒋渊：《建国初期武汉蔬菜的产供销（1949—1961）》，华中师范大学硕士学位论文，2012年。

（五）其他城市

丁一平的《1953—1966 工业移民与洛阳城市的社会变迁》考察了 1953—1966 年工业人口迁移对洛阳的城市社会产生的深刻影响。这种影响表现为：第一，工业移民改变了洛阳城市人口的自然结构和社会构成；第二，工业移民导致了洛阳城市生活方式的社会变迁，日常生活中不仅打上了移民移居的生活烙印，更反映了工业生产方式对生活方式所产生的影响与改变；第三，在城市文化方面，来自五湖四海的工业移民布置了一个五方杂处、八面来风的生活现场，各种地域文化的交汇、碰撞、冲突与整合形成了兼容并蓄、开放时尚和崇尚工业的城市文化特色。①

陈杰的《建国初期济南市民社会生活研究（1949—1966）》在对中华人民共和国成立初期济南市民社会生活在历时性考察的基础上进行各层面的横向剖析，从而展示出济南市民社会生活具有以下几个明显特征：市民生活具有较强的政治化色彩，政府主导的作用明显；市民社会生活总体水平不断提高，呈现出先进性和现代化特征，但总体发展不平衡，具体来说，市民物质生活水平较中华人民共和国成立前有了较大提高，在提高的基础上发展缓慢，略有起伏。精神生活丰富繁荣，城市民俗既有传承又有革新等诸多特点。政治变革、政府主导作用，经济发展水平，国际国内客观环境影响，以及新的市民社会心态、价值观的确立等方面都成为影响制约中华人民共和国成立初期济南市民社会生活变迁的重要因素。②

综上各个城市的日常生活史研究成果可以发现，城市社会生活研究成果日益增多。除了关于市民百姓的衣食住行、婚丧嫁娶等的铺陈叙述外，也有以日常生活为分析工具，透过日常生活来观察社会、时代的成果。日常生活史本不是日常生活的罗列，而应该是研究视角和路径的转换。此外还可发现，认识和理解现当代中国城市日常生活史仅从宏观视角观察是远远不够的，必须综合利

① 丁一平：《1953—1966 工业移民与洛阳城市的社会变迁》，河北师范大学博士学位论文，2007 年。

② 陈杰：《建国初期济南市民社会生活研究（1949—1966）》，山东师范大学硕士学位论文，2012 年。

用人类学、社会学、历史学等多学科方法，取微观视角对特定城市加以研究，这是城市史研究的必由路径。和历史学研究一样，城市社会生活史经历了由宏观叙事到微观考察，由结构功能到日常生活的范式转换。城市日常生活史研究在突破衣食住行的传统内容的同时，也没有沉浸于“鸡毛蒜皮”的琐碎点滴，这一领域的研究在关注群体乃至个体经验和认同的同时亦可看到与国家、革命、政治运动等宏大叙事相结合。

总之，现当代城市日常生活史有着广阔的研究空间。现当代城市日常生活史研究在史料内容丰富、种类繁多方面有得天独厚的优势。

四、不足及展望

从以上研究内容可以看出，中国现当代日常生活的研究已经逐渐得到史学界的重视，无论是选题的视角与方法，还是探究问题的宽度与广度，抑或是研究成果的丰富多样，都是以往当代中国社会研究所未曾达到的。假以时日，相信现当代中国日常生活史研究会有与其他时期的日常生活史研究相匹敌的一天。当然，不可回避的是，中国现当代日常生活史研究中仍然存在一些问题需要注意。

有一些日常生活史这一研究领域共性的问题。例如，连玲玲曾用“新典范”抑或“新危机”来表达日常生活史研究所面临的困境。“新典范”指的是日常生活史试图突破以往结构功能主义的叙事模式，突破以往“现代化范式”或者“国家—社会”框架下的研究模式，试图从日常生活中寻找社会变迁的动力。但是，与力图创建新典范的学术目标相比，日常生活史的研究却遇到了困境。所谓“新危机”，具体而言，是指日常生活虽然试图建立新的学术范式，但在实际研究中，却因研究者难以摆脱以往研究范式的影响，反倒成为“现代化范式”或者“国家—社会”框架等研究模式的脚注，从而“新瓶装旧酒”，使其创建研究典范的目标难以实现。

笔者认为，在当代中国日常生活史的研究中，如何厘定国家与个人的关系是一个学者共同关注，且未必厘清的核心问题。现当代中国日常生活史尤其要面对着两大矛盾或曰困境，也即如何处理国家与个人生活和生命的关系，以及宏大叙述与琐碎故事的关系。我们看到一些学者仍在某个圈子打转，或是从一个陷阱里逃出又跳进另一陷阱。

尽管目前已没有人再去专以“国家”作为主要工具来分析日常生活，但这并不意味着日常生活史学研究已开创出新的研究典范。反之，如果硬在日常生活研究中剔除国家权力的影响，那么日常生活的位置也未必容易摆放。显然，当代中国日常生活史的研究还将继续面对这个问题并不断去探索如何进行明确的回答。

这一问题之所以难以得到解决，一方面是受制于传统政策史研究的影响，这在国史领域尤为突出；另一方面，这与日常生活自身的复杂性也密切相关。因此，书写真正的日常生活史可能还需要相当长期的研究积累。值得注意的是，在处理国家、社会、个人在日常生活史研究中的关系中，人类学者可能已做得十分出色了，这在阎云翔、冯珠娣等的研究中体现得尤为明显。但我们仍能从中发现“国家—社会”模式的痕迹。冯珠娣的研究中表明了其中一种几乎成为共识的态度，也即“日常生活内容和节奏的变化方式与那些构成历史事件的、引人注目的制度以及国家政治关系存在反差”①。但这种研究认知仍只能解决现当代日常生活史所面对问题的一半。对于这一困境与问题，笔者提出的“田野历史学”应是一个解决方案。

同时，正确认识日常生活史，通过日常生活来分析历史而不能仅仅停留在再现生活琐碎层面。日常生活史为社会生活史研究进一步深化提供了新的领域和视角。这促使下层社会、边缘群体、小人物的生活纳入学术研究的范畴，与此息息相关的日记、账簿、乡土文献等史料也开始挖掘出来，日常生活史及社会生活史研究由是趋向细化、个体化。可以说，日常生活史真正突破了革命宏大叙事、结构功能主义的苑囿，通过“鸡毛蒜皮”的生活琐事为我们展现了真实而具体的历史。但这似乎同样也是只对了一半。日常生活史研究在走向深化和细化，与此同时也伴随着历史碎化、支离的现象，极容易脱离史学而单纯地

① 〔美〕冯珠娣：《饕餮之欲：当代中国的食与色》，郭乙瑶、马磊、江素侠译，南京：江苏人民出版社，2009年，第12页。

讲故事。这又称为另一种所谓的新典范还是新危机论。如何在中国现当代日常生活史研究中去接近历史真实？如何跳出琐碎本身，将日常生活视为分析历史的工具，从中探索分析地域社会乃至社会整体，从微观视域体察宏观社会？这是需要我们回答的第二个课题。

作为这一领域的新人，笔者提出以下建议与同人分享。首先，应该看到现当代中国日常生活史最适合与田野考察相伴，学者应该尝试在走向田野的历史学的指导下展开现当代中国日常生活史的研究。这或许还是许多新方法论和新观点的增长点。其次，关于对现当代中国日常生活史总体脉络的判断上，笔者认为海内外的许多学者的研究存在着缺憾或者说是漏看之处，也即没有看到一个新的制度，没有看到一种新的生活，没有看到现当代的中国人在日常生活中不仅仅是顺从、服从或抵制，也有迎合、向往和呼唤。因为这里叫作“现当代中国”，所以这里有崭新的生活值得你去关注。

（致谢——郑伟斌、李小东、臧广元、姚焱超、陈霞、徐蕴、郭英乔、刘志彤等同学为本文的写作做了大量的前期资料收集、整理与分析工作，在此一并致谢）